云南省高校古籍整理委员会2010年一般项目《〈明史〉交结近侍官员案例整理》资助研究

云南省高校古籍整理委员会2012年一般项目《〈明史〉奸党案整理研究》资助研究

云南省哲学社会科学2016年一流学科建设经费资助出版

MINGDAI JIANDANGZUI YANJIU

明代奸党罪研究

高金 ◎ 著

人民出版社

序

柏　桦①

　　高金撰著的《明代奸党罪研究》一书，致力于对明代奸党罪名体系与实施问题研究，在搜集大量文献资料的基础上，尽可能地吸收国内外一切有关的研究成果，从历史实际出发，进行综合分析与概括，不囿于成说，颇有创建，不失为目前明代法律研究中具有较高水平的一部学术专著。全书近 30 万字，由人民出版社慨然准予出版，公之于世。高君以初校稿示余，嘱以序之。我们师生之谊已经 15 载，余又何能够婉辞乎？

　　高金，云南文山人，彝族。2002 年毕业于云南师范大学，获法学学士学位，并且被免试推荐到南开大学法政学院为法律史硕士研究生，余与高君师生之缘自此始。2005 年，高君获得法学硕士学位，回到云南师范大学任教，从事《中国法制史》《西方法律思想史》的教学与研究工作。师生虽然远隔数千公里，却从未断绝联系，还多次陪同余在云南各地考察。2012 年，恰有"国家少数民族高层次骨干人才计划"，高君得以再次报考南开大学，又回归余之门下攻读博士学位，最终获得法学博士学位。

　　高君身为彝族，接受汉文教育较迟，想最初认识之时，汉语尚且不流利，学习之艰难可知。孰不想仅仅一年多，不但各科成绩优良，而且通过国家司法考试，显示出其勤于学而敏于思的能力。汉语尚需学习，则法律史的学习更难，高君能够善于问而不耻于问，善于读则不以晦涩而退步，故学问日渐增长，小有成就。在硕士毕业以后，不但承担教学工作，而且

---

　　①　柏桦，男，1953 年生，北京市人，法学硕士、历史学博士（中国）、文学博士（日本），现任南开大学法学院及周恩来政府学院双聘教授、博士生导师，主要专业：中国政治制度史、中国法律制度史。

能够获得云南高校古籍整理项目资助，发表学术论文，则可见高君学习及研究能力之强。

高君硕士学位论文是《明代"交结近侍官员"律例研究》，确定选题以后，他阅读大量的典籍，即便是寒暑假期，也没有回家省亲，夜以继日完成 5 万余字论文，不但顺利地通过答辩，而且获得南开大学优秀硕士论文一等奖。原想高君获得硕士学位，从此不再会从事此项研究，却没有想到他从此锲而不舍，继续从事该研究，并且将研究范围扩大到"奸党罪"。有了近 10 年的研究积累，高君再次来南开大学攻读博士学位，所撰写的论文当然远比在学期间才确定题目的学生要扎实。一般博士论文答辩委员会多由五人组成，而高君的博士论文答辩委员会是由七人组成，皆国内知名学者。答辩非常圆满，得到答辩委员们的一致认可。答辩主席中央民族大学教授赵令志，认为其论文很优秀，且鼓励其将论文修订之后早些出版。高君不负答辩委员们的期望，孜孜不倦地在其博士论文的基础上进行重新撰写，最终完成此书。

明太祖朱元璋鉴于历代党争的教训和立法经验，首次在律典中创设奸党罪名。这个罪名是由"奸党""交结近侍官员""上言大臣德政"三个律条所构成，列举了左使杀人、谏免杀人、朋党乱政、不执法律、交结近侍、上言德政六类犯罪行为，轻者斩首，重者株连家族、籍没财产。奸党罪名通过名例律"从重论"原则，进而成为上承十恶，下统职官犯罪各个律条的"口袋"罪名，不但可以拓展延伸至《大明律》的整体律条体系之中，而且与令、祖训、诏敕、榜文、问刑条例、条法事类等法规相连接，既反映当时立法的水准，也反映立法者的意念。

明代奸党罪并没有完整及有体系的研究，因此，除了要探讨奸党罪的历史渊源，还要了解奸党罪入律的时间与原因，更要熟悉当时的整体法律制度和社会背景，从法律体系和实施运行的角度进行论述。明代的典章制度、历史文献、文集笔记、方志档案等资料浩瀚，史料充分而繁杂，仅《明实录》就有 2911 卷之多，这对于少数民族研究者来说，无疑是巨大的挑战。高君潜心于文献，细心梳理，筛沙淘金，整理出与明代奸党罪有关的主要史料及案例，还以法学理论为分析依据，从立法与司法的角度进行研究，其难度可知。

　　评价一个罪名，应该从立法设计、司法实施、实施效果三个层面进行剖析。立法设计需要考察罪名的历史承继、律文编排、体系结构，这是一个既具有历史考证，又需要从立法学进行分析的过程。司法实施核心是罪名适用，既有罪的认定，又有司法过程的复杂政治关系，还有情理法的交融。实施效果是罪名的"当时"影响，也有对后世的影响，更能够得出一些有益的启示。高君并非仅仅依据史籍中记载的典章制度进行孤立静态的叙述，而是结合具体动态的历史人物与案件，既考辨奸党罪的源流及因果关系，又分析司法适用过程中的君主意旨、法司弄法、权臣构陷、风宪助虐等变数，不但看到具体司法过程中的复杂性，还从实施效果上评判立法的成败。从奸党罪名入手，进展到司法实施层面，之后进行适当的评析，在爬梳钩稽的过程中，不乏新的创见，既可以补以前研究之缺失，又可以引发新的思考，应该是目前不可多见之佳作也。

　　明太祖朱元璋法本唐宋，在制度上参阅唐宋成法，重新构建各种制度，开规模、立圭臬，所定的制度不仅为其子孙所遵循，也为清王朝所沿袭，但这不是宏观论之而能够发现其中的奥秘，需要从一点一滴做起。就当今而言，学术环境较为宽松，学者们可以从多方位展开研究，即便是如此，尚有许多领域需要开拓。传统法律制度的研究，固然要宏观的面上论述，也要有微观的点上探讨，还需要中观的层次分析，各自有其长处。要是能够三者相结合，进行系统研究，其意义更大。透过微观点的研究，弄清律条或罪名的历史演化、体系地位、司法运行；通过文本与实践，以中观层次分析来探求律条或罪名的因循、发展、变化；再从宏观面上升至整个法律核心精神和社会制度关联的层面思考。这种基于点的分析，再上升到面的研究，是在熟悉每条法律的具体内涵与司法实践的前提下进行的。从一个律条、一项罪名，谈及罪名体系、司法状况、实施效果，再从法律的角度观察社会制度，从社会制度的角度解读法律，乃是有所本的研究。此种研究思路，是培养初学者严谨扎实学风的需要，也是解开法律史学界诸多困惑的一种努力，更具有挑战意义。不可否认，研究传统的法律，也会不可避免地要涉及现代法律，而基于现代法律而否定传统法律，则不是一种正常现象。如果完全肯定传统法律，有可能涉嫌对现代法律的不满，也不是学术研究所要达到的目的。对于传统法律应该持有平和的态度，既不可以全面否定，也不能够全面肯定，客观地进行分析，批判其局限性，倡导其精华，因此不能够用"如果"来表述传统法律。

历史本来就不存在"如果"的问题，因为历史是过去的存在，是不能够改变的事实。时下对历史问题的研究，"如果"几乎成为时髦的话语，因此产生对历史的误解，乃至于曲解，使人们难以理解真正的历史。如果朱元璋活到明末，明朝就不会灭亡；如果实行了"君主立宪"就可以避免战争，避免流血；如果进行政治改良，就不会有政治革命；如果维新派善于采取逐步渐进策略，也许还有成功的可能等等，不胜枚举。那么，如果秦始皇拥有原子弹，还会有用"如果"来叙述历史与解释历史的人吗？历史是过去，是已经发生过的，不能够篡改，也不能够假设。既不能够用"如果"来解释问题，也不能够用"如果"来改变事实，更不能够在历史的"如果"假设中喋喋不休，徒生感叹。只有在认真研究历史，总结经验教训的情况下，正视现实，为今后的发展指明方向，引导人们对未来的期盼，寻找努力的目标，才是历史研究者的责任心所在。不能够从遗留下的文本去讨论传统文化的华丽辞藻，而不花气力寻找历史真正的存在。脱离了历史现实，再华丽的辞藻，也仅是无本之木，除了虚幻，还能够有什么实际意义呢？用"如果"对历史进行假设，既容易使人们崇尚历史的荣耀，产生对现实的不满，失去对未来的向往，也容易使人们鄙夷历史的黑暗，在现实中遇到问题，就会失去努力的目标。其实，历史告诉我们，现在比过去进步，未来也会比现在更进步，而一切进步，都必须靠脚踏实地的努力去争取，将理想逐步变成现实。我们并没有否定"如果"不能够应用于学术研究中，因为"如果"往往是对未来的一种预期或期盼。如果我们不能够吸取历史的经验与教训，就有可能重蹈历史的覆辙；如果我们今天肆意地指斥历史，非但不能理解历史，不久就会发现我们已经不能够为现代世界所理解了。否弃如果，脚踏实地，尊重历史，汲取经验，也正是高君《明代奸党罪研究》的精华所在。

中国有五千余年文明史，四千余年法制发展史，如此厚重的文化传统，需要我们怀着谦卑和敬畏的心情去理解，探寻发展的轨迹，了解真正的内涵，而不是用简单的好与坏来评断。中国传统法律制度的研究方兴未艾，尚有许多领域需要开拓，在对传统法律制度进行研究的时候，不可否认其中有许多不合理之处，有些还与现代国情不符，但也不可否认对传统法律制度的研究，有利于现代法律制度的完善。对传统文化的彻底否定，这不是正常的，可以说是一种健忘的病态。对传统文化进行炒作，乃至于吹捧，也是非正常的，应该属于一种狂妄自大的病态。以人身攻击的方式对思想家进行批判，便不是思想批判，更不是正常的，应该属于一种疯狂可笑的病态。在现代生活中，不关心本民族文化传统，醉心于时髦理论，应该属于一种无知而可悲的病态。对于传统法律制度，无论是批判还是倡导，都应该持有平和的态度，既不可以全面否定，也不能够全面肯定，客观地进行分析，批判其局限性，倡导其精华，总结经验教训，这应该是分析传统法律制度应该具有的态度。于此期待众多奋发有为而置身于研究的来者为之努力，兼以鼓励高君。是为序。

2016 年 10 月于南开大学龙腾里寒舍

前　言

　　奸党罪指官僚群体朋比为奸、结党营私的共同犯罪。奸党罪名是"共同犯罪"本身成为一项独立犯罪罪名的历史现象。奸党罪以儒家、法家禁绝朋党思想为立法指导，经历代朋党论争与罪名演化而于明洪武九年（1376 年）前入律。奸党罪在《大明律》中的律文正条是奸党律、交结近侍官员律、上言大臣德政律，基于打击结伙犯罪的特性而统摄职官犯罪的其他律条，并拓展规定于令、诰、祖训、榜文、诏敕、问刑条例、条法事类中，形成严密的法规体系。

　　从罪名体系看，奸党罪以精妙的律目结构安排，严密的法规体系，通过名例律"二罪俱发以重论"原则，对上承接"十恶"重罪，对下统摄各类职官结伙犯罪，渗透于明代整个法规体系之中，成为弹性极大、包容性极强的"口袋罪"。皇恩眷顾是人情、君尊臣卑是天理、罪名适用是国法，奸党罪推动了中华法系"情、理、法"文明的升华，承载传统政治纲常伦理道德精髓，反映君主专制制度发展到顶峰时期的罪名构建特征。

　　从司法实施看，奸党罪亦是情理法的统一，失去皇帝宠信，意味着天理的违犯，国法的适用。从个案分析看，洪武胡惟庸案是利用法律手段调整君权与相权矛盾关系的范例。正统王振案是宦官势力崛起的范例。嘉靖夏言案是阁臣激烈争斗的范例。嘉靖冯恩案是展示言谏系统政治能量的范例。案例总体看，《明史》和《明实录》记载了 62 个奸党罪案，动态地反映了洪武三年（1370 年）至崇祯十六年（1643 年）的司法发展演化概况。

　　从实施效果看，奸党罪尊君卑臣的立法目的得以实现，捍卫皇权的政治目标始终未变。立足皇权专制，奸党罪是一个极好的罪名：乾纲独断、防弊防欺、消除异己、稳固皇权。立足官僚政治，奸党罪又是一个极坏的罪名：不知礼臣、以评为直、人格尽失、攻伐利器、加剧内耗。奸党罪是将君臣、臣僚政治矛盾法律化调整的立法努力，体现了以法律调控政治行为的立法进步。但皇权至上、权大于法的君主专制制度，君主素质的不稳定是致命缺陷，罪名实施也缺乏配套的体制机制支撑。法是权力的玩物而非笼子，是统治工具而没有独立性。情理法成为统治者灵活司法、宽严相济，甚至曲法破法、践踏法律的借口，法律适用呈现偶然性和随意性。奸党罪没有控制、削弱政治危机的能力，但有助长、恶化政治危机的无奈。奸党罪无力调控政治矛盾，却导致对皇权至上的顶礼膜拜，培育权力可以为所欲为的信仰，是值得构建法治社会深思的借鉴。

目　录

图目录

表目录

第一章　论题说明

　　人臣朋党之弊，最足以害人心，乱国政①。

　　明代君主专制制度发展到一个新的顶峰，对后世产生了深远的影响。其法律承唐宋元法规体系之遗绪，并且有创造性的发展。《大明律》首创奸党律条，就其规范的奸党犯罪行为看，古已有之，有承继中华法系固有精神的一面；就其罪名设置与律文体系看，是明代首创，有体现君主专制制度发展需要而创新的一面。明代奸党罪由奸党、交结近侍官员、上言大臣德政三个正条予以规定，并借助名律例的"二罪俱发以重论"原则而统摄职官结伙犯罪的各个律条，形成严密的罪名体系。令、大诰、祖训、诏敕、榜文、问刑条例、条法事类等对奸党罪的相关规定，又使该罪名渗透于明代整个法规体系之中。本书以明代"奸党罪"一个罪名专项分析的研究思路，界定研究对象、思考研究意义、整理研究现状、提出研究问题、选取研究资料、设计研究框架、细化研究方法，力图对奸党罪的立法和司法进行较为系统的研究。

第一节　选题界定

　　选题是在一定的研究思路指导下，明确研究主题，思考研究意义的过程。研究思路决定研究主题选取，反思研究主题与研究意义，则是为落实

---

① 《清世宗实录》卷64，雍正五年十二月癸卯条。

研究思路，明确研究问题寻求"着力点"。选题是决定研究成败的起点与关键，既要考虑研究的低重复甚至创新性，更要思考对象的明确性和研究意义。"明代奸党罪"这一选题，是以单项罪名系统研究为思路，透过罪名的立法和司法两元分析，尝试管窥明代法制概况。

一、研究思路

新的研究思路，即使选题陈旧，也可"化腐朽为神奇"，实现"老瓶装新酒"，呈现新角度、新视野、新观点。恩师柏华素不喜宏大磅礴的论证，力求击点牵面，深度挖掘。传统法律制度，要进行一个律条、一项罪名的系统研究。透过这一个点的分析，弄清律条或罪名的历史演化、体系地位、司法运行，在文本与实践的两元分析中，探求律条或罪名的因循、发展、变化，再提升至整个法律核心精神和社会制度关联的层面思考。只有在熟悉每条法律的具体内涵与司法实践的前提下，才可能更进一步地整体把握一个时代的法律。一个律条、一项罪名的研究，涉及罪名体系、司法实施、效果评价的深度解析，从法律的角度观察社会制度，从社会制度的角度解读法律。此种研究思路，是培养初学者严谨扎实学风的需要，也是解开法律史学界诸多困惑的一种努力。

D. 布迪（Derk Bodde）等，分析清代 190 个成案，提出"中华帝国的法律"观。姑且不论清代几个成案是否就代表了"中华帝国"，只就其提出的"对中华帝国刑事制度发生长期、稳定影响的原则，首推刑罚与犯罪相适应原则"[①] 而言。其"犯罪"与"刑罚"相适应的观点，是否符合中华法系语境，是否是西方刑事法学对中国传统法律制度的裁剪性审视？换言之，中国古代在立法、司法领域已经实行罪刑法定原则，这种观点值得商榷。"罪刑法定"是西方法学发展到近代的成果，其出发点是为保护公民权利不受司法者的任意侵害。罪刑法定的核心含义有两方面，一是罪的法定，二是刑的法定。罪的法定是指犯罪嫌疑人必须实施了法律明文规定的某项特定犯罪行为，在主客观两个方面都符合刑法关于该项犯罪的犯罪

---

① ［美］D. 布迪、C. 莫里斯：《中华帝国的法律》，朱勇译，江苏人民出版社 1992 年版，第 442 页。

构成规定。如果一个人的行为不符合刑法预先规定的犯罪构成，则此人不构成犯罪，不得对其采取刑事措施。"刑的法定"是指对已构成犯罪的人的量刑必须符合法律的预先规定，不能任意高下。罪刑法定原则的目的是为了限制司法者滥用权力，从而保护公民利益。明代奸党罪，从其立法和司法看都不是保护公民权益的，乃是约束官吏以维护皇权。奸党律条，"罪"即是"刑"①，引奸党律坐以奸党罪，即是引奸党律处以奸党刑，其间并无严格引律认定犯罪行为，而后再引律处以法定刑罚的过程。按西方刑事法学的理论，奸党"刑的法定"特点突出，"罪的法定"内容欠缺。奸党罪（刑），其意不在明确罪与非罪的界限，明确何种行为是否构成犯罪而去保护无辜。以"网奸""网非"震慑官僚，推行教化，巩固统治秩序，才是奸党罪的立法与司法目的。"奸党"律条突出处刑规定，对犯罪行为的"定罪规定"只是一种列举式说明，是包含此类行为但不限于这些行为，因此没有什么"罪行法定"。

奸党律条真实存在，但在司法实践中并无"罪刑法定"原则，乃是依"情理"裁断，既没有完全抛弃法律，也没有严格依循法律，在最终认定罪刑时，司法部门只能够提出拟刑意见，决定权乃在君主。无论是拟刑者，还是最终决定刑者，都各自有依据，这些依据并不是完全来自法条的

---

① 古文字训诂的方法考察"罪"，原作"皋"。"皋"由"自"和"辛"构成。"自"指鼻子，"辛"是刑具。"罪"由"网"和"非"构成。"网"指捕鸟之"网"，"非"指飞鸟。"皋"原指以刑具加于人身，先指割鼻之劓刑，后引申泛指各种刑罚。"罪"本指以罗网捕飞鸟，引申为捕人或监禁罪人。无论是"皋"还是"罪"，原义均不是指"犯罪行为"，而是对待犯罪人的措施，即刑罚。参见刘志松：《释"罪"》，《江苏警官学院学报》2008 年第 4 期。"罪"，古作"皋"，又与"辜"通假。西周金文所见的"辜"字，为"罪过"之义，通"皋"字。两字形近义同。"律，法也。""法，刑也。""法，亦律也。"这说明，古代刑、法、律同义。中国古代"刑""法""律"的主要功能就是"定分止争""兴功惧暴"，就是一种统治工具。以"刑"为主的中国古代法对人们的唯一要求就是"令行禁止"，否则就要受到刑罚的制裁。至于个人享有的权利则根本没有规定。参见曾宪义总主编、赵晓耕主编：《中国传统法律文化研究第二卷罪与罚：中国传统刑事法律形态》，中国人民大学出版社 2011 年版，第 38—45 页。

规定，而是情理法兼顾，这乃是认识中华法系特点的难题①。亚里士多德
（Aristotélēs）认为，"法律只能制定一些通则；当国事演变的时候，法律不
会发布适应各种事故的号令。任何事情，要是完全照成文的通则办事，当
是愚昧的"②。孟德斯鸠（Charles de Secondat, Baron de Montesquieu）也
说，"一个广大帝国的统治者必须握有专制的权力。君主的决定必须迅速，
这样才能弥补这些决定所要送达的地区的遥远距离；必须使遥远的总督或
官吏有所恐惧，以防止他们的怠忽；法律必须出自单独的个人，又必须按
照所发生的偶然事件，不断地变更。国家越大，偶然事件便越多"③。法是
文本表达与社会实践的综合体。亚氏的"愚昧"与孟氏的"偶然"命题，
指明了法律实施的千变万化。中国传统法律的奥妙之处就在于情、理、法
允切衡平。"律设大法，礼顺人情，齐民以刑，不若以礼。"④ 人情、天理、
国法统一，三者互补互用，成为统治者在立法和司法中奉行的圭臬。天
理、国法、人情之间激烈的碰撞，使僵化、固定的文本条款有了弹性，从
而应对千变万化的社会。

上述宏大命题的背后，隐藏着对中华法系细微之处研究的诉求。一个
律条、一项罪名的系统研究思路，意在筑牢宏观讨论的根基。如果法律史
研究，不能弄清各个朝代各个律条、各项罪名发展演化、立法沿革、司法
运行，不建立在翔实的单项研究基础上展示各朝代的法规体系，所谓的

---

① 例如日本学者滋贺秀三等主张清代法官主要依"情理"断案。"国家的法律或许可以比喻
为是情理的大海上时而可见的漂浮的冰山。"参见［日］滋贺秀三：《中国法文化的考察——以诉
讼的形态为素材》《清代诉讼制度之民事法源的概括性考察——情、理、法》，载梁治平等译：
《明清时期的民事审判与民间契约》，法律出版社 1998 年版。美籍华人黄宗智主张清代刑事案件的
司法审判大部分是依法判决的。参见黄宗智：《清代的法律、社会与文化：民法的表达与实践》，
上海书店 2001 年版。日本学者中村茂夫，调和情理裁断与依法裁断的矛盾，认为"比附可以说是
通过更大的视角捕捉事案的共同的本质部分，以获得类似性。换言之，比附是广泛地发生于'情
理'，合乎情理，而且以获得以该罪行最妥当的刑罚的法条为依据，可以说这也正是比附的目的"。
参见［日］中村茂夫：《比附的功能》，载杨一凡等主编：《中国法制史考证》丙编第四卷《日本
学者考证中国法制史重要成果选译·明清卷》，郑民钦译，中国社会科学出版社 2003 年版，第 282
页。中国台湾学者李甲孚认为，当一件刑事案件要定谳时，如律典没有条文规定，按照现代法律
是没有罪的，在古代要"取比类以决之"。这一比附作法，和罪刑擅断主义近似。参见李甲孚：
《中国法制史》，台北联经出版事业公司 1988 年版，第 405 页。
② ［古希腊］亚里士多德：《政治学》，吴寿朋译，商务印书馆 1997 年版，第 162—163 页。
③ ［法］孟德斯鸠：《论法的精神》上册，张雁深译，商务印书馆 1961 年版，第 126 页。
④ （清）张廷玉等：《明史》卷 93《刑法志一》，中华书局 1977 年版，第 2258 页。

"中华法系特点"的宏观命题，既不能够深入分析，也成为无本之木，所有的阐释都显得苍白无力。溯本方能够求源，单个律条、单项罪名的系统专题研究，深入分析其历史沿革、立法含义、司法运行的基础上，以小见大，由点及面地展开，上升到整个法规体系，理解法律背后折射出的社会条件与制度背景，总结经验教训，并提供某种启示，最终为整体把握中华法系的特点，提供力所能及的基础材料，乃是选题研究的根本思路。

二、研究主题

在君主专制中央集权制度下，官僚拉帮结派、互相攻讦、门户之争，不但充斥政坛，而且危害君主专制统治。东汉党锢之祸、唐代牛李倾轧、北宋新旧党争，皆是其荦荦大者。律以定罪刑，明太祖朱元璋鉴于历代党争的教训和立法经验，首次在律典中创设奸党罪名，形成"奸党""交结近侍官员""上言大臣德政"三个律条，列举了六类犯罪行为：一是左使杀人，"凡奸邪进谗言左使杀人者，斩"；二是谏免杀人，若犯此罪，律该处死，其大臣小官，巧言谏免，暗邀人心者，亦斩；三是朋党乱政，"若在朝官员，交结朋党，紊乱朝政者，皆斩；妻子为奴，财产入官"；四是不执法律，"若刑部及大小各衙门官吏，不执法律，听从上司官主使出入人罪者，罪亦如之"；五是交结近侍，"凡诸衙门官吏若与内官及近侍人员互相交结，泄漏事情，夤缘作弊，而符同启奏者，皆斩，妻子流二千里安置"；六是上言德政，"凡诸衙门官吏及士庶人等，若有上言宰执大臣美政才德者，即是奸党，务要鞫问，穷究来历明白，犯人处斩，妻子为奴，财产入官。若宰执大臣知情，与同罪；不知者，不坐"。

围绕明代奸党罪这一研究主题，需要分析立法指导思想，重点是理清儒家、法家对结党朋比的态度；分析罪名的历史渊源，弄清朋党与奸党是何关系；分析罪名与律条的关系，理顺奸党罪名三个律条，六类犯罪行为之间是何关系；分析奸党罪名与《大明律》其他相关律条、明代相关法规的关系；分析罪名与情理法、与名例律原则的关系；分析奸党罪司法实施特征与效果；评议评价奸党罪。这一系列问题，都围绕研究主题细化与深入，需要予以解释和回答，可图示为：

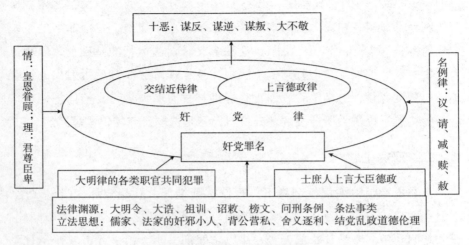

图 1.1 奸党罪研究主题图

奸党罪在文本层面是"禁令",需要司法实践转化为"社会事实"。研究者在"禁令"与"实施"的两元分析中,还应立足社会制度背景,展示文本与实践的对立统一矛盾运动关系。"法律发展的中心不在于立法,不在于法律科学,也不在司法判决,而在于社会本身。"① 任何法律都不可能脱离社会实际而存在,法律的制定与实施总会随着变化了的社会而发展。虽然"奸党罪"仅仅是一个罪名,但也是反映明代社会制度背景的一个窗口。因此,论题不仅研究文本与实践,还注意两者的矛盾变化,从中拓展开来,分析罪名变化的社会制度动因,评价实际功能效果。从"当时"的社会制度分析奸党罪,提升至立法及其效果评价,最终得出构建法治社会的现代启示,乃是本文研究的最终归依。主题的研究思路可图示如下:

---

① [美]埃尔曼:《比较法研究》,贺卫芳等译,生活·读书·新知三联书店 1990 年版,第9页。

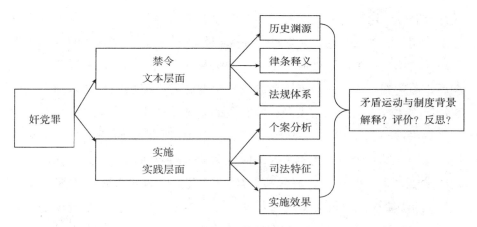

图 1.2 奸党罪研究思路图

"明代奸党罪研究"这一主题，符合单项罪名系统研究的思路，成为恰当且易于把握的论题。"禁令"是"律条规范"的考察，涵括奸党罪名的历史渊源、律条释义、相关法规、精神实质、立法技术、罪名体系等的分析；"实施"是"司法实践"的考察，涵括奸党罪的个案分析、司法特征、实施效果、制度背景。评议则是综合立法文本与司法实践，发现矛盾差异、解释分析评价、思考现代启示。论题计划"小处入手"，选择明代奸党罪的"禁令"开始研究。这既严格框定了研究讨论的范围领域，也为史料收集、案例分析、结论评议提供了可操作性。说其小，是因为文本层面的分析具有较强的可控性。奸党罪涵括的谗言左使杀人、谏免杀人邀心、朋党紊乱朝政、交结宦官近侍、歌功颂德擅权六类犯罪行为，都有历史演化的痕迹，体现中华法系罪名体系的不断发展与成熟完善。奸党、交结近侍、上言德政三个律条，既可以采用语义分析，阐明律条基本含义，也可体系分析，展示律目结构，说明罪名构成的内在逻辑层次关系。论题也注意"大处着眼"，"选择的小题目要能与一个大理论进行学术对话"①。大理论并不是要用西方语境的法学理论硬套中国传统法制，西方理论只能参照参考以发现中国传统法制固有的大理论。奸党罪名还可延伸扩展至《大明律》整个律条体系及其他法规体系之中，从一个罪名的角度诠释明

---

① 陈瑞华：《论法学研究方法——法学研究的第三条道路》，北京大学出版社 2009 年版，第 55 页。

代社会制度，论题研究，既要说明奸党罪的律条与名例律、情理法、相关律条、相关法规的关系，又要展示罪名在明代社会制度背景下的实施效果及现代启示，达到以点带面，牵一发动全身的研究效果。奸党罪名的历史渊源，蕴含着中华法系一项罪名的成长流变；奸党罪名的立法入律，凝聚着传统立法技术与智慧的飞跃；奸党罪的实施及效果，体现着法律与政治制度，法律与情、理的纠葛矛盾。可以说，明代创设的奸党罪，是对历代，特别是汉、唐、宋党争乱政的回应，是承载君主专制中央集权制度精神的重要立法，也是开启清代法制格局的重要罪名。考察奸党罪在明代268年的法律规范与司法实践的互动过程，将助益对皇权专制制度下法制运行规律的认识，为整体把握中华法系的基本内涵提供基础材料。

三、研究意义

中国传统法律重视人情、天理、国法的统一，良好的法律必须顺乎人情，合乎天理，能够被社会大众自觉遵守和自愿信服。"一时代一民族基于自身的生存条件和生活环境，必遭遇此时代与民族特有之问题与困惑，而求特定之应对与解决。"① 明代奸党罪作为中华民族独有问题之立法应对，作为承载中国传统法律文化的一项罪名，理应予以重视和关注。系统梳理明代奸党罪，探讨立法成就，分析司法效果，揭示经验教训，既有学术价值，亦有现实意义。

就学术意义而言，首先，对奸党罪的立法"文本"进行了较为系统的梳理。从立法指导思想、党论纷争概况、朋党罪名演化三个角度，分析奸党罪名的立法沿革变化，揭示中华法系一项罪名的成长历程。从入律时间考证、律条含义诠释、律条关系分析、体系地位解释、法规体系整理五个角度，分析奸党罪的立法水平，揭示其精妙的律目结构、有序的罪名构成和严密的体系渗透。

其次，对奸党罪的司法"实践"进行了梳理。法律是人的思想、思维与社会意识形态相结合的复杂的精神产品，并由人在人组成的利益网络中执行。人情、天理、国法之间激烈的碰撞，使僵化、固定的文本条款有了

---

① 许章润：《说法 活法 立法》，清华大学出版社 2004 年版，第 8 页。

弹性，法律具体实施过程中的千变万化，往往给人目不暇接的感受，要从中寻找规律性的内容，是一件艰苦的工作。罪名实施的研究，涉及法学、政治学、社会学、历史学综合视角的展开，依托《明史》和《明实录》整理出明代 62 个奸党罪案例，既从个案的角度进行深度解读，又从整体的角度进行统计分析，为理解明代奸党罪的总体变迁趋势和司法特征分析提供了基础资料。

再次，奸党罪"文本"与"实践"的矛盾运动解释、反思与启示，也是一项有意义的学术探索。"文本"展示了奸党罪名体系的发展变化，可以弄清统治者立法的意图。"实践"过程中的变数，有助于理解明代法律执行情况，蕴含了法律与社会制度的有机衔接。一个个勾魂摄魄的惊天大案中，天理与人情、私恩与国法，国法与皇权，皇权与官僚之间展开了波谲云诡的较量，在这异常复杂的政治环境里，奸党罪如何运作？其间又蕴藏着怎样的奥妙呢？透过奸党罪"文本"与"实践"的矛盾，发现罪名动态轨迹，揭示实施效果，解释其成因，得出有益的启示，既可更为客观、公正地评价奸党罪，也为宏观角度分析法律与社会的关系奠定基础。奸党罪是儒家、法家思想的制度体现，也是政治纲常伦理的维护，更是中华法系情、理、法衡平的升华，不但成为君主专制制度走向集权巅峰的证据，也成为古代律法兴衰循环的缩影，更成为官僚政治法制运行的写照。凡此，都可以从一个"小"罪名的动态系统研究中，关乎诸多"大"问题的思考。

社会生活的连续性，决定了法律制度的历史继承性。较之现代的法律制度，明代奸党罪捍卫皇权，维护君主专制制度，并不是也不应当成为今人否定奸党罪名的理由。任何一个政体都有捍卫统治秩序，维护政权稳定的立法需求。用法律来调控政治行为，避免政治冲突是文明进步的体现。即使在民主政体下，防范和排斥异己的政治力量也有相应制度设计。《中华人民共和国刑法》分则第一章即是"危害国家安全罪"，其中的背叛国家罪、分裂国家罪、煽动分裂国家罪、颠覆国家政权罪、煽动颠覆国家政权罪、间谍罪等都属于捍卫政权稳定的立法。《中国共产党纪律处分条例》（2016 年 1 月 1 日施行）第五十二条规定："在党内搞团团伙伙、结党营私、拉帮结派、培植私人势力或者通过搞利益交换、为自己营造声势等活动捞取政治资本的，给予严重警告或者撤销党内职务处分；情节严重的，给予留党察看或者开除党籍处分。"这对党员提出了不得结党营私、拉帮结派、营造声势等纪律要求。明代君主不能容忍臣下背叛、分裂国家、泄露国家机密，不允许结党乱政，虚造德政声势谋求不当利益。换作身处民主政体的现代，更应善意地理解传统、珍爱传统，并从中汲取有益的经验教训。

中国有五千余年文明史，四千余年法制发展史，如此厚重的文化传统，不是简单的好与坏可以评断的。奸党罪名属于历史制度，而制度的发展具有延续性。今天的制度以及制度中人们的行为，也是在历史制度传统上发展起来的。虽然新中国建成了全新的国家政治制度，在法律制度方面也大量吸纳西方法律成果，仿照西方构建我们的法律体系。然而，文化是不可能完全移植的，旧时的制度影子仍然深存于每个中国人的心中，有些法律制度还可能符合现实的需要而"复活"。比如对中共党员提出不得结党营私、拉帮结派、营造声势等纪律要求，虽不是法律，但也是执政党自我完善、自我约束、自我净化的重要制度。执政为民、立党为公的宗旨，使共产党保持警醒，善于从历史经验教训中汲取有益经验，遏制官僚主义的不良歪风，这是执政党引领中华民族正视传统的范例，值得肯定与赞扬。

明代总结历代党争的经验教训，对庞杂的近似罪名进行高度的概括与浓缩，归为奸党罪一类。这既是对中华法系的创造性继承发展，也是立法技术与智慧的进步飞跃。就研究所涉及的内容看，奸党罪律目结构堪称精巧，用凝练的概念术语，既把握住了奸党的一般特征，又重点突出了对宦官、近侍与宰执大臣的防范。再就法律体系看，奸党罪既统摄《大明律》中的各类职官犯罪律条，又渗透于《大诰》《祖训》《问刑条例》等法律渊源之中，形成较为完备的体系。然而立法的进步抵挡不住权力凌驾于法律之上的制度缺陷，情理法的衡平，往往在政治腐化之下，变为破坏法律的借口。政治高于法律、指导法律，既然运用法律调控政治矛盾，就应相信法律、尊重法律。法学学科独立于政治学科，其深远的意蕴就在于法律的相对独立性，保持与政治的距离方能有效化解政治危机，协调政治矛盾。明代皇权至上，不同时代的皇帝素质参差不齐，也威胁着法律的稳定性；皇权扶持的各股政治势力又加剧地破坏法律，在情、理的大旗下干扰正常的司法程序，法外政治空间不断扩大，最终因吏治腐败，国事纷扰，法制崩溃而败亡。自上而下的权力结构，缺乏有效的法律制约，对今天也有警示意义。党的十八大报告（2012 年 11 月 19 日）指出：法治是治国理政的基本方式。坚持法律面前人人平等，保证有法必依、执法必严、违法必究。党领导人民制定宪法和法律，党必须在宪法和法律范围内活动。任何组织或者个人都不得有超越宪法和法律的特权，绝不允许以言代法、以权压法、徇私枉法。《中共中央关于全面推进依法治国若干重大问题的决定》（2014 年 10 月 23 日）指出：提高党的执政能力和执政水平，必须全面推进依法治国。中共中央、国务院印发的《法治政府建设实施纲要（2015—2020 年）》（2015 年 12 月 28 日）要求：深入推进依法行政，加快建设法治政府，政府职能依法全面履行，行政权力规范透明运行，人民权益切实有效保障，依法行政能力普遍提高。这一系列的重大战略部署，都明确了法律是权力的笼子，任何组织包括执政党都不得有超越宪法和法律的特权。这是借鉴传统的一面，值得拥护和捍卫。

第二节　研究综述

根据奸党（camarilla；treacherous party）、朋党（Clique）、党争（party struggle）、交结近侍（collude with close attendants）、上言（大臣）德政（submit Kindness or Good governance of the minister）五个关键词，对中国知网（CNKI）、国家图书馆、台湾图书馆、香港大学学术库、SSCI、金图、读秀七个数据库进行搜索，从 1930 年 1 月至 2016 年 3 月，尚未发现与论题完全同名的研究成果。可按学科倾向，将论题高度相关的成果分为两类：一是法学研究，体现为教材工具书、9 篇论文（其中 5 篇为硕士学位论文）和相关专题研究。可见目前法学界对明代奸党罪很少有深入到具体律条、具体罪名的系统研究成果。奸党罪散见于宏观层面的《大明律》简介、明代法制史概况或相关专题研究中附带提及。二是相关学科研究，如政治学、历史学、文学，对中国古代的朋党、党争现象的关注，现收集到著作 65 部、博士学位论文 20 篇、硕士学位论文 50 篇，发表期刊论文 1800 余篇。可见相关学科对朋党、党争极为关注和高度重视。然而，一旦限缩关键词为"奸党""交结近侍""上言大臣德政"，则回归法学研究的检索结果。这表明研究核心词汇的使用，是学科区分的重要节点。奸党与朋党、党争有何区别，学科之间巨大的研究成果反差意味着什么？依据检索结果分析，认为坚持法学学科独特性是研究创新的关键，汲取相关学科成果是研究的补充，分析研究空间提出研究问题是研究的核心。在法学界"遇冷"是选题的前提，在相关学科"热门"预示研究的前景。基于法学学科的独特视角而有创新发现，摆脱重复研究陷阱是研究的基石。

一、法学研究概况

奸党罪已引起法学界的关注，但尚有深入研究的空间和必要。目前对奸党罪的分析，主要体现在教材工具书、研究论文和相关专题上。

（一）教材工具书

教材工具书是对奸党罪的权威解释，具有较强的影响力，虽不能视为研究成果，但也是研究成果的凝练总结。基于教材工具书的重要地位，可结合研究作简要评析。《中国法制史》教材，在介绍明代法制时，一般都会提及奸党罪[①]。可见法律史学科已将奸党罪视为"常识"。法学类工具书也有奸党罪的解释，则是在常识的基础上，将其作为法学专业常备的词目。教材工具书对奸党罪的重视，可见其在中国传统法制中的独特地位，但没有系统深入的研究成果，既是一大遗憾，又易引发"常识"错误。奸党罪具有独特的法律制度地位，承载传统法律文化精神内涵。教材工具书对此都未能展开分析和论证，缺乏系统的深入考察。介绍和泛评实与奸党罪的地位太不相称，奸党罪所昭示的中国传统法制经验尚待挖掘。

曾宪义主编《中国法制史》指出：朱元璋建明称帝后，在中国法制发

---

① 参阅浦坚主编：《中国法制史》，光明日报出版社 1987 年版；郑秦主编：《中国法制史纲要》，法律出版社 2001 年版；赵昆坡编著：《中国法制史》，北京大学出版社 2002 年版；李交发、唐自斌主编：《中国法制史》，湖南大学出版社 2001 年版；马作武主编，张洪林、任强副主编：《中国法制史》，中国人民大学出版社 2004 年版；王立民主编：《中国法制史》，上海人民出版社 2003 年版。

展史上，首立"奸党"罪。明代严厉惩治奸党的规定，对于防止官吏上下、内外勾结，徇私舞弊，加强君主专权，肯定是起了积极作用的。同时，也由于明律"增奸党一章，以陷正士"，"非善政也"，终于导致有明一代的冤狱迭出，引起统治阶级内部的危机；也促使了皇帝疏远朝臣，宠信宦官，为明朝中后期黑暗的宦官专政提供了条件①。该教材既承认奸党罪的积极作用，又指出其负面效应，评价较为中肯。但奸党罪名入律的具体时间，该教材也未能给出解释。

朱勇主编的《中国法制史》指出："奸党"之罪，"不如其它刑事犯罪，具有刑法上的确定性，所以很易成为封建统治者随意杀戮功臣宿将的任意性规范"。正因为这种任意性，"明朝屡兴大狱，肆意杀戮朝廷重臣与封疆大吏，大多本于朱元璋重惩'奸党'罪的法律规定。这些法律的实施，导致明代冤狱丛生，无辜罹罪的局面，终至统治集团内部的危机四伏"。可见"明朝严格立法，重点打击朝臣交结等项犯罪。其原意在于巩固君主专制的统治，但执法的结果却为统治者始料不及"②。这一分析触及了中国传统法律及其司法的确定性与非确定性的重大理论论争，并以奸党罪的评价给出了不确定性、任意性规范的结论。另外，在法律实施效果上作出了"冤狱""无辜罹罪"的负面评价。如何看待奸党罪的律条规定，客观全面地评价其实施效果，这恐怕已非教材所能解决的大问题。本书采用小处入手、大处着眼的研究思路，力图在系统而扎实的史料梳理中，进一步验证教材观点。

《北京大学法学百科全书》"奸党"条："中国古代法律所定罪名。指大臣私自结党对抗朝廷。历代统治者皆立法严加防范。汉代为加强中央集权君主专制制度，曾颁布"阿党附益之法"，禁止朝廷大臣与诸侯王结党。以后历代法律皆有类似规定。朱元璋鉴于历代，特别是唐、宋两代臣下结党，皇权旁落的教训，特在《明律·吏律·职制》立有'奸党'专条"③。

① 曾宪义主编：《中国法制史》，北京大学出版社、高等教育出版社2009年版，第202—203页。

② 朱勇主编：《中国法制史》，法律出版社1999年版，第376—377页。

③ 蒲坚释，载北京大学法学百科全书编委会：《北京大学法学百科全书·中国法律思想史中国法制史外国法律思想史外国法制史》，北京大学出版社2011年版，第373页。

"朋党"条:"图谋私利排斥异己的宗派集团。中国旧时规定的罪名,犯者重至处死。唐、宋、明等朝均禁朋党。《明律·吏律》则明确规定:'若在朝官员交结朋党紊乱朝政者皆斩'"①。该工具书注意了奸党罪与朋党罪是不同的罪名,且历代统治者皆立法严加防范奸党罪和朋党罪。但两个罪名之间是何关系依然不明,这为深入分析奸党罪与朋党罪的关系提供了信息。重视两者的演变情况研究,梳理历代统治者皆立法严加防范的概况。

《中国大百科全书(简明版)》"奸党"条:"中国明、清律中关于严禁臣下结党和内外官交结的规定。明太祖朱元璋于洪武年间多次颁布禁止宦官干政和大臣朋党诏令,并在《大明律》中创设了奸党专条。除奸党本条外,明律吏律职制门下的一些条款也有惩治奸党的规定。此外,还颁布了大量例、令,严禁宦官专权和大臣朋党"②。《中国大百科全书(法学)》"奸党"条:"明、清律关于严禁臣下结党和内外官交结的"奸党"专条。明代之前,历代律文中均未设。除奸党本条外,明律吏律职制门下的一些条款也有惩治奸党的规定(如交结近侍官员、上言大臣德政、大臣专擅选官)。明律关于严禁奸党的规定,对于明初极端君主专制制度的确立和明代前期皇权的巩固起了很大的作用。然而这一时期,这些规定又被封建君主利用来作为消灭异己、杀戮功臣的恐怖手段。明太祖时的胡惟庸党案和蓝玉党案,因奸党罪被株连而死者达数万人。明成祖朱棣发动'靖难之变'时,也以除'奸党'为名,对政敌大肆报复,被灭族、株连处死者达数万人。明代中后期,宦官王振、汪直、刘瑾、魏忠贤等先后操纵朝政,内外官勾结肆意专横到了登峰造极的程度,造成了极端黑暗的统治。明律中有关禁止、惩治奸党的规定便成为一纸空文"③。律以定罪名,奸党罪名有"本条",还延伸至"交结近侍""上言大臣德政""大臣专擅选官"等律文和诏令、例之中。这一表述,涉及对奸党罪罪名体系的分析,奸党

---

① 赵昆坡释,载北京大学法学百科全书编委会:《北京大学法学百科全书·中国法律思想史中国法制史外国法律思想史外国法制史》,北京大学出版社 2011 年版,第 607 页。
② 杨一凡释,载《中国大百科全书》(简明版),中国大百科全书出版社 1996 年版,第 4 册,第 2330 页。
③ 杨一凡释,载《中国大百科全书》(法学),中国大百科全书出版社 1984 年版,第 311 页。

罪名与奸党律条的关系、奸党律条与其他律条的关系、《大明律》与其他
法规的关系等，但都缺乏系统论证和展示，奸党罪罪名体系依然模糊不
清。关于奸党罪名的入律，该解释比较谨慎地表述为"洪武年间多次颁布
禁止朋党诏令"，"在《大明律》中创设了奸党专条""明代之前，历代律
文中均未设"。该解释肯定奸党罪名在明代洪武年间首次入律的同时，
避开了对具体入律时间的考证。而其对于明代奸党罪的实施评价，明代前期
确立极端君主专制制度，消灭异己、杀戮功臣巩固皇权，明代中后期有关
禁止、惩治奸党的规定便成为一纸空文的观点，也值得商榷。奸党罪既然
在实施，就不能以"一纸空文"来评价奸党律条。正视奸党罪实施的复杂
性，应成为研究的重要部分。

（二）研究论文

奸党罪偶见于研究论文中，其中硕士论文5篇，期刊论文4篇。研究
论文有诸多值得学习与借鉴之处，但限于篇幅、研究角度、研究思路，亦
有各自的不足，论题将充分尊重现有研究，力图在其不足之处发力。

周少华在解释朋党的定义、特征、受贬抑原因的基础上，采用"大历
史"的长线条视角，考察了东汉、唐代、宋代、明代、清代的党争及其处
理情况。明代禁朋党入律之前，国家直接用政治手段解决朋党及党争问
题。明代朋党之禁入律，对朋党法律上的否定代替了纯粹道义上的否定，
但情形并未得到好转。实质上法律仅仅为统治者手中的工具。是否需要运
用该工具完全取决于当权者认为有无必要性，是否直接威胁皇权或有可能
危及整个国家官僚体系的运转，是法律对朋党容忍的最大限度。在传统中
国，法律仅仅是政治的附属物，缺乏自身的价值①。该文注意朋党罪强烈
的政治属性，但朋党罪与奸党罪的关系不明，更缺乏研究的视角，而有些
观点也不完全符合史实，缺乏对基本史料的理解。高金对交结近侍官员罪
的法律渊源、罪的处理、特点与启示作了介绍，从该律的立法、实施、效
果等方面进行动态过程分析。明代交结近侍官员律运行陷入了"禁而不
止"的困境，君主专制既是主要原因，也是无法走出困境的体制根源。交

---

① 参见周少华：《朋党禁治论》，武汉大学硕士学位论文，2002年。

结近侍官员律虽然是传统法律的立法进步，体现了君主专制制度的完善，但仍是君主驭臣治世和政治斗争的重要工具。在具体实施中法律的作用逐渐扭曲异化。交结近侍官员律的实效虽达到了捍卫皇权之目的，却以牺牲法律的社会效果为代价①。该文从奸党罪名的一个律条角度展开分析，研究思路值得坚持。但交结近侍的律与罪、交结近侍与奸党罪名的关系，尚需进一步理清、理顺。马明星在分析朋党词源、历史类型、党争原因、党争危害的基础上，提出朋党之争，无论其缘由何如，都没给所在的王朝带来清明政治与兴盛，相反却将王朝拖入乌烟瘴气的泥沼，甚至导致亡国。朱元璋对朋党及内外官员勾结的打击不可谓不严，但明末激烈的党争使得明太祖朱元璋的这条规定成为空文。明代党争始于洪武朝，历经数代皇帝的演化，而至明末呈越演越烈之势。党争恶化司法，各党派在互相攻讦中，纷纷利用法律作为其斗争的武器，使其对反对派的打击合法化，因此法律沦为了党争的工具。党争恶化政局，朝臣内部尔虞我诈，直接削弱了明政府的控制力量②。该文以明末辽东三案为中心，探讨了党争对明朝衰亡的影响，也就不可能关注朋党与奸党的罪名体系，对明代奸党罪名的整体发展演化过程也着力不足。范心羽以明清时期奸党罪为研究对象，分析奸、党、奸党的字词义，对奸党与朋党、谋反、妖言、文字狱等关联罪名的联系与区别作出分析，考察了奸党罪产生的历史和法律渊源。以现代刑法学的犯罪构成要件为分析框架，认为奸党罪的犯罪客体主要为皇权权威，犯罪客观方面表现为一切危害皇权权威的结党行为，犯罪主体主要为官吏，犯罪主观方面则包含故意、过失、无过错。归罪方式为客观归罪。从法定刑、刑罚加减、赦免、适用扩大四个方面分析了奸党罪的处罚。奸党罪在明清官僚政治中发挥的作用，是进一步加强皇权专制。奸党罪是明朝为打击一切危害皇权的结党行为而设立的罪名，并沿用至清③。该文着重分析奸党罪的犯罪构成，过于依赖现代刑法学裁剪套用传统法律，对奸党罪的具体律例和案例基本上没有分析。程晶认为"奸党"在明代之前是

---

① 参见高金：《明代交结近侍官员律研究》，南开大学硕士学位论文，2005 年。
② 参见马明星：《从明末辽东三案看党争对明朝衰亡的影响》，中国人民大学硕士学位论文，2007 年。
③ 参见范心羽：《明清奸党罪研究》，武汉大学硕士学位论文，2008 年。

一个政治语词，到明代才作为独立的罪名入《大明律》，包括"奸党"
"交结近侍官员""上言大臣德政"三个罪名。对奸党罪的禁党源流、律意
解释、罪名构成、司法实践进行考察后，得出奸党罪作为专制政治中政治
法律化的体现，是权力斗争的工具的结论①。该文的研究思路清晰，值得
学习和借鉴，但对奸党罪名的入律时间、罪名体系、律条与罪名的关系、
司法特征和实施效果等的分析尚显薄弱，有待深入和展开。

马高洁认为奸党罪就是奸党律所禁止的四种行为。这是对律条内容的
直接引用和介绍，未能明确奸党罪名与奸党律的关系，未能涵括奸党罪禁
止行为的全部内容和奸党罪的其他法规形式。关于奸党罪名入律时间，该
文提出"由于所见材料有限，现存《大明律》皆系洪武三十年（1397 年）
所颁，很难断言奸党行为就是《大明律》首禁"。该文以洪武元年（1368
年）《大明令》"凡诸奸邪进谗言，左使杀人者，虽遇大赦，不在原免"和
《御制大诰三编》有"朋奸匿党"条，是洪武十九年（1386 年）前，两个
证据指出，"由此可见，早在洪武元年（1368 年），洪武十九年（1386 年）
时已有奸党行为的相关规定了"。这种大胆探索是值得肯定的，因为明代
虽首创奸党罪名，然而有关奸党条中的行为，却非明朝所独有。"明朝更
加重视奸党行为，并赋予统一名目，名列入律"，这"只能说明随着封建
社会的没落，迫切需要加强皇权专制，原来并不凸显的罪行被置于显著位
置"。注意到奸党罪与奸党入律的区别，而在罪名适用上，"奸党罪已不只
是简单的刑法罪名，更是一种维护皇权专制的政治工具"②。陈煜从"语
境"理论的视角下，叙述了"奸党"罪在明清五百多年中的嬗变与消亡历
程，揭示罪条背后所体现的立法语境的转变，认为"朋党之争、党同伐
异，古已有之，但此时朋党是作为政治用词或者社会生活用词"。明代将
"奸"和"党"并称并作为一个法律概念，"奸党律是在胡惟庸谋反案件
之后逐渐篡入律文的，这一点似毋庸置疑"③。该文为论证奸党罪在明代入
律时间是在胡惟庸案（洪武十三年；1380 年）后，采纳沈家本"亡羊补

---

① 参见程晶：《论明律中的奸党罪》，华中科技大学硕士学位论文，2014 年。
② 参见马高洁：《浅析奸党罪》，《和田师范专科学校学报》2009 年第 5 期。
③ 参见陈煜：《社会变迁与立法语境的转换——以"奸党"罪的嬗变为线索》，《南京大学
法律评论》2009 年秋季卷。

牢"之说，显然没有全面考量明代立法的经过。高进以律例内容为主，案例说明为辅的思路，介绍了清代惩治朋党的律例修订情况，认为"'奸党'、'交结近侍官员'及'上言大臣德政'都是惩治朋党的律例。三种罪名本是明代统治者加强君主集权、防止威柄下移的重要法律措施，清代因循并先后修改四例，另加二则事例，在加大打击力度的同时，扩大惩处的对象"。奸党律例立法目的是对朋党乱政行为的约制，其要点有六：（1）维护君主至高无上的权威；（2）扼杀官吏的风节；（3）有利于维护官僚队伍的正常秩序；（4）容易成为党同伐异的借口和工具；（5）职司监察的科道官利用职权之便参与党争；（6）专制之弊在法律方面的负面效应明显①。该文律例与案例并进的研究思路值得本文借鉴。但明代的研究领域与清代不同，且该文使用"朋党"罪、"奸党"罪、"交结近侍官员"罪、"上言大臣德政"罪，概念显得混杂，尚需要进一步理清奸党罪名的体系结构和与朋党的区别。柏桦、卢红妍在分析《大明律》编纂过程时，提出了奸党罪名于洪武九年（1376年）入律的重要观点。刑部尚书刘惟谦按唐律十二篇体例修纂的洪武七年（1374年）律，因其被治罪谪发而作罢。"按照一般惯例，主持制定法律的人被治罪谪发凤阳，其制定的法律也会受到牵连，胡惟庸等人不采用洪武六年（1373年）律"。详加考订厘正者13条，总共还有446条。后人"对洪武九年（1376年）律的内容多有猜测，尤其是厘正13条究竟是什么，更是成为了谜。如果仔细研读1376年前后的历史，就会发现'奸党'的罪名是这时增加的"②。奸党罪名于洪武九年（1376年）入律的观点，推翻了沈家本关于奸党律是针对胡惟庸乱政而"亡羊补牢"的立法认识。沈家本认为胡惟庸乱政，于洪武十三年（1380年）伏诛，对奸党律条的入律和大明律的体例变化产生了深远影响。奸党、交结近侍官员、上言大臣德政"此等律文，当定于胡惟庸乱政之后，所谓亡羊补牢也"。"明律初准于唐，自胡惟庸诛后，废中书而政归六部。是年，更定《大明律》亦以六曹分类，遂一变古律之面目矣""迨胡惟庸被诛，废中书而事归六部，于是廿二年（1389年）重修律文，亦以六曹分部，古来

---

① 参见高进：《清代惩治朋党律例探析》，《社会科学辑刊》2011年第5期。
② 柏桦、卢红妍：《洪武年间〈大明律〉编纂与适用》，《现代法学》2012年第2期。

律式为之一变"①。该文逐条考证了洪武十一年（1378 年）至十六年（1383 年）的律条修订情况，结合洪武十八九年（1385、1386 年）行用律有"奸党"罪律条，得出奸党罪名洪武九年（1376 年）入律的结论，但也没有排除洪武元年（1368 年）、洪武六年（1373 年）入律的可能。

（三）相关专题研究

相关专题研究，侧重在宏观的视角下分析中华法系、明代法制或主题分析论证，附带提及奸党罪，评析奸党罪案例。总体看，涉及的奸党罪研究服务于专题分析需要，多停留于罪名的简介，案例的剖析虽有灼见，但不成体系。杨鸿烈认为"'朋党罪'涵括明代奸党律、交结近侍律、上言大臣德政律"②。张晋藩指出，"《大明律》增设汉唐宋元刑法中所未有的'奸党罪'强化专制统治，反映了皇权的极端发展。在推行极端专制主义的明朝，出现了'法外之罪和刑外之罚'"；"奸党罪的肆意扩大，造成的消极后果就是朝官明哲保身，漠视国事"；宦官专权，"说明内外官交结的法禁完全失效"③。这种皇权专制、朋党危害、刑外之罚、有法不依、专制腐败、消极后果的评议，很难了解奸党罪内涵，更难发现具体应用。再如"在明初的司法实践中，谋反罪成了皇帝剪除功臣宿将的借口，朱元璋兴'胡蓝之狱'诛杀官吏二万多人，正是定此罪名"。官吏职务犯罪中的擅权行为，"处罚最为严厉的当推'大臣专擅选官'、'上言大臣德政'、'交结近侍官员'等条。朱元璋严禁臣下结党营私，凡是专擅选官、交结近侍、上言大臣德政的官吏，就是'奸党'，一律处死，并且株连全家"④。胡惟庸定谋反或叛逆是有史料依据的，但奸党与谋反或叛逆有何区别联系，则需要进一步澄清。奸党罪属于侵犯皇权还是擅权犯罪，与大臣专擅选官律条在罪名体系上是否同一，奸党一律处死，株连全家的观点也值得商榷。赵晓耕认为，"明律的特色就是对于直接危害封建统治、封建君主的犯罪行为，处刑都普遍加重。奸党罪的创设正是'重其所重，轻其所轻'原则

<hr>

① （清）沈家本：《历代刑法考》，中华书局 1985 年版，第 1829、1125、1783 页。
② 杨鸿烈：《中国法律发达史》，中国政法大学出版社 2009 年版，第 463 页。
③ 张晋藩：《中华法制文明的演进》，中国政法大学出版社 1999 年版，第 506—508 页。
④ 张晋藩编：《中国法制通史（第 7 卷明）》，法律出版社 1999 年版，第 443、457 页。

的结果"。"朱元璋为了防止臣下朋比结党，上下内外勾结，削弱皇权，在《大明律》中特增设了唐宋刑法所未有的'奸党罪'。这在中国法制史上属于首创"。指出"奸党罪"在处刑上具有较大的任意性，使得冤狱大兴，而"交结近侍官员""上言大臣德政"，乃是"对奸党罪的扩大化"①。奸党罪本来就是由三条律构成的，根本就不存在扩大化的问题，而任意性的表述也不可能涵盖全部的法律适用情况。

林乾认为：中国古代权、法关系有西周至秦汉的权移于法，民不畏上；魏晋至唐约束皇权，人君与天下共者，法也；明清尊君抑臣，君权超越法律之上，臣僚受法律重重限制三个阶段。"中国封建社会晚期，皇权彻底'制服'了法律，或者说法律完全在君主的操控下执行其工具职能。"② 在权与法的论析中，对朱元璋严厉惩罚"奸党"，嘉靖"大礼议"，"李福达狱"等案例进行分析，在"权力、权术与法律"的视角下，解析法律遏制朋党、防范大臣，皇帝恩威莫测权术，都是在权力的作用下出现的③。尤韶华"从全面真实的历史环境中阐述司法。为此本书用90%史料，而只有10%的论述和结论"。作者以史料汇编为主，论述为辅，收集整理明代的大案、要案，其中不乏大量的奸党罪案例，指出："各朝君主的背景、年龄、性格、情绪、喜怒、用人对当朝的刑狱起决定的作用"。在君主专制体制下，"司法是政治的反映，或者说是政治一种表现形式，或者说是延伸，尤其是刑狱"④。评论虽然不多，但在汇集案例的过程中，往往能够找到某种规律性的内容。

二、相关学科研究

研究古代法律，当然不能够以法律而论法律，必须扩展到更广阔的社会视野之下，需要从历史学、政治学、社会学，甚至文学的角度去解读。从这一点来讲，需要掌握多个学科的知识去深入了解当时的历史背景。研

---

① 赵晓耕主编：《罪与罚：中国传统刑事法律形态》，中国人民大学出版社2011年版，第202页。
② 林乾：《中国古代权力与法律》，中国政法大学出版社2004年版，第1—9页。
③ 林乾：《中国古代权力与法律》，中国政法大学出版社2004年版，第226—243页。
④ 尤韶华：《明代司法续考》，中国人事出版社2005年版，第1、2、8页。

究奸党罪的同时，也注意吸取政治史、社会史、制度史、文化史等方面研究成果，争取不脱离当时的社会条件，更全面地探讨奸党罪名的发展变化。就目前掌握的资料信息看，中外学者对朋党、党争给予了极大关注。研究著作有 65 部之多，还有博士学位论文 20 篇、硕士学位论文 50 篇，期刊论文 1800 余篇。翻阅许多著作论文，因学科不同，概念、思路、关注点都不同，虽不能找到直接参照的内容，但许多灼见，可以拓展研究思路，从宏观、微观的角度提供参考借鉴经验，更提供了寻找第一手研究资料的线索，帮助形成分析视角和研究观点。书不怕无用，就怕读不完，只能择取对论题有直接帮助的部分作扼要介绍，并着重列出著作类研究成果，以备查考和深入分析。

（一）参阅成果

柏桦对官僚政治下的"交结近侍官员"有一定分析。在君主专制下，"这种制度要求官吏只对君主负责，不准许上下交结，尤其是不能与近侍和大臣交结，这是法有明文、令有禁止的。值得注意的是，专制政体长期实行的是人治，缺乏健全的法制，人存政存，人亡政亡，是这种体制的特点。在这种情况下，官僚之间的人际关系往往凌驾于职官管理制度之上，并且成为主导这种制度的关键。在这种背景下，官僚之间的人际关系不但显得十分重要，而且成为官场生存的必要条件"①。从人治政治体制缺陷、法律工具性、人情世故与官场生存等方面，对州县官的行为和心理进行分析，解释了"律虽有禁"，但又不得不通过"交结"来构建政治关系网的无奈。这对理解明代奸党罪实施的制度背景有重大指导。由于限于"州县官群体"这一特定研究对象，也不可能对奸党罪展开全面分析。"交结近侍官员"的分析采取政治学为基线，多学科交叉研究的思路，为法学角度的分析留下了空间。

雷飞龙从君主权术与领导能力、皇位继承争夺、争取仕进与仕途壅塞、品性家世地域差异、学术政策争论等角度全面解释了朋党产生的原因，指出"朋党的形成，一般都是出于'弱者'意识，所谓弱者，亦即自

---

① 柏桦：《明清州县官群体》，天津人民出版社 2003 年版，第 284 页；另参见柏桦：《明代州县政治体制研究》，中国社会科学出版社 2004 年版，第 301 页。

认其利益未被照顾或未被妥善照顾的人，这种人往往构成一个'不满的利益集团'。不论何时地，只要有'不满的利益集团'存在，即可能出现朋党"。"欲免党争之祸，而收党争之利，以民主政治代替专制政治，实为必要"①。专制政体产生朋党是必然的，法律禁止这个必然产生的政治现象，显得无力。郑克晟分析了朱元璋对江南地主的打击，朱棣对北方地主的扶持，围绕南北地主的官僚群体斗争，展示明中叶以后两派政见之分歧，从经济政策的角度揭示了明代南北党争的根源②。地域、经济、党争的分析思路，清晰简明，是理解明代党争根源的佳作。徐洪兴梳理汉代处士横议、中唐朋比唱和、北宋君子有党、晚明清流浊流的党争历程，指出国家败亡是党争的恶果，而社会制度、中央集权、宦官势力、官僚利益、儒家思想等是造就朋党的原因③。从多种角度来看党争与朋党，有助于从法律层面进行分析。林乾按照康熙时期朋党集团发展及其衰败的时间顺序，考察了前期满族勋贵索额图与明珠两大集团的斗争，中期汉官集团内部倾轧及满汉之争，后期皇储之争，将历史事件与制度变迁结合起来，从历史学、政治学、文化学、社会学、民族学等多重视角，透视贯穿康熙一朝的朋党现象，指出"朋党之争事实上成为皇权扩张的工具"④。林乾从多重视角分析清代康熙朝朋党问题，拓宽了朋党现象的法学分析视野。

杜婉言分析了明代宦官操纵内阁、人事、军事、司法、外交、经济的显赫权势，士大夫在宦官权势面前的卑躬屈膝，终至晚明东林党与阉党斗争的酷烈⑤。蔡石山（Shih – Shan Henry Tsai）亦关注了明代宦官问题，从宦官的角度揭示了明代党争的酷烈与皇权支持下的宦官优势，为理解明代官僚不得不交结宦官提供了社会制度背景的思考⑥。小野和子在梳理东林党研究史的基础上，以张居正改革为分析切入点，讨论东林党的形成过

---

① 雷飞龙：《汉唐宋明朋党的形成原因》，韦伯文化国际出版有限公司 2002 年版，第 368 页。

② 参见郑克晟：《明代政争探源》，天津古籍出版社 1988 年版。

③ 参见徐洪兴：《朋党与中国政治》，中华书局香港公司 1992 年版。

④ 林乾：《康熙惩抑朋党与清代集权政治》，正展出版公司 2003 年版，第 8 页。

⑤ 参见杜婉言：《失衡的天平：明代宦官与党争》，万卷楼图书有限公司 1999 年版。

⑥ Shih – Shan Henry Tsai：*The Eunuchs in the Ming Dynasty*，New York：State University of New York Press，1995.

程、书院与核心人物、政局与政策争论，延伸至天启党争、崇祯复社运动。"东林党也好，复社也好，尽管他们聚集舆论，想把言论变为力量，有意识地组织朋党，但是，最终没有压倒阉党的政治力量，这也是历史的事实。他们不得不被君主的恣意和以君主之名进行的阉党的挑衅所拨弄"①。这有助于认清东林党的性质，书内所附"东林党关系者一览表"，精细整理了东林党成员谱系，也有助于理解东林党的关系网。东林党基于经济利益而与皇权展开斗争的观点，将东林党视为中国自主近代化的先驱，也是一种新的视角。J. 达德斯（John W. Dardess）概述了东林党的发展演化，描述了东林党因与阉党斗争而被残酷镇压，分析了中国古代政治斗争的血腥性②。朱文杰叙述了东林书院创立的时代背景，杨时、顾宪成的讲学活动、讲学内容，讲述东林与宣、昆、齐、楚、浙、阉党斗争的历程③。王天有立足万历、天启政局，分析张居正改革与东林党议兴起的内在联系，评价了东林党议的性质、是非、局限性④。

李倩将《大明律》中"现任官辄自立碑"与"上言大臣德政"律归属于官员歌功颂德罪名，前者针对所有现任官员，突出道德属性，是违反礼制的行为；后者针对宰执大臣，但不仅禁止官员，且涵括士庶人等不得颂扬大臣德政，突出政治的属性，是违反职制行为。在案例分析方面，以政治学视角，侧重罪名适用情况的原因分析⑤。崔海雷通过明代前期的胡蓝党案，论述明代的党禁政策，重点分析万历皇帝以后出现的党禁废弛、党争激烈现象⑥。洪蕙筑认为胡蓝党狱的时代背景是分封功臣武将，进而引发功臣集团角力，导致朝政不稳。朱元璋以结党谋逆罪掀起大狱，严刑峻法，俱坐党祸，诛死者甚众，打击功臣宿将，将所有军政大权集中于皇

① ［日］小野和子：《明季党社考》，李庆等译，上海古籍出版社 2006 年版，第 376 页。
② John W. Dardess：*Blood and History in China：The Donglin Faction and Its Repression*，1620 - 1627，Honolulu：University of Hawai'i Press，2002.
③ 参见朱文杰编著：《东林书院与东林党》，中央编译出版社 1996 年版。
④ 参见王天有：《晚明东林党议》，上海古籍出版社 1991 年版。
⑤ 参见李倩：《明代歌功颂德罪名研究》，南开大学博士学位论文，2014 年。
⑥ 参见崔海雷：《试论明代党禁制度的废弛》，贵州大学硕士学位论文，2007 年。

帝一人，达成朱元璋心中理想之专制政体①。不同的视角，与论述侧面不同，不但有利于法条分析，也为法律适用提供了参考系数。

（二）其他朝代研究

其他朝代的朋党与党争，不但是"奸党罪"出台的历史渊源，也是研究应该关注的问题。例如韩国磐：《唐朝的科举制度与朋党之争》（三联书店1979年版）；李则芬：《唐代科举与朋党》（台湾商务印书馆1989年版）；朱子彦：《朋党政治研究》（华东师范大学出版社1992年版）；张荣芳：《牛李党争中史官与史学的论争》（台北新文丰出版公司1992年版）；罗家祥：《北宋党争研究》（文津出版社1993年版）；郁贤皓：《从〈令狐梅墓志〉看李德裕及晚唐党争》（中华书局1993年版）；何冠环：《宋初朋党与太平兴国三年进士》（中华书局1994年版）；王炎平：《牛李党争》（西北大学出版社1996年版）；沈松勤：《北宋文人与党争》（人民出版社1998年版）；罗家祥：《朋党之争与北宋政治》（华中师范大学出版社2002年版）；孙敏：《李德裕与牛李党争：〈穷愁志〉研究》（四川大学出版社2004年版）；沈松勤：《南宋文人与党争》（人民出版社2005年版）；林文仁：《南北之争与晚清政局》（劳动人事出版社2005年版）、《派系分合与晚清政治》（中国社会科学出版社2005年版）；仁藤敦史：《皇位继承と政争》（东京角川学芸出版2006年版）；刘学斌：《北宋新旧党争与士人政治心态研究》（河北大学出版社2009年版）。

三、研究空间分析

经过梳理研究现状，发现研究空间，提出研究问题，既是避免重复研究的需要，也是确立选题的前提，更是细化研究问题，实现突破创新的关键。法学界已开始关注奸党罪问题，但系统性、深入度不够；政治学、历史学、文学高度重视朋党、党争问题，有大量的高水准研究成果，但法学视角的分析不足。明代奸党罪研究，停留在介绍、泛评、分散、零碎、单薄、静态、宏观、定性、偏失层面。教材、通论、相关主题研究顺带提及

①　参见洪蕙筑：《明初胡蓝党狱及其影响之研究》，（台北）"国立中央大学"硕士学位论文，2009年。

此罪的现状应予改变，有必要实施深入、全面、系统、贯通、深入、综合、整体、动态、微观、定量的研究。综合研究现状，可以看到明代奸党罪在罪名分析、司法实施、实践效果三个领域均有一些问题亟待深入探讨，研究空间于此呈现。

（一）罪名分析

奸党罪罪名分析是目前较为集中的研究领域，但尚无专门、系统的研究，且过于借助现代刑法学的思维、概念进行分析，有削足适履的倾向。在明代奸党罪的罪名分析上，尚需深入探索以下三个问题：

1. 奸党罪名是否明代首创

明代首创奸党罪，需要证明此前无奸党罪这一罪名。这一问题需要梳理明代之前的史料是否有奸党罪名的记载，史料的范围不仅是律文，还包括正史。因为古代的刑法，并不都在律文之中，多样的法律形式中，同样有刑法的内容。另外，进一步明确朋党罪与奸党罪何时出现，两个罪名是何关系，杨鸿烈提出的朋党罪涵括奸党律、交结近侍律、上言大臣德政律是否准确。除了明代首创奸党罪的观点，与之针锋相对的是"中国古代法律所定罪名，历代统治者皆立法严加防范"的观点。本书需要为这两个矛盾的观点，寻找出更符合史实的答案。

2. 奸党罪名入律时间

明代之前的律文无奸党罪名，奸党罪名在《大明律》中首次入律。但仔细分析，就会发现还需进一步研究的疑点。这个"首次"的具体时间是混乱不清的。有"洪武年间""明初""洪武九年""胡惟庸案后"等观点。奸党罪是中国传统法制的特色罪名，其入律的具体时间是否有进一步明确的可能，明确具体的入律时间有何重大的意义，还需要进一步努力。

3. 奸党罪名与律条关系

罪名是犯罪本质特征的抽象概括，罪名体系及其逻辑安排反映着一个时代的立法水准。奸党罪名问题，涉及对中国传统的罪名确定标准、罪名与律条、律条与律条、罪名与法律体系、罪名与其他罪名等关系的判断，既是立法技术评估，又是立法思维分析。具体到明代奸党罪名，则需要明确奸党罪名是涵括奸党律、交结近侍律、上言大臣德政律，还是奸党罪名就是奸党律"专条""本条"，而交结近侍律、上言大臣德政律是奸党罪名的"相配套""扩大化"罪名，即交结近侍罪、上言大臣德政罪是否是独立的罪名。奸党律、交结近侍律、上言大臣德政律三者之间又是何关系，奸党罪名与大明律惩治奸党的其他律条规定、与大量例、令严禁朋党的规定，即明代法规体系之间，又是何关系。胡惟庸是奸党，但定谋叛罪，这又需要分析奸党罪名与相关罪名的关系。这些问题，要求论题借助奸党罪名的研究，对明代的罪名体系作出更深刻的认识。

（二）司法实施

罪名文本向实践效果的转化，需要司法实施的过程。查阅那思陆《明代中央司法审判制度》（北京大学出版社 2004 年版）；杨雪峰《明代的审判制度》（台湾黎明文化事业股份有限公司 1981 年版）；尤韶华《明代司法初考》（厦门大学出版社 1998 年版）；张晋藩编《中国法制通史·明》（法律出版社 1999 年版）；这些研究成果虽有对明代司法过程的详细分析，但都未对具体罪名的司法过程和特征进行讨论。尤韶华《明代司法续考》（中国人事出版社 2005 年版），采用史料梳理的方式，涉及大量奸党罪案的整理。但因其"太客观"地忠实于史料，案件处理的司法过程若隐若现，尚有进一步明确的必要。明代法律实施方面的研究虽是法史学界的重点，但结合某项具体罪名，分析法律规定在司法领域的运作情况的专题研究还很少见。

奸党罪打击官僚结党，基于官僚的特殊主体地位而适用"身份管辖"。《大明律·名例律·职官有犯》规定："凡京官及在外五品以上官有犯，奏闻请旨，不许擅问。"[1]《问刑条例》规定："内官、内使、小火者、阉者等犯罪，请旨提问。"[2] "明代皇帝亲自指定审理的案件称之为奉旨推问案件。奉旨承办推问的司法机构有三法司和锦衣卫北镇抚司。由于这种案件是皇帝直接过问的案件，通常不经过普通审判程序。"[3] 从奸党罪一项罪名

---

① 怀效锋点校：《大明律》，法律出版社 1998 年版，第 4 页。
② 怀效锋点校：《大明律附大明令问刑条例》，辽沈书社 1990 年版，第 345 页。
③ 怀效锋：《明清法制初探》，法律出版社 1998 年版，第 305 页。

入手，分析其司法特征和实体处罚，展示其实施的动态轨迹，既是对明代现有司法审判成果的细化，也是弥补奸党罪司法程序研究薄弱，凸显其司法不同于普通审判程序的研究努力。

（三）实施效果

奸党罪从文本落实到司法实践，产生实施效果，对其评价最能反映研究者的价值立场。法学界基于价值立场作价值判断，往往舍弃了系统梳理明代奸党罪案发展演化的实证定量分析过程。如何更客观全面地展示明代奸党罪案情况，本身就是一个研究空间。

价值立场不同，得出的评价结果也不同，其间很难说谁对谁错，只能说角度可以更多，评价可以更为客观全面。法学界的评价，可分为五类：一是尤韶华的司法政治观，透过其史料整理，可引申出奸党罪案是政治危机的表现形式或延伸；二是杨一凡的极端黑暗的政治统治下，明律有关禁止、惩治奸党的规定成为一纸空文；三是曾宪义的加强君主专权的积极作用与陷正士、非善政的负面效应并存；四是朱勇的奸党罪执法的结果为统治者所始料未及，冤狱丛生，终致统治集团内部危机四伏；五是高进的君主专权、官僚风节、党争工具、官僚政治多视角综合评价观。研究也可立足君主专制与官僚政治，得出一些新的思考。

综上，考察朋党罪、奸党罪迁衍变化及历史发展脉络，既是对明代法制是否首创奸党罪名的分析，也是深入理解奸党罪名的逻辑起点。奸党罪名体系分析，是罪与律、罪与法规体系、罪与立法技术水平研究，是评价立法思维、立法精神和价值取向的基石，也是深入认识奸党罪的重要途径。司法实施是文本法到实践法的重要途径，是社会生活本身的记录。研究奸党罪案的司法特征与实体处罚，可以探知文本设计与实践结果之间的重合与背离。依据文本与司法的比对，探知奸党罪的实际功能和实践效果，尽量还原罪名实施的社会历史条件和政治体制根源，作出更客观的、公正、全面的评价，最终得出有益法治社会构建的启示。

第三节　研究设计

明确了研究思路与问题，还需从章节框架、创新与不足、研究资料与方法、研究理论选取上科学有效地进行研究设计，以求达致研究目标。奸党罪的罪名分析、司法实施、实践效果是研究的三个核心领域；研究侧重通过微观的修正改造，推动宏观理论创新；史料以正史为主，偶尔采用笔记野史；理论选取上以纯粹法学指引法学学科研究的独特视角，辅以历史制度主义拓宽研究视野。

一、章节与创新

研究章节是研究的具体展开，研究问题的具体分析与诠释，研究的创新与不足亦蕴藏于其中。试将全文的章节架构与创新和不足概述如下：

（一）章节框架

围绕奸党罪的罪名分析、司法实施、实施效果三个核心领域，章节安排有所侧重的基础上又互有交叉。第一至三章侧重罪名分析，兼顾司法实施，通过历史渊源、律义解释、相关法规梳理，说明奸党罪的罪名体系和缺陷不足；第四章个案分析，侧重司法实施，兼顾实施效果，以具体案例展示司法过程，分析案件简况、性质和影响，反思奸党罪的实施效果；第五章研究结论，侧重司法特征和实施效果总结评议，兼顾立法评价。奸党罪是君主专制制度发展到顶峰时期的特色罪名。罪名从立法、司法、效果上都着力于捍卫皇权。官僚政治是罪名实施及取得预期效果的制度背景，必然影响、制约着奸党罪的实施。

第一章论题说明：阐述本论题一项罪名系统研究的思路，说明奸党罪研究主题和研究意义；梳理相关文献，发现研究空间，细化研究问题；围绕研究问题，设计研究章节，思考创新与不足，选取研究资料、方法和研究理论。

第二章奸党罪名入律：考察朋党、奸党的立法指导思想；分析朋党向奸臣、奸邪的历史演化；考证奸党罪名入律的时间。明洪武九年（1376年），奸党罪名的三个正条已全部入律，朋党成为奸党律之一款。胡惟庸案是先立法后定罪，洪武九年（1376年）律已是七篇修纂体例。奸党罪名入律后，在《大明律》中具有上承十恶，下统其他职官犯罪律条的体系地位，是一个打击职官结伙犯罪的"口袋罪"罪名。

第三章明代奸党罪法规分析：奸党律是奸党罪的首条，交结近侍和上言大臣德政是奸党律"交结朋党、紊乱朝政"的细化。律条释义分析三个律条的核心概念、行为模式、出罪事由、刑罚适用、立法目的，以便更准确地把握奸党罪三个律文正条的规定内涵。《大明令》《大诰》《皇明祖训》、榜文、诏敕、《问刑条例》、条法事类中均有奸党罪的相关规定，形成严密的罪名法规体系。

第四章奸党罪个案分析：洪武丞相胡惟庸案是利用法律手段调整君权与相权矛盾关系的范例。正统宦官王振案是制度设计缺陷，宦官乘势崛起的范例。嘉靖首辅夏言案是制度设计缺陷，阁臣激烈争斗的范例。嘉靖御史冯恩案是展示言谏系统政治能量，反证官僚对罪名适用影响的范例。奸党罪个案说明，司法过程是情、理、法的衡平与协调，受宠意味着皇恩眷顾、失宠触发国法适用、深究体现违犯君尊臣卑之天理的恶性程度。

第五章奸党罪评析：从立法看，奸党罪名的律目结构、体系地位堪称精妙，体现了传统立法技术的高超与进步。奸党罪以情理法统一为灵魂，承载中华法系独特的法学世界观，是捍卫皇权，严束官僚的绝妙法规。从司法特征看，奸党罪以皇帝意志为导向，皇帝意志在罪名适用中居于核心地位。法司揣摩圣意，在依律拟罪与皇权意志的夹缝中适用奸党罪。权臣构陷人罪、风宪助纣为虐，使奸党罪沦为派系攻伐的工具。从效果看，奸党罪在明代从始至终都不是具文、空文，是捍卫皇权的利器，是助推党争的工具，是强化奉上安下官僚政治的催化剂，是严束官僚的达摩克利斯之剑。权大于法且曲法坏法，法是统治工具而没有独立性，缺乏社会制度配套，丧失对政治矛盾调控能力，乃是法治社会的鉴戒启示。

（二）创新与不足

创新包含改造和创造。一项研究，在原有观念上推陈出新，填补研究空白是创造，修正之前的研究是改造。推陈出新需要研究领域的宏观视野，对重大理论问题进行全新发现，而改造修正则需要对微观问题有更深入的认识，提出不同意见。细节之处的不断修正与深入，为宏大理论的创造提供基础条件。中华历史博大精深，作为初学者，笔者的史料驾驭与分析能力尚待提高，本着一项罪名深入系统研究的思路，着重于微观的分析与修正，重大理论的全新发现就显得薄弱。在修正改造现有观点的基础上，因之引发的理论分析和思考也只是初步讨论，尚需继续完善。针对学界留下的研究空间和论题提出的问题，有以下修正意见和理论探索：

1. 罪名思考

（1）历史演化。朋党词汇比奸党词汇出现早，奸党一词在东汉出现，与朋党重叠互代。朋党之禁并不能说已有明确而独立的罪名，应是以其他罪名打击朋党。宋元时期奸臣、奸党泛化，朋党奸党化。朋有褒义，奸是贬义，"朋"向"奸"演化，说明了君臣矛盾的背景下，臣是奸、私，君是正、公。明洪武元年（1368 年），奸党罪首次入令，洪武六年（1373年）奸党罪名应已入律，洪武九年（1376 年）奸党罪名的三个律条已全部入律。朋党成为奸党律一款。明代首创奸党罪名并入律，可修正百科全书"历代统治者皆立法严加防范"的观点，修正杨鸿烈朋党罪涵括奸党罪的观点，修正沈家本胡惟庸案先定罪后立法，因"亡羊补牢"而制定奸党律，大明律在洪武十三年（1380 年）后出现七编体例的观点。

（2）罪名体系。"罪名体系是指将各种各样的罪名按照一定的方式排列组合，形成一种具有逻辑联系的体系"①。一个律条对应一个罪名的简单化处理，容易抹杀明代的罪名体系研究，遮蔽《大明律》和法规体系的逻辑结构分析。奸党罪名的正条是律目结构精妙排布的奸党律、交结近侍律、上言大臣德政律三个律条，再通过名例律"二罪俱发以重论"原则，延伸统摄《大明律》各类职官结伙犯罪律条，渗透在整个法规体系之中。奸党罪罪名体系的发现与揭示，展示了明代惊人的立法技术水平，呈现了以律为主导，多种法规紧密配合协调的法律渊源格局。

---

① 赵晓耕主编：《罪与罚：中国传统刑事法律形态》，中国人民大学出版社 2011 年版，第 63 页。

（3）罪名内涵。奸党罪成为承上统下的"口袋罪"罪名，立法思维是将"共同犯罪"作为独立罪名，立法灵魂是情理法统一。职官结伙犯罪，其结伙行为本身就是犯罪，是一个独立的罪名，即奸党罪。一旦被确定为奸党罪，是比犯罪行为本身触犯的律条更为严重的罪名，这是奸党罪名能统摄其他律条的根源所在。奸党罪名反映君主专制制度发展到顶峰时期的罪名构建理念，承载儒家、法家道德伦理精髓。皇恩眷顾是人情、君尊臣卑是天理、罪名适用是国法。天理、国法的前提是君臣"人情"。君子与小人、忠与奸、公与私、邪与正的权衡标准是皇恩眷顾程度。失去皇帝宠信，意味着天理的违犯，国法的适用。奸党罪名继承了历代维护政治纲常伦理的刑罚宗旨，又推动了中华法系"情、理、法"文明的升华。

2. 司法思考

奸党罪的司法过程，亦是情理法统一的过程。前述"罪刑法定"是近代西方法学的原则，不符合中国传统法制；"依情理"裁断的观点，抓住了"情理"；"依法"判案的观点，抓住了"法"；"比附"裁断抓住了法的具体适用过程；均有些道理，但都不符合情理法统一的司法过程。"有法依法断，无法则比附擅断"，更不符合情理法统一理念，特别是明代立法技术的飞跃，比附引律的适用，"无法"的空间已被压缩，擅断出现的概率极低。"有法依法"，则又排除了情、理的因素。

奸党罪案司法中，人情、天理与国法并不是非此即彼的关系，而是共同起着作用。就奸党罪案处理的四个核心司法程序看，各个阶段又有所侧重。案件提起的"劾"的有效性，侧重君臣之"情"。皇恩眷顾，劾归于无效；案件审理的"鞫"，侧重"天理"，臣下违背君尊臣卑的程度是认定犯罪恶性的核心，至于律条所明列的奸党犯罪行为，只是一种列举式说明，供鞫问者比附参考，即类似此行为但不限于这些行为；案件引律定罚的"拟"，侧重"法"，其外象是依法定罪量刑，其实质是皇帝、法司、权臣、风宪等综合作用的结果，在依法与帝意的夹缝中寻求平衡。案件由皇权裁决的"决"，是皇帝衡平情理法，在官僚的影响下，实施生杀予夺，可轻可重，依法用法、曲法破法的至上权力。

在奸党罪的动态实施轨迹中，人情、天理、国法统一，法律与道德纲常、感情案情相互支援补充，互补互用，成为统治者司法实践中奉行的圭臭。法律维护国家制度，感情案情润滑法理，纲常伦理主导国家统治，以达致"天人合一"的境界。在皇帝勤政、政局稳定、吏治清明的时期，高素质的皇帝与高超的司法技巧的结合，能比较恰当地实现情理法的衡平。君主借助奸党罪，施展其政治技巧，达到驾驭全局的目的。君主素质的不稳定是君主专制制度的致命缺陷，皇权没有有力的制约，这使法律适用过程受到君主个人性格与心情喜好的影响，情理法又为统治者灵活司法，宽严相济、上下游移提供了便利之门，终致情理法失衡，法律适用呈现偶然性和随意性。

3. 效果思考

以党魁为中心，政治势力兴衰为背景，考虑司法处理程序的完整性，整理出《明史》和《明实录》中记载的62个奸党罪案为附录，可以看到奸党罪案，最早的发生于洪武三年（1370年），最晚的是崇祯十六年（1643年），基本能反映罪案发展演化的总体概况。第四章以4件个案的分析与评述，说明了奸党罪并不是具文空文，一直捍卫皇权，打击各种崛起的政治势力是其实施的首要效果。即使是党争恶化，党禁也没有废弛。官僚彼此争斗，都以"奸党"攻击对方，也可印证对奸党罪名的敏感。朱元璋事皆朝廷总之，所以稳当的精神，在奸党罪名上体现得淋漓尽致。不能用今天的公平、合理观念去硬套古人。在"家天下"的社会制度背景下，需要的不是今天看来公正的法律，而是整个帝国的稳定，维持一家一姓的稳当传承在当时是天理，除此以外，可以说没有比这更为重要的目标。奸党罪名的实施，既然实现了稳固皇权，就不能以"一纸空文"来评价。

尤韶华的政治危机的表现或延伸，与朱勇的无辜罹罪终致统治集团内部危机四伏，都涉及奸党罪的政治视角评价，内中的因果关系值得思考。由政治危机引致奸党罪案，由奸党罪案深化政治危机，其间，政治危机是因，奸党罪案是果，否则就会得出奸党罪要承担政治危机责任的判断。明代将法律视为统治工具，法没有独立性，且权大于法，奸党罪没有控制、削弱政治危机的能力，但有恶化、助长政治危机的无奈。罪名实施效果，既不能脱离专制政体的政治范畴，又受制于官僚群体的素质变化，还受到与之相关的其他制度制约，更不能脱离专制君主的操纵。在这种情况下，该罪名发挥的效果，必然是由各相关要素能够匹配的情况所决定。奸党罪是调控君臣矛盾关系的法律努力，但在实际运行中，皇帝带头曲法破法，受到宠信的官僚加剧践踏法律，没有配套的社会制度背景作支撑，再完善再先进的法律，也难以抵挡政治危机的倾轧。法连自我独立性都没有，法的信仰更是奢谈。权力大于法，法是权力的玩物而非笼子。奸党罪被定位为政治统治的辅助工具，其助长的信仰，是对皇权至上的顶礼膜拜，是对权力可以为所欲为，践踏法律的信仰！这也正是构建法治社会最值得深思的鉴戒经验。

二、研究资料与方法

学术研究需要搜集、鉴别、整理文献资料，通过对文献的研究形成科学认识。研究资料即是文献分析，法律史研究着力于用史料说话，历史文献是进行研究的最基本依据，恰当的研究方法则可以起到事半功倍的研究效果。"古人思想、生活、习惯、文化等内容更需今人去解读。不过，我们也应该承认历史留下来许多宝贵财富，有着闪光的智慧。因此，我们只能怀着谦卑和敬畏的心情去理解历史，探寻历史的轨迹，了解历史的真正内涵。"①

（一）研究资料

在奸党罪名的演化考证、罪名体系、司法分析、案例统计上，以官修正史和律令典章为主；在朋党论争、律条释义、个案分析、效果评议上，立足正史，也侧重律学注释、笔记奏疏、今人著述。使用史料情况大致有：

1. 官修正史

中国历代的二十五部纪传体史书：《史记》《汉书》《后汉书》《三国志》《晋书》《宋书》《南齐书》《梁书》《陈书》《魏书》《北齐书》《周书》《隋书》《南史》《北史》《旧唐书》《新唐书》《旧五代史》《新五代史》《宋史》《辽史》《金史》《元史》《明史》《清史稿》。其中重点阅读了《明史》，其他正史作为考证奸党罪名演化的资料，择要进行了征引。

---

① 柏桦：《柏桦谈明清奇案》，广东人民出版社 2009 年版，第 268 页。

基于论题的法学学科特性，略去大量的史实，只分析罪名认定、处罚、演化变迁的内容。

实录是明、清时期史料的宝库，借助其可以更详细地了解奸党罪名制定、实施、评价的背景。对《明实录》及《崇祯长编》进行细致的检索，搜集相关案例及论点。为了了解清代初期对奸党罪名的看法，也择取了《清实录》中清圣祖、清高宗、清世宗的一些观点。

2. 律令典章

以明代奸党罪名的律例条文为直接研究对象，所以律令典章类史料是重点参阅资料。《唐律疏议》《宋刑统》《大明律》是律典分析的基础资料。《皇明祖训》《明会典》《大明令》《大诰》《问刑条例》《皇明诏令》《教民榜文》《皇明条法事类纂》是梳理涉及奸党罪的法规体系的拓展性资料。《明会典》以部院衙门为纲，注重章程法令和各种典礼的演变，给研究带来了便利。《皇明诏令》，收录了明代十位皇帝的 507 篇诏令，"这些以皇帝名义发布、具有最高法律效力的诏敕和文告"，既有《即位诏》的施政纲领，也有《遗诏》的自我检讨，还有公开向臣民承认错误的《罪己诏》，乃是"有关政事和法律、制度的决策性文件"①，对理解奸党罪的运行变化亦有重要帮助。

3. 律学成果

明、清两代律学繁盛，不胜枚举，提供了丰富的律学资料。奸党罪的名词术语、律条含义、名例指引、刑罚适用、历史渊源、实施评价等在律学中均有论及。奸党律例的研究，首推律学家对法律文本所做的注释和考证，但律学著作达百种以上，难以尽采，仅择取了明代 10 种：何广：《律解辩疑》（洪武丙寅，即洪武十九年；1386 年）；何广：《刑名启蒙例》（洪武时期；成书时间不详）；（朝鲜）佚名：《大明律讲解》（朝鲜光武七年法部奉旨印颁）；佚名：《大明律直引》（明嘉靖五年刻本）；张楷：《律条疏议》（明嘉靖二十三年黄严符验重刊本）；王肯堂原释、顾鼎重编：《王仪部先生笺释》（清康熙三十年顾鼎刻本）；应槚：《大明律释义》（明

---

① 刘海年等主编：《中国珍稀法律典籍集成》乙编第三册《皇明诏令》，科学出版社 1994 年版，点校说明。

嘉靖二十八年济南知府李迁重刻本）；雷梦麟：《读律琐言》（明嘉靖四十二年歙县知县熊秉元刻本）；姚思仁：《大明律附例注解》（北京大学影印善本）；佚名：《新纂四六合律判语》（崇祯金陵书坊刊官常政要本）；清代5种：朱轼：《大清律集解附例》；沈之奇《大清律辑注》；沈家本：《历代刑法考》；薛允升：《唐明清三种律汇编》；薛允升：《唐明律合编》。杨一凡、刘海年主编：《中国珍稀法律典籍集成》《中国珍稀法律典籍续编》对律学资料的收集有重大帮助。

4. 野史笔记奏疏

《四库全书》的经部、子部、集部有系统的野史笔记奏疏资料，且有较为精确的电子检索版，给研究带来了方便。中华书局、天津古籍、上海古籍、巴蜀书社、齐鲁书社、浙江古籍、中州古籍、北京古籍等出版社，主持整理的明代笔记史料也较丰富。论题考察儒家、法家的朋党思想和历代朋党论争情况时，也了力所能及地参阅了《周易》《论语》《荀子》《孟子》《管子》《商君书》《韩非子》等先秦经典论著，去理解奸党罪立法指导思想，探寻禁治朋党的思想源流。历代思想家对经典的理解不同，出现了朋党论争。例如，西汉刘向，唐代裴度、李绛、李德裕，北宋欧阳修、苏轼，南宋孙甫、李纲，元代余阙、胡祗遹，明代叶向高、侯方域，清雍正帝都有名篇存世。整理朋党论争概况，可以加深对奸党罪的法律思想层面的理解。谷应泰《明史纪事本末》、焦竑《国朝献徵录》可与正史参照，对了解案件背景，参引一些评论都有裨益。黄宗羲《明夷待访录》、谢肇淛《五杂俎》、陈子龙《明经世文编》、黄煜《碧血录》、王世贞《嘉靖以来首辅传》、于慎行《谷山笔麈》、沈德符《万历野获编》、李清《三垣笔记》，对辅助理解奸党罪的实施情况亦有助益。

（二）研究方法

科学的研究根基于科学的方法。研究方法制约着研究者的观察视野，规定着研究者的思维活动，既是学术研究的行动指南，也是达致研究目标的路径。在选择研究方法上主要考虑研究对象的需要，研究能力也是制约运用研究方法的因素。

1. 历史分析方法

历史分析方法是"严格地遵照历史的本来面目，把有关的历史事件、历史人物、制度、经济，政治、文化、思想等置于特定的时间与空间条件下进行分析，从而揭示其运动的自然过程、本质和规律的科学方法"①。历史分析既是还历史以原貌的方法，也是研究者秉持的基本学术态度。以大量史料分析朋党论争、罪名演化、罪名体系、实施案例，努力做到客观中立，尊重历史，还原真相。追根溯源，弄清来龙去脉，探讨因循变化，不但可以探求罪名的发展变化，而且可以精思其理，洞悉其意。正所谓"法家循流溯源，正如导河者之必自昆仑也"②。奸党罪名的溯源查流，是认识和研究的前提和基础，也是写作的逻辑起点。

2. 语义分析方法

语义分析是对语言单位的意义进行分析，广义上讲，词语的意义包括词汇意义、语法意义、语体意义、语用意义、文化意义等。狭义上讲，词语的意义主要指词汇意义。语义分析首先关注词汇，对奸党罪律条的核心概念进行诠释，服务于奸党罪名律条释义，探求律例内涵。行为模式、出罪事由、刑罚适用，侧重语法、语体、语用意义分析，辅助条文内涵理解。立法目的侧重文化意义解释，分析奸党罪名的立法背景、立法精神实质。

3. 逻辑分析方法

逻辑分析方法强调在掌握大量真实可靠史料的基础上，利用一定的概念体系和逻辑准则对史料和事实进行解释和解读，是在思想中对历史的重构和重新组织，更深刻地认识历史的本质和规律。"运用逻辑学方法去认识历史，形成历史概念、构筑史学理论体系的各种有关方法。比如，形成概念的方法，分析与综合的方法，抽象与概括的方法，归纳与演绎的方法，从具体上升到抽象，再从抽象上升到具体的方法等等。"③ 奸党罪名体系的研究，需要用概念、归纳、分类、概括、理论等提炼概括罪名特征，

---

① 赵吉惠：《历史学方法论》，四川人民出版社1987年版，第89页。
② （清）沈家本：《寄簃文存》卷8《律例根源跋》，载沈家本：《历代刑法考》，中华书局1985年版，第2272页。
③ 赵吉惠：《历史学方法论》，四川人民出版社1987年版，第103页。

揭示律条之间、律条与律典体系、律条与法规体系的内在逻辑关系，实现思维的抽象提升。

4. 案例研究方法

罪名本身是静态的，并不能反映出法律制定之后的实施状况及其效果。瞿同祖曾说，"如果只注重条文，而不注意实施情况，只能说是条文的、形式的、表面的研究，而不是活动的，功能的研究"①。考察法律的具体实施情况，案例研究是行之有效的方法。明代奸党罪案例尚无系统的整理，需要对史料进行认真系统的分析，立足典型个案和案例统计，分析奸党罪个案的处理过程和明代案例的总体变迁，通过比较，观察、分析、辨别，找出案例的相同点和不同点，发现律条适用中的问题，展示奸党律条在明代不同时期的变化，发现律条规定与实际运行的差距与不同，找出影响奸党罪实施的决定性因素。整理出了明代奸党罪案的总体概况，进行了个案的深度分析，提炼了罪案的司法特征，采用了案例统计数据说明，论证了观点。

5. 历史比较研究方法

比较就是对照各个事物，"找出它们的差异点和共同点，从而确定事物的特殊属性和一般属性"②。"所谓历史比较研究，是通过两种或两种以上的历史现象的比较，来加深、扩大和验证对历史的认识的一种方法。"③在纵向上，比较了明代奸党罪名与历代相关罪名的不同，得出了明代罪名更系统更完善的结论；比较了奸党罪名与当代相关立法，得出了"共同犯罪"是独立罪名的结论。在横向上，比较了奸党罪名律条之间、奸党罪名与谋反谋逆罪、官司出入人罪、现任官辄立碑罪、泄露大事等罪名，得出了奸党罪名是承上统下的口袋罪结论。在宏观上，比较了情理法立法及司法与西方罪刑法定、依情理裁断、依法裁断、比附裁断等的不同，认识到了中华法系的独特性；在微观上，比较了论题的研究问题与研究现状的不同，寻找了研究空间，进行了力所能及的创新。

① 瞿同祖，《中国法律与中国社会》，中华书局2003年版，第2页。
② 林唐义：《比较、分类、类比》，辽宁人民出版社1987年版，第1页。
③ 孟庆顺：《历史比较方法的功能》，《史学史研究》1986年第3期。

三、理论选取

西方社会科学研究范式的理论①，能否引入中国传统法制的研究，充满了危险性，也极具诱惑力。问题的实质是如何保持文化自觉与自信，同时不拒绝交流对话。在中西方文化交流碰撞的大背景下，"任何社会科学都强调研究经验事实，但同时又重视从经验事实中提出抽象的理论"②。不陷入西方文化中心主义的旋涡，但也汲取分析法学理论和历史制度主义的观点，以求达致明代奸党罪的现代科学研究。

（一）分析法学

边沁（Jeremy Bentham）将法学研究者分为两种：一是解释者，二是评论者。解释者的任务是揭示法律"是什么"，评论者的任务是揭示法律"应当是什么"③。这一思想为奥斯丁所继承，成为分析法学最重要的研究基点。奥斯丁（John Austin）是分析法学的真正奠基者，认为法理学的适当对象是实在法，每一种法律或规则就是一个命令。法律和其他命令来源于"优势者"约束或强制"劣势者"，既定社会的"一般大众"必须"习惯地"服从一个"明确"和"共同"的优势者。"优势"一词，是指"强权"，即以恶或痛苦施诸他人的权力，以及通过他人对恶的恐惧来强制他们按照本人的希望去行为的权力。优势者主权至高，不受法律的限制④。凯尔森（Hans Kelsen）创立的纯粹法学，深化了对实在法体系的研究。"所提出的一般理论旨在从结构上去分析实在法，而不是从心理上或经济

---

① 范式（PARADIGM）是美国著名科学哲学家托马斯·库恩（Thomas，Kuhn）提出并在《科学革命的结构》（The Structure of Scientific Revolutions）（1962）中系统阐述的，它指的是一个共同体成员所共享的信仰、价值、技术等等的集合。范式是描述科学发展历史阶段论的核心概念，指人类科学发展至某一阶段的内在结构模型。范式能指引身处某一科学发展历史阶段的研究者确立问题意识、寻找理论、模仿范例、确立框架、建立假设，吸取各学科知识积累，实现研究的创新和突破。范式从本质上讲是一种理论体系，能够将存在于一科学中的不同范例、理论、方法和工具加以归纳、定义并相互联系起来，是科学家集团所共同接受的一组假说、理论、准则和方法的总和。
② 陈瑞华：《论法学研究方法——法学研究的第三条道路》，北京大学出版社 2009 年版，第 182 页。
③ ［英］边沁：《政府片论》，沈叔平等译，商务印书馆 1995 年版，第 97 页。
④ 谷春德、史彤彪主编：《西方法律思想史》，中国人民大学出版社 2009 年版，第 231—235 页。

上去解释它的条件，或从道德上或政治上对它的目的进行评价"。在构建"纯粹法理论"时，指出"凡不合于一门科学的特定方法的一切因素都摈弃不顾，而这一科学的唯一目的在于认识法律而不在于形成法律"①。"法律始终是实在法，而它的实在性在于这样的事实，它是为人的行为所创造和废除的，因而是不以道德和类似的规范体系为转移的。"②

分析法学对明代奸党罪的研究具有重要的学科方法论指引意义。中国古代的法律，杂糅于道德伦理和政治统治之中，以情理法结合的样态，呈现在立法和司法的各个环节，法律本身是没有独立性的。论题坚持边沁的区分，努力描述和呈现明代奸党罪"是什么"，而不去评论"应当是什么"，这是保持客观中立的态度认识传统法制的态度。传统法制虽未取得独立地位，但作为实在法体系则是毋庸置疑的。优势者、主权可以理解为皇权，皇权的命令即为法律。以此观之，明代奸党罪就是皇权对臣下不得结党营私的命令，并形成规则要素和规则体系兼备的实在法。纯粹法学则要求从结构上去分析实在法，摈弃心理、经济、道德、政治的评价，唯一目的在于认识法律。坚持这一思路，分析朋党罪、奸党罪的历史演化；描述律条的历史传承渊源；从实在法的认识角度展示奸党罪的罪名体系；诠释律条含义，梳理相关法规体系；分析奸党罪案司法特征等，都是秉持认识法律，坚守法学学科视角的尝试。分析法学的意义在于将本来不独立的传统法制，进行独立的法学分析，"研究法律的价值判断和目的是一个政治上的问题，它和治理的艺术相关，是一个针对价值的活动，而不是一个针对现实的科学对象"③。以现代法学的"科学对象"来界定中国传统法制，虽能做到学科独特性，但毕竟不符合传统法制本身的真相，所以还需引入历史制度分析理论。

（二）历史制度分析

历史制度分析是 20 世纪 90 年代在西方兴起的理论，源于经济史研究，

① ［奥］凯尔森：《法与国家的一般理论》，沈宗灵译，中国大百科全书出版社 1996 年版，第 2 页。
② ［奥］凯尔森：《法与国家的一般理论》，沈宗灵译，中国大百科全书出版社 1996 年版，第 129 页。
③ 谷春德、史彤彪主编：《西方法律思想史》，中国人民大学出版社 2009 年版，第 295 页。

进而拓展至政治科学。泰因莫（Steinmo）、西伦（Thelen）、郎斯特雷恩（Longstreth）对学说发展做出了重要贡献。"制度创设或政策最初发起时所选择的政策，将持续和极大决定性地影响未来的政策。描述这个论断的标准术语是'路径依赖'，意思是当一个政府项目或组织开始沿着某一条路径发展，那些最初选择的政策就会按照一种惯性趋势一直持续下去。那条路径可能会被改变，但是需要很大的政治压力才能产生那种改变。"① 历史制度分析提出的制度性路径依赖，在中国语境中可以理解为"传统"。要分析中国古代法制，必须面对情理法传统，君主专制制度传统，中华法系传统。明代奸党罪即在这些"传统"下出现并实施的，只有善意地理解了"传统"，才能更好地进行分析研究。

"对中国法的研究必须与对西方法的研究截然不同。中国的法律是行政的一个重要组成部分，而且必须与行政结构及行政规章结合起来研究。"② 中国传统法制是皇权统治的一部分，法律是作为行政指导规范而存在的，法律是行政的一个部分。分析明代奸党罪，君主专制制度应该是首先要考虑的因素。在君主专制制度的背景下，正视奸党罪服务政治需要，维护皇权统治的功能，揭示其政治、行政属性，是不可或缺的视角。

制度分析"意味着要去分析某一历经数年的运作过程，有时甚至是数十年或数百年的过程"③。奸党罪名虽是明代首创，但类似犯罪行为历代均予以打击，其意义就在于尊重中华法系一项罪名的产生、演化、成长、成熟的历程，其间既有传承，也有革新。研究罪名发展演化的历史进程，要避免停滞和静态的眼光，只有通过对奸党罪日积月累的变革研究，才能把握罪名变迁的真实轨迹，以及罪名在漫长的历史进程中成长性变革的内在动因。

多重因素影响制度的运行和变迁，"路径依赖"和路径改变并存，传

---

① ［美］B. 盖伊·彼得斯：《政治科学中的制度理论："新制度主义"》，王向民等译，上海人民出版社 2011 年版，第 69 页。

② ［美］钟威廉：《大清律例研究》，载高道蕴等编：《美国学者论中国法律传统》，清华大学出版社 2004 年版，第 418—423 页。

③ ［美］保罗·皮尔逊、瑟达·斯考克波尔：《当代政治科学中的历史制度主义》，载何俊志等编译：《新制度主义政治学译文精选》，天津人民出版社 2007 年版，第 186 页。

统很重要，但也并非不可改变。朱元璋作为开国皇帝，承继旧传统，又开启新传统。《大明律》使奸党罪名入律，颁布《大诰》惩治奸党罪，兴起胡惟庸、蓝玉等大案，对后代奸党罪的运行产生深远影响。守成之君，不敢更改《大明律》，更不敢违背《祖训》。奸党罪名从明初实施至明末甚至清代，是"路径依赖"的一面。在强大的政治压力下，奸党罪又确实有微妙的变化，宦官、锦衣卫、阁臣、勋戚、言谏、佞幸等势力层出不穷，皇帝意志漂浮不定，致使情理法的衡平难以驾驭，这是路径改变的一面。重视影响奸党罪运行的多种因素，以罪名体系的整体性、社会制度的整体性考察罪名发展变化，承认各种制度对罪名实施与效果的综合影响是明智的抉择。在社会制度系统中，考察奸党罪的地位、作用，分析其合理性、有效性，找出问题的制度根源，提出解决的方案，才能既尊重传统，又超越传统，为现代法治社会构建提供有益启示。

第二章　奸党罪名入律

　　朋党之为朝廷患，古今同之。或窥测帝旨，密令陈奏。或附会己意，以进退人。大官市恩以招权，小人趋利以售进，此风浸长，有蠹邦政。国家无外忧必有内患。外忧不过边事，皆可预防。奸邪共济为内患，深可惧也①。

　　韩非子认为人臣之所道成奸者，有八术："一曰在同床；二曰在旁；三曰父兄；四曰养殃；五曰民萌；六曰流行；七曰威强；八曰四方"（《韩非子·八奸第九》）。八奸提醒君主须谨防危害君主专制制度的各种政治势力，这些政治势力都是君权的觊觎及利用者。在危害君主专制的因素中，朋党引起了儒家、法家的高度重视，都有从学派观点上的深刻论述。儒家、法家朋党思想及汉、唐、宋的朋党论争，对明代奸党罪名的立法产生了思想理论影响。

　　《周礼·秋官·士师》云："掌士之八成"。郑玄注曰："八成者，行事有八篇，若今时《决事比》"。其中"邦汋"是阴谋刺探、窃取国家机密之罪；"邦贼"是紊乱国政、谋反作乱，窃取国家领导地位，篡夺君权之罪；"邦朋"是拉帮结派，朋党擅权，专擅国政，使政出私门之罪；"邦诬"是伪造事实欺君罔上，诬罔君臣，使事失实，诬告臣僚之罪②。对邦汋、邦贼、邦朋、邦诬这四种犯罪行为的规制，蕴含了奸党罪名的久远制

---

　　①　（元）脱脱等：《宋史》卷291《宋绶传》，中华书局1977年版，第9734页。
　　②　高绍先：《中国刑法史精要》，法律出版社2001年版，第35—36页。另参见李光灿主编，宁汉林著：《中国刑法通史》（第二分册），辽宁大学出版社1986年版，第237—238页。杨鸿烈：《中国法律发达史》，中国政法大学出版社2009年版，第98页。

度背景。

"奸党"这一词汇，从一个政治道德伦理词汇转变成为明代律文中的关键专用词，经历了较长的发展过程。汉唐时期，朋党有职官结伙犯罪之义，奸党偶尔代指朋党。宋元时期，奸臣、奸邪的词汇被广泛应用，朋党之禁趋向打击奸臣。明代正式将奸党罪名入律，朋党成为其中一款，被纳入奸党罪名。考察历代朋党论争与朋党罪名演化，可助益理解奸党罪名入律前的历史发展过程。

第一节　儒法奠基

《周易·涣第五十九》云："六四，涣其群，元吉。涣有丘，匪夷所思。"乃是"人心涣散则不成群，唯混天下为一则成群而不相离，因此'元吉'。元吉即大吉。《象传》言：'涣其群元吉'，'光大也'"。这是"六四以聚合人心匡正天下为己任，不树朋党之私，其思想行为光明正大，所以能上安君王之位，下得人心之归，从而拯救天下之涣散"①。欧阳修认为朋党是《周易》的重要内容，关乎天下治否的枢纽。"六十四卦中戒朋党者，显言之则十居二三焉，若其微言之者，又未可以悉数。文王周孔之心，于此谆谆若是，然则天下之治否，宁不以此为枢机乎"②。战国时代，在君主专制制度的酝酿与成型的时代背景下，论述朋党的思想渐多。儒家、法家思想具有较好的代表性。

奸党罪名基于君主专制制度对朋党危害皇权的憎恶，有儒家、法家深厚的思想理论基础。战国时代的儒家、法家，深刻论证了朋党之弊。法家侧重于捍卫皇权，维护君权独断，打击朋党的论证。儒家侧重分析君子小人、公私义利的分野，塑造符合君主专制的士大夫人格。然而，汉、唐、宋以来，对儒家君子小人、邪正公私的争论不断，有诸多有关朋党的名篇

---

① 徐志锐：《周易大传新注》，齐鲁书社 1989 年版，第 370—371 页。
② （清）弘历：《御选唐宋文醇》卷 42《续欧阳子朋党论》，台湾商务印书馆影印文渊阁《四库全书》本 1986 年版，第 1447 册，该卷第 21—22 页。

佳作，凸显了历代朋党理论的纷争。明代奸党罪名立足于纷争的理论基石之上，其立法有思想理论的固有缺陷。

一、法家的朋党思想

法家极力鼓吹君主专制制度，强调运用"法、术、势"捍卫皇权，清除异己。管仲、商鞅、韩非子对危害皇权的朋党有深刻而系统的论证，奠定了后世君主打击朋党的理论正当性和合理性。

法家有关朋党的思想，可整理为朋党的危害、根源、对策三个层面。臣子应忠信不党，结党则使君弱臣强，贫国弱兵，终致危主害国；昏君乱主不能公正赏罚致使权臣树党，是朋党乱国的根源；明君应明法任法，御臣有道，以禁止朋党，否则法废私行，朋党蠹国。

（一）朋党危主

圣王如日月高山，臣子结党蔽主。《管子》篇幅宏伟，内容复杂，思想丰富，其有关君臣关系的论述，提到臣子结党的问题。如"为人臣者，忠信而不党"（《管子·五辅》）。"人主，犹日月也，群臣多奸立私，以拥蔽主，则主不得昭察其臣下，臣下之情不得上通。故奸邪日多而人主愈蔽"；"人主，犹山也，左右多党比周以壅其主，则主不得见"（《管子·形势解》）。"以朋党为友，以蔽恶为仁，圣王之禁也"（《管子·法禁》）。"大臣不能侵其势，比党者诛，明也。为人君者，能远谗谄，废比党"；"此止诈拘奸，厚国存身之道也"（《管子·君臣下》）。他认为君主要树立权威，掌控大权，如日月、高山，就必须禁止朋党，清除朋党，才不会被臣下雍蔽。君主如果不清除朋党，便有亡国的可能，"主失其体，群官朋党，以怀其私，则失族矣；国之几臣，阴约闭谋以相待也，则失援矣。失族于内，失援于外，此二亡也"（《管子·败解》）。主弱臣强，必然威胁君主的地位，"强者立则主位危矣"（《管子·法法》）。特别是臣下结党，不但危害君主，而且难于决策，不能够凝聚人民。如若臣下结党，则奸邪进用，贤不肖不分，主危国亡，必须以君临之术及峻法以御之。"主无术数，则群臣易欺之；国无明法，则百姓轻为非"；"奸臣之败其主也，积渐积微，使主迷惑而不自知也。上则相为候望于主，下则买誉于民。誉其党而使主尊之，毁不誉者而使主废之。其所利害者，主听而行之，如此，则群臣皆忘主而趋私佼矣"（《管子·明法解》）。"人君唯毋听群徒比周，则群臣朋党，蔽美扬恶。然则国之情伪不见于上。如是则朋党者处前，寡党者处后。夫朋党者处前，贤、不肖不分，则争夺之乱起，而君在危殆之中矣。故曰：群徒比周之说胜，则贤、不肖不分"（《管子·败解》）。"管仲的功业和思想对中国后来的政治有很大的影响，既为法家所宗，又为儒家称道。"①　其有关朋党危主可能造成政局混乱，必须以法治之的理念，分别为儒家与法家所接受。

《商君书》非作于一人，也非写于一时的看法已经成为主流，"《商君书》的内容表明，在当时的历史条件下，进步、改变、狡诈、阴谋、残忍等等是融为一体的，人们可以从理论上对它们进行分析，但在实际的历史运动中它们却是一个有机体，根本无法分开"②。其有关朋党危主的论述，则在于臣下结党，议论纷纭，离心涣国，君弱臣强。"夫人聚党与，说议于国，纷纷焉"；"故民离上而不臣者成群，此贫国弱兵之教也"（《商君书·农战》）。"党也。听其言也，则以为能，问其党以为然，故贵之不待其有功，诛之不待其有罪也。此其势正使污吏有资，而成其奸险；小人有资，而施其巧诈"。如果"君人者不察也，非侵于诸侯，必劫于百姓"（《商君书·慎法》）。因此必须以法治之，要"天下之吏民无不知法者"（《商君书·定分》）。

《韩非子》是先秦法家学说集大成之作，现存 55 篇，约 10 余万言，其有关朋党危主方面的论述颇多。如群臣"有务朋党徇智尊士以擅逞者，明君之所疑也，而圣主之所禁也"（《韩非子·说疑》）。要是君主"听左右之谒，父兄大臣上请爵禄于上，而下卖之以收财利及以树私党"，就会使"吏偷官而外交，弃事而财亲。是以贤者懈怠而不劝，有功者隳而简其业，此亡国之风也"（《韩非子·八奸》）。朋党隐正道，乱视听，必然会影响君主的执政能力。"朋党比周以事其君，隐正道而行私曲，上逼君，下乱治，援外以挠内，亲下以谋上，不难为也。如此臣者，唯圣王智主能禁之，若夫昏乱之君，能见之乎"（《韩非子·说疑》）。"今若以誉进能，

①　刘泽华主编：《中国政治思想史（先秦卷）》，浙江人民出版社 1996 年版，第 95 页。

②　刘泽华主编：《中国政治思想史（先秦卷）》，浙江人民出版社 1996 年版，第 315 页。

则臣离上而下比周；若以党举官，则民务交而不求用于法。故官之失能者，其国乱。以誉为赏、以毁为罚也，则好赏恶罚之人，释公行、行私术、比周以相为也。忘主外交，以进其与，则其下所以为上者薄矣。交众与多，外内朋党，虽有大过，其蔽多矣。故忠臣危死于非罪，奸邪之臣安利于无功。忠臣危死而不以其罪，则良臣伏矣；奸邪之臣安利不以功，则奸臣进矣。此亡之本也"（《韩非子·有度》）。即便是没有亡国，"朋党相和，臣下得欲，则人主孤"（《韩非子·外储说左下》）。君主身边的各种政治势力，特别是"后妃、夫人、太子之党成而欲君之死也，君不死，则势不重，情非憎君也，利在君之死也"（《韩非子·备内》）。其余政治势力，"弑其主，代其所，人莫不与，故谓之虎。处其主之侧，为奸臣，闻其主之忒，故谓之贼"（《韩非子·主道》）。因为"臣之所不弑其君者，党与不具也"（《韩非子·扬权》）。因为"人主之所以身危国亡者，大臣太贵、左右太威也"（《韩非子·人主》）。"大臣两重，父兄众强，内党外援以争事势者，可亡也。大臣专制，树羁旅以为党，数割地以待交者，可亡也。大臣甚贵，偏党众强，壅塞主断而重擅国者，可亡也"（《韩非子·亡征》）。"大臣官人，与下先谋比周，虽不法行，威利在下，则主卑而大臣重矣"（《韩非子·诡使》）。大臣们"其多力者树其党，寡力者借外权。群臣有内树党以骄主内，有外为交以削地，则王之国危矣"（《韩非子·说林上》）。国危而君主必受其害，"故主上愈卑，私门益尊。主利在豪杰使能，臣利在朋党用私。是以国地削而私家富，主上卑而大臣重。故主失势而臣得国；主更称蕃臣，而相室剖符。此人臣之所以谲主便私也"（《韩非子·孤愤》）。"韩非最真实地揭开了君臣、君民之间关系的帷幕。不揭开这个帷幕，双方都缺乏自觉性，遭了殃都不知原因在哪里；可是一旦揭开这个帷幕，又使双方处在了恐怖之中。"[1] 朋党危主，在专制主义中央集权制度下，成为最重要的政治问题之一。

（二）昏主党起

弱君昏主不能公正赏罚，致使重臣树党。《管子》认为："乱主之行爵

---

① 刘泽华主编：《中国政治思想史（先秦卷）》，浙江人民出版社 1996 年版，第 345—346 页。

禄也，不以法令案功劳；其行刑罚也，不以法令案罪过"；"不察臣之功劳，誉众者，则赏之；不审其罪过，毁众者，则罚之。如此者，则邪臣无功而得赏，忠正无罪而有罚。""而听重臣之所言。故臣有所欲赏，主为赏之；臣欲有所罚，主为罚之。废其公法，专听重臣。如此，故群臣皆务其党，重臣而忘其主，趋重臣之门而不庭"（《管子·明法解》）。造成这些现象的原因，就是"人君不公，常惠于赏，而不忍于刑，是国无法也。治国无法，则民朋党而下比，饰巧以成其私"（《管子·君臣上》）。君主不能够有效地驾驭群臣，必生祸乱。"上失有罪，则行邪者不变。道正者不安，则才能之人去亡；行邪者不变，则群臣朋党。才能之人去亡，则宜有外难；群臣朋党，则宜有内乱"（《管子·参患》）。内乱则是君主懦弱的表现，"行邪者久而不革，则群臣比周；群臣比周，则蔽美扬恶；蔽美扬恶，则内乱自是起。故曰：懦弱之君，不免于内乱"（《管子·法法》）。懦弱之君，就会孤立，更不能够消除臣党。"人主孤而毋内，则人臣党而成群。使人主孤而毋内、人臣党而成群者，此非人臣之罪也，人主之过也"（《管子·法法》）。懦弱君主权柄已失，不能够驾驭群臣，便是失道。"君失其道，则大臣比权重以相举于国，小臣必循利以相就也。故举国之士以为亡党，行公道以为私惠，进则相推于君，退则相誉于民，各便其身，而忘社稷，以广其居；聚徒威群，上以蔽君，下以索民，此皆弱君乱国之道也。故国之危也"（《管子·法禁》）。君主昏庸懦弱，既不能够以权相加，又不能够以法制裁，不但其本身地位岌岌可危，国家也面临动乱。

造成君主昏庸懦弱的原因，乃是君主身边的各种政治势力无不觊觎君主的权力，而君主自身也存在人的弱点。《韩非子》认为：君主"不谨其闭，不固其门，虎乃将存。不慎其事，不掩其情，贼乃将生"（《韩非子·主道》）。如果君主"爱臣太亲，必危其身；人臣太贵，必易主位"（《韩非子·爱臣》）。特别是"人主不能明法而以制大臣之威，无道得小人之信矣。人主释法而以臣备臣，则相爱者比周而相誉，相憎者朋党而相非。非誉交争，则主惑乱矣。人臣者，非名誉请谒无以进取，非背法专制无以为威，非假于忠信无以不禁，三者，惛主坏法之资也"（《韩非子·南面》）。在这种情况下"大臣挟愚污之人，上与之欺主，下与之收利侵渔，朋党比周，相与一口，惑主败法，以乱士民，使国家危削，主上劳辱，此大罪也。臣有大罪而主弗禁，此大失也。使其主有大失于上，臣有大罪于下，索国之不亡者，不可得也"（《韩非子·孤愤》）。天王圣明，臣罪该诛，在君主专制中央集权制度下，君主之失，在于不能够治臣之罪，特别是不能够清除臣党，乃是大失。

（三）任法用术

君权至高无上，要保证君主权力不受侵犯，必须使君主能够掌握六柄，即生、杀、贫、富、贵、贱。在"六柄"不能够乱用的情况下，以法督之，乃是必然的手段。《管子》认为："法制有常，则民不散而上合，竭情以纳其忠。是以不言智能，而顺事治、国患解"（《管子·君臣上》）。以法治国又许多好处，"法立数得，而无比周之民，则上尊而下卑，远近不乖"（《管子·幼官》）；"不知亲疏、远近、贵贱、美恶，以度量断之。其杀戮人者不怨也，其赏赐人者不德也。以法制行之，如天地之无私也，是以官无私论，士无私议，民无私说，皆虚其匈以听于上。上以公正论，以法制断，故任天下而不重也"（《管子·任法》）。正因为如此，"人主之治国也，莫不有法令赏罚具，故其法令明而赏罚之所立者当，则主尊显而奸不生；其法令逆而赏罚之所立者不当，则群臣立私而壅塞之，朋党而劫杀之"（《管子·明法解》）。如果君主不能够明法任法，必然会法废私行，也难免出现朋党蠹国。"主释法以誉进能，则臣离上而下比周矣；以党举官，则民务交而不求用矣"；"比周以相为匿，是忘主死交，以进其誉。故交众者誉多，外内朋党，虽有大奸，其蔽主多矣"（《管子·明法》）。君主以法治国，就要以君主之"大私"为公，以除群私。"夫私者，壅蔽失位之道也。上舍公法而听私说，故群臣百姓皆设私立方以教于国，群党比周以立其私，请谒任举以乱公法，人用其心以幸于上。上无度量以禁之，是以私说日益，而公法日损"（《管子·任法》）。君主之"大私"为公，以令限制群私，如果"令出虽自上，而论可与不可者在下"，"则巧佞之人将以此成私为交，比周之人将以此阿党取与"（《管子·重令》）。君主所立之法，若人人都可以指责其失，也就不具有权威性，"故法废而私行，则人主孤特而独立，人臣群党而成朋。如此则主弱而臣强，此之谓乱国"（《管子·明法解》）。《管子》一书出于"战国齐稷下学者之手，其中也有西汉学者附益部分"①。所以不能够讲在春秋时期就有系统的遏制朋党的制度与理念，因为管仲"成为中国改革派的先河，也使他成为战国时政治改革传说的箭垛，于是许多政治理论和方策的总结和许多富国强兵的善策、奇策、谬策都堆在他名下"②。即便是如此，《管子》以法除朋党之说，对后世影响颇大。

韩非"作为法家的集大成者，他综合了法家的三大思想，祖述商鞅，以法治理论为起点，吸收了慎到、申不害的术论，并把三者融为一体，创立法术势兼用的君主专制理论"③。韩非认为君主有"五壅"，即臣闭、臣制、臣擅、臣得、臣树，"臣闭其主曰壅，臣制财利曰壅，臣擅行令曰壅，臣得行义曰壅，臣得树人曰壅"（《韩非子·主道》）。主张由君主亲操赏罚二柄，任法用术以散党。"主使人臣虽有智能，不得背法而专制；虽有贤行，不得逾功而先劳；虽有忠信，不得释法而不禁。此之谓明法"（《韩非子·南面》）。"主有术士，则大臣不得制断，近习不敢卖重；大臣、左右权势息，则人主之道明矣。今则不然，其当途之臣得势擅事以环其私，左右近习朋党比周以制疏远，则法术之士奚时得进用，人主奚时得论裁"（《韩非子·人主》）。希望君主以严法御之，"越官则死，不当则罪。守业其官，所言者贞也，则群臣不得朋党相为矣"（《韩非子·二柄》）。采取强行措施，"散其党，收其余，闭其门，夺其辅，国乃无虎。臣得树人，则主失党。此人主之所以独擅也，非人臣之所以得操也"（《韩非子·主道》）。作为君主，"欲为其国，必伐其聚；不伐其聚，彼将聚众。故度量之立，主之宝也；党与之具，臣之宝也。有道之臣，不贵其家。有道之君，不贵其臣；贵之富之，彼将代之"（《韩非子·扬权》）。法、势、术综合运用，才能够使群臣不得为朋党，这必须是在主尊的情况下，君主还要圣明，要不然"国有擅主之臣，则群下不得尽其智力以陈其忠，百官之吏不得奉法以致其功矣"；最终是"主孤于上，而臣成党于下"（《韩非子·奸劫弑臣》）。如果君主能够"法明，则忠臣劝；罚必，则邪臣止"（《韩

---

① 顾德融、朱顺龙：《春秋史》，上海人民出版社 2001 年版，第 376 页。
② 韦政通：《中国思想史》，上海书店出版社 2003 年版，第 35 页。
③ 朱日耀主编：《中国政治思想史》，高等教育出版社 1992 年版，第 86 页。

非子·饰邪》)。这样则可以使"智士者远见而畏于死亡，必不从重人矣；贤士者修廉而羞与奸臣欺其主，必不从重臣矣"(《韩非子·孤愤》)。要求君主熟悉下情，将祸患消灭在萌芽之中。"禁于微，则奸无积；奸无积，则无比周；无比周，则公私分；公私分，则朋党散；朋党散，则无外障距内比周之患"(《韩非子·难三》)。作为明主，"不举不参之事，不食非常之食；远听而近视以审内外之失，省同异之言以知朋党之分，偶参伍之验以责陈言之实；执后以应前，按法以治众，众端以参观；士无幸赏，无逾行；杀必当，罪不赦，则奸邪无所容其私矣"(《韩非子·备内》)。"韩非把君臣之间的较量视为能否君主集权的关键，应该说，十分准确地抓住了要害。"[1] 这些论述与理念，也为后世从立法的角度打击朋党与奸党提供了理论基础。

二、儒家的朋党思想

相较于法家而言，儒家直接论述朋党的思想并不多，且多隐含在君主为政、君子品格、公私义利的辨析中。儒家希望通过明主和君子的道德理想诉求来禁除朋党。君子不党、明主治国、循礼守义，是儒家禁除朋党的思想核心。

(一)君子不党

子曰："君子和而不同，小人同而不和"(《论语·子路》)。"君子矜而不争，群而不党"(《论语·卫灵公》)。君子和谐、庄重而不与别人争执，合群而不结党营私，小人同类营私而不和谐。这明确立了君子不争执不结党的重要品格。"君子周而不比，小人比而不周"(《论语·为政》)。君子能周，即忠信义合，团结多数人；小人以利合，阿党为比，相互勾结营私。小人相勾结，不能与大多数人融洽相处；而君子则不同，胸怀广阔，秉持忠义而与众人和谐相处。"人之过也，各于其党。观过，斯知仁矣"(《论语·里仁》)。小人犯错，与其私党密切相连。分析其过错，可知仁与不仁。敛党小人使国君远贤近谗，蔽主移势，于是篡臣出现。"国多私，

---

[1] 刘泽华主编：《中国政治思想史（先秦卷）》，浙江人民出版社1996年版，第338页。

比周还主党与施。远贤近谗，忠臣蔽塞主势移"；"妒功毁贤，下敛党与上蔽匿"（《荀子·成相》）。如果"上不忠乎君，下善取誉乎民，不恤公道通义，朋党比周，以环主图私为务，是篡臣者也"（《荀子·臣道》）。特别不能够牟利，如果"上下交征利而国危矣"（《孟子·梁惠王上》）。古士大夫无私不比，无党致公，是君子。"入其国，观其士大夫，出于其门，入于公门，出于公门，归于其家，无有私事也。不比周，不朋党，偶然莫不明通而公也，古之士大夫也"（《荀子·强国》）。

孔子是君子的典范，但也不免为尊者讳而偏党袒护。鲁国的君主昭公违背周礼同姓不婚的礼，取了吴国的同姓女，陈司败问孔子，孔子回答昭公知礼，可见不党庇、偏袒之难。"陈司败问：昭公知礼乎？孔子曰：知礼。孔子退，揖巫马期而进之，曰：吾闻君子不党，君子亦党乎？君取于吴，为同姓，谓之吴孟子。君而知礼，孰不知礼？巫马期以告。子曰：丘也幸，苟有过，人必知之"（《论语·述而》）。孔子承认了偏袒鲁昭公是自己的过错，但昭公是尊者，自己也无法解决这个矛盾。子贡认为："君子之过也，如日月之食焉。过也，人皆见之；更也，人皆仰之"（《论语·子张》）。君子为尊者讳而犯错误，但不能称为朋比营私，而且改过还赢得敬仰，这埋下了后世君子与小人纷争的理论隐患。

孔子将君子与小人加以对举和区别，《论语》一书，"君子"一词出现107次，"小人"一词出现24次，严格区分君子与小人，进行道德的褒扬和否定，成为儒学对待朋党的基本态度。虽然明确了君子不党的理念，但也开启了后世君子与小人纷争对立的大幕。历代的朋党争斗，往往分成若干宗派，争执不休，在思想理论层面有对儒家经义解释不同之成因。"这些自是或自好的一家之言，由于自是，便不免相非；由于自好，便不免相恶"，学派间因争名而起的门户之见，由于学人从政，很容易转变为政治上的朋党之争，"学术的争执可以引起政治上的党争，政治上的党争也可以引起学术上的排拒"①。学派门户，创立学说，影响政策，争名、争利、争权，私学议政，激化党争，一旦引发皇权的憎恶，危及皇权，都可能被

---

① 雷飞龙：《汉唐宋明朋党的形成原因》，韦伯文化国际出版有限公司2002年版，第274—278页。

视为邪说左道而归入奸党。明代大礼议之争、张居正考成法之议、东林党之起，都是引发适用奸党罪名的重要事件，而对儒家经义的理解分歧，是不可忽视的重要原因。

（二）明主治国

明主是治国的轴心，应勤政，率民向善。子曰："为政以德，譬如北辰，居其所，而众星共之"；"先之劳之。请益。曰：无倦"（《论语·子路》）。"道之以政，齐之以刑，民免而无耻；道之以德，齐之以礼，有耻且格"（《论语·为政》）。"政者，正也。子帅以正，孰敢不正"（《论语·颜渊》）。"其身正，不令而行；其身不正，虽令不从"（《论语·子路》）。"上好礼，则民易使也"（《论语·宪问》）。"上好礼，则民莫敢不敬；上好义，则民莫敢不服；上好信，则民莫敢不用情"（《论语·子路》）。"君子之德，风；小人之德，草。草上之风必偃"（《论语·颜渊》）。"君仁莫不仁，君义莫不义，君正莫不正。一正君而国定矣"（《孟子·离娄章句上》）。"民为贵，社稷次之，君为轻。是故得乎丘民而为天子"；"不仁而得国者，有之矣；不仁而得天下，未之有也"（《孟子·尽心章句下》）。"大哉尧之为君也！巍巍乎！唯天为大，唯尧则之"（《论语·泰伯》）。在儒家看来，君主应该是圣明的，以礼治国，则民顺臣忠，国无忧虑。

作为明主，应该疏远佞人，做到周密、幽险、不偏曲，是治之源。"颜渊问为邦，子曰：远佞人"（《论语·卫灵公》）。"朋党比周之誉，君子不听"（《荀子·致士》）。"有君子而乱者，自古及今，未尝闻也。传曰：治生乎君子，乱生乎小人。此之谓也"（《荀子·王制》）。"上周密，则下疑玄矣；上幽险，则下渐诈矣。上偏曲，则下比周矣。疑玄则难一，渐诈则难使，比周则难知。难一则不强，难使则不功，难知则不明，是乱之所由作也。故主道利明不利幽，利宣不利周"（《荀子·正论》）。"君子者，治之原也。官人守数，君子养原；原清则流清，原浊则流浊"（《荀子·君道》）。作为君主，应该用君子而远佞人，因为君子不朋党比周，可以用他们化民成俗，而达到天下大治。

暴君害仁，可聚天下之恶，独夫可诛。子贡曰："纣之不善，不如是之甚也。是以君子恶居下流，天下之恶皆归焉。"子曰："上失其道，民散久矣"（《论语·子张》），这是因为"礼乐不兴则刑罚不中，刑罚不中则民无所措手足"（《论语·子路》）。暴君"举枉错诸直，则民不服"（《论语·为政》）。"上无道揆也，下无法守也，朝不信道，工不信度，君子犯义，小人犯刑"；"上无礼，下无学，贼民兴，丧无日矣"；"暴其民甚，则身弒国亡；不甚，则身危国削"（《孟子·离娄章句上》）。对于这样的暴君，人民可以将其推翻，因为"贼仁者谓之贼，贼义者谓之残，残贼之人谓之一夫。闻诛一夫纣矣，未闻弒君也"（《孟子·梁惠王章句下》）。在儒家看来，道德重于权势，无道无德地运用权势者，就是暴君，而不是明主。

（三）循礼守义

君子具有循礼守义的高尚人格。子曰："君子务本，本立而道生"（《论语·学而》）。"君子喻于义，小人喻于利"；"君子怀德，小人怀土；君子怀刑，小人怀惠"；"君子之于天下也，无适也，无莫也，义之与比"（《论语·里仁》）。"君子坦荡荡，小人长戚戚"；"不义而富且贵，于我如浮云"（《论语·述而》）。"君子以文会友，以友辅仁"（《论语·颜渊》）。"君子谋道不谋食，君子忧道不忧贫"（《论语·卫灵公》）。"君子义以为上"（《论语·阳货》）。"君子之仕也，行其义也"（《论语·微子》）。"君子惠而不费，劳而不怨，欲而不贪，泰而不骄，威而不猛"（《论语·尧曰》）。作为君子，"其为气也，至大至刚，配义与道"；"行一不义，杀一不辜而得天下，皆不为也"（《孟子·公孙丑章句上》）。"吾身不能居仁由义，谓之自弃也。仁，人之安宅也；义，人之正路也"（《孟子·离娄章句上》）。"夫义，路也；礼，门也。惟君子能由是路，出入是门也。"（《孟子·万章章句下》）"非礼之礼，非义之义，大人弗为"（《孟子·离娄章句下》）。"士穷不失义，达不离道。穷不失义，故士得己焉；达不离道，故民不失望焉。古之人，得志，泽加于民；不得志，修身见于世。穷则独善其身，达则兼善天下"（《孟子·尽心章句上》）。"君子之能以公义胜私欲也"（《荀子·修身》）。"不下比以暗上，不上同以疾下，分争于中，不以私害之，若是，则可谓公士矣"（《荀子·不苟》）。君子能够循礼守义，君主应该重君子而远小人。在礼与法之间，儒家宁可信礼义，也不信法治。

在笃信礼义的情况下，儒家要求君子以道事君，践行礼义，才能够得到臣下与人民的拥护。"君使臣以礼，臣事君以忠"（《论语·八佾》）。"勿欺也，而犯之"（《论语·宪问》）。"君子病无能焉，不病人之不己知也"（《论语·卫灵公》）。君主与臣下，尊卑上下之间，均应合乎礼仪。"所谓大臣者，以道事君，不可则止"（《论语·先进》）。"事君，敬其事而后其食"（《论语·卫灵公》）。"邦有道，谷（俸禄）；邦无道，谷，耻也"（《论语·宪问》）。君子要择明主而仕，如果无礼，则可弃而不仕。"邦有道，则仕；邦无道，则可卷而怀之"（《论语·卫灵公》）。"为人臣者怀仁义以事其君"（《孟子·告子章句下》）。"事君无义，进退无礼，言则非先王之道者，犹沓沓也"（《孟子·离娄章句上》）。儒家看重礼义，特别是孟子"他把理论原则看得比君主更神圣，这在政治思想上很有意义，对君命无二的盲从主义是有力的一击"①。正因为如此，孟子思想在后世不受尊崇，而尊君兴礼的思想占上风。"率性诚心，旨于礼义中庸，目的是要把所有的人培养为道德人物，道德人物不与知识相结合，只能充当顺民，决不会成为历史前进中的积极分子，驯民恰恰又是君主专制得以实行的最后的群众基础。"②

儒家的君主与小人之分，对后世的朋党评价有很大的影响。小人无道自利，君子不与小人为谋。"鄙夫可与事君也与哉？其未得之也，患得之。既得之，患失之。苟患失之，无所不至矣"（《论语·阳货》）。"道礼义者为君子；纵性情，安恣睢，而违礼义者为小人"（《荀子·性恶》）。"道不同，不相为谋"（《论语·卫灵公》）。"君有妒臣，则贤人不至。蔽公者谓之昧，隐良者谓之妒，奉妒昧者谓之交谲。交谲之人，妒昧之臣，国之秽孽也"（《荀子·大略》）。"不信仁贤，则国空虚。无礼义，则上下乱"（《孟子·尽心章句下》）。"乱世之征，其服组，其容妇，其俗淫，其志利，其行杂，其声乐险，其文章匿而采，其养生无度，其送死瘠墨，贱礼义而贵勇力，贫则为盗，富则为贼"（《荀子·乐论》）。"故古者圣人以人之性恶，以为偏险而不正，悖乱而不治，故为之立君上之势以临之，明礼

---

① 刘泽华主编：《中国政治思想史（先秦卷）》，浙江人民出版社 1996 年版，第 193 页。
② 刘泽华主编：《中国政治思想史（先秦卷）》，浙江人民出版社 1996 年版，第 175 页。

义以化之，起法正以治之，重刑罚以禁之，使天下皆出于治，合于善也"（《荀子·性恶》）。君子遵循礼义，小人追求利益，作为君主应该近君子而远小人，因为君子为朋，有朋友道义；小人为党，各谋私利。

三、党论纷争

儒法两家的朋党思想，成为历代君主专制制度遏制朋党的理论基础。汉武帝罢黜百家，独尊儒术，儒家思想成为正统。内法外儒的格局，加之法家对朋党的系统论证，使后世对法家思想的争议不大。但儒家"君子""小人"的分野，却引致了无休止的纷争。汉、唐、宋是党争激烈的朝代，也是论证朋党的名篇佳作盛出的时期。论证朋党的作者，往往自身就身处党争的旋涡之中，有借立朋党之论攻击政敌的目的，党论纷争，感同身受，历历在目。综合党论纷争的情况，大致可分为君子有朋，小人有党；君子有党，小人无朋；君子小人皆有党；不辨朋党，辨正邪。

（一）君子有朋小人有党

西汉元帝永光元年（前43年），宦官石显专权，前将军萧望之领尚书事，光禄大夫周堪、宗正刘更生给事中，上书请罢宦官，因此得罪石显。为了报复，石显诬告他们"朋党相称举"①。宗正刘更生上书辩白称："昔孔子与颜渊、子贡更相称誉，不为朋党；禹、稷与皋陶传相汲引，不为比周。何则？忠于为国，无邪心也。故贤人在上位，则引其类而聚之于朝。"在为自己辩白的同时，攻击石显等人为"佞邪"，他们"合党共谋，违善依恶，歙歙訿訿，数设危险之言，欲以倾移主上"②。认为自己是君子，不能够称为朋党，而石显、弘恭等小人才是朋党。不过在君主看来"中人无外党，精专可信任"。在这种情况下，萧望之自杀，刘更生也遭废锢，"不得复进用"③。是党不是党，并不是臣下说了算，完全由君主来认定。刘向，即刘更生认为："君以誉为功，以毁为罪，有功者不赏，有罪者不罚，

---

① （东汉）班固：《汉书》卷78《萧望之传》，中华书局1962年版，第3286页。
② （宋）沈枢辑录：《通鉴总类》卷17上，引刘更生《上书辨正邪》，台湾商务印书馆景印文渊阁《四库全书》1983年版，第461册，该卷37页。
③ （东汉）班固：《汉书》卷93《佞幸石显传》，中华书局1962年版，第3726、3727页。

多党者进，少党者退，是以群臣比周而蔽贤，百吏群党而多奸，忠臣以诽死于无罪，邪臣以誉赏于无功，其国见于危亡。"如果"大盛其臣下，此私门盛而公家毁也。人君不察焉，则国家危殆矣"①。君子无党有朋，贼臣、亡国之臣结党营私，这是指斥对方为朋党的重要依据。

唐宪宗曾经与宰相裴度谈论："臣事君当励善底公，朕恶夫树党者。"这是表达自己对群臣结党者的不满，而裴度说："君子小人以类而聚，未有无徒者。君子之徒同德，小人之徒同恶，外甚类，中实远，在陛下观所行则辨。"②裴度认为君子同德则不是朋党，小人同恶则是朋党。相同的问题也问过知制诰李绛，认为"谏官多朋党"。李绛则说："自古纳谏昌，拒谏亡。"即便是谏官说得不对，也不该谴责他们，更不能够把他们当作朋党。在李绛看来，"自古人君最恶者朋党，小人揣知，故常藉口以激怒上心。朋党者，寻之则无迹，言之则可疑。小人常以利动，不顾忠义。君子者，遇主知则进，疑则退，安其位不为它计，故常为奸人所乘。夫圣人同迹，贤者求类，是同道也，非党也"③。也是持小人有朋党，君子无朋党的态度。

在君主看来，无论是什么人聚在一起，都应该是朋党，所以唐武宗很从容地说："有人称孔子其徒三千亦为党，信乎？"宰相李德裕在回答这个问题时认为："仲尼之徒，唯行仁义"，不可能为党，为党者都是坏人与小人，在尧的时代，有"四凶""四辅臣"，"共工、欢兜则为党，舜、禹不为党"。汉武帝时汲黯与公孙弘不为党，唐太宗时房玄龄、杜如晦不为党。不过"汉朱博、陈咸相为腹心，背公死党。周福、房植各以其党相倾，议论相轧，故朋党始于甘陵二部"。战国时期"有信陵、平原、孟尝、春申，游谈者以四豪为称首，亦各有客三千，务以谲诈势利相高"。这些都不是仲尼之徒，"今所谓党者，诬善蔽忠，附下罔上，车马驰驱，以趋权势，昼夜合谋，美官要选，悉引其党为之，否则抑压以退。仲尼之徒，有是

---

①（汉）刘向撰，程翔译注：《说苑译注》卷1《君道》，北京大学出版社2009年版，第12、37页。

②（宋）欧阳修、宋祁：《新唐书》卷173《裴度传》，中华书局1975年版，第5213页。

③（宋）欧阳修、宋祁：《新唐书》卷152《李绛传》，中华书局1975年版，第4837、4841页。

乎？陛下以是察之，则奸伪见矣"①。

唐代在朋党争斗中亡国，引起人们的思考，"汉、唐之末，举其朝皆小人也，而其君子者何在哉！"汉唐灭亡时小人进君子退，即"欲空人之国而去其君子者，必进朋党之说；欲孤人主之势而蔽其耳目者，必进朋党之说；欲夺国而与人者，必进朋党之说"。可以说朋党成为打击对方的利器，"至欲举天下之善，求其类而尽去之，惟指以为朋党耳"。在这种情况下，"其亲戚故旧，谓之朋党可也；交游执友，谓之朋党可也；宦学相同，谓之朋党可也；门生故吏，谓之朋党可也"。可谓是朋党如云，于是国家无可用之人，国空之矣。"可夺国而予人者，由其国无君子，空国而无君子，由以朋党而去之也。呜呼，朋党之说，人主可不察哉。"② 这种君子有朋无党，小人有党无朋的观点，也成为宋代思想家认识的主流。

（二）君子有党小人无朋

欧阳修的《朋党论》，可谓是论述朋党的名篇。在欧阳修看来，"大凡君子与君子以同道为朋，小人与小人以同利为朋，此自然之理也"。这是因为"小人所好者禄利也，所贪者财货也，当其同利之时，暂相党引以为朋者伪也，及其见利而争先，或利尽而交疏，则反相贼害，虽其兄弟亲戚不能相保"。这样的小人，即便是可以暂时成为朋，实际上都是假的。"君子则不然，所守者道义，所行者忠信，所惜者名节，以之修身则同道而相益，以之事国则同心而共济，终始如一，此君子之朋也"。欧阳修以尧舜为例，"四凶"是小人为朋，皋、夔、稷、契等 22 人是君子为朋。除"四凶"而天下大治，用 22 人，天下亦大治。"周有臣三千，惟一心。纣之时亿万人各异心，可谓不为朋矣。"纣却亡国了，周则兴起了，"周武之世举其国之臣三千人共为一朋，自古为朋之多且大莫如周，然周用此以兴者，善人虽多而不厌也"。作为君主应该明白历史，只有"为人君者，但当退小人之伪朋，用君子之真朋，则天下治矣"③。

---

① （宋）欧阳修、宋祁：《新唐书》卷 180《李德裕传》，中华书局 1975 年版，第 5339—5340 页。

② （宋）欧阳修：《新五代史》卷 35《唐六臣传论》，中华书局 1974 年版，第 382 页。

③ （宋）欧阳修撰：《欧阳文忠公集》卷 17《朋党论·在谏院进本以论为议》，中华书局 1975 年版，该卷第 4 页。

在宋元祐党争之后，有关朋党问题的讨论也逐渐增多，认为："朋党立论，尝起于小人而无预于君子"。最终君子与小人不可避免地发生冲突，最终是"胜常在小人，不胜常在君子"。因为"君子者，无心之心，小人则有心之心也。无心之心，则于是非利害，胜不胜无较焉。小人则有心之心，一切反是，睚眦于锱铢，颉颃于毫发，力以取胜"。政治斗争中取胜的小人，将"党"加诸君子头上，所以君子成了朋党。因此必须要辨明君子与小人，"君子小人之不辨也，君子指小人为党，小人亦指君子为党，其始也好恶，是非之名异，朋起而附和之，日寖月滋，因无形以兆有形，而天下受其患"。当祸乱已经形成，再谈什么"此君子此小人，君子无党，小人指君子为党，则亦已晚矣"。君子有党，小人无朋，如何确定君子与小人，"唯人主能操威福大柄，而公其君子小人之辨，以明是非之途"①。各种朋党之论，讲君子与小人的区分，讲是非曲直的判断，但最终确定君子与小人的决定权还是在君主手中，也反映出儒家对当时政治体制的屈从，也为君权打击朋党提供了支持。

（三）君子小人皆有党

东汉范滂因党锢而被捕系黄门北寺狱，在审讯过程中，范滂认为："臣闻仲尼之言，见善如不及，见恶如探汤，欲使善善同其清，恶恶同其污，谓王政之所愿闻，不悟更以为党"②，认为自己乃是清流，不可能为党。范晔论曰："自武帝以后，崇尚儒学，怀经协术，所在雾会，至有石渠分争之论，党同伐异之说，守文之徒，盛于时矣。"这种党同伐异，致使王莽篡位。光武中兴，官场风气略有好转，"逮桓、灵之间，主荒政缪，国命委于阉寺，士子羞与为伍，故匹夫抗愤，处士横议，遂乃激扬名声，互相题拂，品核公卿，裁量执政，婞直之风，于斯行矣"。这种局面的出现，乃是君主的缘故，"夫上好则下必甚，矫枉故直必过，其理然矣。若范滂、张俭之徒，清心忌恶，终陷党议，不其然乎"③。认为出现党锢，乃

---

① （宋）李石：《方舟集》卷9《朋党论》，台湾商务印书馆景印文渊阁《四库全书》1983年版，第1149册，该卷第71页。

② （南朝·宋）范晔：《后汉书》卷67《党锢范滂传》，中华书局1965年版，第2205页。

③ （南朝·宋）范晔：《后汉书》卷67《党锢列传序》，中华书局1965年版，第2184—2185页。

是君主的原因，这是君主专制体制下必然产生的现象。

唐代牛李党争，历来被认为是朋党之争，"牛党"是指以牛僧孺、李宗闵为首的官僚集团，属于出身寒微者。"李党"是指以李德裕为首的官僚集团，大多出身于世家大族，门第显赫。著史者认为：牛僧孺、李宗闵"以方正敢言进，既当国，反奋私昵党，排挤所憎，是时权震天下，人指曰'牛李'，非盗谓何？"① 而李德裕"身为名宰相，不能损所憎，显挤世仇，使比周势成"，也不能够推卸责任，因此感叹："嗟乎，朋党之兴也，殆哉！根夫主威夺者下陵，听弗明者贤不肖两进，进必务胜，而后人人引所私，以所私乘狐疑不断之隙，是引桀、跖、孔、颜相斗于前，而以众寡为胜负矣。"② 连唐文宗也不得不感叹："去河北贼易，去此朋党难。"③ 自宋代以来，一直认为牛李党争是朋党之争，因为"这两个大派系，没有严格的政治观点的差异，没有阶层利益的区别，也就是说他们不代表两个不同政见的派别，只是两帮政客的派性斗争而已"④。

宋仁宗曾经问范仲淹："自昔小人多为朋党，亦有君子之党乎？"对于这个问题，范仲淹回答："臣在边时，见好战者自为党，而怯战者亦自为党，其在朝廷邪正之党亦然，唯圣心所察尔，苟朋而为善于国家，何害也。"⑤ 在范仲淹看来，无论是正邪，只要是对国家有利，就不要禁止，因此有人提出："自古以来邪正在朝，未尝不各为党，不可禁也，在圣鉴辨之耳。"⑥ 苏轼则认为："有党则必争，争则小人者必胜。君子以道事君，人主必敬之而疏。小人惟予言而莫予违，人主必狎之而亲。疏者易间而亲者难睽也。而君子者不得志，则奉身而退乐道不仕；小人者不得志，则徼幸复用，惟怨之报，此其所以必胜也。"⑦ 张唐英认为："夫君子小人各有

---

① （宋）欧阳修、宋祁：《新唐书》卷174《李逢吉等传赞》，中华书局1975年版，第5242页。

② （宋）欧阳修、宋祁：《新唐书》卷180《李德裕传赞》，中华书局1975年版，第5344页。

③ （宋）欧阳修、宋祁：《新唐书》卷174《李宗闵传》，中华书局1975年版，第5236页。

④ 王仲荦：《隋唐五代史》，上海人民出版社2003年版，第209页。

⑤ （宋）李焘：《续资治通鉴长编》卷148，宋仁宗庆历四年夏四月戊戌条，中华书局1979年版，第3580页。

⑥ （宋）廖刚：《高峰文集》卷6《进故事》，台湾商务印书馆景印文渊阁《四库全书》1983年版，第1142册，该卷第16页。

⑦ （宋）苏轼撰，傅成、穆俦标点：《苏轼全集》卷44《续欧阳子朋党论》，上海古籍出版社2000年版，第731页。

朋党，以君子者为宰相，则抱君子之道者皆以党而进于朝矣。以小人为宰相，则怀小人之才者亦以党而进于朝矣。"① 也就是说，君子与小人都有朋党，但性质不同，君子与君子为党，小人与小人为党。华镇认为："出于义则义者之类，君子之党也。出于不义则不义者之类，小人之党也。"君子与小人都有党，全在"人主务明察，以谨操而已，操柄不失，而朋党消矣"②。李纲认为："君子小人得位而立人之朝，则必各引其类以自助，此朋党之所由兴也"。这些思想家持君子小人皆有党的观念，认为朋党是必然存在的现象。如果君主不能够辨别正邪，"君子既指小人以为朋党，小人亦指君子以为朋党"，最终会使小人得志，因此"人主欲无朋党之患，莫如自治"③。主张君主独操大权，进贤人而去不肖。

宋代朋党之论，在君子与小人上纠缠不休，认为君子以道义，小人以势利，但何者为道义，何者为势利，也没有明确的评价标准，最终也只能够凭君主的感觉来裁判。此种理论将是否朋党的判断权、决定权、惩罚权都交给君主，为君主立法禁止和打击朋党提供了理论支持。

（四）不辨朋党辨正邪

北宋元祐党争，史家多以改革派、保守（传统）派来论述，也以"新党""旧党"分别。"不可片面地认为只有新生事物才能促进历史的发展，旧的事物观念就只能阻止历史的发展。在不同的历史条件下，新旧事物和新旧观念会发生不同的作用，不能互相替代的"④。正因为"新党""旧党"都是为了王朝的利益，他们之间的是非曲直一直存在争议，也导致此后朋党正邪之辩的争议。

范纯仁认为："朋党之起，盖因趋向异同，同我者谓之正人，异我者疑为邪党。"这种正邪很难辨别，"以至真伪莫知，贤愚倒置"，所以希望

---

① （宋）阙名：《历代名贤确论》卷90引张唐英《论朋党》，台湾商务印书馆景印文渊阁《四库全书》1983年版，第687册，该卷第13页。

② （宋）华镇：《云溪居士集》卷17《朋党论》，台湾商务印书馆景印文渊阁《四库全书》1983年版，第1119册，该卷第16页。

③ （宋）李纲撰：《李纲全集·论朋党札子》，王瑞明点校，岳麓书社2004年版，第822页。

④ 仲伟民：《宋神宗》，吉林文史出版社1997年版，第103页。

皇帝包容，不必分辨党人，则"内外反侧皆安，上下人情浃洽"①。如果非要清查朋党，则"朋党者，君子小人所不免也，人主御群臣之术，不务嫉朋党，务辨邪正而已"②。邪就是奸，"夫乘时抵巇以盗富贵，探微揣端以固权宠，谓之奸可也；包苴满门，私谒踵路，阴交不逞，密结禁廷，谓之奸可也；以奇伎淫巧荡上心，以倡优女色败君德，独操赏刑，自报恩怨，谓之奸可也；蔽遮主听，排斥正人，微言者坐以刺讥，直谏者陷以指斥，以杜天下之言，掩滔天之罪，谓之奸可也"③。这种"奸"的标准非常广泛，涉及与君主有关的政治利益，君主也很难区分，若是"朝廷用人止论其贤否，如何不可有党"。若是宰相有朋党，君主也应该不以朋党名之，因为"既已名其为党，彼安得不结为朋党"。因此要求君主"灼知贤否，所在唯贤是进，惟不肖是退，弗问其它，则党论自消"④。

朝廷是否有朋党，乃是君主的责任，"朋党之名，虽生于君子小人之相哄，其实人君有以致之也"。君主必须"大中至正之道行，则朋党不革而自消"⑤。因此要求"陛下毋疑在朝诸臣之分朋植党，毋谓在朝诸臣之背公狥私，但当审而察之，孰邪孰正"。忠君爱国、尽忠竭节则为正；为身窃位、狥货殖利则为邪，特别要注意"小人欲激人主之怒，不过以党之一字目之，则必犯人主之所恶耳"⑥。所以君主"欲破朋党，先明是非。欲明是非，先辨邪正，则公道开而奸邪息矣"⑦。只要君主"但观其言行之实，察其朋附之私，则邪正分而朋党破矣"⑧。察言观行，如何才能够确定邪正呢？"君子犯颜敢谏，拂陛下之意，退甘家食，此乃为国计，非为身计也。

① （宋）赵汝愚辑：《宋名臣奏议》卷76引范纯仁《上哲宗论不宜分辨党人有伤仁化》，台湾商务印书馆景印文渊阁《四库全书》1983年版，第431册，该卷第16页。

② （宋）秦观撰，徐培均笺注：《淮海集笺注》卷13《朋党上》，上海古籍出版社2000年版，第539页。

③ （元）脱脱等：《宋史》卷356《崔鶠传》，中华书局1977年版，第11214页

④ （宋）史浩：《鄮峰真隐漫录》卷10《论朋党记所得圣语》，台湾商务印书馆景印文渊阁《四库全书》1983年版，第1141册，该卷第6页。

⑤ （宋）廖刚：《高峰文集》卷2《论朋党札子》，台湾商务印书馆景印文渊阁《四库全书》1983年版，第1142册，该卷第12页。

⑥ （宋）姚勉：《雪坡集》卷1《封事丙辰封事》，台湾商务印书馆景印文渊阁《四库全书》1983年版，第1184册，该卷第8页。

⑦ （元）脱脱等：《宋史》卷376《常同传》，中华书局1977年版，第11622页。

⑧ （元）脱脱等：《宋史》卷376《常同传》，中华书局1977年版，第11622页。

小人自植朋党，挤排正人，甘言佞语，一切顺陛下之意，遂取陛下官爵，此乃为身计，非为国计也"①。君子小人区分标准无非是忠君为国，佞君为身，忠则正直，佞则偏私。"所谓正直之人，或天资亮直、或家世忠义、或有志报国、或自立名节；所谓奸邪之人，或逢迎上意、或希合权贵、或性识颇僻、或冀望宠利。"君子导人以公正，奸邪导人主以奸邪②。

宋代官员希望君主能够容忍朋党，但要区分正邪，且对区分正邪的判断标准的论证也非常具体。元人则从天下大势的宏观角度，提出正邪的区别："有忧天下之心者，无不有以尽其言；不尽其言者，是不忧天下者也。有忧天下之心者，由有以知其得失利害，治乱之故。不忧天下者，是不知所以得失利害，治乱之故者也。"③ 作为臣下，应该知道"君子之得君者寡，小人之得君者众，君子之得君也难，小人之得君也易"④。作为君主应该知道"祸乱之作，固出于君昏乱淫虐于上，而群小在位纲纪坏而人心失，然亦有不至此极而乱者，公私空竭而饥寒切身，水旱为灾是也"⑤。得君子而天下治，用小人则天下乱，对朋党的态度依然脱离不开君子与小人，而君子为正，小人为邪，也为君主打击朋党提供理论支持。

① （元）脱脱等：《宋史》卷421《姚希得传》，中华书局1977年版，第12589页。
② 导人主以质直，使之虚中听纳则为公正；导人主以谄谀使之讳过拒谏则为奸邪；导人主以德义则为公正；导人主以功利则为奸邪；导人主以尊宗庙敬祭祀则为公正；导人主以简宗庙略神祇则为奸邪；导人主以亲睦九族惠养耆老则为公正；导人主以疏薄骨肉弃老遗年则为奸邪；导人主以恭俭清净奉循典法则为公正；导人主以骄侈放肆不顾旧章则为奸邪；导人主以稼穑艰难惠及鳏寡则为公正；导人主以轻鄙农事不邮惇独则为奸邪；导人主以柔远息兵则为公正；导人主以用兵攻战则为奸邪；导人主以原情谨罚则为公正；导人主以峻法立威则为奸邪；导人主以安民利众则为公正；导人主以劳民动众则为奸邪；导人主以进君子用善良则为公正；导人主以近小人用恶德则为奸邪。见（宋）赵汝愚辑：《宋名臣奏议》卷16引范百禄《上哲宗分别邪正条目》，台湾商务印书馆景印文渊阁《四库全书》1983年版，第431册，该卷第11—12页。
③ （元）余阙：《青阳集》卷6《题宋顾主簿论朋党书后》，台湾商务印书馆景印文渊阁《四库全书》1983年版，第1214册，该卷第1页。
④ （元）胡祗遹：《紫山大全集》卷21《论臣道》，台湾商务印书馆景印文渊阁《四库全书》1983年版，第1196册，该卷第15页。
⑤ （元）胡祗遹：《紫山大全集》卷13《君臣论》，台湾商务印书馆景印文渊阁《四库全书》1983年版，第1196册，该卷第2页。

第二节　朋党罪演化

基于法家对朋党的憎恶，儒家对小人朋党的厌恶，历代都有朋党之禁，只是禁令的形式和具体适用的罪名有一个逐步发展演化的过程。"任何时代当权的人对于属下的人结党争权，都深恶痛绝的，因此朋党必然要限于少数人的声气相求，相互援引，而不能有公开的严密的广大的组织"①。法家的论述已常用朋党这一词汇，指称臣僚结党朋比危害集权专制。但朋党并不专指职官结伙犯罪，朋、党还可组词指称结伙犯罪的相关罪名。朋党罪除了职官结伙犯罪，还包括危害统治秩序的亲族、团伙犯罪。"奸党"这一词汇比"朋党"出现得晚，明代奸党罪名直接渊源于朋党之禁，但只选取其职官结伙犯罪的含义。明代的奸党罪名，特指官僚群体朋比为奸，结党营私的共同犯罪，犯罪主体有特殊性。奸党罪名包容朋党罪的职官结伙犯罪含义，列为"在朝官吏，交结朋党，紊乱朝政"一款，并扩张调整奸臣奸邪结伙犯罪行为。基于朋党罪在宋朝以前，有职官结伙犯罪的含义，并与奸党罪名同源于法家、儒家思想，对其发展演化进行考察，可帮助理解奸党罪名入律前的历史概况。

一、朋、党组成罪名

凡危害统治秩序的亲族、团伙都可称为朋党。根据《汉语大词典》，"朋"有（1）朋友，弟子，志同道合的人；（2）指群，众人；（3）朋党；（4）结党，结交；（5）同，一起；（6）伦比，相类；（7）"凤"的古字等义。朋组成的词语，有贬义、褒义、中性三类。朋党有关的阿附、勾结结成私党是贬义，如朋比、朋比为奸、朋甲、朋邪、朋奸、朋附、朋挺、朋家、朋扇、朋援、朋头；友情和志同道合相关的是褒义，如朋友、朋心、朋知、朋执、朋辈。同类交往和同僚同辈相关的是中性词，如朋徒、朋

---

① 雷飞龙：《汉唐宋明朋党的形成原因》，台湾韦伯文化国际出版有限公司 2002 年版，第 16—17 页。

曹、朋从、朋游、朋僚、朋俦、朋类①。

"党"可指称：（1）古代一种地方基层组织，五百家为党；（2）亲族；（3）朋党，同伙；（4）结成朋党；（5）犹类；（6）偏私；（7）知晓、晓悟；（8）处所等。如果将奸邪结党相关的词汇整理串联，可得出：党魁邀党誉，握党权，搞党引寻党援，树党友、党羽，党朋、党徒、党棍，臣僚党比、党邪、党阿、党附，换取党魁党护、党庇、党偏、党进，兴党见、党论、党议，引发党同伐异、党恶佑奸、党祸党逆，终至党禁、党狱、党难、党籍、党锢、党碑②。

"朋党"在职官结伙犯罪的含义上，是君主专制政体下，以政治权力争夺为目的，拉帮结伙，相互倾轧，排斥攻击异己的官僚非正式宗派组织。具体可指（1）同类的人以恶相济而结成的集团。后指因政见不同而形成的相互倾轧的宗派，"绝疑去谗，屏流言之迹，塞朋党之门"（《战国策·赵策二》），已隐含着制裁。（2）谓结为朋党，"交众与多，外内朋党，虽有大过，其蔽多矣"（《韩非子·有度》），则讲朋党之弊；"动则争竞，争竞则朋党，朋党则诬罔，诬罔则臧否失实，真伪相冒，主听用惑，奸之所会也"③，是讲朋党为奸。（3）结党营私，排斥异己，朋党比周，"诡言以邪坠主不义，朋党比周以蔽主明，入则辩言好辞，出则更复异其言语，使白黑无别，是非无间"④。朋党除了上述职官结伙之义，还可指亲族、团伙犯罪。例如"诸恶少无赖，结聚朋党，陵轹善良，故行斗争，相与罗织者，与木偶连锁，巡行街衢，得后犯人代之，然后决遣"⑤。

汉代时就有朋党与奸党的词汇使用事例，都含有结党共同犯罪，组成犯罪团伙（集团）之义。朋党的含义比奸党广，延续着臣僚结党朋比之义，奸党则尚未指称臣僚结党。例如，"颍川豪桀大姓相与为婚姻，吏俗朋党。广汉患之，厉使其中可用者受记，出有案问，既得罪名，行法罚之，广汉故漏泄其语，令相怨咎。又教吏为缿筒，及得投书，削其主名，

① 参见罗竹风主编：《汉语大词典》第6册，汉语大词典出版社1990年版，第1180—1184页。
② 参见罗竹风主编：《汉语大词典》第12册，汉语大词典出版社1994年版，第1365—1370页。
③（唐）房玄龄等：《晋书》卷52《郗诜传》，中华书局1974年版，第1440页。
④（汉）刘向撰，程翔译注：《说苑译注》卷2《臣术》，北京大学出版社2009年版，第40页。
⑤（明）宋濂等：《元史》卷105《刑法志四》，中华书局1976年版，第2688页。

而托以为豪桀大姓子弟所言。其后强宗大族家家结为仇仇，奸党散落，风俗大改。吏民相告讦，广汉得以为耳目，盗贼以故不发，发又辄得"①。这里的朋党有亲族、朋友、犯罪团伙、官吏结党之义，奸党则指犯罪团伙。东汉光武帝建武二年（56年），渔阳太守彭宠起兵反汉，自称燕王；建武三年（57年），涿郡太守张丰随之也叛汉。大将军幽州牧朱浮在上书求增兵的时候，讲道："彭宠反畔，张丰逆节"，如不及时剿灭，"张丰狂悖，奸党日增，连年拒守"②，形势将难以控制。这里的"奸党"就是指武装割据叛乱之人及参与者。北魏河内太守李洪之以外戚为河内太守，在"河内北连上党，南接武牢，地险人悍，数为劫害，长吏不能禁"的情况下上任，"严设科防，募斩贼者便加重赏，劝农务本，盗贼止息。诛锄奸党"③。这里的奸党则是指普通的暴力犯罪集团的成员，意为"奸人所结之党"。朋党这一罪名，沿用至元朝，奸党则在东汉时期逐渐凸显出臣僚结党朋比的含义，与朋党同义，后因奸党可泛指奸臣、邪臣，最终在明代反过来包容了朋党罪的职官结伙犯罪含义。

《唐律疏议》中，涉及"党"的规定可归纳出三种含义：一是朋党，如"纠弹之官，朋党挟私饰诈，妄作纠弹者"；二指亲族，如党服、母之党服、继母之党服；三指犯罪团伙、犯罪集团之义，如犯罪之人，身被囚禁，凶徒恶党，共来相劫夺者；群党共斗，乱殴伤人；受首谋反、逆、叛者，若有支党，必须追掩。《宋刑统》在沿用唐律的三种含义基础上，增加了邪教群体含义，"造妖书妖言"敕文云："或僧俗不辩，或男女混居，合党连群，夜聚明散，托宣传于法会，潜恣纵于淫风，若不去除，实为弊恶"，在严饬地方官禁止时，要求将"据关连徒党，并决重杖处死"④。《大明律》中的"党"，除了鲜明的"奸党"律条外，也延续有唐宋律中的党的含义，但规定得更细更具体（见表2.1）。

① （东汉）班固：《汉书》卷76《赵广汉传》，中华书局1962年版，第3200页。
② （南朝宋）范晔：《后汉书》卷33《朱浮传》，中华书局1965年版，第1140页。
③ （北齐）魏收：《魏书》卷89《李洪之传》，中华书局1974年版，第1917—1918页。
④ 薛梅卿点校：《宋刑统》，法律出版社1999年版，第330页。

表 2.1　《大明律》涉党律条一览表

条目	内　容	含义
名例律·常赦所不原	若奸党及谗言左使杀人故出入人罪一应真犯，虽会赦并不原宥	奸邪、朋党
名例律·给没赃物	犯罪籍没财产者，指奸党上言德政等条，财产入官	奸邪、朋党
吏律·奸党	（略）	奸邪、朋党
吏律·交结近侍官员	（略）	奸邪、朋党
吏律·上言大臣德政	（略）	奸邪、朋党
户律·仓库·揽纳税粮	一题称今后纳税去处有权豪无稽之徒，朋谋结党，倚势用强，揣勒客商，挟制官吏，搅扰商税或恐吓骗客商财物者 一在京刁徒光棍访知铺行，但与解户交关价银，辄便邀集党类数十为群，入门噪闹，指为揽纳，捉要送官	犯罪团伙
户律·课程·匿税	一在京在外税课司局，批验茶引所，但系纳税去处，省令客商人等自纳，若权豪无籍之徒，结党把持，拦截生事，搅扰商税者	犯罪团伙
礼律·仪制·朝见留难	凡仪礼司官将应朝见官员人等，托故留难阻当，不即引见者斩，大臣知而不问与同罪（纂注：在朝大臣知其留难阻当之情而不究问，恐有党恶之意，故与同罪）	奸邪、朋党
礼律·仪制·乡饮酒礼	凡乡党叙齿及乡饮酒礼，已有定式，违者笞五十	基层组织
兵律·邮驿·驿使稽程	一凡指称勋戚文武大臣近侍官员姻党族属家人名目，虚张声势，扰害经过	亲族
刑律·贼盗·谋反大逆	党恶之诛，有能捕获其人送官者，民授民官，军授军职，仍将犯人家产全给充赏	犯罪团伙
刑律·诉讼·诬告	一各处刁军刁民专一挟制官吏，陷害良善，起灭词讼，结党捏词缠告，把持官府，不得行事等项，情犯深重者	犯罪团伙
刑律·诈伪·诈假官	一凡诈冒皇亲族属姻党家人，在京在外巧立名色，挟骗财物，侵假地土，出入大小衙门嘱托公事	犯罪团伙

二、朋党罪概况

臣僚结党朋比危害君主集权专制，在上古时期就已引起重视。《尚书·泰誓》记载，讨伐商纣王的理由有："朋家作仇，胁权相灭"①。即纣王要承担臣僚结党营私，争权夺利，互相倾轧的罪责。《易·比六三》："比之匪人，【凶】"。又《易·比上六》："比之无首，凶"。是说诸侯臣下倘若朋比为奸，结党营私，危及王室安全，一律处以斩刑。无首，引申为斩刑②。战国时期，亦可见有关禁止朋党的记载。吴起入楚时，为楚悼王立法，"禁朋党以励百姓，定楚国之政，兵震天下，威服诸侯"③。楚国的朋党之禁，促进富国强兵的改革，服务了争夺霸权的需要。

汉宣帝重用宦官，以中书令弘恭、石显"典枢机"，前将军领尚书事萧望之与廷臣一起反对，弘恭、石显说他们"朋党相称举，数潛诉大臣，毁离亲戚，欲以专擅权势，为臣不忠，诬上不道，请谒者召致廷尉"④。最终萧望之，廷臣被贬，班固认为："萧望之历位将相，籍师傅之恩，可谓亲昵亡间。及至谋泄隙开，谗邪构之，卒为便嬖宦竖所图"⑤。弘恭、石显攻击廷臣为朋党，史家评论他们为"谗邪"。汉成帝时，丞相翟方进劾红阳侯王立"怀奸邪，乱朝政，欲倾误要主上，狡猾不道，请下狱"。成帝认为："红阳侯，朕之舅，不忍致法，遣就国"。翟方进不甘心，认为红阳侯王立有"党友"，乃是"邪臣自结，附托为党，庶几（王）立与政事，欲获其利。今立斥逐就国，所交结尤著者，不宜备大臣，为郡守。案后将军朱博、巨鹿太守孙闳、故光禄大夫陈咸与（王）立交通厚善，相与为腹心，有背公死党之信，欲相攀援，死而后已"。颜师古注曰："死党尽死力于朋党也"⑥。东汉章帝建初元年（76 年），皇太后下诏有云："又田蚡、窦婴，宠贵横恣，倾覆之祸，为世所传。"李贤注曰："窦婴，文帝窦皇后

---

① 高绍先：《中国刑法史精要》，法律出版社 2001 年版，第 255 页。
② 胡留元、冯卓慧：《夏商西周法制史》，商务印书馆 2006 年版，第 366 页。
③ （西汉）司马迁：《史记》卷 79《蔡泽列传》，中华书局 1959 年版，第 2423 页。
④ （东汉）班固：《汉书》卷 78《萧望之传》，中华书局 1962 年版，第 3286 页。
⑤ （东汉）班固：《汉书》卷 78《萧望之传》，中华书局 1962 年版，第 3292 页。
⑥ （东汉）班固：《汉书》卷 84《翟方进传》，中华书局 1962 年版，第 3419 页。

从兄子魏其侯也，为丞相，坐与灌夫朋党弃市也。"① 李贤为唐代人，认为窦婴、灌夫是以朋党论罪。《史记》讲灌夫以"骂不敬"、居家"横甚"而被族诛，窦婴以"欺谩""蜚语"被弃市，并没有讲是朋党②。《汉书》讲灌夫"通奸猾，侵细民，横恣颍川，轶轹宗室，侵犯骨肉"，才被族诛的。窦婴以"矫先帝诏害""飞语为恶言"，才被弃市的③。颜师古、李贤都是唐人，在他们看来，汉代已经有了朋党治罪，实际上尚没有明确、独立的朋党罪名。

东汉有"党锢之祸"，程树德认为："禁锢盖本周制。（汉）文帝时，贾人赘婿及吏坐赃者，皆禁锢不得为吏。及东汉，则赃吏禁锢，并及子孙。"④ 汉哀帝时，左曹光禄大夫宜陵侯息夫躬因得罪宠臣董贤，被汉哀帝斥责"交游贵戚，趋权门"，而有人上书说息夫躬"怀怨恨，非笑朝廷"，被逮捕入诏狱，负气而死，以至于其"党友谋议相连下狱百余人"，息夫躬的母亲也"坐祠灶祝诅上，大逆不道"，最终被"弃市"，其"同族亲属素所厚者，皆免废锢"⑤。可见在有禁锢、废锢处罚的情况下，才有党锢。

东汉"党锢之祸"是有名的历史事件，在东汉桓帝、灵帝时，曾经有两次大规模禁锢党人，也就是士大夫、贵族等，这是因为他们反对宦官乱政，而遭到宦官集团的打击。"一部分朝廷上的官僚与在野士大夫、太学生和郡国生徒联合，形成一股反对外戚宦官的政治势力，最终酿成血肉狼藉的'党锢之祸'。"⑥ 河南尹李膺被人诬告"养太学游士，交结诸郡生徒，更相驱驰，共为部党，诽讪朝廷"⑦。汉桓帝下令逮捕"党人"，李膺等 200 余人被捕，然后进行"钩党"，一州多以百数，而当时 19 州，则可见牵连之广。由于这些"党人"多表现出大无畏的英雄气概，因此为日后史学家所同情。党锢延续 10 余年，等解禁的时候，黄巾之乱已经成燎原

---

① （南朝宋）范晔：《后汉书》卷 10《明德马皇后纪》，中华书局 1965 年版，第 411 页。

② （西汉）司马迁：《史记》卷 107《魏其武安侯列传》，中华书局 1959 年版，第 2847—2853。

③ （东汉）班固：《汉书》卷 52《窦田灌韩传》，中华书局 1962 年版，第 2384—2392 页。

④ 程树德：《九朝律考》，中华书局 2003 年版，第 53 页。

⑤ （东汉）班固：《汉书》卷 45《息夫躬传》，中华书局 1962 年版，第 2187—2188 页。

⑥ 林剑鸣：《秦汉史》上海人民出版社 2003 年版，第 907 页。

⑦ （南朝宋）范晔：《后汉书》卷 67《党锢列传》，中华书局 1965 年版，第 2183 页。

之势。

挟天子以令诸侯的曹操，也重朋党之禁。汉献帝建安十年（205 年）九月，令曰："阿党比周，先圣所疾也。闻冀州俗，父子异部，更相毁誉。昔直不疑无兄，世人谓之盗嫂。第五伯鱼三娶孤女，谓之挝妇翁。王凤擅权，谷永比之申伯。王商忠议，张匡谓之左道：此皆以白为黑，欺天罔君者也。吾欲整齐风俗，四者不除，吾以为羞。"① 在曹操看来阿党比周，就是相互毁誉，而毁誉的 4 个事例，两个为生活，两个为政治，但都属于"欺天罔君"。孙吴也应该有朋党之禁，颖川周昭著书称步骘及严畯等曰："古今贤士大夫所以失名丧身倾家害国者，其由非一也，然要其大归，总其常患，四者而已。急论议一也，争名势二也，重朋党三也，务欲速四也。急论议则伤人，争名势则败友，重朋党则蔽主，务欲速则失德，此四者不除，未有能全也。"认为不犯此"四者"为君子，且称颂步骘就是没有这四种行为的君子，实际上已经犯了大忌，有歌功颂德之嫌。周昭"坐事下狱"，有人表救，"（吴景帝）孙休不听，遂伏法云"②。史书没有讲周

----

① （晋）陈寿撰，裴松之注：《三国志》卷 1《魏志·武帝纪第一》，中华书局 1959 年版，第 27 页。

② （晋）陈寿撰，裴松之注：《三国志》卷 52《步骘传》，中华书局 1959 年版，第 1240 页。其后云："当世君子能不然者，亦比有之，岂独古人乎！然论其绝异，未若顾豫章、诸葛使君、步丞相、严卫尉、张奋威之为美也。论语言'夫子恂恂然善诱人'，又曰'成人之美，不成人之恶'，豫章有之矣。'望之俨然，即之也温'，听其言也厉使君体之矣。'恭而安，威而不猛'，丞相履之矣。学不求禄，心无苟得，卫尉、奋威蹈之矣。此五君者，虽德实有差，轻重不同，至於趣舍大检，不犯四者，俱一揆也。昔丁谓出於孤家，吾粲由于牧竖，豫章扬其善，以并陆、全之列，是以人无幽滞而风俗厚焉。使君、丞相、卫尉三君，昔以布衣俱相友善，诸论者因各叙其优劣。初，先卫尉，次丞相，而后有使君也；其后并事明主，经营世务，出处之才有不同，先后之名须反其初，此世常人决勤薄也。至于三君分好，卒无亏损，岂非古人交哉！又鲁横江昔杖万兵，屯据陆口，当世之美业也，能与不能，孰不愿焉？而横江既亡，卫尉应其选，自以才非将帅，深辞固让，终于不就。后徙九列，迁典八座，荣不足以自曜，禄不足以自奉。至于二君，皆位为上将，穷富极贵。卫尉既无求欲，二君又不称荐，各守所志，保其名好。孔子曰：'君子矜而不争，群而不党。'斯有风矣。又奋威之名，亦三君之次也，当一方之成，受上将之任，与使君、丞相不异也。然历国事，论功劳，实有先后，故爵位之荣殊焉。而奋威将处此，决能明其部分，心无失道之欲，事无充诎之求，每升朝堂，循礼而动，辞气謇謇，罔不惟忠。叔嗣虽亲贵，言忧其败，蔡文至虽疏贱，谈称其贤。女配太子，受礼若吊，慷忾之趋，惟笃人物，成败得失，皆如所虑，可谓守道见机，好古之士也。若乃经国家，当军旅，于驰骛之际，立霸王之功，此五者未为过人。至其纯粹履道，求不苟得，升降当世，保全名行，邈然绝俗，实有所师。故粗论其事，以示后之君子。"周昭者字恭远，与韦曜、薛莹、华覈并述吴书，后为中书郎，坐事下狱，覈表救之，孙休不听，遂伏法云。

昭因为什么事下狱，但下狱前引此段文字，应该是与此书有关，若是如此，当是上言大臣德政，但不能够说孙吴时就有此罪名，也不能够说无此罪名，因为孙吴的法律现在没有存世。

西晋也有党锢之罪，泰始（265—274 年）初，剡乌程令丘灵鞠"坐东贼党锢数年"①。晋律有刑名、法例、盗律、贼律、诈伪、请赇、告劾、捕律、系讯、断狱、杂律、户律、擅兴、毁亡、卫宫、水火、厩律、关市、违制、诸侯等 20 篇，内容无存，也不知道党锢在何篇之中。北魏宣武帝时（500—515 年），赵修因为是东宫故人，因此深受宠用，以至于"世宗亲幸其宅，诸王公卿士百僚悉从，世宗亲见其母"②。因宠而骄，"坐擅威刑，势倾都鄙"③。因丧父回家，怨恨者得以中伤，宣武帝大怒，下诏治罪，于路上鞭一百，被绑在马上，行走 80 里而死。墙倒众人推，在朝大臣不依不饶，定要宣武帝穷治其党，特别是北海王元详提出："臣闻党人为患，自古所疾；政之所忌，虽宠必诛。"事连侍中、领御史中尉甄琛，"琛遂免归本郡，左右相连死黜者三十余人"④。北魏法律"凡八百三十二章，门房之诛十有六，大辟之罪二百三十五，刑三百七十七"⑤。16 种门房之诛，不知道有没有朋党，但从孝文帝延兴四年（474 年）诏书讲："自今已后，非谋反、大逆、干纪、外奔，罪止其身而已"⑥，可以看出，谋反、大逆、干纪、外奔四项罪名乃是门房之诛，这些与朋党相关联。

魏晋南北朝时期，一旦官员犯罪，往往"穷治党与"，这是因循秦汉制度。如西汉武帝时，"淮南、衡山、江都王谋反迹见，而公卿寻端治之，竟其党与，而坐死者数万人，长吏益惨急而法令明察"⑦。"及燕王等反诛，穷治党与，（苏）武素与（上官）桀、（桑）弘羊有旧，数为燕王所讼，子又在谋中，廷尉奏请逮捕（苏）武。"⑧ 在政治斗争中，胜利者穷治及诛

---

① （梁）萧子显：《南齐书》卷 52《丘灵鞠传》，中华书局 1972 年版，第 890 页。
② （北齐）魏收：《魏书》卷 68《恩倖赵修传》，中华书局 1974 年版，第 1998 页。
③ （北齐）魏收：《魏书》卷 68《恩倖传序》，中华书局 1974 年版，第 1988 页。
④ （北齐）魏收：《魏书》卷 68《甄琛传》，中华书局 1974 年版，第 1512—1513 页。
⑤ （北齐）魏收：《魏书》卷 111《刑罚志》，中华书局 1974 年版，第 2877 页。
⑥ （北齐）魏收：《魏书》卷 7 上《高祖纪上》，中华书局 1974 年版，第 140 页。
⑦ （西汉）司马迁：《史记》卷 30《平准书》，中华书局 1959 年版，第 1424 页。
⑧ （东汉）班固：《汉书》卷 54《苏武传》，中华书局 1962 年版，第 2467 页。

杀失败者的党与，乃是惯例，在东汉外戚、宦官专权时，尤为突出。魏晋也然，如"毌丘俭之诛，党与七百余人，传侍御史杜友治狱，惟举首事十人，余皆奏散"①。这算是手下留情，司马懿专权，"并发（曹）爽与何晏等反事，乃收爽兄弟及其党与何晏、丁谧、邓飏、毕轨、李胜、桓范等诛之"②。实际上"宣帝诛曹爽兄弟及其党与，皆夷三族，京师严兵"。永平元年（291 年），"贾后诛杨骏及其党与，皆夷三族，杨太后亦见弑"③。及至"八王之乱"，相互诛杀党与几乎成为惯例。南朝亦是，除了拥兵反叛要诛杀党与之外，在宫廷、朝廷斗争中，以谋反罪名诛杀党与之事，常见于史册。如"前吴郡太守徐佩之谋反，及党与皆伏诛"；"太子詹事范晔谋反，及党与皆伏诛"④。北朝亦是如此，如北魏恒州刺史穆泰谋反，任城王元澄"穷其党与，罪人皆得，钜鹿公陆叡、安乐侯元隆等百余人皆狱禁"⑤。北齐河清元年（562 年），冀州刺史、平秦王归彦谋反，"斩归彦并其三子及党与二十人于都市"⑥。北周宇文护把持朝政，"赵贵、独孤信等谋袭护，护因贵入朝，遂执之，党与皆伏诛"⑦。

史称："晋氏平吴，九州宁一，乃命贾充，大明刑宪。内以平章百姓，外以和协万邦，实曰轻平，称为简易。是以宋、齐方驾，辴其余轨。若乃刑随喜怒，道暌正直，布宪拟于秋荼，设网逾于朝胫，恣兴夷翦，取快情灵。若隋高祖之挥刃无辜，齐文宣之轻刀脔割，此所谓匹夫私仇，非关国典"⑧。自魏晋南北朝以来，不是没有制定法律，但统治者所作所为不按照法律行事，也是非常普遍的现象。

隋开皇三年（583 年），隋文帝又敕苏威、牛弘等更定律法，删繁就简，只留 500 条，分为：名例、卫禁、职制、户婚、厩库、擅兴、贼盗、斗讼、诈伪、杂律、捕亡、断狱等 12 篇。大业三年（607 年），定律也是

---

① （晋）陈寿撰，裴松之注：《三国志》卷 28《毌丘俭传》，中华书局 1959 年版，第 767 页。
② （唐）房玄龄等：《晋书》卷 1《高祖宣帝纪》，中华书局 1974 年版，第 18 页。
③ （唐）房玄龄等：《晋书》卷 13《天文志下》，中华书局 1974 年版，第 389、393 页。
④ （梁）沈约：《宋书》卷 5《文帝纪》，中华书局 1974 年版，第 75、93 页。
⑤ （北齐）魏收：《魏书》卷 19 中《任城王元澄传》，中华书局 1974 年版，第 469 页。
⑥ （唐）李百药：《北齐书》卷 7《武成纪》中华书局 1972 年版，第 91 页。
⑦ （唐）令狐德棻等：《周书》卷 11《晋荡公护传》，中华书局 1971 年版，第 166 页。
⑧ （唐）魏徵等：《隋书》卷 25《刑法志序》，中华书局 1973 年版，第 696 页。

500 条，分为名例、卫禁、违制、请赇、户、婚、擅兴、告劾、贼、盗、斗、捕亡、仓库、厩牧、关市、杂、诈伪、断狱等 18 篇。《开皇律》为唐所因循，但没有留下文字，穷追党与在此时还实行。如太子（杨）"勇及诸子皆被禁锢，部分收其党与"①。杨玄感叛乱，隋炀帝"车裂玄感弟朝请大夫积善及党与十余人，仍焚而扬之"②。对于反叛追究其党与，还是有法律规定，但实行车裂与焚骨扬灰，却是法外用刑。

对于朝臣结党，君主一直持戒备态度。如隋开国功臣苏威，与高颎共同编订《开皇律》，深受重用，升为吏部尚书，朝臣多归附于他。国子博士何妥不愿意归附，"遂奏（苏）威与礼部尚书卢恺、吏部侍郎薛道衡、尚书右丞王弘、考功侍郎李同和等共为朋党"。隋文帝当即令蜀王杨秀率官案验，情况属实。隋文帝"以《宋书·谢晦传》中朋党事令威读之"。苏威此时只能够惶惧免冠顿首，最终被免官爵，"知名之士坐威得罪者百余人"③。隋炀帝时，通事谒者韦云起上疏云："今朝廷之内多山东人，而自作门户，更相剡荐，附下罔上，共为朋党。不抑其端，必倾朝政，臣所以痛心扼腕，不能默已。谨件朋党人姓名及奸状如左。"隋炀帝当即令大理寺按名推究，"左丞郎蔚之、司隶别驾郎楚之并坐朋党，配流漫头赤水，余免官者九人"④。则可见隋代对朋党问题的重视，而且已明确"坐朋党"，即应该已从朋党之禁过渡到有了朋党罪名，按朋党罪治罪。

唐律有《武德律》《贞观律》《永徽律》《开元律》四种，现存的《唐律疏义》是以《永徽律》为本，由长孙无忌等逐条加以注疏，是我国现存形成最早，也是最完整的一部古代法典，有 12 篇 502 条，虽然没有专门针对朋党的律条，但已有涉及朋党的律疏。《唐律疏议·斗讼·诬告反坐》规定："诸诬告人者，各反坐。即纠弹之官，挟私弹事不实者，亦如之。疏议曰：凡人有嫌，遂相诬告者，准诬罪轻重反坐告人。即纠弹之官，谓据令应合纠弹者，若有憎恶前人，或朋党亲戚，挟私饰诈，妄作纠弹者，

① （唐）魏徵等：《隋书》卷 45《文四子勇传》，中华书局 1973 年版，第 1235 页。
② （唐）魏徵等：《隋书》卷 4《炀帝杨广纪下》，中华书局 1973 年版，第 86 页。
③ （唐）魏徵等：《隋书》卷 41《苏威传》，中华书局 1973 年版，第 1187 页。
④ （后晋）刘昫等：《旧唐书》卷 75《韦云起传》，中华书局 1975 年版，第 2631 页。

并同诬告之律，反坐其罪。"① 唐律的诬告反坐律文，在疏议中首次出现了"朋党"这一词汇，其意指纠弹之官结党挟私饰诈，妄作纠弹，已经属于明代奸党律朋党乱政的规制内容。疏议是对唐代律文的专门说明或解释，是经过皇帝批准的，所以具有法律效力。这是现查资料中，朋党最早出现在律文疏议中的规定，但其处罚是"并同'诬告'之律"，从中可知，朋党与诬告反坐有牵连关系。

唐代政治实践中，对于朋党一直采取严禁的态度。如武则天久视元年（700年），以原隋尚书令杨素"生为不忠之人，死为不义之鬼"，所以"杨素及兄弟子孙已下，并不得令任京官及侍卫"②。开元十五年（727年），因尚书右丞相张说、御史大夫崔隐甫、中丞宇文融，"以朋党相构制，说致仕，隐甫免官侍母，融左迁魏州刺史"③。至德元年（756年），房琯走投唐肃宗，希望得到重用，北海太守贺兰进明对唐肃宗说："琯意诸子一得天下，身不失恩，又多树私党，以副戎权，推此而言，岂肯尽诚于陛下乎？"因此引起唐肃宗的疑心，再加上"朝臣多言（房）琯谋包文武"。使唐肃宗更加认为房琯"虚言浮诞，内鞅鞅，挟党背公，非大臣体"。乾元元年（758年），将其外放为邠州刺史，驱逐其所进用的文武大臣，"因下诏陈其比周状，喻敕中外"。史家认为房琯"陷于浮虚比周之罪，名之为累也"④。可见，君主嫉恨朝臣结党，再加上有人进谗言，房琯能够保全首领，已经为大幸了。唐穆宗时，党争已经很激烈，政治腐败，导致科举考试不公，"国家设文学之科，本求才实，苟容侥幸，则异至公。访闻近日浮薄之徒，扇为朋党，谓之关节，干扰主司，每岁策名，无不先定"。为此"诏百辟卿士宜各徇公，勿为朋党"⑤。此处的朋党之禁，针对科举考试，而更大规模的朝臣结党，在此后几乎成为常例，终唐灭亡而未除，可见禁治朋党效果不佳。

朱全忠进入长安，希望能够把持朝政，宰相裴枢还想用清流人士，而

---

① 岳纯之点校：《唐律疏议》，上海古籍出版社 2013 年版，第 366—367 页。
② （后晋）刘昫等：《旧唐书》卷 6《则天皇后》，中华书局 1975 年版，第 129 页。
③ （后晋）刘昫等：《旧唐书》卷 8《玄宗上》，中华书局 1975 年版，第 190 页。
④ （宋）欧阳修、宋祁：《新唐书》卷 139《房琯传》，中华书局 1975 年版，第 4627—4628 页。
⑤ （后晋）刘昫等：《旧唐书》卷 16《穆宗纪》，中华书局 1975 年版，第 489 页。

同为宰相的柳璨，阿附朱全忠，"归其谴于大臣"，将他们"同日赐死于白马驿"。在这种情况下，"凡搢绅之士与唐而不与梁者，皆诬以朋党，坐贬死者数百人，而朝廷为之一空"①。后唐明宗李嗣源（926—933 年），因安重诲的拥戴而得以即位，而安重诲也以佐命功臣自居，自然少不得有人进谗言，同中书门下平章事赵凤则多次对李嗣源讲安重诲忠心无贰，后来安重诲被杀，"明宗以（赵）凤为朋党，罢为安国军节度使"②。在这种政治斗争中，能够保全首领，也实属不易。

宋代多次申明朋党之禁，如咸平二年（1000 年），"戒百官比周奔竞，有弗率者，御史台纠之"③。宝元元年（1038 年），"诏戒百官朋党"④。庆历四年（1044 年），"诏戒朋党相讦"⑤。大观四年（1110），"诏戒朋党"⑥。政和元年（1111 年），"以用事之臣多险躁朋比，下诏申儆"⑦。重和元年（1118 年）"禁群臣朋党"⑧。屡禁不止乃是君主专制体制下常见的现象，而元祐党争又使这种现象变得非常普遍，君子与小人之争，使朋党现象难以禁止。

皇权专制，各种政治势力聚集在皇帝身边，得到皇帝重用的政治势力，必然利用皇权而扩大自己的势力，没有得到皇帝重用的政治势力，则想方设法得到皇帝的重用，这本是皇权专制政治斗争的常态，史家却以君子与小人来区分。例如金熙宗（1135—1148 年在位），宗弼在前方打仗，吏部侍郎田珏、左司员外郎孟浩，得以"铨量人物，分别贤否，所引用皆君子"。蔡松年等人因为得不到重用，便走宗弼的门路，等宗弼从前线回来，主持尚书省事务，"皆怨（田）珏等，时时毁短之于宗弼，凡与（田）珏善者皆指以为朋党"。宗弼听信谗言，寻找事由，以田珏等"专擅朝政，诏狱鞫之"。最终使田珏、孟浩"等三十四人皆徙海上，仍不以赦

---

① （宋）欧阳修：《新五代史》卷 35《唐六臣传序》，中华书局 1974 年版，第 375 页。
② （宋）欧阳修：《新五代史》卷 28《赵凤传》，中华书局 1974 年版，第 310 页。
③ （元）脱脱等：《宋史》卷 6《真宗一》，中华书局 1977 年版，第 107 页。
④ （元）脱脱等：《宋史》卷 10《仁宗二》，中华书局 1977 年版，第 203 页。
⑤ （元）脱脱等：《宋史》卷 11《仁宗三》，中华书局 1977 年版，第 219 页。
⑥ （元）脱脱等：《宋史》卷 20《徽宗二》，中华书局 1977 年版，第 385 页。
⑦ （元）脱脱等：《宋史》卷 20《徽宗二》，中华书局 1977 年版，第 386 页。
⑧ （元）脱脱等：《宋史》卷 21《徽宗三》，中华书局 1977 年版，第 401 页。

原"，史家认为"天下冤之"。大定二十九年（1189 年），金章宗完颜璟即位，重翻旧案，认为"故吏部侍郎田珏等皆中正之士，小人以朋党陷之，由是得罪"。当时就有老臣提出："珏专权树党，先朝已正罪名，莫不称当。今追赠官爵，恐无惩劝"，以至于此案不能够翻。等到这位老臣死去，金章宗完颜璟才重新翻案，"据田珏一起人除已叙用外，但未经任用身死，并与复旧官爵。其子孙当时已有官职，以父祖坐党因而削除者，亦与追复。应合追复爵位人等子孙不及荫叙者，亦皆量与恩例"。但此时涉案人员大多数都已经物故，子孙得以重新再起，也可见朋党与政治的关系密切①。

宋金以前禁止职官朋党，也惩治朋党，但罪名多与谋反、专擅、朋比、比周关联，在具体裁断过程中，有些是依律决断，更多的是依据君主的诏令，而诏令的出台，往往是朝臣互相攻击所促成的，乃是政治斗争的结果。欲置对方于死地，仅仅是朋党尚不足以将对方消灭，只有讲对方狼狈为奸，把持朝政，任用私人，才有可能消灭对方。在政治权力争夺中，职官朋党倾轧，党同伐异，也就需要调控并规制这些行为的明确而具体的罪名，奸党罪名已大势所趋。

三、朋党奸党化

政治权力争夺的各方，常指斥对方为朋党，诉说其是奸恶。失势方被镇压以后，便常用奸党定性。如东汉外戚与宦官斗争，彼此都说对方为奸党。安帝时，外戚阎氏专权，汉安帝死后，阎氏立北乡侯刘懿为嗣，不久刘懿也死了，车骑将军阎显闭宫门，秘不发丧，与阎太后谋立他人的时候，宦官孙程等人拥立汉顺帝，发动一场宫廷政变。当时尚书郭镇配合宦官，率羽林士击杀卫尉阎景。大局已定之后，郭镇就成为"冒犯白刃，手剑贼臣，奸党殄灭，宗庙以宁"的功臣②，阎姓外戚则被称为"奸党"了。汉桓帝时，外戚梁冀专权，宦官单超说梁冀"诚国奸贼，当诛日久"。汉桓帝则认为："奸臣胁国，当伏其罪"。最终与宦官定计，"收冀及宗亲党

---

① （元）脱脱等：《金史》卷 89《孟浩传》，中华书局 1975 年版，第 1979 页。
② （南朝宋）范晔：《后汉书》卷 46《郭镇传》，中华书局 1965 年版，第 1545 页。

与悉诛之"。宦官也因此得到重用,"自是权归宦官,朝廷日乱矣"①。在这种情况下,梁姓外戚也成为"奸党"了。汉灵帝时,宦官十常侍专权,诛杀外戚大将军何进导致兵变,最终十常侍劫质汉献帝出走,在追兵将及的时候,纷纷投河自杀,而原何进的部将袁绍就认为十常侍"滔乱天常,侵夺朝威,贼害忠德,扇动奸党"②。则可见在外戚与宦官之间的斗争中,彼此说对方为"奸党"也是常态。

魏晋以后,奸党一词出现频繁,都是政治斗争时强加给对方的罪名。如晋元帝(317—322年在位)时,权臣王敦发动政变。在平定叛乱以后,追查其余党,尚书令郗鉴认为王敦"佐吏不能匡正奸恶,宜皆免官禁锢"③。前将军温峤认为"必其凶悖,自可罪人斯得。如其枉入奸党,宜施之以宽"④。王敦二次起兵,中途病死,政变被平定,王敦党与则"有诏禁锢之"⑤。可见在政治斗争中,其党与是否被严惩,取决于对方是否真正失败。王敦第一次起兵政变,虽败而势力犹存,就不能够彻底清查其党与。当王敦死后,即便是皇帝不想清查余党,当权者也不会就此罢休,所以禁锢其党与。

北魏孝文帝亲政以后,大权独揽,当时自己的弟弟广陵王元羽录尚书事,"近小人,远君子,在公阿党,亏我皇宪,出入无章,动乖礼则",当面批评,并钦定他考核为下等,元羽不知悔改,孝文帝又指斥他:"汝自在职以来,功勤之绩,不闻于朝;阿党之音,频干朕听。汝之过失,已备积于前,不复能别叙"⑥,毅然决然地免去他的实职但居特进、太保闲职而已。君主要大权独揽,就不能够容忍臣下阿党营私,有些人抓住君主的心理,所以元羽阿党之事,才频频地传到孝文帝的耳中。

唐穆宗(821—824年在位)时李景俭为谏议大夫,因为"性既矜诞,宠擢之言,凌蔑公卿大臣,使酒尤甚",所以遭到朝臣的攻击,穆宗无可

① (南朝宋)范晔:《后汉书》卷78《宦者传》,中华书局1965年版,第2537页。
② (南朝宋)范晔:《后汉书》卷74《袁绍传上》,中华书局1965年版,第2384页。
③ (唐)房玄龄:《晋书》卷77《陆玩传》,中华书局1974年版,第2025页。
④ (唐)房玄龄:《晋书》卷67《温峤传》,中华书局1974年版,第1788页。
⑤ (唐)房玄龄:《晋书》卷58《周抚传》,中华书局1974年版,第1582页。
⑥ (北齐)魏收:《魏书》卷21《广陵王羽传上》,中华书局1974年版,第548页。

奈何，只好下诏云："附权幸以亏节，通奸党之阴谋。众情皆疑，群议难息"①，最终将他贬为建州刺史，而没有治罪。在党争已成的情况下，君主即便指称"奸党"，也难以处置，只能够以"群议难息"安抚各种政治势力，乃是大权旁落的表现。

宋太祖赵匡胤陈桥兵变，黄袍加身，采取杯酒释兵权，削夺武将的权力，逐级收回权力，中央集权制度进一步加强，"奸党"已经不完全是各种政治势力之间相互攻击的词汇，而是可以由君主确定，并逐渐明确的罪名了。"奸臣"一词的广泛应用，是政治词汇向法律用语转变的重要节点。

欧阳修、宋祁《新唐书》出现《奸臣传》，主旨是："木将坏，虫实生之；国将亡，妖实产之"。出现这样的妖孽，"有国家者，可不戒哉"②。元人修《辽史》也有《奸臣传》，是以"欧阳修则并奸臣录之，将俾为君者知所鉴，为臣者知所戒。此天地圣贤之心，国家安危之机，治乱之原也。辽自耶律乙辛而下，奸臣十人，其败国皆足以为戒"③。《宋史·奸臣传》乃是"终宋之世，贤哲不乏，奸邪亦多。方其盛时，君子秉政，小人听命，为患亦鲜。及其衰也，小人得志，逞其狡谋，壅阏上听，变易国是，贼虐忠直，屏弃善良，君子在野，无救祸乱。有国家者，正邪之辨，可不慎乎"④。明人修《元史》时也有《奸臣传》，其主旨是"元之旧史，往往详于记善，略于惩恶，是盖当时史臣有所忌讳，而不敢直书之尔。然奸巧之徒，挟其才术，以取富贵、窃威福，始则毒民误国而终至于殒身亡家者，其行事之概，亦或散见于实录编年之中，犹有《春秋》之意存焉。谨撮其尤彰著者，汇次而书之，作《奸臣传》，以为世鉴。而叛逆之臣，亦各以类附见云"。

《新唐书》列有许敬宗、傅游艺、李义府等 12 名奸臣，将他们比为蛙虫、妖孽。《辽史》在继承《新唐书》的观点同时，提高到国家安危与治乱的高度。《宋史》则秉承欧阳修君子有朋则无党，小人有党而无朋的观点。《元史》将叛逆附在奸臣传中，则可见明初已经将奸臣与叛逆等同。

---

①　（后晋）刘昫等：《旧唐书》卷 171《李景俭传》，中华书局 1975 年版，第 4455 页。

②　（宋）欧阳修、宋祁：《新唐书》卷 223《奸臣传下》，中华书局 1975 年版，第 6363 页。

③　（元）脱脱等：《辽史》卷 110《奸臣传序》，中华书局 1974 年版，第 1483 页。

④　（元）脱脱等：《宋史》卷 471《奸臣传序》，中华书局 1977 年版，第 13679 页。

立意不同，所讲奸臣的侧重点也不同。

《新唐书》讲许敬宗"能固主以久己权，乃阴连后（武则天）谋逐韩瑗、来济、褚遂良，杀梁王、长孙无忌、上官仪，朝廷重足事之，威宠炽灼，当时莫与比"。然后讲其私生活，"营第舍华侈，至造连楼，使诸妓走马其上，纵酒奏乐自娱。嬖其婢，因以继室，假姓虞"。还讲到许敬宗儿子与继母通奸之事，以申明许敬宗就是妖孽。讲李义府"貌柔恭，与人言，嬉怡微笑，而阴贼褊忌著于心，凡忤意者，皆中伤之，时号义府'笑中刀'。又以柔而害物，号曰'人猫'"。讲李林甫"善刺上意"使皇帝深居燕适"每奏请，必先饷遗左右，审伺微旨，以固恩信，至饔夫御婢皆所款厚，故天子动静必具得之。性阴密，忍诛杀，不见喜怒。面柔令，初若可亲，既崖阱深阻，卒不可得也。公卿不由其门而进，必被罪徙；附离者，虽小人且为引重"。说他"无学术，发言陋鄙，闻者窃笑"①。凡此种种，都在解释他们的奸恶，顺之者昌，逆之者亡，小人云集在他们的身边。

《辽史》继承《新唐书》的手笔，讲耶律乙辛"美风仪，外和内狡"，因此得到萧太后的宠爱，因此"势震中外，门下馈赂不绝。凡阿顺者蒙荐擢，忠直者被斥窜"。于是结成死党，在皇太子耶律洪基因萧太后得病而忧见颜色时，"乙辛党欣跃相庆，谗谤沸腾，忠良之士，斥逐殆尽"。耶律乙辛后来因为"谋奔宋及私藏兵甲事觉"，而被缢杀，天祚帝即位，记念旧恨，乾统二年（1102 年），"发冢，戮其尸"。讲张孝杰"久在相位，贪货无厌，时与亲戚会饮，尝曰：'无百万两黄金，不足为宰相家'"，"诬害忠良，孝杰之谋居多"，虽然得以善终，但在"乾统初，剖棺戮尸，以族产分赐臣下"。讲萧十三"辨黠，善揣摩人意"，党附耶律乙辛，在"乾统间，剖棺戮尸。二子：的里得、念经，皆伏诛"②。《辽史》不同于《新唐书》，特别讲到对奸臣的惩处，死后要被剖棺戮尸，还要牵连后代，惩处奸臣的理念明显。

《宋史·奸臣传》因为继承欧阳修的理念，在描述奸臣的时候，有基

---

① （宋）欧阳修、宋祁：《新唐书》卷 223《奸臣传上》，中华书局 1975 年版，第 6335—6349 页。

② （元）脱脱等：《辽史》卷 110《奸臣传》，中华书局 1974 年版，第 1483—1489 页。

本相同的手笔。如讲蔡确"有智数，尚气，不谨细行"，"善观人主意，与时上下"，"士大夫交口咄骂，而（蔡）确自以为得计也"。为宰相，"属兴罗织之狱，缙绅士大夫重足而立矣"。因司马光重回政坛，元祐元年（1087年），"始罢为观文殿学士、知陈州。明年，坐弟硕事夺职，徙安州，又徙邓"。直到"高宗即位，下诏暴群奸之罪，贬（蔡）确武泰军节度副使，窜懋英州，凡所与滥恩，一切削夺，天下快之"。以天下快之为词，以证其不得人心。讲邢恕"内怀猜猾，而外持正论"。"本从程门得游诸公间，一时贤士争与之交。恕善为表襮，蚤致声名，而天资反覆，行险冒进，为司马光客即陷光，附章惇即背惇，至与三蔡为腹心则之死弗替。上谤母后，下诬忠良，几于祸及宗庙"。讲吕惠卿"逢合（王）安石，骤致执政，安石去位，遂极力排之，至发其私书于上。安石退处金陵，往往写'福建子'三字，盖深悔为惠卿所误也。虽章惇、曾布、蔡京当国，咸畏恶其人，不敢引入朝"[1]。凡此都是小人所为，君子耻之，贬损官爵，发往外地，都以人称快来形容，没有讲到严惩，这与宋王朝优纳士大夫有关，不会采取辽金那样严酷的刑罚，即便是天下立有《元祐奸党碑》，也就是将碑上有名之人贬窜而已，而党人还有重新起用之时。

《元史》所收录的奸臣，都遭到严惩。元人认为："汉、唐之亡也，以外戚阉竖。宋之亡也，以奸党权臣。"[2]而明人认为作为奸臣毒民误国，一定会殒身亡家。本着这种理念，认为阿合马"为人多智巧言，以功利成效自负，众咸称其能。世祖急于富国，试以行事，颇有成绩"。这种成绩就是毒民，所以"百姓劳扰"，最终还是误国，"擢用私人，不由部拟，不咨中书"，"在位日久，益肆贪横，援引奸党"。他们"阴谋交通，专事蒙蔽，逋赋不蠲，众庶流移"，民受其害，而"内通货贿，外示威刑，廷中相视，无敢论列"，国亦受其殃。阿合马被益都千户王著以铜锤击死以后，还得到清算"发墓剖棺，戮尸于通玄门外，纵犬啖其肉"。讲卢世荣"以贿进"，说自己能够"救钞法，增课额，上可裕国，下不损民"。结果被元世祖忽必烈委以重任，"既骤被显用，即日奉旨中书整治钞法，遍行中外，

① （元）脱脱等：《宋史》卷471《奸臣传》，中华书局1977年版，第13698—13709页。
② （明）宋濂等：《元史》卷115《裕宗传》，中华书局1976年版，第2891页。

官吏奉法不虔者，加以罪"。最终是"苛刻诛求，为国敛怨，将见民间凋耗，天下空虚"。在群臣先后弹劾的情况下，元世祖忽必烈有所感悟，最终"有旨诛世荣，割其肉以食禽獭"。也是毒民误国，最终受到残酷的刑罚制裁。讲桑哥"为人狡黠豪横，好言财利事"。后来掌握大权，诛杀良善，打击不顺从的官员，善以小利结知君主，"以理算为事，毫分缕析，入仓库者，无不破产，及当更代，人皆弃家而避之"。害民已甚，而误国更深。"天下骚然，江淮尤甚，而谀佞之徒，方且讽都民史吉等为桑哥立石颂德"。元世祖忽必烈居然说"民欲立则立之，仍以告桑哥，使其喜也"。也可见桑哥是如何取得忽必烈的信任，当然就要给予他更多的权力。先是"凡铨调内外官，皆由于己"，后是"以刑爵为货而贩之，咸走其门，入贵价以买所欲。贵价入，则当刑者脱，求爵者得，纲纪大坏，人心骇愕"。在"百姓失业，盗贼蜂起"的情况下，群臣纷纷上言，忽必烈终于明白了，"始决意诛之"。最终"仆《桑哥辅政碑》，下狱究问。至七月，乃伏诛"。不但杀了桑哥本人，还杀其妻党。讲铁木迭儿"括田增税，苛急烦扰，江右为甚，致赣民蔡五九作乱宁都，南方骚动，远近惊惧"。乃是毒民误国，说他"怙势贪虐，凶秽滋甚"，是自作其孽。铁木迭儿"恃其权宠，乘间肆毒，睚眦之私，无有不报"。因为元英宗即位，才"渐见疏外，以疾死于家"。御史们认为铁木迭儿"上负国恩，下失民望，生逃显戮，死有余辜"，元英宗才"命毁所立碑，追夺其官爵及封赠制书，籍没其家"。哈麻"有口才，尤为（元顺）帝所亵幸"，因此"其被爱幸，无与为比"。因为宠幸而"声势日盛，自藩王戚里，皆遗赂之"，不行贿赂便有意加害。为了固宠，"阴进西天僧以运气术媚帝，帝习为之，号演揲儿法（房中术）"。然后让皇帝"广取女妇，惟淫戏是乐"，以至于"君臣宣淫，而群僧出入禁中，无所禁止，丑声秽行，著闻于外，虽市井之人，亦恶闻之"。后来因为诬陷丞相脱脱，哈麻兄弟俱被杖死。"哈麻兄弟宠幸方固，而一旦遽见废外，人皆谓帝怒其潜害脱脱兄弟之故，而不知其罪盖由于不轨。其兄弟之死，人无恤之者。"搠思监"早岁，性宽厚，简言语，皆以远大之器期之"。元顺帝时为宰相，"居相位久，无所匡救，而又公受贿赂，贪声著闻，物议喧然"。"时帝益厌政，而宦者资正院使朴不花乘间用事为奸利，搠思监因与结构相表里，四方警报及将臣功状，皆壅不上闻。"以至于强藩孛罗帖木儿拥兵阙下，搠思监、朴不花被杀，御史们纷纷请求依照奸臣阿合马例，"剖棺戮尸"，御史们还不解气，定要元顺帝"没其家产，而窜其子宣徽使观音奴于远方"。史论云："搠思监早有才望，及居相位，人皆仰其有为，遭时多事，顾乃守之以懦，济之以贪，遂使天下至于乱亡而不可为。论者谓元之亡，搠思监之罪居多云。"①

对比四史有关奸臣的描述，《新唐书》《宋史》比较注意人品，以之为小人的楷模，说明小人为奸，君子不为奸。《辽史》虽也写出小人形态，但对处置讲述很多，其下场大多很惨。《元史》描述奸臣毒民误国，更对他们的下场着墨颇深，死后要剖棺戮尸，株连家族，有时候还"穷治党与，纤悉无遗"②，使"奸党多伏诛"③，"其党皆伏诛"④，"遂捕奸党下狱"⑤。这些"奸党"的论说，应该对明代出台奸党罪名有所影响。

《元史》成书于洪武二年（1369 年），中书左丞相宣国公李善长等奉表进表中讲："至正之朝，徒玩细娱，浸忘远虑，权奸蒙蔽于外，嬖幸蛊惑于中，周纲遽致于凌迟，汉纲实因于疏阔，由是群雄角逐，九域瓜分，风波徒沸于重溟，海岳竟归于真主。"⑥ 这里突出"权奸"，而朱元璋看后，命令誊写刊行。可以说《元史》的编纂带有一定的政治倾向，尤其是有关"奸党"的论述，已经具有明代奸党罪名的犯罪行为特征，在《元史》刊行以后，影响是深远的。史官修史，借古喻今，也是对明代奸党罪名立法的一种积极回应。

第三节　入律分析

奸党罪名入律的时间存在模糊，呈现争议，代表性的有四种观点：何

① （明）宋濂等：《元史》卷 205《奸臣传》，中华书局 1976 年版，第 4557—4590 页。
② （明）宋濂等：《元史》卷 173《崔彧传》，中华书局 1976 年版，第 4039 页。
③ （明）宋濂等：《元史》卷 176《刘正传》，中华书局 1976 年版，第 4107 页。
④ （明）宋濂等：《元史》卷 136《拜住传》，中华书局 1976 年版，第 3301 页。
⑤ （明）宋濂等：《元史》卷 138《燕铁木儿传》，中华书局 1976 年版，第 3326 页。
⑥ 《明太祖实录》卷 44，洪武二年八月癸酉条。

广的洪武六年（1373 年）；雷梦麟和姚思仁的洪武十三年（1380 年）前；沈家本的洪武十三年（1380 年）后；柏桦的洪武九年（1376 年）。如果从罪名的角度看，应确定为洪武元年（1368 年）入令，但具体的奸党、交结近侍官员、上言大臣德政律条，应是逐渐入律，最终在洪武九年（1376 年）律中定型。奸党罪名入律后，成为《大明律》体系中的重要罪名，具有"承上统下"的重要地位。

一、入律时间

"奸党"作为罪名而编入律法是在明代，而部分类似犯罪行为，却曾经在前代律令中出现，只不过没有以奸党为名。洪武元年（1368 年）的《大明令》有奸党律的部分内容，洪武三年（1370 年）的杨宪案，已经有所适用，可以反证奸党罪名形成的过程。就奸党罪名而言，目前学界多从沈家本胡惟庸案的"亡羊补牢"说，在不清楚的情况下，则以明洪武时期总论之。

（一）时间争议

奸党罪名为朱元璋于洪武年间首创，但律条的具体入律时间则采取"皆洪武年间增定者也"的模糊观点予以回避①。对奸党律条具体入律时间的论争，可细分为（明）何广的洪武六年（1373 年）；雷梦麟和姚思仁的洪武十三年（1380 年）前；沈家本的洪武十三年（1380 年）后；柏桦的洪武九年（1376 年）四种观点，简述于下：

1. 洪武六年（1373 年）

明代律学家何广在洪武丙寅（1386 年）序的《律解辩疑》中，隐含了奸党律条洪武六年（1373 年）入律，讲道："刑部尚书刘惟谦采摭诸

① （清）薛允升撰：《唐明律合编》，李鸣、怀效锋点校，法律出版社 1999 年版，第 167 页。目前学界回避奸党入律的具体时间，"洪武年间增定"成为权威教科书中的通说。参见张晋藩主编：《中国法制史》，高等教育出版社 2007 年版，第 230 页；曾宪义主编：《中国法制史》，北京大学出版社、高等教育出版社 2009 年版，第 202 页。

条，删繁就简，类编为《大明律》、《令》"①。刘惟谦所编《大明律》乃是洪武六年（1373 年）律，而律文中有"奸党""交结近侍官员""上言大臣德政"条，其文字与定本《大明律》有所区别，但篇章体例却与宋濂《进大明律表》所讲洪武六年（1373 年）律"篇目一准之于唐"不同。其后序没有写明何人所作，讲道"今我皇明启运，奉天行讨，开万世太平之基。命良臣采择《唐律》，著☒过，补其不足及以就中焉"②。似乎何广所辩疑的就是洪武六年（1373 年）律，但该书所列条目却与定本《大明律》相同，但无律文者有 49 条。《律解辩疑》的面世时间，有洪武、永乐、洪熙、宣德四种说法，"学者尚有争论，但它系明初刻本说应该说是可以肯定的"③。

2. 洪武十三年（1380 年）前

对奸党罪名中出现的"宰执大臣"一词，明代律学家雷梦麟《琐言》解释曰："刑部上司，即宰执大臣，国初六部皆属中书省故也。"④ 姚思仁《注解》云："宰执大臣云刑部，安得上司？所谓上司，指宰执大臣。国初六部俱属中书省，故耳。所谓有权势者是也。"⑤ 奸党律所讲宰执大臣应该是中书省尚在之时，也就是说此律在洪武十三年（1380 年）废中书省以前就有了，虽未明确具体的入律时间，但足以证明此律出现在洪武十三年

---

① "今我朝酌的古准今，（顺）天行诛，爰命刑部尚书刘惟谦采摭诸条，删繁就简，类编为《大明律》、《令》，颁行天下。使民知所畏而不敢犯。此国保于民，民信于国，而各逐其生者，可谓至仁之至。盖令以教之于先，律以齐之于后。然其律法简古，文义深邃，治狱之吏非老于案牍者，则未尽知耳。苟或法司狱成，定拟之际，失于详明，误乖律意，致有轻重出入之（非）[罪]，而况罪逐于人否，则终身之玷，而死（者不能复生。呜呼）恤哉！且陷于刑者，无由自雪，生（者唧怨于天，死者）复冤于地，天地既伤，神人竞怒。（而其阴阳谴报，自有不）期然而至者，可不慎欤？广（日尝读律，玩味采摘疑难）之句，申之以律疏，解其（义拟，然未敢擅注于律。对款）分条，编成别集，名之曰《律解辩疑》。其待识见高明之士，观之者尚冀校正，以使迷惑涣然冰释，怡然理顺，岂非希升堂必自开（户庸矣。）凡（苍）官君子于议刑决判之间，庶望（尽心慎求，）以（辅）圣化，而至于无刑之效，斯亦是编之□□□。洪武丙寅（1386）春正月望日松江何广谨序"。参见刘海年、杨一凡主编：《中国珍稀法律典籍集成·律解辩疑所载律文》乙编第 1 册，科学出版社 1994 年版，第 277 页。

② 刘海年、杨一凡主编：《中国珍稀法律典籍集成·律解辩疑所载律文》乙编第 1 册，科学出版社 1994 年版，第 395 页。

③ 刘海年、杨一凡主编：《中国珍稀法律典籍集成·点校说明》乙编第 1 册，科学出版社 1994 年版，第 16 页。

④ （明）雷梦麟纂：《读律琐言》，怀效锋、李俊点校，法律出版社 2000 年版，第 90 页。

⑤ （明）姚思仁：《大明律附例注解》，北京大学出版社影印善本丛书 1993 年版，第 279 页。

（1380 年）以前。

3. 洪武十三年（1380 年）后

沈家本认为胡惟庸乱政，于洪武十三年（1380 年）伏诛，对奸党律条的入律和《大明律》的体例变化产生了深远影响。奸党、交结近侍官员、上言大臣德政，"此等律文，当定于胡惟庸乱政之后，所谓亡羊补牢也"①。对于《大明律》的编纂，则认为"明律初准于唐，自胡惟庸诛后，废中书而政归六部。是年，更定《大明律》亦以六曹分类，遂一变古律之面目矣"②。这样《大明律》除名例之外，按照六部体例，也是洪武十三年（1380 年）了。"迨胡惟庸被诛，废中书而事归六部，于是廿二年（1389 年）重修律文，亦以六曹分部，古来律式为之一变"③。认为洪武二十二年（1389 年）《大明律》是根据洪武十三年（1380 年）《大明律》编纂的，就应该有洪武十三年（1380 年）律。

4. 洪武九年（1376 年）

柏桦梳理《大明律》从洪武十一年（1378 年）至十六年（1383 年）无奸党律条修订，结合洪武十八、十九年（1385—1386 年）行用律有"奸党"罪律条，提出"是洪武九年（1376 年）厘正 13 条的内容之一，因为这符合朱元璋对待臣下之心"。洪武九年（1376 年），朱元璋命胡惟庸、汪广洋修律，详加考订厘正者 13 条，总共还有 446 条。"对洪武九年（1376 年）律的内容多有猜测，尤其是厘正 13 条究竟是什么，更是成为了谜。如果仔细研读 1376 年前后的历史，就会发现'奸党'的罪名是这时增加的"④。奸党律条洪武九年（1376 年）入律的观点，没有直接史料证明，就不能够排除洪武六年（1373 年）入律的可能，但可以肯定的是，奸党罪名的三个律条，在洪武九年（1376 年）律中已全部入律，并已定型，直至洪武三十年（1397 年）律都未再作修改。

（二）入律时间考证

奸党入律时间应是洪武九年（1376 年）前，但具体时间尚不能够确

---

① （清）沈家本：《历代刑法考》，中华书局 1985 年版，第 1829 页。
② （清）沈家本：《历代刑法考》，中华书局 1985 年版，第 1125 页。
③ （清）沈家本：《历代刑法考》，中华书局 1985 年版，第 1783 页。
④ 柏桦、卢红妍：《洪武年间〈大明律〉编纂与适用》，《现代法学》2012 年第 2 期。

定，因此需要进一步考证。

1. 洪武元年（1368 年）入令

早在建国之前，朱元璋就已重视朋党、奸邪问题，并明白立法的重要性，因此提出："今创业之初，若不严立法度，以革奸弊，将恐百司因循故习，不能振举，故必选贤能以隆治化。尔等有所荐引，当慎所择"①。从那时起，律令的编纂工作就进行准备了。吴元年（1367 年）命中书省定律令，朱元璋提出："立法贵在简，当使言直理明，人人易晓。若条绪繁多，或一事而两端，可轻可重，使奸贪之吏得以夤缘为奸，则所以禁残暴者反以贼良善，非良法也。务求适中，以去烦弊。夫网密则水无大鱼，法密则国无全民。卿等宜尽心参究，凡刑名条目，逐日来上，吾与卿等面议斟酌之，庶可以为久远之法。"② 历时 50 余天，就完成了律令的编纂，"凡为令一百四十五条：吏令二十，户令二十四，礼令十七，兵令十一，刑令七十一，工令二；律准唐之旧而增损之，计二百八十五条：吏律十八，户律六十三，礼律十四，兵律三十二，刑律一百五十，工律八。命有司刊布中外"③。是为洪武元年（1368 年）律。

据洪武元年（1368 年）正月十八日颁布实施的《大明令·刑令·谗言》："凡诸奸邪进谗言左使杀人者，虽遇大赦，不在原免"④，其中"凡诸奸邪进谗言左使杀人者"，乃是奸党律文的第一款。令禁止于前，律惩处于后，令中的内容可以见于律，也可以不见于律，最初 285 条律中，是否有"奸党"，因为没有文字存留，只能够存疑，但洪武四年（1371 年），朱元璋在改制用宝金牌时规定："若有诏，急令调军，中书省即会大都督府官同入覆奏，然后各出所藏金牌入内，请宝出用，如大都督府先奉旨，

---

① 《明太祖实录》卷 15，甲辰年（1364 年）五月至十二月丁巳条。上谓廷臣曰："元本胡人，起自沙漠，一旦据有中国，混一海内。建国之初，辅弼之臣，率皆贤达，进用者又皆君子，是以政治翕然可观。及其后也，小人擅权，奸邪竞进，举用亲旧，结为朋党，中外百司，贪婪无耻。由是，法度日弛，纪纲不振，至于土崩瓦解，卒不可救。今创业之初，若不严立法度，以革奸弊，将恐百司因循故习，不能振举，故必选贤能以隆治化。尔等有所荐引，当慎所择"。
② 《明太祖实录》卷 26，吴元年冬十月甲寅条。
③ 《明太祖实录》卷 28 上，吴元年十二月甲辰条。
④ 刘海年、杨一凡主编：《中国珍稀法律典籍集成·大明令》乙编第 1 册，科学出版社 1994 年版，第 44 页。

亦如之。其有不行约会者，以奸臣论"①。这个诏令中的"奸臣"与"奸党"应有关联。洪武五年（1372年），作铁榜申诫公侯时，也有"奸臣不能离间"②。洪武六年（1373年），定"王遣使至朝廷。不须经由各衙门、直诣御前。敢有阻当、即是奸臣。其王使至午门、直门军官火者、火速奏闻。若不奏闻、即系奸臣同党"③。这是在洪武六年（1373年）修律以前，涉及与奸党罪名有关的奸臣记载，也有处置杨宪奸党的案例。

杨宪与元故户部尚书张昶同在中书省，张昶以元使来通好，被朱元璋留用，张昶"有才辨，智识明敏，熟于前代典故，凡国家建置制度，多出昶手，裁决如流，事无停滞"。所以杨宪嫉妒其才能，便想害他，在闲暇之时，谈家常事，张昶讲到想念妻子，"意不能忘故君"之事。张昶得病，杨宪前去探望，发现其床头有书稿，上写"身在江南，心思塞北"，其内所书牍辞，发泄不满。杨宪偷偷将之拿走，汇报给朱元璋。朱元璋本来还怜惜张昶之才，见到书稿后，才说："彼决意叛矣，是不可赦"④，最终以张昶谋叛罪诛杀了。《实录》将此事作为杨宪的一个罪责，因为"钩摘其言，谓昶谋叛，且出昶手书讦之"。揭发别人的隐私，暗使朱元璋杀人，属于奸党罪名的"左使杀人"行为。杨宪第二项罪责是"专恣日盛"，喜人佞己，徇利者多出其门下。《实录》举例说，杨宪自创"一统山河"花押，翰林编修陈桱说"押字大贵，所谓只有天在上，更无山与齐者也"。献媚的陈桱，得到升为翰林待制的回报。"其专恣不法多类此。"第三个罪责是"刺求丞相汪广洋阴事"，致使汪广洋被免官还乡里，教唆侍御史刘炳"诬奏刑部侍郎左安善入人罪"，被朱元璋察觉，经过审讯刘炳，"尽吐其实"。这三项罪责，已触犯重刑，"太史令刘基并发其奸状及诸阴事"，更使朱元璋大怒，"令群臣按问，宪辞伏，遂与炳等皆伏诛"⑤。具体是什么罪名，《实录》没有讲，只说"以罪诛"。此案还追究其党与的责任。功臣廖永忠"使所善儒生窥朕意"，应该是指廖永忠为求封侯而走杨宪的门

① 《明太祖实录》卷67，洪武四年八月辛巳朔条。
② 《明太祖实录》卷74，洪武五年六月乙巳条。
③ （明）申时行等：《明会典》卷56《王国礼二》，中华书局1989年版，第1253页。
④ 《明太祖实录》卷20，吴元年六月癸酉条。
⑤ 《明太祖实录》卷54，洪武三年秋七月丙辰条。

路，所以有"杨宪为相，永忠与相比。宪诛，永忠以功大得免"之说①。

虽然《实录》没有讲是什么罪，但从杨宪罪责描述来看，杨宪有进谗言而左使杀人的罪责，也有交结朋党、紊乱朝政的罪责，还有主使刘炳诬告欲出入人罪的罪责，这些乃是奸党罪名规定的行为，而"专恣不法"则触犯《大明律·吏律·职制·大臣专擅选官》条，按律也是斩罪。廖永忠与杨宪"相比"，即是"朋党比周"之意。且不言杨宪是不是按照奸党罪名处置，但从洪武二十六年（1393年）榜文讲："违君逆命之臣，相继叠出。杨宪首作威福，胡（惟庸）陈（宁）继踵阴谋，公侯都督亦有从者"②，则可以证明，榜文是将杨宪视为奸党的。

2. 洪武六年（1373年）入律

洪武六年（1373年）诏刑部尚书刘惟谦详定《大明律》。这次编纂的原则，乃是按照《唐律》，"其篇目曰名例，曰卫禁，曰职制，曰户婚，曰厩库，曰擅兴，曰盗贼，曰斗讼，曰诈伪，曰杂律，曰捕亡，曰断狱，采用旧律二百八十八条，续律一百二十八条，旧令改律三十六条，因事制律三十一条，掇唐律以补遗一百二十三条，合六百有六，分为三十卷"③。奸党罪名极有可能是此次修律时出现，有以下四个佐证：

（1）明人何广《刑名启蒙例》内摘录《吏律》13条斩罪，事关奸党罪名的有：奸邪进谗言，左使杀人；犯罪，大臣小官谏免，暗邀人心；在朝官员交结朋党，紊乱朝政；刑部并大小衙门官吏听从上司主使，出入人罪；诸衙门官吏与内官近侍人员互相交结；泄漏事情，贪缘作弊，朦胧奏准施行；近侍官员漏泄军情重事于人；上言大臣德政等8种犯罪④，均为奸党罪名中的斩刑要项。《刑名启蒙例》是"作者通过总结实际司法工作经验，阐述缉捕、审讯、断赃、量刑的要则"。因为"从书中所引律文不见于洪武三十年（1397年）律推知，其成书应在洪武三十年（1397年）

① （清）张廷玉等：《明史》卷129《廖永忠传》，中华书局1977年版，第3806页。

② 杨一凡等编：《中国珍稀法律典籍续编·洪武永乐榜文》第3册，黑龙江人民出版社2002年版，第512页。

③ 《明太祖实录》卷86，洪武六年十一月庚寅条。

④ 刘海年、杨一凡主编：《中国珍稀法律典籍集成·刑名启蒙例》乙编第1册，科学出版社1994年版，第656—657页。

以前"①。何广《律解辩疑》前序及后跋，都讲到是根据洪武六年（1373年）律，所摘录的律文又有关于奸党罪名的内容，这就为奸党罪名在洪武六年（1373年）入律提供佐证。不过，这两本书的刊行时间，都不在洪武年间，而且7篇体例也与修律上表所言12篇体例不符，其可信度也就降低了，所以不能够武断确定奸党罪名就是洪武六年（1373年）入律。

（2）《祖训录》是可以佐证洪武六年（1373年）入律的另一个佐证。早在洪武二年（1369年），朱元璋就"诏中书编《祖训录》，定封建诸王国邑及官属之制"②。洪武六年（1373年）《祖训录》编成，"其目十有三，曰箴戒，曰持守，曰严祭祀，曰谨出入，曰慎国政，曰礼仪，曰法律，曰内令，曰内官，曰职制，曰兵卫，曰营缮，曰供用"。朱元璋亲自作序云："首尾六年，凡七誊稿"，"盖俗儒多是古非今，奸吏常舞文弄法，自非博采众长，即与果断，则被其眩惑，莫能有所成也"③。《祖训录》中已有上言大臣德政律的完整记载，并大量使用奸臣、奸邪、同党、奸恶、交结等词汇，有类似严防交结近侍律的"内令"记载④。可以佐证奸党罪名应该是洪武六年（1373年）入律。问题是《祖训录》颁行的时间，黄彰健考证现在所能够见到的《祖训录》是洪武十四年（1381年）二月后，十四年十月前修订的⑤。如果是这样，奸党罪名在洪武六年（1373年）入律就成问题了。张德信将《祖训录》与《皇明祖训》的内容进行比较，发现只改第一章《箴戒》为《祖训首章》，大部分内容都是相同的，只有小的修订⑥。因此，只要能够确定现存《祖训录》就是洪武六年（1373年）的原

---

① 刘海年、杨一凡主编：《中国珍稀法律典籍集成·点校说明》乙编第1册，科学出版社1994年版，第10页。

② 《明太祖实录》卷41，洪武二年夏四月乙亥条。

③ 《明太祖实录》卷82，洪武六年五月壬寅朔条。

④ 《祖训录·慎国政》："凡官员士庶人等，有上书陈言大臣才德政事者，务要鞫问情由明白，处斩。如果大臣知情者同罪，不知者不坐。"《祖训录·内令》："凡私写文帖于外，写者接者皆斩。知情者同罪，不知者不坐。"参见张德信、毛佩琦主编：《洪武御制全书》，黄山书社1995年版，第369、375、386页。

⑤ 黄彰健：《论〈祖训录〉颁行年代并论明初封建诸王制度》，载《明清史研究丛稿》，台湾商务印书馆1977年版。

⑥ 张德信：《〈祖训录〉与〈皇明祖训〉比较研究》，载《文史》（第45辑），中华书局1998年版。

版本，奸党罪名入律的问题就迎刃而解了。

（3）洪武六年（1373年）入律的第三个佐证是"旧令改律"。在修律过程中，令改律的有36条，既然洪武元年（1368年）《大明令》有"凡诸奸邪进谗言左使杀人"条，恰恰是"奸党"律的第一句。在旧令改律的情况下，有可能将令改为律，成为"奸党"条的内容而增加内容。奸党罪名也就有可能此时入律。

（4）朱元璋透露的立法思想倾向是第四个佐证。洪武六年（1373年）之前，朱元璋多次谈及奸邪、朋党、奸臣、权臣问题，善于从中汲取历史经验，对其形成奸党罪名的立法思想定有重要助益。例如开国之前的甲辰（1364年），对元朝败亡，抒发小人朋党是重要原因。"小人擅权，奸邪竞进，举用亲旧，结为朋党。"[1] 吴元年（1367年），谈及奸邪，认为汉唐而下"奸邪用事国家倾覆"[2]，谕群臣曰："谗邪相近，则恶日染。如王保保所信多非正人，有傅颖阳者，专为苛察细事，甚张威福，一僧略不相礼，阴譖杀之，信谗如此，岂持久之道乎？为人上者最忌偏听，所谓偏听生奸，诚有是也。信任奸邪，假声势以济其爱憎之私，何所不至，使人离心离德，功业岂能能成立。"[3] 洪武元年（1368年）、二年（1369年）、三年（1370年）评论元代权臣误国，如"元政不纲，权臣窃命于内，守将擅兵于外，是致干戈鼎沸，国势日危"[4]；"权臣跋扈，兵戈四起，民命颠危，虽间有贤智之臣，言不见用，用不见信，天下遂至土崩"[5]；元氏"而其亡也，由委任权臣，上下蒙蔽故也"[6]。洪武三年（1370年），各道按察司官来朝，朱元璋召御史台官并谕之风宪之任本以折奸邪，谈及元末的教训曰："元末台宪，每假公法挟私愤，以相倾排，今日彼倾此之亲戚，明日此陷彼之故旧，譬犹蛇蝎，自相毒螫，卒致败亡。"[7] 洪武五年（1372

---

① 《明太祖实录》卷15，甲辰（1364）年五月至十二月丁巳条。
② 《明太祖实录》卷23，吴元年夏四月己亥条。
③ 《明太祖实录》卷23，吴元年九月乙未条。
④ 《明太祖实录》卷32，洪武元年六月是月条。
⑤ 《明太祖实录》卷39，洪武二年二月丙寅朔条。
⑥ 《明太祖实录》卷59，洪武三年十二月己巳条。
⑦ 《明太祖实录》卷48，洪武三年春正月甲午条。

年），作铁榜申诫公侯，曰："圣主待功臣之心，皎如日月，奸臣不能离间。"① 凡此，都是朱元璋打击权臣、奸臣而创设奸党罪名的思想流露。

3. 洪武九年（1376 年）入律

洪武九年（1376 年），朱元璋再次阅览《大明律》，认为："律条犹有议拟未当者"。便让中书左丞相胡惟庸、御史大夫汪广洋等"详议更定，务合中正，仍具存革者以闻"。最终"复详加考订，厘正者凡十有三条，余如故，凡四百四十六条"②。

永乐元年（1403 年）敕书讲到朱元璋"不得已而用刑，特权时之宜耳。及其立为典常，先议定律，损益更改，十年乃成，颁之天下，而民知禁"③。这个"十年乃成"，就应该是指经胡惟庸等人修订的洪武九年（1376 年）律。

《大明律》修订工作一直在进行，洪武元年（1386 年）《大明律》是285 条，在洪武六年（1373 年）修律时，讲到旧律，则为 288 条，续编的时候又增加 128 条，这就是 416 条。此外是旧令改律 36 条，因事制律 31 条。这些因事制律，是最容易修订的，除去因事制律，再加上旧令改律，总共 452 条，厘正 13 条，就是改正，有可能将相关内容合并，这样 446 条就容易理解了。

综上，朱元璋禁止朋党的立法思想于建国前的 1364 年已有记载。洪武元年（1368 年）令中有一款，乃是后来"奸党"律的第一句。洪武三年（1370 年）杨宪案在以后被认定为"奸党"，治罪的时候又没有讲具体罪名，但所列的罪责中，乃是《大明令》明确规定的"左使杀人"。奸党罪名在洪武六年（1373 年）入律有四个佐证，但都不能够直接证明奸党律条就是在此时修订的，却给洪武九年（1376 年）厘正提供了方便。永乐帝所云："损益更改，十年乃成"，可证洪武九年（1376 年）《大明律》基本成为定本，再结合《实录》所讲修律的情况，以及洪武十八、十九年（1385—1386 年）行用律中已有奸党罪名的全部律款，则可以得知有关奸

---

① 《明太祖实录》卷 74，洪武五年六月乙巳条
② 《明太祖实录》卷 110，洪武九年冬十月辛酉条。
③ 刘海年、杨一凡主编：《中国珍稀法律典籍集成·皇明诏令》乙编第 3 册，科学出版社1994 年版，第 127 页。

党罪名的规定，在洪武元年（1368 年）有一句令文与"奸党"律第一句相同；洪武六年（1373 年）令改律，则有可能将此句入律，并且明确处罚是"斩"。根据这几个时间段的修律情况，再结合永乐帝"损益更改，十年乃成"的诏令，洪武九年（1376 年）厘正 13 条，并没有讲具体何条，但从《祖训录》及朱元璋特赦江夏侯周德兴的诏书中讲"夫法度者，朝廷所以治天下也，为功臣者不能守法自保，使朝廷屈法保汝，乃不得已，苟至再三，朝廷亦难处矣"①，以及洪武九年（1376 年）律编订以后的 20天，与侍臣谈论古代女宠、宦官、外戚、权臣、藩镇、夷狄之祸时，朱元璋认为"阉寺便习，职在扫除，供给使令，不假以兵柄，则无宦寺之祸。上下相维，小大相制，防耳目之壅蔽，谨威福之下移，则无权臣之患"②，可知洪武九年（1376 年）律应该有了奸党罪名的三个律条。无论是洪武六年（1373 年），还是洪武九年（1376 年）入律，都可证明沈家本"胡惟庸乱政"，因"亡羊补牢"于洪武十三年（1380 年）后而订立奸党罪名的观点，是缺乏足够证据的。

（三）入律时间意义

奸党罪名在洪武九年前（1376 年）入律的时间点界定，对评价洪武时期的立法和《大明律》的修纂有重要的理论意义：一是推翻了沈家本提出的奸党罪名是因人因事的"亡羊补牢"立法观点；二是进一步验证了洪武九年律已是七编修纂体例。

1. 先立法后定罪

沈家本立足奸党律条洪武十三年（1380 年）后入律的观点，提出奸党是鉴于胡惟庸乱政的教训，亡羊补牢的立法，即先定胡惟庸的罪，后立奸党之法，导致以后对明初立法与司法认识上的偏颇。如"'奸党'是随着明代政治生活中罢宰相：严朋党之禁的态势之下，随着胡惟庸案件作为直接的导火索，而从政治语言转化成法律语言的，起始于洪武十三年胡案之后"；"当时处理胡蓝党人需要这样一个概念的产生，于是政治话语迅速向法律概念转化，'奸党'条因此成立"。于是提出"中国传统更多倾向于如

---

① 《明太祖实录》卷 116，洪武十年十一月是月条。

② 《明太祖实录》卷 110，洪武九年十一月辛巳朔条。

中世纪'唯实论'的观念，喜欢对已经有的、可以名状的社会现象加以规制，而不喜欢用一种纯粹的理念去表达法律制度"①。先定罪后立法，已经提升到了评价洪武时期立法乃至中国立法传统的高度。

应该承认古人也有闪光的智慧，在没有仔细发掘史料的情况下，做出主观评议，原本就缺乏根据，再谈司法的任意性，更会使人误解中国古代根本没有法律。朱元璋集团有极强的立法能力，《大明律》6 次修订，每次修订用时都没有超过 3 个月。《元史》也仅用 50 余天就编纂而成。固然急就章可能会不严谨，但通过反复修订不断完善，也会改正不足，不至于是无法可依。确定奸党律条于洪武九年（1376 年）前入律，则可确定胡惟庸案的处理，应该是有法可依的。"沈家本这种猜度之语，实际上不符合中国古代传统，因为杀人定罪必然依法"。如果是洪武九年（1376 年）入律，则参与立法的胡惟庸，是"自设罗网而自入之，自挖陷阱而自入之"②。朱元璋特别注重历史，引据历史，多非虚构，其评论女宠、宦官、外戚、权臣、藩镇、夷狄，多得其要领。评论以后，侍臣顿首曰："陛下此言，诚有国之大训，万世之明法也。愿著之常典，以垂示将来"③。且不论侍臣们的奉承，但提出的"著之常典"，则是立法。这些评论不但给洪武九年（1376 年）入律提供佐证，也可以成为朱元璋处理胡惟庸案的理论根据，因此，不能得出胡惟庸案是无法为据，因亡羊补牢而立法的结论。

奸党罪名的出现，既表明了朱元璋集团总结了历代防治党争及权臣、宦官把持朝政的经验教训，也表明了朱元璋集团法律表达的能力，对胡惟庸案是先立法后定罪，案件处理是有法可依的。胡惟庸案的处理，至少在表面上做到了依法办案，依法处断。对中国传统立法的认识，不能够因为现在已经不适用了，就讲其片面、因事而成，缺乏表达能力。一部《大明律》在中国实行了 500 余年，也规范了社会 500 余年，岂能够一句"不喜欢用一种纯粹的理念去表达法律制度"而盖棺定论？

---

① 陈煜：《社会变迁与立法语境的转换——以"奸党"罪的嬗变为线索》，《南京大学法律评论》2009 年秋季卷。
② 柏桦、卢红妍：《洪武年间〈大明律〉编纂与适用》，《现代法学》2012 年第 2 期。
③ 《明太祖实录》卷 110，洪武九年十一月辛巳朔条。

2. 《大明律》修纂体例

《大明律》七篇修纂体例，按《明史》"整齐于二十二年"之说，应理解为洪武二十二年（1389年）定型。但奸党罪名的律条洪武九年（1376年）前入律，均在《吏律·职制》之内。这从具体律条的角度，进一步证明了洪武九年（1376年）的《大明律》已是七篇体例。"'洪武九年律为459条'，加'朝参牙牌律系十六年九月新增的条数'就是十八九年行用律的条数（460条），也就是《律解辩疑》所据的律典。'这一推断很可能是对的'"①。更何况"从现存撰于洪武十九年的《律解辩疑》中所保留的明律原文看，在'七年律'之后，'二十二年律'颁布之前，肯定有过一次较大规模的修律，参考前引《实录》的记载，这次修律最可能的时间就应当是洪武九年"②。这些论述基本都承认至少是洪武九年（1376年）已经采用七篇体例，势必涉及刘惟谦等按照《唐律》编订《大明律》的问题。

刑部尚书刘惟谦按《唐律》12篇体例修纂的洪武六年（1373年），或洪武七年（1374年）律，是否全面实行，这应该与编纂者有很大的关系，该律编纂以后，刘惟谦就被定罪了。"按照一般惯例，主持制定法律的人被治罪谪发凤阳，其制定的法律也会受到牵连，胡惟庸等人不采用洪武六年（1373年）律"为洪武九年（1376年）律修订的底本，"依照吴元年（1367年）律颁布以后陆续颁行的律为基准，因此洪武九年（1376年）律，应该是按照名例、吏、户、礼、兵、刑、工分部的。"③奸党律条于洪武九年（1377年）前入律，并归属《吏律·职制》，证明了洪武九年（1376年）大规模修律，采用了洪武元年（1368年）的7篇编纂体例。不能因《明史》"整齐于二十二年"之说，就理解为到洪武二十二年（1389年），《大明律》才按七篇体例，六部分类。奸党罪名入律的时间考证，可以为分析洪武十年（1377年）前的立法情况，提供较为细致的律条例子支持。

二、体系地位

孟德斯鸠认为："中国的法律规定，任何人对皇帝不敬就要处死刑。

---

① 杨一凡：《洪武法律典籍考证》，法律出版社1992年版，第7页。
② 苏亦工：《明清律典与条例》，中国政法大学出版社2000年版，第96页。
③ 柏桦、卢红妍：《洪武年间〈大明律〉编纂与适用》，《现代法学》2012年第2期。

因为法律没有明确规定什么叫不敬，所以任何事情都可拿来作借口去剥夺任何人的生命，去灭绝任何家族。"① 同理，在法律没有明确规定什么叫朋党的情况下，模糊的"朋党"之禁，既给统治者打击朋党带来困扰，也给无原则打击朋党提供便利。历代有关"朋党"的君子与小人之争，更是模糊了朋党的概念，既给统治者惩治朋党增加难度，也为政治权力争斗提供借口。

奸党罪名的律文不仅涵盖朋党罪，即"在朝官员，交结朋党，紊乱朝政"，还扩展打击危害君权的奸臣、邪臣。奸党罪名的入律，以是否危害皇权为据，舍弃君子与小人之说，承载着各种政治势力斗争的历史经验，凝聚着皇权捍卫自身安全的智慧，适应了皇权打击奸臣邪党的需要，体现了君主专制制度后期，试图利用明确、独立的罪名，以立法手段调控君臣矛盾、臣僚矛盾的努力。"奸党"罪名的立法，是历史的进步。通过立法的方式，使用法定的词汇，更明确地界定犯罪行为。例如朋党罪的主体，明确规定为"在朝官员"，这就排除了士庶人朋党。而行为的性质是"紊乱朝政"，也就是在犯罪行为认定上要有个度，不能动辄认为"紊乱"。可见，奸党罪名至少在一定程度上限制皇权的滥用，也体现了约束官僚的意图。

但也应注意，奸党罪名是威胁、损害皇权的政治性犯罪，以朝政为根本，以皇权为重心，在具体实施过程中也不免要以皇帝的意志为转移，以皇帝的态度作为定罪量刑的核心标准。奸党罪名既是君主打击异己的法律工具，也可能适用不当而成为官僚党争攻伐的借口。凡是皇帝认为臣僚有威胁、损害皇权的思想、言论、行为都可涵括进奸党罪名，并且因其具有犯罪团伙的特征，极易形成"瓜蔓抄"式的株连扩大打击效应。《大明律·名例·二罪俱发以重论》规定："凡二罪以上俱发，以重者论。"② 奸党罪名据此原则，成为上承十恶，下统职官犯罪律条的"口袋罪"罪名。奸党罪名对上承十恶重罪，下连大臣小官、甚至士庶人等也规范在内，只要是触犯君主所立的国法朝纲，都可以目为奸党。凡是皇帝认为职官的犯

① ［法］孟德斯鸠：《论法的精神》上册，张雁深译，商务印书馆1961年版，第104页。
② 怀效锋点校：《大明律》，法律出版社1998年版，第15页。

罪行为已非紊乱朝政，而是谋危社稷，就会以重论谋反谋逆等十恶罪名予以惩治。奸党罪名对下则可震慑各类职官犯罪行为，职官以犯罪团伙、共同犯罪的方式营私舞弊，皇权认为情重罚轻，就可提升至奸党罪名予以打击。

　　奸党罪名对上承接十恶重罪。明代比起前代的进步之处在于增设了奸党罪名，对没有必要定罪为谋反大逆的职官或附从阿附党魁的职官，多了一种可选择的罪名。然而，这并不是说有了奸党罪名，十恶重罪之剑就不会罹临。根据二罪俱发以重论的原则，既犯有奸党罪，又达到谋反大逆罪，为二罪俱发，拟断者依据数罪的内有轻重，从重科，即按谋反大逆定罪。明代奸党案之党魁，如果从重论，就成为谋反大逆，其党与若不是共谋①，是否从重论，则要取决于君主的态度。"父亲获罪要连坐儿女妻室。这出自专制狂暴的一项法条。这些儿女妻室不当罪人就已经够不幸了。然而君主还要在自己与被告人之间放进一些哀求者来平息他的愤怒，来光耀他的裁判"②。奸党案的范围扩大与缩小，取决于君主的态度，也取决于围绕君主身边的政治势力对君主的蛊惑。故此，对于阿附党魁的党羽，既有大规模清查的可能，也有适可而止的可能，因此既可以依谋反大逆或奸党罪处治，甚至也可以用处分来敷衍了事。在君主专制的条件下，引律定罪，惩轻惩重，本来就有很大的随意性。"君主的善行和法律同样有益于自由。君主和法律一样，可以使兽变成人，使人变成兽。"③ 君主的自由裁量权，也取决于君主的认知。当然，谋反大逆罪既可适用于官僚，也可适用于平民，这与奸党罪名主要适用于官僚是重要的区别点。现将《明实录》和《明史》中记载的明代奸党核心人物（案情详见附录），被以重论十恶的情况列示于下表：

　　① 《大明律·刑律·贼盗·谋反大逆》条规定："但共谋者，不分首从，皆凌迟处死。祖父、父、子、孙、兄弟、及同居之人不分异姓，及伯叔、兄弟之子，不限籍之同异，年十六以上，不论笃疾、废疾，皆斩。其十五以下，及母、女、妻、妾、姐妹，若子之妻妾，给付功臣之家为奴"。怀效锋点校：《大明律》，法律出版社1998年版，第134页。
　　② ［法］孟德斯鸠：《论法的精神》上册，张雁深译，商务印书馆1961年版，第211页。
　　③ ［法］孟德斯鸠：《论法的精神》上册，张雁深译，商务印书馆1961年版，第209页。

表 2.2 《明实录》《明史》奸党罪以重论谋反谋逆统计表

时间	人物	罪名	处罚
洪武十三年 （1380 年；案 3）	中书省左丞相胡惟庸	叛逆	诛死
洪武二十三年 （1390 年；案 3）	宣国公、太师、原丞相李善长	叛逆 （共谋）	赐死，并其妻女弟侄家口七十余人诛之
洪武二十六年 （1393 年；案 8）	凉国公、大将军蓝玉	谋反	族诛
洪武三十五年 （1402 年；案 10）	兵部尚书齐泰；翰林学士、太常卿黄子澄；侍讲学士、文学博士方孝孺	谋逆	戮于市，夷其族
正统十四年 （1449 年；案 18）	司礼太监王振	谋逆	振族无少长皆斩
天顺元年 （1457 年；案 21）	兵部尚书于谦；大学士王文；司礼太监王诚、舒良、张永、王勤	谋反	弃市，籍其家，家戍边
天顺四年 （1460 年；案 24）	忠国公石亨	谋叛	下诏狱瘐死，没其家赀
天顺五年 （1461 年；案 25）	司礼太监曹吉祥；都督嗣子曹钦，从子铉、鐇	谋反	怀宁侯孙镗勒兵斩铉、鐇，钦投井死，尽屠其家。磔吉祥，吉祥姻党皆伏诛
正德五年 （1510 年；案 35）	司礼太监刘瑾；吏部尚书张彩	谋反	瑾凌迟，族人逆党皆伏诛，彩瘐死狱中，仍剉尸于市，籍其家，妻子流海南
正德十六年 （1521 年；案 36）	锦衣卫指挥使钱宁	谋反 （共谋）	磔宁；养子杰等十一人皆斩；妻妾发功臣家为奴
正德十六年 （1521 年；案 38）	都督江彬	谋反	凌迟；妻女俱发功臣家为奴
嘉靖四十四年 （1565 年；案 47）	工部左侍郎、掌尚宝司事严世蕃；门客罗龙文	谋叛	即时处斩
崇祯元年 （1628 年；案 54）	司礼太监魏忠贤；奉圣夫人客氏；太子太傅、兵部尚书、左都御史崔呈秀	谋逆	磔魏忠贤尸；笞杀客氏；崔呈秀斩首
崇祯二年 （1629 年；案 54）	首逆凌迟者二人：魏忠贤，客氏；首逆同谋决不待时者六人：崔呈秀及魏良卿，客氏子都督侯国兴，太监李永贞、李朝钦、刘若愚	首逆及同谋	魏良卿、侯国兴、客光先等并弃市，籍其家

　　奸党罪名"承上统下"的"口袋罪"罪名特征，还体现在对下统摄各类职官犯罪律条。凡是职官以结伙共同犯罪的方式触律，就有可能从重论奸党，而不适用犯罪行为所触犯的本条。这在定律者朱元璋秉持"自开国以来，朝廷小人在位者多，动止互相朋党"的态度下①，《大诰》已淋漓尽致地发挥与运用了"统下"的"口袋罪"罪名特征。透过《大诰》所记载案例，可梳理出奸党罪名所统摄的职官犯罪律条概况：

表 2.3　明大诰以重论奸党罪案例统计表

篇目	应定罪名	以重论罪名
大诰续编·擅差职官第十九	擅离职役：十二布政司及府、州、县官，往往动经差使仓场、库务、湖池、闸坝、巡检等司官员，离职办事	以重论奸党律（朋党乱政）：罪得乱政之条，合该身首异处。今后敢有如此者，比此罪而昭示之。其各官擅承行者如之
大诰续编·韩铎等造罪第二十四	大臣专擅选官：洪武十七年，吏科给事中韩铎、同科给事中彭允达，吏部尚书陈敬等，将取到十二布政司儒士与谏院等各官，私下定拟职名，作见行事例，朦胧奏启	以重论交结近侍律：法司以交结近侍律处斩，妻子流二千里
大诰续编·重支赏赐第二十七	冒支官粮：十二布政司起到能吏，发付在京掌管亲军文册，及其着役也，通同上下结交近侍，关支月粮，报名赏赐，重支一次者有之，冒支两三次者亦有之	以重论交结近侍律：皆杀身而后已（范彦彰等57人皆杀身）
大诰续编·用囚书办文案第二十八	冒支官粮：五军都督府首领宫掾吏陈仔等，"结交近侍兵科给事中孙最等，支出征官军盘缠，赏赐工役军人"。"动经数十万锭，其数甚大"	以重论交结近侍律：不务公而务私，计至杀身而后已
大诰续编·钞库作弊第三十二	监守自盗仓库钱粮：宝钞提举司官吏冯良、孙安等二十名，通同户部官栗恕、郭桓、户科给事中屈伸等"三处结党"，"虚出实收，来人执凭。外十万钞，与解来人四处共分，事甚昭然"	以重论奸党律（朋党乱政）：先王之谕良哉，今不循者堕命矣

────────────

　　① 张德信、毛佩琦主编：《洪武御制全书·御制大诰续编·经该解物第五十三》，黄山书社1995年版，第833页。

续表

篇目	应定罪名	以重论罪名
大诰续编·董演虚诳第三十九	诬告、官司出入人罪：承敕郎董演陷仓脚夫王三等于死地，应天府京尹孙凤等明知虚诳，辄便党比阿从。党比乱政坏法	以重论奸党律（朋党乱政）：乱政坏法，岂止一端，由是囚而皆杀之
大诰续编·粮长郏阿仍害民第四十七	禁革主保里长：粮长朱阿仍，"朋党谭理"，"起立名色，科扰粮户"	以重论奸党律（朋党乱政）：临期悔者晚矣，直至临刑不免，顽矣哉！
大诰续编·常熟县官乱政第四十九	滥设官吏：常熟知县成茂奇，从奸则听知府张亨分付，尽收市乡无籍之徒为吏，掌行文案	以重论奸党律（朋党乱政）：朋党小人，乱政坏法，自取灭亡
大诰续编·朝臣蹈恶第五十	监守自盗仓库钱粮：六科给事中并承敕郎、尚宝司，各卫知事，交结朋党，互相蒙蔽，盗出银钞衣服：（九十三人）分钞	以重论奸党律（朋党乱政）：其尸未移，各人继踵而为非（沈家本考论"盖皆死罪也。"）
大诰续编·容留滥设第七十三	滥设官吏：容留罢闲，擅便滥设祗禁吏员等项，律已有条。所在诸司徇徇故违律法，委身受刑，容留此辈，以致剥削吾民。溧阳县知县李皋、皂隶潘富；苏州府知府张亨等、常熟县县吏黄通等五名；连江县土著猾吏郑世环等三十二名	以重论奸党律（朋党乱政）：罪可得而免乎？如此长恶罪在不赦
大诰三编·臣民倚法为奸第一	给没赃物：江浦县知县杨立，为钦差旗军到县追征胡党李茂实盐货事，与给事中句端面约	以重论交结近侍：如此结交近侍，欺罔朝廷，事发，凌迟示众
大诰三编·进士监生不悛第二	官吏给由：进士邓佑，任定襄县丞。为进课结交近侍	以重论交结近侍：犯死罪，戴斩罪还职
大诰三编·排陷大臣第四十	诬告：捏词排陷，妨贤蠹政，意在陷害勋臣，意在献能，希求升用，故使是非混淆，如此乱政	以重论奸党律（朋党乱政）：凌迟示众四名：北平道监察御史何哲、任辉、齐肃；四川道监察御史魏卓；同谋排陷，罪在不宥，姑容戴罪镣足在道问囚一十四名

朱元璋之后的君主，仿而效之，往往凭借自己的意志，以恩威自主上出的态度，将各类职官结伙共同犯罪，不适用犯罪行为触犯的律条，而是以重论而适用奸党罪名律条。根据《明史》和《明实录》整理的 62 个奸

党罪案例（案情详见附录），可以发现《大明律》被"以重论"奸党罪的律条概况：

表 2.4　《明实录》《明史》以重论奸党罪案统计表

篇目	律条·案例
吏律	大臣专擅选官（案 7、23）；选用军职（案 56）；贡举非其人（案 55）；官吏给由（案 15）
户律	任所置买田宅（案 45）；揽纳税粮（29）；挪移出纳（案 4）；任所置买田宅（案 45）
礼律	禁止师巫邪术（案 32）
兵律	宿卫人兵仗（案 13）；失误军事（案 57）；主将不固守（案 46）；纵军房掠（案 61）
刑律	造妖书妖言（案 33）；监守自盗仓库钱粮（案 6）；诈欺官私取财（案 58）；官吏受财（案 23）；坐赃致罪（案 45）；官吏听许财物（案 53）；对制上书诈不以实（案 2、33、44）；违令、骂制使及本管长官（案 16）；官司出入人罪（案 41）

第三章　奸党罪法规分析

明主绝疑去谗，屏流言之迹，塞朋党之门，故尊主、广地、强兵之计，臣得陈忠于前矣。①

奸党罪名在明代入律后，在《大明律》中具有重要地位，成为上承十恶，下统职官犯罪各个律条的罪名。奸党罪是以奸党、交结近侍、上言大臣德政所构成的一组律条。此组律条紧密相连而密切配合，共同构筑严防职官结伙犯罪的法网。奸党律是总纲，交结近侍官员和上言大臣德政属于该律"交结朋党，紊乱朝政"的细化，是奸党罪重点防控而专设律条的"奸党"行为。"内官及近侍人员，皆朝夕随从近御之人，诸衙门官吏若与之互相交结往来亲密，因泄漏朝廷机密事情，彼此倚托牵引，贪缘作为奸弊，内外交通，因以符同启奏罔上行私者，此亦奸党之徒也。"② 上言大臣德政也是奸党之徒，"官吏士庶上言其美政才德，意欲何为，非逢迎以图引用，即献媚而报私恩，非出公心，即是奸党"③。本章将以语义解释和体系解释方法④，对三个律条的含义进行解析，梳理其相关的法规体系，以期理解明代奸党罪的规定内涵，理清与该罪名相关法规的体系，为进一步分析罪名适用奠定基础。

---

① （汉）司马迁：《史记》卷69《苏秦列传》，中华书局1959年版，第2249页。
② （清）沈之奇撰：《大清律辑注》，怀效锋、李俊点校，法律出版社2000年版，第157页。
③ （清）沈之奇撰：《大清律辑注》，怀效锋、李俊点校，法律出版社2000年版，第158页。
④ 文义解释即语义解释，指分析法律条文语词概念，阐释法律意义、内容的解释方法。体系解释即逻辑解释、系统解释，指将被解释的法律条文放在整个法律体系中，联系此法条与其他法条的相互关系来解释法律。

第一节　奸党律

只有明确了奸党律的核心概念、行为模式、出罪事由、刑罚适用、立法目的，才能更准确地把握奸党律的规定内涵。奸党律的含义，律学家的解释比较贴近时代，但也有时代的局限性，只利于理解律文，而难成体系。现代法学术语，虽然难以解释传统法律，但有助于从理论上总结，对系统理解奸党罪也有帮助。

一、律义解释

律条的核心概念，是界定范围、理解律条，适用律条的基础性逻辑工具。律学家们已关注到奸党律条的概念解释，试与现代解释比较分析于下：

（一）核心概念

1. 奸党

"奸者奸回之□，党者朋党之人"。"党"有类别、偏私、朋党等义，奸党罪之"党"，取其结党偏私之义，既包含了朋党，但不限于朋党，还扩张打击了奸邪、奸臣。"奸邪者，奸诡邪僻之人也"[1]。《汉语大词典》讲，"奸"，读 gān 时，指犯也、非礼也、乱也。私也，伪也。其义为干犯、扰乱、侵犯。《左传·庄公二十年》："奸王之位，祸孰大焉？""奸犯"指侵犯；"奸命"指违命；"奸说"指有所干求而游说。"奸"，读 jiān 时，指诈也，淫也，有（1）奸邪，罪恶；（2）外乱；（3）歹徒，恶人；（4）奸淫，私通；（5）盗窃；（6）伪，虚假；（7）狡黠，刁滑；（8）歹，坏；（9）出卖国家、民族和集团利益的人等多种意思。"奸党"中的"奸"读音为 gān 时，意指行为对皇权的干犯、扰乱、侵犯；读音为 jiān 时，则提升至道德与法律的双重判断，意指奸诈、邪恶而出卖君主利益，

---

[1]　（明）佚名：《大明律直引》，载杨一凡等编：《中国律学文献》第 3 辑第 1 册，黑龙江人民出版社 2006 年版，第 119 页。

其决定与权衡的标准是皇权利益。

"朋""党"均是中性词义，甚至含有褒性词义，而"奸"则是贬义。"朋"和"党"用"奸"一词修饰和限定，则将两者都转化为贬义，表明了皇权对结党营私行为的否定。奸可以组成与小人相关的许多词语，如奸人、奸小、奸壬、奸凶、奸心、奸巧、奸宄、奸民、奸吏、奸邪、奸回、奸行、奸妄、奸利、奸私、奸佞、奸言、奸枉、奸非、奸罔、奸朋、奸官、奸毒、奸相、奸威、奸狡、奸计、奸逆、奸胥、奸幸、奸桀、奸通、奸萌、奸贪、奸讹、奸恶、奸猾、奸诈、奸道、奸媚、奸贼、奸乱、奸诡、奸伪、奸弊、奸谀、奸谄、奸险、奸狯、奸谋、奸憸、奸黠、奸秽、奸谲、奸誉、奸权、奸蠹、奸谗。"奸党"指坏人集团；坏人的同伙。"奸臣"指不忠于君主，弄权误国之臣。吴兢《贞观政要·论择官》云："内实险诐，外貌小谨，巧言令色，妒善嫉贤；所欲进，则明其美、隐其恶，所欲退，则明其过、匿其美，使主赏罚不当，号令不行，如此者，奸臣也。"① "奸邪"指奸诈邪恶的事或人。

2. 谗言、巧言

"訾毁人行，谓之谗言"②。奸臣通过诋毁、攻击政敌，达到结党争夺政治权势的目的。在斗争中，没有正当的理由都要编造理由，可谓不择手段，毫无是非公正。"奸邪害人，不独为有仇隙，或嫉其宠眷，或妒其贤能，或畏其持正执法，或怒其奉公碍己，皆奸邪之所欲杀者也。"③《汉语大词典》将"谗"解释为说别人的坏话陷害人，还指奸邪、奸诈，说坏话、毁谤话的人。"谗言"指"说坏话、挑拨离间的话毁谤人"。谗口铄金，可知谗言毁贤害能之厉害。进谗方式有谗语、谗说、谗诽、谗谋、谗嗾。进谗之人为谗人、谗臣、谗邪、谗佞，谗贼、谗嬖。进谗效果是达到谗枉、谗幸、谗杀、谗害、谗欺、谗惑、谗间、谗诟、谗毁、谗构、谗诬、谗挤、谗谤、谗譖、谗讥、谗蛊④。

---

① 参见罗竹风主编：《汉语大词典》第4册，汉语大词典出版社1989年版，第348—357页。
② （明）张楷：《律条疏议》，载杨一凡等编：《中国律学文献》第1辑第2册，黑龙江人民出版社2004年版，第288页。
③ （清）沈之奇撰：《大清律辑注》，怀效锋、李俊点校，法律出版社2000年版，第155页。
④ 参见罗竹风主编：《汉语大词典》第11册，汉语大词典出版社1993版，第467—471页。

对政敌施以谗言，对党徒则救以巧言，达到排斥异己，勾结同类的目的。"巧言"以表面好听，实则虚伪的话为获取利益的途径，所谓"巧言利口以进其身"①。用花言巧语和媚态伪情来迷惑、取悦他人是巧言令色。花言巧语，悦耳动听，结构虚辞，速相待合，如笙中之簧，声相应和，叫巧言如簧。奸诈机巧，阿谀奉承为巧佞。"谄谀饰过之说胜，则巧佞者用"（《管子·立政》）。"市恩以结"②，暗邀人心，就是"私自结构人心，以求其感念私情也"③。表面上公正无私，实则假仁假义，"为人解纷，要人知感者，谓之暗邀人心"④。

"谗"与"巧"结合，可成为谗巧，是谗邪巧佞之人。谗巧昏迷君父，谗谀以求进，更有甚者，可达成"谗逆"，即通过诽谤他人而谋逆。"狂言瞽说"这一成语，形象地说明谗言的狂放任性，盲目愚昧，信口开河，胡说八道特征。奸党律设置此款律文，意在使"诈伪之人不得欺其主，嫉妒之人不得用其贼心，谗谀之人不得施其巧"（《管子·明法解》）。

3. 左使

"不由正理，谓之左使。"⑤"不由正理，借引别事以激怒人主，杀其人以快己意。"⑥"奸邪害人之计甚巧，或借人主忌讳之事以动之；或发人主隐微之私以怒之；或阳为解之，而实阴为中之；或正言救之，而实反言激之。凡此皆所谓左使也。"⑦《礼记·王制》云："析言破律，乱名改作，执左道以乱政，杀。"析言破律，意味着对君主意志的挑战，是为臣不忠的体现，不仅可以追究履职责任，还可以提升至扰乱政事、紊乱朝政的高度予以制裁。根据《汉语大词典》的解释："左"有旁边、下、卑、往左、偏邪、不正、不帮助、反对、不当、偏颇、相违、相反、贬谪、降格、疏

① （汉）班固：《汉书》卷65《东方朔传》，中华书局1962年版，第2870页。
② （清）沈之奇撰：《大清律辑注》，怀效锋、李俊点校，法律出版社2000年版，第154页。
③ （明）佚名：《大明律直引》，载杨一凡等编：《中国律学文献》第3辑第1册，黑龙江人民出版社2006年版，第119页。
④ （明）张楷：《律条疏议》，载杨一凡等编：《中国律学文献》第1辑第2册，黑龙江人民出版社2004年版，第288页。
⑤ （明）张楷：《律条疏议》，载杨一凡等编：《中国律学文献》第1辑第2册，黑龙江人民出版社2004年版，第288页。
⑥ （清）沈之奇撰：《大清律辑注》，怀效锋、李俊点校，法律出版社2000年版，第154页。
⑦ （清）沈之奇撰：《大清律辑注》，怀效锋、李俊点校，法律出版社2000年版，第156页。

远、贬抑等含义。"左使"意为作弄、使弄、指使①。结合奸党律的"奸邪进谗言左使杀人",可解释为,皇帝旁边的奸邪、卑下臣僚,不帮助皇权贯彻,反而阴扰人主生杀予夺大权,与君主意志相左、相违、相反,偏颇,暗使皇帝杀人。这不仅是对皇权的不恭,且是戏弄、愚弄皇权的行为,其后果是归入奸党罪,"斩"。

奸党律的"左使杀人",与左道乱政有紧密关系。历代对巫蛊、厌魅、妖术、妖言、离经叛道等行为定罪左道。左道乱政与党争、朋党牵连,使政局更趋扑朔迷离。左道、朋党、阿党、排挤、报私、附从、威权、威福、横厉、惑众、谗言、谗杀、诈伪、媚进、附下、罔上、诬罔、不忠、邪心、不道、背君向臣、倾乱政治、乱政、背仁义、背经术、奸人、潜人、奸诈、群邪、乱臣、刑罚无平、大不敬等等,糅杂为左道乱政罪名。明代细化左使杀人的定律,体现了从繁杂混乱的罪名中进行概括和凝练的立法能力,立法技术水平是高超的。

4. 听从主使

奸党律将"各衙门官吏,不执法律,听从上司官主使出入人罪"的行为纳入奸党罪。其中"上司官谓县州属府之类,如刑部之上,无有上司官,然权势所在,即同上司矣"②。下级衙门的上司是有隶属关系的上级,六部没有上级衙门,就看"权势所在",即内阁、锦衣卫、宦官等掌控实权,欺压各部,都可视为其"上司"。"刑部而上言上司,乃指宰执大臣有权势者言也。"③"刑部之上,无上司矣。然权要所在,即同上司。"④"上司即奸臣,所谓有权势者是也,与凡言上司不同,出入人罪亦与官司出入人罪条不同,奸臣即主使者,罪亦处斩,为奴入官也。"⑤

奸党罪的听从主使出入人罪与官司出入人罪不同,但也有紧密关联。

---

① 参见罗竹风主编:《汉语大词典》第2册,汉语大词典出版社1988年版,第959—962页。
② (明)王肯堂原释,(清)顾鼎重编:《王仪部先生笺释》,载杨一凡等编:《中国律学文献》第2辑第3册,黑龙江人民出版社2005年版,第318页。
③ (清)沈之奇撰:《大清律辑注》,怀效锋、李俊点校,法律出版社2000年版,第154页。
④ (清)沈之奇撰:《大清律辑注》,怀效锋、李俊点校,法律出版社2000年版,第156页。
⑤ (明)应槚:《大明律释义》,载杨一凡等编:《中国律学文献》第2辑第1册,黑龙江人民出版社2005年版,第351页。

"君臣之分，各有所司。法欲必奉，故令主者守文。"① 在君主专制制度下，司法必须掌控于皇帝之手。司法官吏或参与司法的各衙门官吏，都有严格遵从代表君主意志的律文的义务。"在专制国家里，法律仅仅是君主的意志而已。"② 官、吏不执法律，听从上司主使，构成对皇权的严重侵害。"夫生杀之柄专在大臣，而主不危者，未尝有也"（《管子·明法解》）。奸党罪将司法中勾结为党，阴挠皇权的结党犯罪纳入其中，体现了将"共同犯罪"本身作为独立犯罪罪名的立法思维。只要有听从上司官主使的情节，就不属于单纯的出入人罪的司法责任问题，而是提升至"奸邪乱政"的高度予以打击。奸党律从上司官的角度，提出了不得利用权势，主使司法官出入人罪的要求，从司法官自身的角度，提出了不得听从上司官主使出入人罪的要求。上司与司法官，都必须依从法律，服从皇权意志，否则构成结党乱政，而罪名也从司法责任罪名质变为政治性犯罪罪名。奸党律捍卫了君主，使其"擅生杀，处威势，操令行禁止之柄，以御其群臣"（《管子·明法解》），有了法律的依据和保障。

5. 皆、若

元人王元亮编纂的《唐律纂例五刑图》中，有《例分八字》一表，将"以、准、皆、各、其、及、即、若"八字作为"提例字意"详加解释。清人王明德称八字为"律母"，乾隆五年（1740 年）《大清律例》，将其置于篇首的诸图之一，因为冠于律首，所以称为律目。"盖律虽条分缕析，终不足以尽人情之变态，故定此八字收属而连贯之，要皆于本条中合上下以比其罪，则八字者，乃五刑之权衡也。"③ 奸党律中的皆斩之"皆"，是不分首从，一等科罪，这排除了名例律犯罪分首从的适用。"若"，文虽殊而会上意，"凡奸邪进谗言左使杀人"之后各款的首字，都是"若"，表明行为虽然不同，但触犯者都是奸邪之人，适用奸党律条。

（二）行为模式

行为模式是现代刑法学从大量危害行为中概括、抽象出来的犯罪行为

---

① （唐）房玄龄：《晋书》卷 30《刑法志》，中华书局 1974 年版，第 936 页。

② ［法］孟德斯鸠：《论法的精神》上册，张雁深译，商务印书馆 1961 年版，第 66 页。

③ 蒲坚：《中国古代法制丛钞》第 4 卷，光明日报出版社 2001 年版，第 23 页。

基本框架或标准，分为授权性规范，鼓励、容许某一行为，行为人可以这样行为。命令性规范，设定行为人积极行为的义务，应该这样行为。禁止性规范，禁止某一行为，不应该这样行为。传统刑律虽未使用行为模式的概念，但描述了犯罪行为的具体表现，结合律学分析，也可得出相应犯罪行为模式的认识。

1. 谗言杀人

各律学家认为："谓人本无罪或罪不致死，被奸邪谗言谮于上而杀者。"① "第一节奸诡邪僻之人，自有雠隙，意欲杀之，乃进谗谮之言，不由正理，而故左说，以激怒人主杀其人，以快己私。"② "奸邪欲杀其人，或进谗谮之言以中伤之，或借事左说以激怒之，致使枉杀以快己意者，是犹谋杀人也"③，"则雠快于己，怨归于上矣"④。"凡奸诡邪僻之人，进谗言不由正理而使朝廷杀害平人"⑤，"诬上行私，左使杀人，使怨归于君"⑥。

谗言杀人的行为模式为：被谗者本无罪或罪不致死，谗言者不由正理，谮于皇帝而枉杀之，怨归皇帝而快己私。律条属于禁止性规范，犯罪主体为一般主体，犯罪主观方面为故意。

2. 谏免杀人

各律学家认为："第二节若有人犯罪，律该处死，其大臣小官巧饰言词，曲为进谏，求免其死，暗市恩私，邀结人心。"⑦ "人有罪衍曲为谏免，则明蔽于上，恩归于己矣。"⑧ "犯罪应死无枉，其大臣小官，捏饰言词，

① （明）何广：《律解辩疑》，载杨一凡点校：《中国珍稀法律典籍续编》第4册，黑龙江人民出版社2002年版，第70页。
② （明）王肯堂原释，（清）顾鼎重编：《王仪部先生笺释》，载杨一凡等编：《中国律学文献》第2辑第3册，黑龙江人民出版社2005年版，第316页。
③ （清）沈之奇撰：《大清律辑注》，怀效锋、李俊点校，法律出版社2000年版，第154页。
④ （明）张楷：《律条疏议》，载杨一凡等编：《中国律学文献》第1辑第2册，黑龙江人民出版社2004年版，第289页。
⑤ （明）张楷：《律条疏议》，载杨一凡等编：《中国律学文献》第1辑第2册，黑龙江人民出版社2004年版，第288页。
⑥ （明）雷梦麟撰：《读律琐言》，怀效锋、李俊点校，法律出版社2000年版，第90页。
⑦ （明）王肯堂原释，（清）顾鼎重编：《王仪部先生笺释》，载杨一凡等编：《中国律学文献》第2辑第3册，黑龙江人民出版社2005年版，第316页。
⑧ （明）张楷：《律条疏议》，载杨一凡等编：《中国律学文献》第1辑第2册，黑龙江人民出版社2004年版，第289页。

委曲进谏，求免其死，明托谏诤之言，暗行邀结之意，屈法市恩，背公植党。"① "若人犯该死罪，巧言谏免，暗邀人心，使德归于己有。"② "若有人犯罪，依律本该处死，其或执政大臣或在下小官巧释言词，曲为进谏求免其死，以暗邀其心。"③

谏免杀人的行为模式为：被谏免者律该处死，谏者巧饰得免，恩己植党，明蔽于上。律条属于禁止性规范，犯罪主体为"其大臣小官"的特殊主体，犯罪主观方面为故意。

3. 朋党乱政

各律学家认为："第三节二朝字要看交结二句一串说，若在朝文武官员交结朋党，比周为私，紊乱朝政"④。"恶其背上行私，党众乱政也"⑤。"奸人意图紊乱朝政，以便己私，必先交结朋党，比周相济。二句当一串讲"⑥。"交相结构朋党，互为异议，以紊乱朝廷之政事"⑦。

朋党乱政的行为模式为：在朝担任朝廷官职的官员，交结朋党紊乱、杂扰、纷乱朝政，使朝廷政令难以实施，损害皇帝的权威和朝政秩序。律条属于禁止性规范，犯罪主体为"在朝官员"的特殊主体，犯罪主观方面为故意。

4. 不执法律

各律学家认为："第四节若刑部及内外大小问刑衙门，有不执法律，听从上司官主使，故出入人罪者，亦如朋党。"⑧ "问理刑名不行执持，法律当轻者轻，当重者重，而听从其上司官主张，使令当轻者使之重，当重

---

① （清）沈之奇撰：《大清律辑注》，怀效锋、李俊点校，法律出版社 2000 年版，第 154 页。
② （明）雷梦麟撰：《读律琐言》，怀效锋、李俊点校，法律出版社 2000 年版，第 90 页。
③ （明）张楷：《律条疏议》，载杨一凡等编：《中国律学文献》第 1 辑第 2 册，黑龙江人民出版社 2004 年版，第 288 页。
④ （明）王肯堂原释，（清）顾鼎重编：《王仪部先生笺释》，载杨一凡等编：《中国律学文献》第 2 辑第 3 册，黑龙江人民出版社 2005 年版，第 316 页。
⑤ （明）雷梦麟撰：《读律琐言》，怀效锋、李俊点校，法律出版社 2000 年版，第 90 页。
⑥ （清）沈之奇撰：《大清律辑注》，怀效锋、李俊点校，法律出版社 2000 年版，第 154 页。
⑦ （明）张楷：《律条疏议》，载杨一凡等编：《中国律学文献》第 1 辑第 2 册，黑龙江人民出版社 2004 年版，第 288 页。
⑧ （明）王肯堂原释，（清）顾鼎重编：《王仪部先生笺释》，载杨一凡等编：《中国律学文献》第 2 辑第 3 册，黑龙江人民出版社 2005 年版，第 317—318 页。

者使之轻，以致出入其罪。"① "刑部掌法之司，大小掌刑衙门，亦有守法之责。若不执法律，听从上司主使，以出入人罪者，听从上司即是交结朋党，出入人罪即是紊乱朝政。"② "犯罪之人，轻重各随其情，依律拟断。若（上）司官循私故为轻重，大小衙门掌法官吏不执法律，阿附顺从，听其主使，出入人罪者，依交结朋党紊乱朝政律。"③ "若刑部及内外大小问刑衙门，职专执法者，有不执律法，听从上司官主使，故出入人罪。"④

不执法律的行为模式为：各问刑衙门官吏违背依律拟断的职责，审理案件时不执行法律而听从上司官主使，交结朋党出入人罪，紊乱朝政。律条属于禁止性规范，犯罪主体为"问刑衙门官吏"和"上司官"的特殊主体，犯罪主观方面为故意。

（三）出罪事由

1. 告奸

各律学家认为："若刑部及大小各衙门官吏，不避权势，将上司主使之事，开具实迹，亲赴御前执法陈诉者，罪坐主使之奸臣，告言之人虽业已听从，以致故出入人罪者，亦免其罪。仍将奸臣应没财产，均给充赏。有官者升二等，吏无官者，量与一官，或赏银二千两。"⑤ "告言之人虽已听从，亦免其罪"；"或谓言告者得免其迎车驾、击登闻鼓之罪，不知律中已许其亲赴御前陈诉，又何止迎驾击鼓已哉。律开首免之门，意在遏奸于初萌，而不在不失奸也。今乃云既已听从，罪有出入，岂得云不避权势，遂欲归之事外之人，亦太拘矣"⑥。就律学的解释看，告奸这一出罪理由，只适用于奸党律的听从上司主使出入人罪情形。

对告奸之人，不仅免罪，还有奖赏。"告言之人虽已听从，亦免其罪，

---

① （明）张楷：《律条疏议》，载杨一凡等编：《中国律学文献》第一辑第 2 册，黑龙江人民出版社 2004 年版，第 289 页。

② （清）沈之奇撰：《大清律辑注》，怀效锋、李俊点校，法律出版社 2000 年版，第 154 页。

③ （明）何广：《律解辩疑》，载杨一凡点校：《中国珍稀法律典籍续编》第 4 册，黑龙江人民出版社 2002 年版，第 70 页。

④ （明）雷梦麟撰：《读律琐言》，怀效锋、李俊点校，法律出版社 2000 年版，第 90 页。

⑤ （明）雷梦麟撰：《读律琐言》，怀效锋、李俊点校，法律出版社 2000 年版，第 91—92 页。

⑥ （明）王肯堂原释，（清）顾鼎重编：《王仪部先生笺释》，载杨一凡等编：《中国律学文献》第 2 辑第 3 册，黑龙江人民出版社 2005 年版，第 319 页。

仍将奸臣应没财产均给充赏，均给者谓如执法陈奏之人众多，将犯人财产均平分赏。若止一人执法陈奏，则全给一人。"① 即使已听从上司主使并故出入人罪也可免罪获赏。"其罪止坐主使之奸臣，告言之人与免本罪。"② 告奸属于命令性规范，设定行为人积极行为的义务，"重听从之罪，所以惩奸臣之党；赏陈诉之人，所以离奸臣之党也"③。"有官者加升，无官者或与官，或赏银，所以勤执法之臣，并以开发奸之门也。"④ 君主专制体制下，皇帝总有被蒙蔽之感，所以特务侦缉与鼓励告奸并行，千方百计地了解臣民的所作所为、所思所想。奸党律的告奸规定，既沿袭了中国历史上奖励告奸的一贯政策，并明确规定为法定义务，为了达到离间臣民的效用，告奸并不只限于听从上司主使出入人罪，而是扩张适用于鼓励控告全部奸党犯罪行为。君主充分调动了控告奸党罪的积极性，但讦告之风也给社会带来极大危害。

2. 彼罪

主使"出入人罪亦与官司出入人罪条不同"⑤。"其议拟刑名之际，上司、属官所见不同，一时听从，别无私曲者，自依失出入人罪论。"⑥ "主使之人非上司，非权势，依嘱托公事，所枉重者从重论。"⑦

彼罪的情形，律学家提示了注意奸党律与"官司出入人罪"与"嘱托公事"的区别，应注意分析"别无私曲""非上司，非权势"、公罪与私罪等要点，亦即核心在于是否属于结党营私。在具体的案件中，奸党罪名还将和《大明律》的其他罪名配合，有从重而定为谋反叛逆重罪的，也有

---

① （明）王肯堂原释，（清）顾鼎重编：《王仪部先生笺释》，载杨一凡等编：《中国律学文献》第 2 辑第 3 册，黑龙江人民出版社 2005 年版，第 318 页。

② （明）张楷：《律条疏议》，载杨一凡等编：《中国律学文献》第 1 辑第 2 册，黑龙江人民出版社 2004 年版，第 289—290 页。

③ （清）沈之奇撰：《大清律辑注》，怀效锋、李俊点校，法律出版社 2000 年版，第 156 页。

④ （清）沈之奇撰：《大清律辑注》，怀效锋、李俊点校，法律出版社 2000 年版，第 154 页。

⑤ （明）应槚：《大明律释义》，载杨一凡等编：《中国律学文献》第 2 辑第 1 册，黑龙江人民出版社 2005 年版，第 351 页。

⑥ （明）何广《律解辩疑》，载杨一凡点校：《中国珍稀法律典籍续编》第 4 册，黑龙江人民出版社 2002 年版，第 70 页。

⑦ （明）王肯堂原释，（清）顾鼎重编：《王仪部先生笺释》，载杨一凡等编：《中国律学文献》第 2 辑第 3 册，黑龙江人民出版社 2005 年版，第 319—320 页。

从轻不适用奸党律条的，充分体现了奸党罪承上统下的"口袋罪"特征。

3. 危害结果

在上司主使不执法律问题上，"主使刑官，须是听从已行，罪有出入者，方科其罪"①。即考虑主使行为是否造成已听从，且罪有出入的后果，来认定是否构成犯罪。如果其下属的理刑官未听从，则不科其罪。

另外，从律文字面意看，谗言杀人，谏免杀人，朋党乱政，也都有相应的律条规定的危害结果，才能认定为奸党罪。如果按现代刑法学的理解，是结果犯，即将危害结果作为犯罪构成要件。危害结果没有发生，该犯罪便不能成立。然而，皇帝是不会接受律文字面意限制的，基于奸党罪危害皇权的政治属性，拥有最高司法权的皇帝，只要认为犯罪者威胁自己的地位，损坏自己的形象，就会将律文规定的行为夸大或缩小，以达到恩威并济地驾驭群臣的目的。

（四）刑罚适用

奸党罪适用斩刑，"奸邪进谗言，左使杀人；犯罪，大臣小官谏免，暗邀人心；在朝官员交结朋党，紊乱朝政；刑部并大小衙门官吏听从上司主使，出入人罪"②，适用斩刑。在死刑必须由皇帝决定的情况下，只能够监候。看似刚性的刑罚，在适用中，却因名律例的适用，或具体案情的不同而呈现变化，有加重至凌迟刑的，也有不以刑罚处置，而改用行政处分的，个中情节则不是法律条文所能够讲清的。律文规定的刑罚适用方式可归纳为两种，具体实施过程中则会出现更多的惩罚方式。

1. 律定刑罚

奸党律的四种行为模式，在"分首从、不分首从"的条件下，附加是否适用缘坐、籍没的刑罚。分首从不适用缘坐、籍没，不分首从则要缘坐、籍没。左使杀人，"是使怨归于君，巧言谏免，是使德归于己，虽皆不忠之臣，而生杀犹在一人。紊乱犹止一事，故得分首从。若朋党乱政，则为奸不止一人，所紊不止一事，威福几于下移矣，故罪无首从，奴其妻

---

① （明）雷梦麟撰：《读律琐言》，怀效锋、李俊点校，法律出版社2000年版，第91页。
② （明）何广撰：《刑名启蒙例》，载刘海年、杨一凡主编：《中国珍稀法律典籍集成》乙编第1册，科学出版社1994年版，第656—657页。

子，籍其赀产，专重紊乱朝政四字"①。左使杀人分首从，朋党乱政不分首从，这是律的重点所在，因此要注意是否"紊乱朝政"。

（1）分首从。"左使杀人，巧言谏免，其使与谏，虽臣下之私，而所以杀之。免之者，犹在君也，妻子、财产不在为奴、入官之限"②。奸党律的左使杀人和巧言谏免两款，不适用缘坐和籍没，且共犯罪分首从。"前二节斩上无'皆'字，有同坐者，应分首从矣。杀人以快己意，救人以市己恩，归怨于君，德归于己，假公济私，虽皆不忠之臣，而生杀犹在人主，紊乱犹止一事，故得分首从。"③ 在分首从的情况下，首犯斩则从犯减等。

《律条直引》云："斩，俱秋后处决，妻子为奴，财产入官。赵甲系应议大臣，与钱乙等俱重刑监侯奏请。"④ 这是基于明代死刑复核制度而言，判决死刑必须等待皇帝勾决，所以讲"秋后处决"。属于"八议"的应议大臣，是否应死，必须奏请皇帝亲裁。又云："孙丙、李丁俱依刑部大小衙门官吏不执法律，听从上司官主使，出入人罪者，罪亦如左使杀人者律"⑤。即听从上司主使出入人罪不属于朋党乱政，即不适用"皆斩、缘坐、籍没"。万历十一年（1583 年），审定操院胡槚主使太平府同知龙宗武，冤死宁国府生员吴仕期案中，大理少卿王用汲疏言："（龙）宗武合依听上官主使律，与（胡）槚以主使律，各斩。"⑥ 可见在具体量刑定罪过程中律学家的解释是有作用的，因为律文以"罪亦如之"来表达，并没有讲明如何定罪，而律学家认为是如左使杀人，则听从主使者就与左使杀人一样，要处以斩刑，在可以区分首从的情况下，主使者若不是一人则分首从，被主使者若不是一人也要分首从，乃是各自分首从。

（2）不分首从。"朋党乱政，则为奸不止一人，所紊不止一事，权重

---

①　（明）王肯堂原释，（清）顾鼎重编：《王仪部先生笺释》，载杨一凡等编：《中国律学文献》第 2 辑第 3 册，黑龙江人民出版社 2005 年版，第 317 页。

②　（明）雷梦麟撰：《读律琐言》，怀效锋、李俊点校，法律出版社 2000 年版，第 90 页。

③　（清）沈之奇撰：《大清律辑注》，怀效锋、李俊点校，法律出版社 2000 年版，第 156 页。

④　刘海年、杨一凡主编：《中国珍稀法律典籍集成·律条直引》乙编第 1 册，科学出版社 1994 年版，第 671 页。

⑤　刘海年、杨一凡主编：《中国珍稀法律典籍集成·律条直引》乙编第 1 册，科学出版社 1994 年版，第 671 页。《律条直引》是解读《大明律》律文和明确量刑标准，特别是"有大诰减等"精神的法典，系明太祖朱元璋敕六部、都察院编，洪武三十年颁行。

⑥　《明神宗实录》卷 162，万历十三年六月戊申条。

势大，威福几于下移，故其法尤严。"① 听从主使"已论决者，是亦背上之法，行己之私，党人之恶，罪亦如朋党者，不分首从，上司官与问刑官皆斩，妻子为奴，财产入官。"② "凡籍没家产，除反叛外余罪犯止没田产，孳畜田地少有祖先茔坟者，不在抄札之限。"③ 不分首从是奸党罪最严厉的处罚，但在财产入官方面，与谋反叛逆还有一定区别。

2. 刑罚变化

明代对职官违法犯罪统称"事故"，分为四个层级，"官员事故。《诸司职掌》所列：有极刑、老疾、纪录、行止"。按现代法学的观点，其"极刑"对应犯罪行为，其"纪录"对应行政处分，已初步有了对职官行政违法和犯罪行为的区分④。奸党律在具体实施中，其惩罚有刑罚和处分两大类，并且有律条不载的宦官处罚。透过具体的案例整理，可归纳于表3.1—表3.3（不含以重论谋逆谋叛）：

表 3.1　奸党律刑罚表

刑罚	凌迟（示众）	枭令抄没	戴罪镣足	诛戮	毙杖下	磔死	遣戍；不准收赎	杖戍	充军	廷杖	真犯死罪，秋后处决
出处	大诰	大诰	大诰	大诰	案53	案11	案12、案53	案29	案36	案40	明会典

① （清）沈之奇撰：《大清律辑注》，怀效锋、李俊点校，法律出版社 2000 年版，第 156 页。
② （明）雷梦麟撰：《读律琐言》，怀效锋、李俊点校，法律出版社 2000 年版，第 90 页。
③ （明）佚名：《大明律直引》，载杨一凡等编：《中国律学文献》第 3 辑第 1 册，黑龙江人民出版社 2006 年版，第 118—119 页。
④ 其中，属于"记录"类的处分事项，文职官由吏部负责，武职官由兵部负责，题奏皇帝下旨处分。"凡内外官员过名。洪武九年令：诸司正佐首领杂职官，犯公私罪，应答者赎，应徒流杖者。纪录，每岁一考，岁终，布政司呈中书省，监察御史、按察司御史台，俱送吏部纪录。二十六年定：在京在外，见任官员，但系兵刑等部，都察院等衙门，因事提问，问过应有的决纪录，公私过名，开咨吏部，于纪录文册内明白附写，候九年通考，以凭黜陟。其有司官员，三年考满，给由到部，供报任内公私过名，於册内比查。有隐匿不报者，议拟具奏，送法司问罪。其上司未行知会纪录罪名，另行抄录。弘治元年奏准：内外各衙门，问过官吏公私过名，及罚俸等项，年终造册，类缴本部，以凭稽考。"参见（明）申时行等：《明会典》卷 13《吏部》，中华书局 1989 年版，第 82—83 页。

表 3.2　奸党律处分表

处分	黜	记其罪	降调；谪	赎罪还职	罚输米；除名（为民）；削籍；削夺	本职回家省改；令致仕	冠带闲住；回籍听调；罢	回籍
出处	案 9	案 15	案 22	案 29	案 34、案 55	案 42	案 50	案 55

表 3.3　奸党律宦官处罚表

处罚	杖；充净军孝陵种菜	孝陵司香；闲住；查革冒滥	降；外宅闲住；南京新房闲住；发孝陵充净军；
出处	案 29	案 39	案 38

（五）立法目的

奸党律是为了打击"人臣欺罔，乱政者"①。乃是"明祖猜忌臣下，无弊不防"，"凡所以防臣下之揽权专擅，交结党援者，固已不遗余力矣"②。一个"奸"字，体现了皇权对官僚的道德、法律、政治界定，蕴含了君臣的微妙矛盾关系。"奸"可被皇权用来统称一切危害君主专制的人或事。奸党罪将朋党视为奸臣之一种，并扩张打击奸邪、奸臣，乃是君主专制制度发展到高峰的产物。

人臣对皇帝的欺罔，体现在左使杀人和谏免杀人上，蒙蔽君主之明，行己利之私。"左使杀人则启人君妄杀之心，暗邀人心则有默夺主威之渐，皆不忠之臣也。"③ "二者所犯虽异，利己罔上则同，皆处极刑，以诛其罔。"④ 乱政体现在交结朋党和司法官不执法律上，欺君僭权，威福下移。

① （清）朱轼：《大清律集解附例》，载《四库未收书辑刊》第 1 辑第 26 册，北京出版社 1997 年版，第 106 页。

② （清）薛允升撰：《唐明律合编》，李鸣、怀效锋点校，法律出版社 1999 年版，第 167—169 页。

③ （明）应槚：《大明律释义》，载杨一凡等编：《中国律学文献》第 2 辑第 1 册，黑龙江人民出版社 2005 年版，第 350 页。

④ （明）张楷：《律条疏议》，载杨一凡等编：《中国律学文献》第 1 辑第 2 册，黑龙江人民出版社 2004 年版，第 290 页。

"朝官朋党乱政，未免鼓逆扇奸坏法，欺君莫此为甚"①，"纪纲法度从此坏矣。"② "下司不执法律，听从上司主张，则是国纳下移，威福自恣。"③ "朝廷立律，所以惩奸，轻重大小皆有定法，问刑官吏不能执守而听从上司主使，出入则律将安用哉？其情与紊乱朝政者何异。"④ 奸党律的律文，是立足历代党争乱政的经验教训，维护君主专制，强化皇权保护的重要立法，也是君主专制制度的自我完善和调整。

二、相关法规

中国古代以律为主体的法规体系，有学者称其为律令法体系⑤。明代奸党罪以律条为核心，在令、诰、祖训、榜文、例、诏敕、条法事类中都有相关规定，分析整理这些规定，可以更全面地掌握奸党罪名法规体系，助益奸党罪的理解。

（一）大明令

《大明令》于洪武元年（1368 年）正月十八日颁行。"令以教之于先，律以齐之于后。"⑥《大明令·刑令·谗言》条："凡诸奸邪进谗言左使杀人者，虽遇大赦，不在原免。"⑦ 其中"奸邪进谗言左使杀人"，乃是"奸

---

① （明）张楷：《律条疏议》，载杨一凡等编：《中国律学文献》第 1 辑第 2 册，黑龙江人民出版社 2004 年版，第 290 页。

② （明）应槚：《大明律释义》，载杨一凡等编：《中国律学文献》第 2 辑第 1 册，黑龙江人民出版社 2005 年版，第 350 页。

③ （明）张楷：《律条疏议》，载杨一凡等编：《中国律学文献》第 1 辑第 2 册，黑龙江人民出版社 2004 年版，第 290 页。

④ （明）应槚：《大明律释义》，载杨一凡等编：《中国律学文献》第 2 辑第 1 册，黑龙江人民出版社 2005 年版，第 351 页。

⑤ "法律令"已成为秦国各种形式的成文法的代用语。（清）沈家本《历代刑法考》中单列《律令》一篇，实际列举的是从文献里收集来的多种多样的法律。今人使用"律令法"表述中国古代的法体系，是受沈家本及后学者，特别是日本学者影响的结果。"如果表述为以律令为主体的法体系即律令法体系，可能比法律令体系来得更符合人们的习惯。"参见张建国：《中国律令法体系考》，载杨一凡、刘笃才主编：《中国法制史考证》乙编第一卷（法史考证重要论文选编·律令考），中国社会科学出版社 2003 年版，第 1—2 页。

⑥ 参见怀效锋点校：《大明律附大明令问刑条例》，辽沈书社 1990 年版，第 229 页。《大明令》为左丞相李善长等人编制，包括《吏令》20 条，《户令》24 条，《礼令》17 条，《兵令》11 条，《刑令》71 条，《工令》2 条，共 145 条。

⑦ 怀效锋点校：《大明律附大明令问刑条例》，辽沈书社 1990 年版，第 273 页。

党"律的第一句。"奸党"律是在"吏律",而此在"刑令"。《大明令·兵令·凡有军情》条有:"如都督府、御史台与中省互相知会、隐匿不速闻奏者,以奸臣论。轻者流窜烟瘴,重者处以极刑。"① 这些都与奸党罪名有关。令是不断增加的,洪武年间所增加的令,与奸党有关的有洪武二十一年(1389年)令:"谋逆、奸党、造伪钞等项,没其赀产丁口,其于止收赀产,仍以农器耕牛还之。"洪武二十六年(1393年)令:"凡刑部问拟犯该奸党等项,合抄札者,明白具本,开写某人所犯,合依某律,该某罪,财产人口,合抄入官。牒发大理寺审录平允,回报各司,备由开写犯人乡贯住址明白,案呈本部,具手本赴内府,刑科填批,差人前去抄札。户下成丁男子,如法枷杻,同抄到人口、金银细软、马骡驴羊,差人解部。如前该库进纳,粗重什物变卖价钞,牛只农具入官,并田地房屋,召人佃赁,照例当差。"② 洪武二十六年(1393年)定:"凡文武大臣,果系奸邪小人,构党为非,擅作威福,紊乱朝政,致令圣泽不宣,灾异迭见,但有见闻,不避权贵,具奏弹劾。"③ 令在一定的情况下,经过奏请,是可以上升为律的,《大明律》仅仅是洪武年间修订,因此洪武年间的令都有可能上升为律,而此后的令就不能够入律了,但能够改为例,同样可成为处断案件的依据。

(二) 明大诰

明《大诰》是洪武时期效力最高的法律,有《御制大诰》74条、《御制大诰续编》87条、《御制大诰三编》43条、《大诰武臣》32条,其内容是朱元璋颁行的案例、峻令、训诫,而洪武三十年(1397年)颁行的《大明律诰》,附有147条可以治罪的诰款。

《大诰》多处涉及奸党的论述及惩处手段。如"今之人臣不然,蔽君之明,张君之恶,邪谋党比,几无暇时"。对于这种行为,朱元璋认为是

---

① 怀效锋点校:《大明律》,法律出版社1998年版,第257页。
② (明) 申时行等修:《明会典》卷178《刑部·抄札》,中华书局1989年版,第907页。
③ (明) 申时行等修:《明会典》卷209《都察院·纠劾官邪》,中华书局1989年版,第1045页。

"尽皆杀身之计,趋火赴渊之筹"①。所谓的"蔽君之明",乃是"谏免杀人";而"张君之恶",则是"左使杀人";"邪谋党比"就是"交结朋党"。这些描述与奸党罪名极为相似,惩处则为"尽皆杀身"。

在具体处理某些案件时,也表明奸党之罪不可赦。如福建道御史于敏,先后犯罪两次,因为其妻击登闻鼓,朱元璋都"屈法以赦之",为的是彰显"贞良之妇"。第三次是因为"交结朋党,比周京内",经过朱元璋亲审,于敏"朗然自笔奸党之情"。于敏之妻又赴阙求免,朱元璋不准,并且感叹道:"生身之恩既不能报,贞良之妻自弃不抚"②,最终还是将于敏杀掉。此案是朱元璋亲自审问的,与律学家所讲"御前亲鞫"吻合。军吏董演多次"入京师上元县分付公事",乃是"上罔朝廷,下虐黎民",对于这种恶人,"应天府京尹孙凤等,明知虚诳,辄便党比阿从",实在是"乱政坏法",所以"囚而皆杀之"③。乱政坏法与党比阿从,适用奸党律的"朋党紊乱朝政,皆斩"律文。沈家本分析此案,认为"按律,董演诬告人死罪未决,应科以满流加徒役三年。孙凤等故出入罪未至死,亦无死罪。此以其乱政坏法而诛之也"④。则可见奸党罪名本身就有扩大的可能,因为乱政坏法本身就没有明确的定义。比如说,布政司、府州县官,经常差遣仓场、库务、湖池、闸坝、巡检等司官去办理别的事务,朱元璋认为这些人"离职办事,罪得乱政之条,合该身首异处"。将这些人斩首之后,申明"今后敢有如此者,比此罪而昭示之。其各官擅承行者如之"⑤。离职办事就是乱政,这次没有处置差遣这些杂官的布政司及府州县官,却警告杂官不许听从差遣,显然主次不分,所以沈家本认为:"此以其乱政也。乱政之事,大小轻重不同,一律处斩,未免太无区别。"⑥ 岂止太无区别,

———

① 《大诰·君臣同游第一》,载张德信、毛佩琦主编:《洪武御制全书》,黄山书社1995年版,第749—750页。

② 《大诰·谕官生身之恩第二十四》,载张德信、毛佩琦主编:《洪武御制全书》,黄山书社1995年版,第758—759页。

③ 《大诰续编·董演虚诳第三十九》,载张德信、毛佩琦主编:《洪武御制全书》,黄山书社1995年版,第818页。

④ (清)沈家本:《历代刑法考》,中华书局1985年版,第1923页。

⑤ 《大诰续编·擅差职官第十九》,载张德信、毛佩琦主编:《洪武御制全书》,黄山书社1995年版,第805—806页。

⑥ (清)沈家本:《历代刑法考》,中华书局1985年版,第1918页。

是根本没有区别，这显示出处理与奸党罪有关案件时，皇帝的主观意志起决定作用。"常熟知县成茂奇到任未久，从奸则听知府张亨分付"，收用无籍之徒为吏，朱元璋认为这是"朋党小人，乱政坏法，自取灭亡"。沈家本认为"此亦以乱政坏法诛之。当日逃囚逃吏之禁甚严，故容留为吏之罪亦重"①。以一时之禁而实施严打，这是洪武、永乐朝的特色，但将收用无籍之徒为吏，也纳入"乱政坏法"，以奸党罪名而诛之，则未免太严厉，也可见奸党罪的"紊乱朝政"是具有极强弹性的。

朱元璋认为："奸邪无籍者多"，在接到通政司奏告 18 个监察御史共同弹劾都察院左都御史詹徽时，不由得感叹："古今之奸邪，为国民之害，有若是耶。"诰文详细叙述案件提起、受理、锦衣卫缉捕、审理程序，说明这些御史的犯罪事实，旨在训诫"妨贤病国之徒，邪谋设计，转折既多，情理深重"。于是命令将这些被处决的官员，列举罪名，予以榜示。其中凌迟示众四名，有"捏词排陷，妨贤蠹政"者，有"同谋排陷"者，还有"意在陷害勋臣"者，也有"不行明白奏闻，朦胧具本"者。另外"同谋排陷，罪在不宥，姑容戴罪镣足"的 14 名御史②，诰文都有详细的叙述。

此案以"奸邪乱政"为名，即朱元璋采取以奸党罪的非常手段予以打击。詹徽以一个秀才而为朱元璋看重，破格授监察御史（正七品），仅仅两年，就成为都察院左都御史（正二品），是因为他与刑部尚书开济一起办理胡惟庸奸党案，清除功臣。开济"好以法中伤人"③，詹徽则劝朱元璋"莫若严刑以制之，使知所畏而重犯法"④。史称朱元璋"所用深文吏开济、詹徽、陈宁、陶凯辈，后率以罪诛之"⑤。在重用这些深文吏时，当然不允许别人议论，故此处置了 18 名监察御史，甚至使用了"凌迟示众"的酷刑。沈家本评论此案言："时太祖方信任詹徽，诸御史遂撄此祸，著诸《大诰》中，殊不足以服人也"。至于所用罪名，"盖按朋党乱政律应斩，加重也"。本来《大明律》中所载凌迟处死之罪，只有"谋反大逆、谋杀

① （清）沈家本：《历代刑法考》，中华书局 1985 年版，第 1924 页。
② 张德信、毛佩琦主编：《洪武御制全书》，黄山书社 1995 年版，第 922—924 页。
③ （清）张廷玉等：《明史》卷 138《开济传》，中华书局 1977 版，第 3978 页。
④ 《明太祖实录》卷 179，洪武十九年十二月戊申条。
⑤ （清）张廷玉等：《明史》卷 94《刑法志二》，中华书局 1977 版，第 2319 页。

祖父母父母、杀一家三人、采生折割四项，他无有也。《大诰》凌迟各案，有罪止于徒而遽行凌迟者，可谓重矣"①。被 18 名御史弹劾的詹徽，以奸党罪促使朱元璋动用酷刑，其实已经是左使杀人了，也难怪他后来在蓝玉党案中，也被以奸党罪名杀了。

（三）皇明祖训

初名《祖训录》，始纂于洪武二年（1369 年），洪武六年（1373 年）书成，命礼部刊印成书。洪武九年（1376 年）又加修订，二十八年（1395 年）重定，更名为《皇明祖训》，即是明太祖朱元璋"为朱氏天下长治久安、传之万世，给子孙制定的'家法'"②，也是为巩固朱明皇权而对其后世子孙的训诫。《皇明祖训》作为朝代建立者亲自拟定的训诫，具有成文法律的地位，法律地位在原则上往往要高于后代皇帝的敕谕等。

有关奸党罪的论述，在《皇明祖训·首章》有云："凡人之奸良，固为难识。惟授之以职，使临事试之，勤比较而谨察之，奸良见矣。若知其良而不能用，知其奸而不能去，则误国自此始。历代多因姑息，以致奸人惑侮。当未知之初，一概委用；既识其奸，退亦何难。慎勿姑息。"③ 教谕其子孙如何辨别奸良，要勤比较、谨察之，及早除去奸人。

在《慎国政》中云："凡广耳目，不偏听，所以防壅蔽而通下情也。今后大小官员，并百工伎艺之人，应有可言之事，许直至御前闻奏。其言当理，即付所司施行；诸衙门毋得阻滞，违者即同奸论。"小注云："如元朝相诏有云：诸衙门敢有隔越中书奏请者，以违制论。故内外百司，有所奏请，进由中书省，遂至迁延沉溺，不能上达；而国至于亡也。"④ 元代的违制罪，重者可以处死，轻者杖一百七，这里的"同奸论"，显然是基于

---

① （清）沈家本：《历代刑法考》，中华书局 1985 年版，第 1907 页。实际上《大明律》规定要凌迟处死的罪名有 12 项，并不是 4 项，奸党罪不在 12 项之内。参见怀效锋点校：《大明律》，法律出版社 1998 年版，第 273—274 页。

② 杨一凡、田涛主编：《中国珍稀法律典籍续编·皇明祖训》第 3 册，黑龙江人民出版社 2002 年版，"点校说明"第 5 页。

③ 杨一凡、田涛主编：《中国珍稀法律典籍续编·皇明祖训》第 3 册，黑龙江人民出版社 2002 年版，第 484 页。

④ 杨一凡、田涛主编：《中国珍稀法律典籍续编·皇明祖训》第 3 册，黑龙江人民出版社 2002 年版，第 489 页。

元代重罪而言。

在《法律》中云："凡王遣使至朝廷，不须经由各衙门，直诣御前。敢有阻当者，即是奸臣。其王使至午门，直门军官、火者，火速奏闻。若不奏闻，即系奸臣同党。""凡王国内，除额设诸职事外，并不许延揽交结奔竞佞巧知谋之士，亦不许接受上书陈言者。如有此等之人，王虽容之，朝廷必正之以法。然不可使王惊疑。或有知谋之士，献于朝廷，勿留。"[①]这是朱元璋对分藩的特殊优待，同时也是限制。优待是王言要速呈皇帝亲览，不许臣下阻隔；限制则不许诸王私自用人，如用则正之以法。

《皇明祖训》虽然没有明白讲明"奸党"，但讲到"奸臣同党"，也就有了奸党罪名的意味了。从小注"以违制论"及正文"违者即同奸论"来看，对这种"奸"有从重处置的内涵。

（四）榜文

榜文是皇帝的谕旨或者经过皇帝批准的官府的告示、法令以及案例，早在至正十五年（1355 年），朱元璋还在为将攻打采石矶，就曾经"先令李善长为《戒戢军士榜》，比入城，即张之。及拔，城士卒欲剽掠，见榜揭通衢，皆愕然不敢动。有一卒违令，即斩以徇，城中肃然"[②]。因此使用榜示与榜谕颁布榜例，也成为法规的重要构成。朱元璋时期发布的榜文包含了很多教育百姓遵纪守法的说教内容，所以又称"教民榜文"。榜文具有法律效力，而且处罚比律重，使用律外酷刑。杨一凡曾将榜文的特色总结为：第一，许多规定属于新的刑事立法，其内容不是为明律所未设，就是律文的规定比较笼统，榜文规定得更加具体。第二，榜文中所列刑罚苛刻，大多较当时行用的律文相近条款量刑为重[③]。

洪武二十六年（1393 年）二月十三日，为蓝玉谋逆事，奉圣旨：君奉天命则兴，臣奉君命则昌。今违君逆命之臣，相继叠出。杨宪首作威福，胡陈继踵阴谋，公侯都督亦有从者。赖天地宗庙社稷之灵，悉皆败露，人

---

① 杨一凡、田涛主编：《中国珍稀法律典籍续编·皇明祖训》第 3 册，黑龙江人民出版社 2002 年版，第 495 页。

② 《明太祖实录》卷 3，乙未（1355）夏四月壬寅条。

③ 参见杨一凡：《明代榜例考》，《上海师范大学学报》2008 年第 5 期。

各伏诛。今有反贼蓝玉，又复逆谋，几构大祸，已于洪武二十六年（1393年）二月初十日俱各伏诛。若不昭示中外，将谓朕不能保全功臣者。尔刑部将各人情词，图形榜示①。

这个榜文，明确杨宪、胡惟庸、陈宁、蓝玉都是"违君逆命"的奸党党魁，对"为从者"则实施瓜蔓抄式的打击。胡惟庸案"肃清逆党，词所连及坐诛者三万余人，乃为《昭示奸党录》，布告天下。株连蔓引，迄数年未靖云"②。蓝玉案"列侯以下坐党夷灭者不可胜数。手诏布告天下，条列爱书为《逆臣录》。至二十六年（1393年）九月，乃下诏曰：蓝贼为乱，谋泄，族诛者万五千人"③。

（五）诏敕

诏敕是以皇帝名义发布的公文的统称，日常政务处理中，常见的有制、诏、诰、敕、旨、册、谕、令、檄等。这些以皇帝名义发布的公文，都具有法律效力，民间称其为"圣旨"。按照"名例律"中"常赦所不原"条规定："凡犯十恶，杀人，盗系官财物，及强盗，窃盗，放火，发冢，受枉法、不枉法赃，诈伪，犯奸，略人、略卖、和诱人口，若奸党，及谗言左使杀人，故出入人罪，若知情故纵、听行、藏匿、引送、说事过钱之类，一应真犯，虽会赦并不原宥。其过误犯罪，及因人连累致罪，若官吏有犯公罪，并从赦原。其赦书临时定罪名特免，及减降从轻者，不在此限。"④ 按此条规定，奸党罪是属于不能够赦免之罪，但这里讲是"常赦"，并没有包括大赦、特赦，因为该条也承认赦书临时定罪名特免的效力。也就是说，奸党罪即便是常赦不原中所列的罪名，在大赦、特赦中未申明不赦，则也在赦免之列。

历届皇帝多有将奸党罪不列入不赦之内者，这蕴含着新任皇帝对前任皇帝统治时期结党乱政的宽容。如果列入不赦条款，则是否定，有穷究党羽的深刻政治内涵。如永乐帝《即位诏》赦款："自洪武三十五年七月初

① 杨一凡、田涛主编：《中国珍稀法律典籍续编·洪武永乐榜文》第3册，黑龙江人民出版社2002年版，第512页。
② （清）张廷玉等：《明史》卷308《奸臣胡惟庸传》，中华书局1974年版，第7908页。
③ （清）张廷玉等：《明史》卷132《蓝玉传》，中华书局1974年版，第3866页
④ 怀效锋点校：《大明律》，法律出版社1998年版，第9页。

一日昧爽以前，官吏军民人等有犯除谋反大逆、谋杀祖父母父母、妻妾杀夫、奴婢杀本使、谋故杀人、蛊毒、魇魅、毒药杀人及见提奸恶不赦外，其余已发觉、未发觉，已结正、未结正，罪无大小，咸赦除之。敢有以赦前事相告言者，以其罪罪之。"① 这里提到"奸恶"，即是建文诸臣，他们是按照奸党惩治的，也就是说，奸党在此次大赦中不赦，但附加"见提"限制，则表明不想继续扩大株连打击面。

洪熙帝《即位诏》赦款："自永乐二十二年八月十五日昧爽以前，官吏军民人等有犯，除谋反大逆、子孙谋杀祖父母父母、妻妾杀夫、奴婢杀主不赦外，其余已发觉、未发觉，已结正、未结正，罪无大小，咸赦除之。敢有指告赦前事者，以其罪罪之。"② 史称"洪宣之治"，乃是明代盛世。"历史盛赞洪熙帝是一个开明的儒家君主，他像他模仿的古代圣王那样，坚持简朴、仁爱和诚挚的理想，他因大力巩固帝国和纠正永乐时期的严酷和不得人心的经济计划而受到一致的赞誉。"③ 正因为如此，洪熙帝的大赦条款，才没有将奸党列入不赦的范围，而建文臣僚也逐渐被赦免。

宣德帝《即位诏》赦款："谋反大逆、谋叛、子孙谋杀及毁骂祖父母父母、妻妾杀夫、奴婢杀主、谋故杀人、蛊毒、魇魅、毒药杀人、强盗不赦。"这里增加了谋叛、毁骂祖父母父母、谋故杀人、蛊毒、魇魅、毒药杀人、强盗等7条。"宣德帝登基不久，他就面临对他权威的一次严重挑战。他的叔父、当时的汉王朱高煦设法通过武装叛乱来推翻他。"④ 宣德帝登基之时，已经感觉到叔父的威胁，将"谋叛"纳入不赦，也是意有所指。同样以儒家自居的宣德帝，也不能够容忍毁骂祖父母父母及蛊毒、魇魅、毒药杀人等恶劣行为，但也没有将"奸党"列入，体现了其继承乃父洪熙宽仁治国的倾向。

正统帝《即位诏》赦款："谋反大逆、子孙谋杀祖父母父母、妻妾杀

① 《明太宗实录》卷10上，洪武三十五年秋七月壬午朔条。
② 《明仁宗实录》卷1上，永乐二十二年八月丁巳条。
③ ［美］牟复礼、［英］崔瑞德编：《剑桥中国明代史》，张书生等译，中国社会科学出版社1992年版，第313页。
④ ［美］牟复礼、［英］崔瑞德编：《剑桥中国明代史》，张书生等译，中国社会科学出版社1992年版，第318页。

夫、奴婢杀主、谋故杀人、蛊毒、魇魅、毒药杀人、强盗、人命不赦。"①
这里除去谋叛、毁骂祖父母父母，增加了人命，也没有涉及"奸党"。正
统帝是 8 岁登基，当时是"三杨"辅政，与张太皇太后共同辅佐皇帝，而
且尚在盛世，对于人命案件予以重视，也是在情理之中。

景泰帝《即位诏》赦款："谋反大逆首恶、子孙谋杀祖父母父母、妻
妾杀夫、奴婢杀主、谋故杀人、强盗、奸臣党类不赦。"② 这里强调了谋反
大逆的"首恶"，增加了"奸臣党类"。这是因为乃兄被瓦剌俘虏，与宦官
王振专权有关，奸臣党类不赦，则意味着要清算王振宦党，而且事实上清
算已经开始。

天顺帝《复辟诏》赦款："谋反大逆、子孙谋杀祖父母父母、妻妾杀
夫、奴婢杀主、杀一家非死罪三人、蛊毒、魇魅、采生拆割人、谋杀故
杀、强盗不宥。"这里增加了杀一家非死罪三人，此罪在《大明律·刑
律·人命·杀一家三人》条规定："凡杀一家非死罪三人，及支解人者，
凌迟处死。"③ 本来就是重罪，增加则是维护法律的尊严。这里没有将"奸
党"列入，已经寓意要为王振翻案。天顺元年（1457 年），承天门发生火
灾时下《罪己诏》赦款："谋反大逆、子孙谋杀祖父母父母、妻妾杀夫、
奴婢杀主、蛊毒、魇魅、采生折割、谋故杀人，及奸党已行榜示者不赦。"
此处增加"采生折割"，按《大明律·刑律·人命·采生折割人》条规定：
"凡采生折割人者，凌迟处死，财产断付死者之家，妻子及同居家口，虽
不知情，并流二千里安置。"④ 这乃是凌迟处死的重罪，增加当毫无疑义。
问题是"奸党已行榜示者"，这时正在清算景泰帝臣僚，于谦等大臣被列
入"奸党"，并且榜示全国，当然不能够赦免。天顺五年（1461 年），以
平反贼曹吉祥、曹钦等大赦天下的赦款："谋反大逆、真犯死罪不宥"⑤，
则是按照常赦不原的规定，而将真犯死罪全部纳入，按照《大明律》规
定，真犯死罪凌迟及决不待时共有 60 条，可见这种特别时期的大赦，并不

---

① 《明英宗实录》卷 1，宣德十年春正月壬午条。
② 《废帝附录》卷 1，正统十四年九月癸未条。
③ 怀效锋点校：《大明律》，法律出版社 1998 年版，第 417 页。
④ 怀效锋点校：《大明律》，法律出版社 1998 年版，第 152 页。
⑤ 《明英宗实录》卷 330，天顺五年秋七月庚戌条。

是全面大赦。奸党罪属于真犯死罪而不赦。

成化帝《即位诏》赦款："谋反叛逆、子孙谋杀祖父母父母、妻妾杀夫、奴婢杀主、谋故杀人、蛊毒、魇魅、毒药杀人、强盗不赦。"① 这表面看是按照一般惯例的赦款，没有什么明确的指向，但没有将"奸党"纳入其中，已经为平反于谦党留下了指导原则。

弘治帝《即位诏》赦款："谋反叛逆、子孙谋杀祖父母父母、妻妾杀夫、奴婢杀主、谋杀故杀、蛊毒、魇魅杀人。并强盗、党恶、失机不赦。"② 这里的党恶显然是针对成化时期的传奉弊政，意指宦官梁芳之党，而"失机"乃是当时正在多事之秋，军队腐败已经非常突出，对于军官失去战机而导致损兵折将者，不在赦免之列。

正德帝《即位诏》赦款，除了因循此前不赦罪名之外，增加了：采生折割、杀一家非死罪三人、斗殴杀人、十恶至死者，以及事干边方夷情等5项，没有"党恶"的名目③。正德五年（1510 年），因安化王叛乱而下《罪己诏》赦款，增加人命 1 项，而没有采生折割、杀一家非死罪三人、斗殴杀人及"党恶"之项④。此时正是刘瑾专权，而安化王叛乱就算打着清除刘瑾的旗号，所以不可能承认有"党恶"的问题，刘瑾也借此避开奸党嫌疑。

嘉靖帝《即位诏》赦款，除了继承前朝不赦的罪名之外，增加了"强盗、妖言、奸党、失机，并事干边方夷情"等项⑤，可见在正德末年，这些问题已经非常突出，特别是"奸党"纳入不赦，这为彻底清算正德时期的佞幸集团设定了基调。嘉靖十二年（1533 年），因生皇子而大赦天下，不赦罪名与《即位诏》相同外，还增加了"大礼大狱至恶情重者"⑥，则可见嘉靖帝此时还对大礼议耿耿于怀。嘉靖十五年（1536 年），因生皇子而大赦天下，虽然没有讲大礼大狱，但"充军人犯不赦"⑦，还是没有饶过

---

① 《明宪宗实录》卷 1，天顺八年正月乙亥条。
② 《明孝宗实录》卷 2，成化二十三年九月壬寅条。
③ 《明武宗实录》卷 1，弘治十八年五月壬寅条。
④ 《明武宗实录》卷 62，正德五年夏四月辛亥条。
⑤ 《明世宗实录》卷 1，正德十六年四月壬寅条。
⑥ 《明世宗实录》卷 1，正德十六年四月壬寅条。
⑦ 《明世宗实录》卷 193，嘉靖十五年十一月戊午条。

大礼议被惩处的官员。同年，因上两宫徽号而大赦天下，不赦罪名没有大礼议①，似乎有赦免大礼议官员之意，所以吏部推荐因大礼议被贬的官员起复，计有原兵部左侍郎陈洪谟等 18 人，嘉靖帝却作出了"姑从宽宥，回籍为民，不许叙用"②。正因为如此，在嘉靖十七年（1538 年），因大祀圜丘礼成而大赦天下时，又提到"大礼大狱首重者不赦"③。嘉靖十八年（1539 年），因册立皇子而大赦天下，依然提到"大礼大狱首重者不赦"④。嘉靖二十四年（1545 年）以太庙成大赦天下，"事干边方夷情，及充军人犯不赦"⑤。这里依然没有放过大礼议得罪之人，因为大礼议被充军的人很多。值得注意的是，嘉靖时期所有的大赦都将"奸党"纳入不赦之罪，也可见此时对于朝廷官员结党的重视。嘉靖帝一直权柄自操，但"分享特殊利益的官员们能够把皇帝的政策引向他们自己的目的，而不顾皇帝的愿望"⑥。嘉靖年间的首辅之争，"奸党"罪名成为他们争胜的重要依据。

隆庆帝《即位诏》赦款所增加的诈传诏旨、交结近侍、通夷，"及侵盗边海腹里仓库漕运钱粮，并贪酷枉法、逆党、左道扇惑人民为从、营干钻刺、指称诓骗、潜住京师窥探为奸者俱不赦"⑦。这从侧面反映嘉靖后期的各种政治与社会现象，这些罪已经严重地威胁到朝廷的统治秩序。不赦罪名有"逆党"之称，既可以加于反抗朝廷叛乱，亦可以加于朝臣结党，特别是强调"为从"，将从犯也纳入不赦之中，再突出交结近侍，细化对近侍官员结党的防控。隆庆二年（1568 年），以册立太子而大赦天下的不赦罪名，将"失机"列于十恶之下，增加侵欺钱粮⑧。这里没有提"奸党"罪名，乃是首辅专权，而隆庆帝"因为他从未作出任何重要的政治决

---

① 《明世宗实录》卷 195，嘉靖十五年闰十二月癸亥条。

② 《明世宗实录》卷 195，嘉靖十五年闰十二月庚辰条。

③ 《明世宗实录》卷 218，嘉靖十七年十一月辛卯条。

④ 《明世宗实录》卷 221，嘉靖十八年二月辛丑条。

⑤ 《明世宗实录》卷 301，嘉靖二十四年七月壬戌条。

⑥ ［美］牟复礼、［英］崔瑞德编：《剑桥中国明代史》，张书生等译，中国社会科学院出版社 1992 年版，第 552 页。

⑦ 《明穆宗实录》卷 1，嘉靖四十五年十二月壬子条。

⑧ 《明穆宗实录》卷 18，隆庆二年三月辛酉条。

断"①。在皇帝不关心国政的情况下，首辅之争虽然进入白热化，各自都力图通过结党扩大政治势力，取得优势地位，但还没到公开撕破脸的地步，没有将"奸党"列入不赦之罪，也在情理之中，体现了结党党争已公开化、常态化。

万历帝《即位诏》不赦罪名，增加喇唬凶徒积年聚众、投充投献拨置、教唆诈冒诬执良民、威逼一家二命、略诱略卖、挟制骗害等罪名②，则可见当时社会的动荡局势，而此时辅政的张居正，在张太皇太后的支持下，在内与宦官冯保相结合，实际上掌控皇帝应该拥有的权力，将这些罪名纳入不赦，也为其主持的改革张本。万历十年（1582 年），以皇子生大赦天下的不赦罪名，将妖言、奸党、永远充军人犯纳入不赦范围③，而此时的张居正如日中天，打击与排斥异己，"张可以见到厂卫的报告；当他需要时，他随时可以利用只属于皇帝的惩罚权力"④。因此将"妖言、奸党"列入不赦，而永远充军人犯也主要是指被他贬斥的官员。万历二十五年（1597 年），以皇极殿失火下《罪己诏》，不赦之罪增加了诈传诏旨、交结近侍、侵盗服御边腹仓库漕运没官钱粮、贪赃枉法、逆党、左道、营干钻刺、指称诓骗、潜住京师窥探为奸者等多种罪名，特别指出"若奉钦依的，还奏请定夺"⑤。也就是说，在清算张居正过程中，受到牵连的官员，即便是可以赦免，也要"奏请定夺"，特别是将"诈传诏旨、交结近侍"罪名纳入不赦，这也与张居正与冯保勾结的罪名有关。万历二十九年（1601 年），以册立皇子而大赦天下的不赦罪名，虽然没有将诈传诏旨、交结近侍列入，但增加了"钦依罪犯，及永远充军不赦"⑥，这里连以前的奏请定夺都省略了。万历三十三年（1605 年）以皇长孙生而大赦天下的不赦

① ［美］牟复礼、［英］崔瑞德编：《剑桥中国明代史》，张书生等译，中国社会科学院出版社 1992 年版，第 556 页。
② 《明神宗实录》卷 2，隆庆六年六月甲子条。
③ 《明神宗实录》卷 128，万历十年九月辛酉条。
④ ［美］牟复礼、［英］崔瑞德编：《剑桥中国明代史》，张书生等译，中国社会科学院出版社 1992 年版，第 566 页。
⑤ 《明神宗实录》卷 312，万历二十五年七月丁酉条。
⑥ 《明神宗实录》卷 364，万历二十九年十月己卯条。

罪名与前相同，依然重申"永远充军并钦依人犯不赦"①。可见，张居正死后，一直未得到万历的原谅，而万历帝的这种做法，实际上激化了党争。特别是重用清算张居正的官僚，进一步恶化了派系攻伐。"万历皇帝试图把几个大学士引为心腹，但没有成功。更糟的是，他这样做在其他官僚眼中玷污了他们，其他官僚怀疑他们与皇帝共谋，反对他们的愿望。"② 这样的做法，实际上促成朝廷朋党之争，此后的齐、浙、楚党争及此时出现的东林党，将明代朋党之争引向高潮。

泰昌帝《即位诏》不赦罪名，将诈传诏旨、交结近侍纳入③，已经反映齐、浙、楚党争的激烈程度，但泰昌帝即位一个月就死了，大赦条款也没有来得及落实。天启帝《即位诏》不赦罪名有妖言、奸党④，而此时乃是三案并发，妖言、交结近侍、奸党罪已成为办理三案的原则。天启三年（1623 年），以皇子诞生而大赦天下，不赦罪名，增加假印、假官、事干封疆违禁通夷、诈为诸衙门文书等罪名，妖言、奸党依然在内⑤。天启五年（1625 年），以皇子诞生而大赦天下不赦罪名，增加侵盗军饷。其余相同⑥。天启年间大赦天下不赦罪名，都没有将诈传诏旨、交结近侍纳入，乃是魏忠贤专权。开始朝中各派还与魏忠贤有一些冲突，当魏忠贤以司礼监太监兼东厂太监以后，有了"司法和惩罚权力，他利用这种权力打击他的敌人，这被看成是晚明历史上的一个重要的转折点"⑦。不罪条款没有交结近侍，只有"奸党"，也为阉党残酷打击东林党，提供了法律依据。自此以后，明王朝灭亡大局已定，而魏忠贤留给崇祯帝的党争遗产，成为王朝灭亡主要原因之一。

① 《明神宗实录》卷 416，万历三十三年十二月乙卯条。
② ［美］牟复礼、［英］崔瑞德编：《剑桥中国明代史》，张书生等译，中国社会科学院出版社 1992 年版，第 574 页。
③ 《明光宗实录》卷 3，泰昌元年八月丙午朔条。
④ 《明熹宗实录》卷 1，泰昌元年十月庚辰条。
⑤ 《明熹宗实录》卷 40，天启三年闰十月壬寅条。
⑥ 《明熹宗实录》卷 64，天启五年十月庚子条。
⑦ ［美］牟复礼、［英］崔瑞德编：《剑桥中国明代史》，张书生等译，中国社会科学院出版社 1992 年版，第 656 页。

第二节　交结近侍律

在君主专制制度下，君主是权力的中轴，生杀荣辱、升谪贬抑尽操其手。君主拥有至高无上的权力，支配着臣民的生死荣辱，享有天下的财富和最高的殊荣，使得许多人艳羡和千方百计地谋取其位而广生觊觎之心，也使争位和保位成为统治阶级内部冲突的焦点。"从历史发展来看，这些政治势力主要是来自君主的血亲、姻亲、高级官僚和近幸宦官等。"① 接近君主的宦官、近臣、侍从，轻则是官僚巴结阿附的对象，重则窃取君权，取而代之。韩非子认为君主要谨防八奸之害，其中在旁的是"优笑侏儒，左右近习。此人主未命而唯唯，未使而诺诺，先意承旨，观貌察色，以先主心者也。此皆俱进俱退，皆应皆对，一辞同轨，以移主心者也。为人臣者，内事比以金玉玩好，外为之行不法，使之化其主"（《韩非子·八奸第九》）。在君主身边的内官及近侍因靠近权力中心，成为诸衙门官吏争相巴结的对象，巴结的意愿外化为互相交结的行为，交结的目的是获取宫省信息，赢得君主信任，实现夤缘作弊而符同启奏，结党朋比而背君行私。

一、律义解释

交结近侍律严防"内外交通，泄露事情，乘机迎合"②，"倚托牵引之谓"的犯罪③。律文的衙门官吏这一犯罪主体范围非常广泛，内官人数众多且遍布全国，近侍的概念含混不清。由于律文本身有极强的弹性和模糊性，现实中官僚机构的正常分工交往，也可因皇权意志而入罪，加之朝政的败坏，极可能沦为党争中打击异己的工具。

（一）核心概念

核心概念，是律文中所涉及的各类人等（犯罪主体），以及具体行为

---

① 柏桦：《宫省智道》，中国社会出版社 2012 年版，第 100 页。
② （清）沈之奇撰：《大清律辑注》，怀效锋、李俊点校，法律出版社 2000 年版，第 157 页。
③ （明）张楷：《律条疏议》，载杨一凡等编：《中国律学文献第一辑》第二册，黑龙江人民出版社 2004 年版，第 291 页。

规范，是理解此罪定罪的关键所在。

1. 衙门官吏

"官"指在朝廷各机构担任职务、有严格品秩等级的人员，享受国家俸禄，"吏"则是行政辅助人员，所谓"官主行政，吏主事务"①。衙门是官府机构的总体称呼，官吏则涵盖了在官府衙门办事的官和吏。士庶人如果没有进入官府衙门，从律条字面义看，就应将其排除在外。当然曾经在官府衙门工作过，因闲住、致仕等原因而保留官、吏身份的人，则仍属于官府衙门官吏的范畴。天启三年（1623 年），仅仅是生员，而号山人的庄士元，"坐交结内官及近侍人员律论死，奉旨依拟"②。可见在具体适用过程中，并不仅仅限于衙门官吏的概念范围，但有"交结"的行为，即可定罪。"衙门官吏"范围极广，"皇亲国戚"虽然不属于律文的衙门官吏范围，但交通攀附皇亲的官吏，也可以按"交结"定罪③。

皇亲近亲属不属于衙门官吏。皇帝的亲属范围极大，古制中的五服图按父系家族为宗，死为服丧，直系亲属和旁系亲属按斩衰、齐衰、大功、小功、缌麻依次递减，亲者服重，疏者服轻，可以较为概要地呈现皇亲的范围。按当今的亲属分类，皇帝的近亲属有皇帝父母、子女、配偶。皇帝后妃、直系血亲的（王、公主等），不适用本律，即使有本律文的行为，也不按律条论罪，而以申斥及贬爵加之。《皇明祖训·法律》云："凡亲王有过重者，虽有大罪，亦不加刑；重则降为庶人，轻则当因来朝面谕其

---

① 吴晗：《朱元璋传》，三联书店 1949 年版，第 147 页。

② 《明熹宗实录》卷 37，天启三年八月己未朔条。

③ 朱元璋训示诸王不许延揽交结奔竞佞巧知谋之士，"如有此等之人，王虽容之，朝廷必正之以法。然不可使王惊疑。或有知谋之士，献于朝廷，勿留"（张德信、毛佩琦主编：《洪武御制全书》，黄山书社 1995 年版，第 374 页）。明代对类似阿党、附益、左官、交通皇亲的臣僚，除了按律反大逆定罪，实行"但共谋者，不分首从，皆凌迟处死"外，还增设了奸党罪予以惩罚。明代奸党特指奸臣、官僚结党，并不涵括未担任朝廷职官的皇亲国戚，但勾结、阿附诸侯王的朝臣，是可以定奸党罪的。正德十五年，宸濠谋反，（吏部尚书）陆完素与濠通，其得略尤厚，故濠所奏请无不行，所求必获，所恶必斥，虐焰日张，人莫敢言，中外朋比，养成乱阶。濠既擒，太监张永至江西搜阅簿籍，得完平日交通事，奏之。陆完屡下廷臣谳，祈哀不已，乃比依交结朋党，紊乱朝政律，以请诏宥完死，谪戍福建靖海卫，妻、子得释（《明武宗实录》卷 193，正德十五年十一月庚申条）。此案依据《皇明祖训》凡王国内并不许延揽交结的训诫，陆完被比依奸党律定罪。《明史》评论此案"赞曰："陆完交结之罪浮于首功，得从八议，有侥罚焉"（参见（清）张廷玉等：《明史》卷 187《陆完等传赞》，中华书局 1974 年版，第 4969 页）。史论家认为陆完应按谋反定罪，奸党律定罪有侥罚，但此案也证明了交结诸侯王的臣僚可定为奸党。

非。或遣官谕以祸福，使之自新。""皇亲国戚有犯，在嗣君自决。除谋逆不赦外，其余所犯，轻者与在京诸亲会议，重者与在外诸王及在京诸亲会议，皆取自上裁。"① 这即明确了不将皇亲国戚纳入奸党罪名调控范围，重则谋逆不赦，轻则上裁。就皇子看，朱元璋在《皇明祖训》中告诫诸王"凡古王侯，妄窥大位者，无不自取灭亡，或连及朝廷俱废。盖王与天子，本是至亲；或因自不守分，或因奸人异谋，自家不和，外人窥觎，英雄乘此得志，所以倾朝廷而累身己也。若朝廷之失，固有此祸；若王之失，亦有此祸。当各守祖宗成法，勿失亲亲之义"②。告诫诸王谨记亲亲之义，不许妄窥大位，否则罹于谋反大逆之罪。

皇帝姻亲不属于衙门官吏。皇帝外戚属于姻亲亲属，但依附皇权，名列高位。"婚姻之道，男女之别，实有国有家者之所慎也"。"若娉纳以德，防闲以礼，大义正于宫闱，王化行于邦国，则坤仪式固，而鼎命惟永矣。至于邪僻既进，法度莫修，冶容迷其主心，私谒蠹其朝政，则风化凌替，而宗社不守矣。"③ 鉴于历史上的后妃专权、外戚干政，朱元璋对此严加防范，认为："制之有道，贵贱有体，恩不掩义，女宠之祸何自而生！不牵私爱，苟犯政典，裁以至公，外戚之祸何由而作。"④ 史称："明太祖立国，家法严。史臣称后妃居宫中，不预一发之政，外戚循理谨度，无敢恃宠以病民，汉、唐以来所不及。"⑤ 即便如此，也曾经出现女主主政、外戚牟利，只不过达不到专权干政而已。如果外戚有"交结"的行为，也可以按照"交结"定罪⑥。

2. 内官

律学家对内官的解释很模糊，可分为两种：一种是范围扩大化解释，

① 张德信、毛佩琦主编：《洪武御制全书》，黄山书社1995年版，第389页。
② 张德信、毛佩琦主编：《洪武御制全书》，黄山书社1995年版，第366页。
③ （唐）令狐德棻等：《周书》卷9《皇后传序》，中华书局1971年版，第141—142页。
④ （清）谷应泰：《明史纪事本末》，中华书局1977年版，第214页。
⑤ （清）张廷玉等：《明史》卷300《外戚传序》，中华书局1974年版，第7659页。
⑥ 崇祯四年十一月，崇祯帝田贵妃（田秀英）之父田弘遇，"以内官金捷往来，即无漏泄，符同情弊，亦涉于交结之条"，受到交结近侍律的轻微惩治，被镌秩六级。崇祯二年三月钦定魏忠贤案，到田弘遇案发的时间间隔较短，应是崇祯帝对交结宦官为祸巨大的一种过激反应。参见《崇祯长编》卷52，崇祯四年十一月辛巳条。

认为"内官即阉宦"①,"各监内臣是也"②。另一种则限缩解释,认为"指各监内臣有名位者"③,"内官是有职名者,内使不在内"④。按照《汉语大词典》,内官有 5 种解释:(1)指国君左右的亲近臣僚;(2)宫中的女官属;(3)宦官,太监;(4)内朝官,对"外朝官"而言;(5)对地方官而言指在朝廷任职的官员⑤。从朱元璋立法的本意看,应是强调对宦官的监控,内官指明代宦官十二监、四司、八局,共计二十四衙门的宦官。因触犯交结近侍律的宦官,常是有一定身份地位,有名位、有职名者,所以律学家作了限缩解释。又因皇帝信任的转移和飘忽不定,无名位职名的宦官也同样可能掌握机密,与外臣串通作弊,或者依附有名位职名的宦官形成从犯,所以将内官解释为宦官,是比较合理的。国君亲近的臣僚、内阁、京官虽可称内官,但依据律文内官与近侍并列的立法安排,应解释为近侍,而非本律内官的范畴。

宦官依附皇权窃弄权柄,是为祸政治的重要势力,朝臣勾结宦官谋利,则助长宦官权势,恶化政治生态。汉唐宦官之祸尤甚,竟有擅自废立皇帝者。朱元璋鉴于历史上的宦官专权,严禁宦官干预政事,敕诸司不得与内官监文移往来,认为:"此曹止可供洒扫,给使令,非别有委任,毋令过多。""此曹善者千百中不一二,恶者常千百。若用为耳目,即耳目蔽;用为心腹,即心腹病。驭之之道,在使之畏法,不可使有功。畏法则检束,有功则骄恣。"⑥ 在谨防宦官的心态下,交结宦官之禁被纳入奸党罪名的律文之中。朱元璋严禁宦官干预政事,却让宦官办理一些政务,又给宦官弄权打下基础。如早在即位之时,朱元璋就派宦官前往徐达等将领之处监军、慰劳,宦官汇报诸将所作所为,朱元璋所发敕书,也毫不隐讳。此后不断派宦官出使外国及办理各项事务。如湖广行省参知政事戴德以疾

---

① (明)应槚:《大明律释义》,载杨一凡等编:《中国律学文献》第 2 辑第 1 册,黑龙江人民出版社 2005 年版,第 352 页。

② (明)雷梦麟撰:《读律琐言》,怀效锋、李俊点校,法律出版社 2000 年版,第 91 页。

③ (明)姚思仁:《大明律附例注解》,北京大学出版社 1993 年影印本,第 279 页。

④ (明)王肯堂原释,(清)顾鼎重编:《王仪部先生笺释》,载杨一凡等编:《中国律学文献》第 2 辑第 3 册,黑龙江人民出版社 2005 年版,第 320 页。

⑤ 参见罗竹风主编:《汉语大词典》第 1 册,汉语大词典出版社 1988 年版,第 1005 页。

⑥ (清)张廷玉等:《明史》卷 74《职官志三》,中华书局 1974 年版,第 1826 页。

卒于京师，朱元璋"遣内使及礼部主事护丧，给明器，还葬盱眙，祭以少牢，仍以布、米给其家"①；"置四川纳溪、白渡二盐马司，以常选官为司令，内使为司丞"②；"遣内使赵成往河州市马"③；"遣内臣赍敕谕乌蒙、乌撒诸酋长"④；"内官梁珉以货币往琉球易马，还得马九百八十三匹"⑤；"遣尚膳太监而聂、司礼太监庆童赍敕往谕陕西河州等卫所属番族，令其输马，以茶给之"⑥。凡此都为其后君主使用宦官办理各种事务提供了"祖制"，在宦官四出及镇守地方的情况下，交结内侍的范围也扩大到各个地方。

3. 近侍

"近侍"谓对帝王亲近侍奉，指亲近帝王的侍从之人。律学家和明会典解释近侍为：（1）"皆朝夕随从近御之人"⑦。（2）六科、尚宝等官并仪鸾司官校人等是也⑧。（3）"内阁、六科、尚宝司等官及锦衣卫指挥千百户并仪銮司官校人等"⑨。（4）"谓六科、尚宝司及锦衣卫、鸿胪寺等衙门之类。人员谓给事中、尚宝司卿丞、锦衣卫指挥千百户及吏典校尉之属"⑩。（5）"近侍人员谓内阁、六科官、尚宝寺卿丞、锦衣卫指挥千百户及吏典校尉之属，皆能先知朝政者"⑪。（6）"近侍人员谓给事中、尚宝等官，銮仪卫官校之类，如内阁经筵等亲近之臣皆是"⑫。（7）"凡通政司、

① 《明太祖实录》卷61，洪武四年二月壬戌条。

② 《明太祖实录》卷71，洪武五年春正月丙子条。

③ 《明太祖实录》卷100，洪武八年五月戊辰条。

④ 《明太祖实录》卷140，洪武十四年十二月辛未条。

⑤ 《明太祖实录》卷156，洪武十六年八月己未条。

⑥ 《明太祖实录》卷217，洪武二十五年三月己丑条。

⑦ （清）沈之奇撰：《大清律辑注》，怀效锋、李俊点校法律出版社2000年版，第157页。

⑧ （明）雷梦麟撰：《读律琐言》，怀效锋、李俊点校，法律出版社2000年版，第91页。

⑨ （明）姚思仁：《大明律附例注解》，北京大学出版社1993年影印本，第279页。

⑩ （明）张楷：《律条疏议》，载杨一凡等编：《中国律学文献》第1辑第2册，黑龙江人民出版社2004年版，第291页。

⑪ （明）应槚：《大明律释义》，载杨一凡等编：《中国律学文献》第2辑第1册，黑龙江人民出版社2005年版，第352页。

⑫ （明）王肯堂原释，（清）顾鼎重编：《王仪部先生笺释》，载杨一凡等编：《中国律学文献》第2辑第3册，黑龙江人民出版社2005年版，第320页。

光禄寺、翰林院、尚宝司、给事中、中书舍人、东宫官，俱系近侍官员"①。（8）内翰林院编修、检讨、六科给事中、中书舍人、监察御史俱近侍②。

"近侍"与皇帝亲近，是近御之人，能先知朝政的亲近之臣。立基宫省这一制度基础，结合"近"的相关释义，可更深入地理解明代的交结近侍官员律。根据《汉语大词典》的解释，"近"有距离小、历时短、接近、靠近、亲近、亲密、受宠幸、帝王亲近的人等意。近组成中性词如"近身"跟随、靠近身边，紧挨身体，贴身接近某人；"近人"指接触较多、关系密切的人；"近上"是接近君上，接近上层，等级高；"近位"指接近皇帝的大臣；"近署"是与帝王接触密切的官署；"近官"因其接近帝王，为帝王所亲近，故称朝官；"近臣"指君主左右亲近之臣；"近班"指近臣的行列；"近要"指接近皇帝的重要官职或官员；"近信"是亲近信任；"近密"指接近帝王的官职；"近御"指帝王的亲近侍从；"近狎"指狎近帝王的侍臣；"近卫"是君主的近身侍卫人员；贬义词如"近昵"，指帝王所亲近狎昵的人；"近习"指君主宠爱亲信的人；"近幸"指，受到帝王近倖、宠爱的人；"近珰"指皇帝宠信的太监；"近爱"指帝王所亲近宠爱；褒义词如"近弼"指接近帝王的辅弼之臣；"近辅"犹近畿，指近臣③。

"近侍"所涉及的具体职官部门和人员解释不一，涵括有翰林院（内阁）、六科、尚宝司、锦衣卫指挥千百户、仪鸾司（鸾仪卫）官校人、鸿胪寺、通政司、光禄寺、中书舍人、东宫官、监察御史等。近侍人员的范围实难界定，只要是亲近、侍奉帝王的侍从之人，都可称为近侍。以至于清代，"原律小注有：如给事中尚宝等官，奉御使仪鸾司官校之类。雍正三年（1725 年）以近侍之中，难以指定名色，因将此数语删去"④。皇帝以删去具体解释的方式，给出了不作解释的"权威的解释"。由此可知律

---

① 杨一凡、田涛主编：《中国珍稀法律典籍续编·诸司职掌》第 3 册，黑龙江人民出版社 2002 年版，150 页。

② （明）申时行等：《明会典》，中华书局 1989 年版，第 807 页。

③ 参见罗竹风主编：《汉语大词典》第 10 册，汉语大词典出版社 1992 年版，第 730—739 页。

④ （清）薛允升：《唐明清三律汇编》，载田涛、马志冰点校：《中国珍稀法律典籍续编》第 8 册，黑龙江人民出版社 2002 年版，第 620 页。

文的概念存在模糊性和扩展性，不能精确界定，为皇帝临时裁决留下了自由空间。

4. 交结

根据《汉语大词典》，"交"有（1）两者相接触；（2）错杂，交错；（3）指交叉；（4）结交，交往；（5）指朋友；（6）逢，遇；（7）谓一方授予，另方受取；（8）交换；（9）指前后交替之际或上下左右连接之处；（10）互相；（11）犹近等义。"交结"指（1）往来交际，使彼此关系密切；（2）指勾结；（3）互相连接。

交组成的词亦可分为褒义、中性、贬义三类。褒义词如交友、交好、交知、交泰、交善、交礼；中性词如交互、交往、交涉、交接、交情、交游、交会、交际、交错、交亲；贬义词如交争、交利、交私、交轧、交忿、交戾、交怨、交援、交媟、交构、交煽、交缔、交谒、交潜、交谲、交关、交党、交竞。① 律条中的"交结"应指勾结营私，交援结党。然而，在犬牙交错的官僚机构中，同僚互相交往实属必然。"宦官就像蚂蚁一样，爬满了从中央宫廷到地方各重要机构的大大小小山头。"② 在这种情况下，大小官员与内官的交往不得不然。"今之大臣，其未进也，非夤缘内臣则不得进；其既进也，非依凭内臣则不得安。"③ 在以皇权为中心的体制中，攀援近侍势所必然。大小官员面临着不得不交结内官和近侍的尴尬和隐藏的风险。

按照明代政治体制，内侍与宰执大臣没有直接政务往来关系，无论是内侍还是宰执，只要进行交往，即是非正常的关系，便可目为"交结"。这种理论的设定，在王朝实际政治体制运行过程中，不但容易产生误解，还会陷入难以解脱的困境。因为"今天无意中的一言一语，一举一动，将来都可以拿来当作犯罪的证据。就算他们谨慎小心，缄口不言，也可能日后被视为附逆，未必一定能明哲保身"④。君主专制政体很容易导致宦官干政，君主对现行官僚机构的猜疑和不信任，不但使宦官进入政治领域，而

① 参见罗竹风主编：《汉语大词典》第2册，汉语大词典出版社1988年版，第327—347页。
② 杜婉言：《失衡的天平：明代宦官与党争》，台北万卷楼图书有限公司1999年版，第36页。
③ （清）张廷玉等：《明史》卷180《李俊传》，中华书局1974年版，第4779页。
④ 黄仁宇：《万历十五年》，生活·读书·新知三联书店1997年版，第97页。

且改变正常的政治运行机制，于是正常的交结与非正常的交结的界限模糊，"交结"随时可以变为打击异己的工具。

5. 泄露

泄露宫省禁中信息，类似当今的漏泄、刺探、窃取国家机密。君主宫省制度，不仅重视宫省的护卫①，也重视宫省信息的安全。"武王不泄迩，不忘远"（《孟子·离娄章句下》），可知宫省信息安全问题，很早就引起关注。泄露省中语、刺探尚书事是西汉时已有的罪名，罪至处死。"漏泄省中及尚书事者，机事不密，则害成也。师古曰：'《易》上系之辞曰：君不密则失臣，臣不密则失身，机事不密则害成，故引之。'"②

臣不密则失身，指"刺探尚书事"罪，属于外朝行政事务信息安全的防范。在唐律和明律中都有规定。《唐律疏议·职制·漏泄大事》规定："诸漏泄大事应密者，绞。非大事应密者，徒一年半。"③《大明律·吏律·公式·漏泄军情大事》规定："若近侍官员漏泄机密重事于人者，斩；常事，杖一百，罢职不叙。琐言曰：若近侍官员漏泄机密重事于外者，斩；常事，杖一百，罢职不叙。盖近侍官员，亲近朝廷，一切机事，皆得与闻，尤当谨慎，凡外人之得漏泄其事者，多自近侍官员始也。"④

君不密则失臣。对宫省信息安全防护的"漏泄省中语，本汉律"⑤，在后世一直沿用，明代交结近侍官员律，不仅承继了汉代的泄露省中语罪，

---

① 在统治者眼中，宫省护卫甚至是比职官制度更为重要。《唐律疏议·职制》议曰：言职司法制，备在此篇。宫卫了，设官为次，故在《卫禁》之下。在宫省护卫上，《唐律疏议·卫禁》议曰：卫者，言警卫之法；禁者，以关禁为名。但敬上防非，於事尤重，故次《名例》之下，居诸篇之首。谋毁宫阙被列为十恶之谋大逆，直接关乎宫省禁卫的律文，《唐律》中有27条：阑入宫殿门上卜、阑入逾阃为限、宫殿门无籍冒名人、宿卫冒名相代、因事入宫辄宿、未著籍入宫殿、宫殿作罢不出、登高临宫中、宿卫人被奏劾不收仗、应出宫殿辄留、阑入非御在所、已配仗卫辄回改、奉敕夜开宫殿门、夜禁宫殿出入、向宫殿射、车驾行动队仗、宿卫上番不到、宿卫兵仗远身、行宫营门、宫内外行夜不觉犯法、犯庙社禁苑罪名、冒名守卫、越州镇戍城垣、贼盗：盗御宝及乘舆服御物、盗符节门钥；诈伪：伪造御宝、伪写符节；《大明律》中有16条：宫殿门擅入、宿卫守卫人私自代替、从驾稽违、直行御道、内府工作人匠替役、宫殿造作罢不出、辄出入官殿门、关防内使出入、向宫殿射箭、宿卫人兵仗、禁经断入充宿卫、冲突仪仗、行宫营门、越城、门禁锁钥、悬带关防牌面。
② 杨鸿烈：《中国法律发达史》，中国政法大学出版社2009年版，第107、115页。
③ 岳纯之点校：《唐律疏议》，上海古籍出版社2013年版，第160页。
④ （清）雷梦麟撰：《读律琐言》，怀效锋、李俊点校，法律出版社2000年版，第102—103页。
⑤ 程树德：《九朝律考》，中华书局2003年版，第402页。

而且将其纳入奸党罪名的范围，进一步强化了宫省信息安全防护，杜绝内外朝官勾结欺蔽。

（二）行为模式

律学家解释："凡诸衙门官吏，若与互相交结朋党，在内官、近侍人员，因交结而漏泄朝廷事情；在诸衙门官吏，因交结而贪缘作弊，内外交通，符同奏启。""盖因漏泄而启贪缘之端，因贪缘而有欺罔之弊，追究根源皆自交结，始故重禁之。"[①] "此条重在漏泄、贪缘、符同奏启，恶其相结为党，背上行私故也。"[②] "因交结而泄漏事情，因作弊而符同奏启，作两项看。所作贪缘之弊，即符同启奏之事，谓内外相倚也，当一串讲。'而'字转下，其义甚明。"[③]

交结近侍的行为模式为：诸衙门官吏与内官或近侍人员勾结成党，内官或近侍泄漏事情，诸衙门官吏因之而附和、赞同启奏，达到内外相倚欺蔽圣听的目的。律条属于禁止性规范，犯罪主体为特殊主体，且只能是共同犯罪，犯罪主观方面为故意。

（三）出罪事由

律学家解释："若止以亲故往来交游，而无贪缘作弊、漏泄事情、符同奏启者，不用此律。"[④] "亲故往来，（之）人（之）常情。本条所禁，重在漏泄事情，贪缘作弊，扶同奏启。有此者，以罪加之。其亲戚交游，别无欺弊之情者，据律意此不在禁绝之限。"[⑤] 罢闲官吏交结近侍，"此条重在擅入禁门交结，若不入禁门，无交结之情，止引冒度关津律下来京潜住例"[⑥]。

律学家们努力说明的是，衙门官吏与内官、与近侍人员之间，出现褒

①　（清）朱轼：《大清律集解附例》，载《四库未收书辑刊》第 1 辑第 26 册，北京出版社 1997 年版，第 106 页。

②　（明）雷梦麟撰：《读律琐言》，怀效锋、李俊点校，法律出版社 2000 年版，第 91 页。

③　（清）沈之奇撰：《大清律辑注》，怀效锋、李俊点校，法律出版社 2000 年版，第 157 页。

④　（明）雷梦麟撰：《读律琐言》，怀效锋、李俊点校，法律出版社 2000 年版，第 91 页。

⑤　（明）何广《律解辩疑》，载杨一凡点校：《中国珍稀法律典籍续编》第 4 册，黑龙江人民出版社 2002 年版，第 70 页。

⑥　（明）王肯堂原释，（清）顾鼎重编：《王仪部先生笺释》，载杨一凡等编：《中国律学文献》第 2 辑第 3 册，黑龙江人民出版社 2005 年版，第 320 页。

义词如交友、交好、交知、交泰、交善、交礼；中性词如交互、交往、交涉、交接、交情、交游、交会、交际、交错、交亲等都不是犯罪，只有勾结泄露加夤缘作弊、扶同奏启都具备时，才能够定罪，这是对律文作限缩解释，以为只有符合律文规定，出入禁门才算交结。然而，在宦官遍布全国时，交结岂能够都入禁门？刘瑾在自己的私宅，聘请一帮谋士，这些谋士都没有进入禁门，后来定为交结，就不是按律了吗？应该注意，该律的重点在于相互交结，至于漏泄事情、夤缘作弊、符同奏启，则是具体行为的列举，皇帝是不会受律文的列举限制的，律条往往扩张解释为只要交结即是犯罪。

（四）刑罚适用

1. 律定刑罚

就律文看，交结近侍只规定固定的刑罚，不给执法者留下量刑的空间。这与当代刑法一般是给出一个处刑区间，供执法者根据具体犯罪情形裁量使用有极大的不同。

（1）皆斩、妻子流。交结近侍官员"不分首从，皆斩。妻子流二千里安置"①。这"亦奸党一节，但漏泄较紊乱少轻，故止流而安置其妻子，不籍没家产"②。律文的斩是监候，重刑监候奏请，等待朝审慎刑程序复核，由皇帝决定最终适用的刑罚。

（2）杖、充军。"罢闲官吏在京潜住，有擅出入禁门交结的，各门官仔细盘诘，拿送锦衣卫，著实打一百，发烟瘴地面，永远充军。"③ 这是《问刑条例》的规定，条例还限制与王府官员交结，因有《祖训》规定，只能够"参奏处置"。

2. 刑罚变化

古人认为同一犯罪，主观恶性不同，犯罪手段不同、造成的结果不同，应该对应不同的处罚，以体现它们之间社会危害性的细微差异。司法的思念是必须使情节轻重不等的罪犯刑罚有所区别，执法过程注意情节与

---

① （明）雷梦麟撰：《读律琐言》，怀效锋、李俊点校，法律出版社 2000 年版，第 91 页。
② （清）沈之奇撰：《大清律辑注》，怀效锋、李俊点校，法律出版社 2000 年版，第 157 页。
③ （明）雷梦麟撰：《读律琐言》，怀效锋、李俊点校，法律出版社 2000 年版，第 91 页。

刑罚的平衡，使情节轻重之区别，在刑等上体现出来。交结近侍官员律的具体适用，以名例律为指导，综合"情法相平"原则，犯罪恶性不同，就对应着不同的刑等。以现代刑法学的视角看，交结近侍律的惩罚，有刑罚和处分两大类，而且有超越律文规定的宦官"专设"处罚方式，可归纳于表3.4—3.6：

表3.4 交结近侍律刑罚表

刑罚	凌迟（示众）	戴罪还职	戴斩罪读书	永远充军	宥死，谪戍	免死，戍边	宥死，充军	命自尽籍家	真犯死罪秋后处决
出处	大诰	大诰	大诰	条例	案12	案32	案38	案62	明会典

表3.5 交结近侍律处分表

处分	朕闵初任释放宁家	罚俸	宥死释为民	(斥)令致仕	降调	削籍；削夺冠带闲住	输赎为民；革职闲住	夺禄米；镌级
出处	诰	案14	案18	案30	案25	案53	案54	案58

表3.6 交结近侍律宦官处罚表

处罚	调；褫逐其党	降；外宅闲住；南京（新房）闲住；孝陵充净军	南京安置；贬；司香孝陵	姑贷其死；杖；充役
出处	案28	案26、案38	案27、案50	案32

（五）立法目的

"在君主专制制度下，离君主远近，往往成为有无政治权力的关键。"[1] 近侍是皇城宫省内的近臣，是靠近权力中心的重要群体。各色官僚争相阿附援引，以求获得政治庇护。"名誉已隆者，买左右之誉以固宠；宦游未达者，惟梯级之求以进身。"[2] 但内外勾结，又会侵害皇权利益，甚至引发篡夺之祸。"夫宦者无事之时，似乎恭慎，一闻国政，即肆奸欺。将用某人也，必先卖之，以为己功；将行某事也，必先泄之，以张己势。迨趋附

---

① 韦庆远、柏桦编著：《中国政治制度史（第2版）》，中国人民大学出版社2005年版，第159页。

② （元）脱脱等：《宋史》卷407《杜范传》，中华书局1977年版，第12281页。

日众，威权日盛，而祸作矣。此所以不可预闻国政也。内官在帝左右，大臣不识廉耻，多与交结。馈献珍奇，伊优取媚，即以为贤，而朝夕誉之。有方正不阿者，即以为不肖，而朝夕谗谤之，日加浸润，未免致疑。由是称誉者获显，谗谤者被斥。恩出于内侍，怨归于朝廷，此所以不可许其交结也。内外交通，乱所由起。"① 皇帝需要官吏阿附，不许阿附皇帝身旁的内官近侍，而内官近侍恰恰又因是皇权的传达者，甚至代行者，进而导致官僚不得不阿附，看似矛盾，实则合理。

交通近侍之禁，历代都予以严禁，朱元璋在吸取历史经验教训的基础上，将交结近侍纳入奸党罪名，其核心目的即在于防控内外勾结为党，危害皇权稳固。律文所列举的泄漏事情，贪缘作弊，符同启奏等具体行为，都服务于严防近侍与臣僚"互相交结"。"内官、近侍，朝廷先知，外官若有结交内政，必然漏泄。既有漏泄以致贪缘潜与作弊之谋，共陈欺罔之策，似此交通内外，恐不密，以害成。"② 明代律学家认为律文还有让君子保持高尚品格的目的，警示趋附权势的小人。"君子洁身比玉，应知避迹于权门。丈夫浩气如虹，宁皆问津于要路。盖自访于礼义，将独立于风尘。"洁身如玉，避迹权门是君子的品格，持守君子之道的人，不屑于交结掌握权势的内官近侍。小人趋利交结，一旦党魁垮台，将难逃惩治，"倘长松忽仆，更堪怜萝蔓之安依，合由妻孥连坐之刑，用示春秋无将之警"③。律学家赞赏交结近侍官员律的设置，论证了定律的正当合理性。

二、相关法规

（一）大诰

朱元璋颁布的《大诰》有事涉交结近侍的惩处。如韩铎以儒士任吏科给事中，就与同僚及吏部尚书起草行取儒士的见行事例，因为六科属于近侍，且为某些人的利益而"朦胧奏启"，所以"法司以交结近侍律处斩，

---

① （清）张廷玉等：《明史》卷 180《王徽传》，中华书局 1974 年版，第 4768 页。
② （明）张楷：《律条疏议》，载杨一凡等编：《中国律学文献》第 1 辑第 2 册，黑龙江人民出版社 2004 年版，第 291 页。
③ （明）佚名：《新纂四六合律判语》，载杨一凡等编：《中国律学文献》第 1 辑第 4 册，黑龙江人民出版社 2004 年版，第 728—729 页。

妻子流二千里"。朱元璋"闵初任，释放宁家"①。此案发生于洪武十五年（1382 年），也可见"交结近侍官员"律在此时已经是《大明律》的一条，从量刑上看，也与律文相同。该案当事人韩铎，时任给事中，法司以"朦胧奏启"为名定罪，符合"符同启奏"的行为。江浦县知县杨立，因为与给事中有面约，拒绝追征胡党李茂实盐货，朱元璋认为："如此结交近侍，欺罔朝廷"，所以将其"凌迟示众"②，而与之结交的两名给事中被问斩。这里的近侍，依然是给事中，可见科道官在当时已被目为近侍。另外一名县丞，"为进课结交近侍，戴斩罪还职"③，虽然没有讲近侍是何人，但从"进课"来看，应该是户部官员，可见六部也可以认定为近侍。

由地方选拔的官吏，送到京城"掌管亲军文册"，"通同上下，结交近侍，关支月粮，报名赏赐"，有重支、冒支行为，"其罪显然，皆杀身而后已"④。此案杀 57 人。按照朱元璋所说的行为，重支、冒支应该属于"冒支官粮"。按照《大明律·户律·仓库·冒支官粮》规定"凡管军官吏、总旗、小旗冒支军粮入己者，计赃，准窃盗论，免刺"。⑤《大明律·刑律一·贼盗·窃盗》规定"若军人为盗，虽免刺字，三犯一体处绞"⑥。窃盗赃达 120 两，才是绞刑。案件中的犯罪主体"掌管亲军文册"，造册时有欺上瞒下的行为，属于"夤缘作弊"，被认定为交结近侍行为，所以全部处斩。从所斩之人的身份来看，有在京都督府的军吏，也有在外卫所的军吏，所谓的结交近侍，则是指京都督府的军吏，亦可见近侍的范围很广。

（二）皇明祖训

《皇明祖训·内令》有"凡私写文帖于外，写者接者皆斩。知情者同

①　《大诰续编·韩铎等造罪第二十四》，载张德信、毛佩琦主编：《洪武御制全书》，黄山书社 1995 年版，第 808—809 页。

②　《大诰三编·臣民倚法为奸第一》，载张德信、毛佩琦主编：《洪武御制全书》，黄山书社 1995 年版，第 864 页。

③　《大诰三编·进士监生不悛第二》，载张德信、毛佩琦主编：《洪武御制全书》，黄山书社 1995 年版，第 875 页。

④　《大诰续编·重支赏赐第二十七》，载张德信、毛佩琦主编：《洪武御制全书》，黄山书社 1995 年版，第 811—812 页。

⑤　怀效锋点校：《大明律》，法律出版社 1998 年版，第 72 页。

⑥　怀效锋点校：《大明律》，法律出版社 1998 年版，第 141 页。

罪，不知者不坐"①。这条禁令与"交结近侍官员"律有关。在朱元璋严禁宦官与朝臣相通的情况下，私写文帖涉及宫省信息传递和外泄，引起他的重视。如弘治时，内阁大学士刘健奏："上有命令，必传之内侍，内侍传之文书房，文书房传至阁臣等，有陈说亦必宛转如前，达至御前。今圣上若有咨议，乞仍照祖宗旧事，或召臣等面谕，或亲洒宸翰数字封下，或遣太监密传圣意，庶事无漏泄。"② 这里所说的祖宗旧事，就是朱元璋勒定的制度，即"敕内官毋预外事，凡诸司毋与内官监文移往来"。对此朱元璋特别解释："为政必先谨内外之防，绝党比之私，庶得朝廷清明，纪纲振肃"，并且以历史为鉴，说"朕为此禁，所以戒未然耳"③。防患于未然，固然是朱元璋的考虑，但派太监传旨出使，却不能够保证太监不与诸司往来，"今所遣四出者，皆以独任成奸，偏信致乱，手握王章，口衔天宪，摧山裂壑，破家灭门。始犹假虎以怖人，终皆化虎而自恣"④。在倚重宦官的体制下，朱元璋所谓的禁止内官预外事，实际上是不可能实现的。

(三) 问刑条例

明代皇帝在位期间发布的诏令谕旨，往往有"著为例"的表述，则成为条例，但前期几位皇帝在《即位诏》中明令予以废除。弘治年间，因为编纂《大明会典》，将前朝与本朝颁布的条例重新厘定，并于弘治十三年（1500 年）予以颁行，计有 279 条，名曰《问刑条例》，且称"永为常法"。此后除正德年间颁布的条例大部分废除之外，经过皇帝核准的条例不断增多，万历十三年（1585 年）将条例附于《大明律》之后，开创了律例合编的新体例，并被清代继承。

弘治元年（1488 年），在"交结近侍官员"下有罢闲官吏一条。"罢闲官吏在京潜住，有擅出入禁门交结的，各门官仔细盘诘，拿送锦衣卫，

---

① 张德信、毛佩琦主编：《洪武御制全书》，黄山书社 1995 年版，第 391、402 页。
② （明）沈德符：《万历野获编补遗》卷 2《内阁密封之体》，中华书局 1959 年版，第 825 页。
③ 《明太祖实录》卷 163，洪武十七年秋七月丁酉朔条。
④ （明）陈子龙等辑：《明经世文编》卷 435，引沈一贯《遣使论》，中华书局影印本 1962 年版，第 4767 页。

著实打一百，发烟瘴地面永远充军。"① 所谓的罢闲官吏，是指任职期满被罢免，或等待拨历的人员。基于曾经在官府衙门工作过，其继任者往往又是子弟或徒弟，所以熟悉衙门内情，有自己的人际关系网络，即使身不在官府衙门，往往能够掌控官府衙门事务。罢闲官吏因没有职事，没有经济来源而干预官事，结揽写发文案，出入禁门交结内官，攀附权势，成为蠹政害民的群体。"官吏在罢闲之后，在外干预各衙门官事，交结承揽写发文案，俱属射利营私，甚而把持官府，使不得自由，而反听其主使，是政之蠹，而民之害。"② 万历十三年（1585 年）奏定例："罢闲官吏在京潜住，有擅出入禁门交结的，烟瘴永远。"③ 由此免去拿赴锦衣卫打一百，可见该条例依然具有法的效力。

嘉靖二十四年（1545 年），经礼部题准："各该巡按御史行令有王府去处，查照先年事例，出榜禁约，并行各长史教授启王知会。今后郡王、将军、中尉仪宾以下，不得与文武官员往来交结，及岁时宴会，亦不许有事逼胁，非礼凌辱。违者听亲王及抚按官参奏处治。"④ 此时嘉靖帝严驭诸王，对宗室犯罪毫不手软，对与王府交结的人，都是予以严惩。⑤ 这个条例的出现，可见嘉靖帝严格限制诸王的情况。

（四）诏敕

《皇明诏令》收录有与交结近侍有关敕谕，其中有正统八年（1443

---

① 刘海年、杨一凡主编：《中国珍稀法律典籍集成·明代条例》乙编第 2 册，科学出版社 1994 年版，第 227 页。
② （清）朱轼：《大清律集解附例》卷 2《职制》，载《四库未收书辑刊》第 1 辑第 26 册，北京出版社 1997 年版，第 106 页。
③ 刘海年、杨一凡主编：《中国珍稀法律典籍集成·明代条例》乙编第 2 册，科学出版社 1994 年版，第 721 页。
④ 刘海年、杨一凡主编：《中国珍稀法律典籍集成·明代条例》乙编第 2 册，科学出版社 1994 年版，第 385 页。另外，《明英宗实录》卷 98 正统七年十一月戊寅，礼部尚书胡濙言："祖宗时凡诸王来朝，文武官私谒及宫府僚属往来交通者，有禁。今诸王将至，请申明禁约。"从之。
⑤ 如山东巡抚都御史邵锡，奉诏查革德王府庄田，因此产生矛盾，邵锡发现"德府仪卫司军校，额一千七百余人，中有逃绝相袭，以余丁私补"，所以让济南府知府杨抚，在军校支领月粮时，进行清查，没有想到"军校乃大噪，不支粮而散。一日，仪卫副薛宁率官校军旗等千余人，以巨石毁济南府署门，殴辱其管粮通判刘知之，提曳入王府，良久释去"。于是抚按官及朱祐榕均上奏，嘉靖帝"遣给事中郭应奎，会按臣勘之"。嘉靖帝采取各打五十大板，将王府官及巡抚都处置，"仍谕王，令谨守侯度，勿徇群小，致滋多事"。《明世宗实录》卷 141，嘉靖十一年八月辛丑条。

年)《敕谕内使》，在申明祖制的情况下，讲到"今尔等有不遵法度，与在外各衙门官员私相结交，透漏事情，或历公务营干己私，或绚亲情请求嘱托公事，或借拨军夫役使，以臻所司，那移选法，出入刑名，重劳军民，妨废公道"等诸种行为，采取既往不咎，然后申明"祖宗之法具在，必罪不宥"①。天顺三年（1459年）《戒谕贵近臣僚敕》，讲到"近年以来，公、侯、驸马、伯、五府、六部、都察院等衙门大臣，及近侍官员中间，多有不遵礼法，公然私交，习以为常，全无忌惮。甚至阿附势要，漏泄事情，因而结构，弊出百端"。这是在将军石亨与宦官曹吉祥因为复辟有功，逐渐专横跋扈的情况下发布的敕谕，警告说"今后尔文武大臣，并不许互相往来。给事中、御史，亦不许私谒大臣之家。违者，治以重罪。敢有阿附势要，漏泄事情者，轻则发边远充军，重则处死。锦衣卫指挥，乃亲军近侍，关系尤重，亦不许与文武大臣交通。违者，一体治罪不宥。其各卫指挥以下，非出征之时，不许辄于公侯之门侍立听候。违者，照铁榜事例处治"②。敕谕的发布，使曹、石感到恐慌，因此图谋叛乱，最终被锦衣卫密告，石亨遂被以谋叛罪下狱而死于狱中，其侄子定远侯石彪则被处以极刑并暴尸街头，后来清查党与，宦官曹吉祥被磔刑于市。

弘治元年（1488年）的《谕禁请托》，是因为有内外官写帖子嘱托的行为，申明"如内外官敢有写帖子嘱托者，内官连人送与东厂杨鹏，外官送与锦衣卫朱骥，奏来处治，若容隐不奏者，事发俱治以重罪"③。崇祯元年（1628年），戒廷臣交结内侍，是因为刚刚处理魏忠贤宦党，认为他们"表里为奸，把持朝政，变乱祖制，贻祸生灵"。如今已经磔诛，申诫臣僚"倘有敢蹈前辙，交结作弊者，必究治如律"④。这种因案诫谕而形成的诏敕很多，无非是警告官员严守法度，其真正的作用有限，反而说明了官僚不能严守法度的恶劣情况。

① 刘海年、杨一凡主编：《中国珍稀法律典籍集成·皇明诏令》乙编第3册，科学出版社1994年版，第328—329页。
② 刘海年、杨一凡主编：《中国珍稀法律典籍集成·皇明诏令》乙编第3册，科学出版社1994年版，第414—415页。
③ 《明孝宗实录》卷11，弘治元年二月丙辰条。
④ 参见《崇祯长编》卷6，崇祯元年二月丁巳条；另参见崇祯元年二月丁巳，戒廷臣交结内侍；《明史》卷23《庄烈帝一》，第310页。

（五）条法事类

南宋孝宗淳熙年间（1174—1189 年），将敕、令、格、式以"事"分类，分门编纂，形成了"条法事类"这一新的法典编纂体例。明代条法事类，现存宪宗和孝宗两朝的文书。《皇明条法事类纂》五十卷，分八"类"，"类"下列"罪目"。它的"类"和《大明律》的"律"几乎完全相同，每项罪目之下系吏户礼兵刑工六部和都察院等衙门的题本一道或若干道。题本一经圣旨"是""准议""准拟"，就成了"题准"或"奏准"。"题准""奏准"在当时都奉以为"通行"，可编入"例"之后辅"律"而行，具有法规的性质，可以据以定罪决遣。交结近侍律有例 1 条，其来源即是条法事类。

彭城卫右所副千户陶瓒奏："近年以来，有等无知官舍军民人等，专以奔趋内府衙门，交结近侍，或揽事嘱托，盗用书简图书，凡可以营利肥己者，无所不为"，要求予以严惩，因此查找历年事例，提出"重出榜文，严加禁约"的办法。刑部具题之后，得到弘治帝的圣旨："这等罢闲官吏在京潜住，有擅入禁门交结的，看各门官仔细盘诘拿住，送锦衣卫著实打一百，连当房家小，押发烟瘴地面永远充军。及教唆词讼的，锦衣卫、五城兵马司，要严加缉拿，照例编发。"① 此条法事类，后来修订条例时，将"教唆词讼"以下的内容删去，精练为弘治《问刑条例》交结近侍官员律的例条，并沿用至清末。

《皇明条法事类纂》所辑录的这则交结近侍的条法事类，是首尾俱备的档案全文，具有重要的史料价值。事例起于彭城卫右所副千户陶瓒奏，经刑部题，获孝宗皇帝"钦此、钦遵"，通抄到部通行，后编入《问刑条例》。副千户陶瓒使用奏本提出了罢闲官吏在京潜住，擅入禁门交结，教唆词讼的问题，经刑部题，获得"准"，成为通行，编入例，在一定程度上展现了明代定例的程序。日本学者加藤雄三《明代成化、弘治的律与例》一文中分析了明代律、事例与成化、弘治《问刑条例》之间的关系，认为："律作为根本法典，不可更改，同时又以皇帝的裁决而通行的事例

① 刘海年、杨一凡主编：《中国珍稀法律典籍集成·皇明条法事类纂附编》乙编第 6 册，科学出版社 1994 年版，第 326—329 页。

处理现实发生的案件。事例在某个时期也需要稳定性，编纂成《问刑条例》成为法律，同时进一步的有效运用产生了新的事例，这种现象在中国历史上经常性地反复出现。"① 例在很大程度上扩展了律的内涵，对律内没有明确规定的事情加以明确，同时也明确了处罚标准，正如王锺翰先生所讲，例"原以辅律，非以破律，所谓'例因案入，例实由律出'也"②。例离不开律，但在量刑定罪方面往往不局限于律所规定的刑罚，增加了律在具体实施过程中的效用。

第三节　上言大臣德政律

朱元璋认为："上下相维，小大相制，防耳目之壅蔽，谨威福之下移，则无权臣之患。"③ 特别是奸臣，"窃持国柄，枉法诬贤，操不轨之心，肆奸欺之蔽，嘉言结于众舌，朋比逞于群邪，蠹害政治，谋危社稷，譬堤防之将决，烈火之将然，有滔天燎原之势"④。这种"嘉言结于众舌"，就是上言大臣德政，可见朱元璋从开国以来，一直对功臣怀有猜忌。在朱元璋看来，似乎任何人都不忠于他，而功臣新贵们因为权力之争，拉帮结派的事情不断传到他耳里，使他更确信自己的判断是正确的。多疑和猜忌，使他本能地对一些臣僚颂扬某位大臣的功德怀有戒心。如"张昶、杨宪等欲乱政，乃使人上书，称颂功德，劝上及时为娱乐。上以示基，且曰：'是欲为赵高也。'基曰：'诚如圣见'"⑤。对群臣言自己功德尚且怀有戒心，更何况对宰执大臣歌功颂德了，因此制定严厉的法律予以防范，也在情理之中。

----

① ［日］加藤雄三：《明代成化、弘治的律与例》，载杨一凡、寺田浩明主编：《中国法制史考证》丙编第四卷《日本学者考证中国法制史重要成果选译·明清卷》，郑民钦译，中国社会科学出版社 2003 年版，第 38—39 页。
② 王锺翰：《王锺翰清史论集》第 3 册，中华书局 2004 年版，第 1701 页。
③ 《明太祖实录》卷 110，洪武九年冬十月十一月辛巳朔条。
④ 《明太祖实录》卷 129，洪武十三年春正月己亥条。
⑤ 《明太祖实录》卷 99，洪武八年夏四月丁巳条。

一、律义解释

上言大臣德政律中，涉及一些专用术语，明代律学家已经对这些术语表示不理解，特别是对"宰执"的定义争执，更表明此律是在胡惟庸案以前就已经出现。洪武三十年（1397 年）定律没有修订该律条，也不对"宰执大臣"给出明确的界定，这使律文在具体实施中蒙上了模糊的阴影。

（一）核心概念

1. 宰执

明代律学家认为"宰"意指宰相，"执"是执政大臣。"宰，宰相也。执，执政之大臣也。"① "宰执"的理念来自唐宋，"同中书门下"为"宰"；"参知政事"为"执"，泛指宰辅大臣。明承元制，设中书省，其长官中书令一直不设，但设则皇太子兼，故此其副职左右丞相为实际首脑，俗称宰相；左右丞相下设左右平章政事、左右丞、左右参政以辅佐，俗称"执政"，故为宰执大臣。洪武十三年（1380 年）废除中书省，由皇帝直接面对六部、都察院，号为七卿，而内阁最初还不具有辅政大臣的地位。由此可见，上言大臣德政律至少应该在洪武十三年（1380 年）以前入律。

"宰执大臣"即为国之重臣，从字面上并不难以理解，问题是在朱元璋废除宰相制度以后，这个宰执大臣应该包括哪些人。

朱元璋《皇明祖训·首章》云："今我朝罢丞相，设五府、六部、都察院、通政司、大理寺等衙门，分理天下庶务，彼此颉颃，不敢相压，事皆朝廷总之，所以稳当。以后子孙做皇帝时，并不许立丞相。臣下敢有奏请设立者，文武群臣实时劾奏，将犯人凌迟，全家处死。"② 罢了丞相，而以五军都督府、六部、都察院、通政司、大理寺等衙门为词，则宰执大臣的属性就扩大了。

丞相制度的废除，引发了明代整个政治体制的调整，对后世产生深远

---

① （清）佚名：《大明律直引》，载杨一凡等编：《中国律学文献》第 3 辑第 1 册，黑龙江人民出版社 2006 年版，第 120 页。

② 张德信、毛佩琦主编：《洪武御制全书·皇明祖训》，黄山书社 1995 年版，第 389 页。

影响。有研究认为："宰相制的废除是明朝后来政治虚弱的缘起，而且，可能是明朝最后崩溃的一个原因。太祖废除中书省是基于所有的明朝皇帝都能像自己一样勤勉而又有责任心这样的设想。所以，当事实上后来的皇帝如神宗和熹宗并未达到他的期望时，就造成了混乱，因为这种体制在制度上不允许由其他人来执掌权舵。外廷无首导致的一大历史结果就是宦官权势的扩大。"① 丞相制度的废除，无疑对"宰执大臣"的定义产生影响。《大清律例》在"宰执大臣"之间加入了小注，律文变为"宰执，执政大臣"②。清代律学家对"宰执"一次的解释，已明显受到了明代内阁制度的影响，因为内阁"参赞密切，以宣上德意，善则归君，过则归己者也"③。"宰执"由宰相变成了参赞机密之人，清代律学家处于内阁制度已经确立的时期，与明代实际情况有一定的区别。

2. 大臣

大臣是官职尊贵之臣，但其具体范围则极为模糊。众部将推朱元璋为吴王时，他对徐达说："今将相大臣辅相于我，当鉴其失，宜协心为治，以成功业，毋苟且因循，取充位而已。"④ 可见武职系统中的"将"是大臣，文职系统的"相"是大臣。朱元璋作铁榜申诫公侯勋臣时，将他们称为大臣⑤。各部院的长官亦是大臣，如"上谕六部、都察院诸大臣"⑥。宗亲、驸马、外戚等虽不能干预政事，但也是大臣，如武定侯郭英有罪，朱元璋"乃命诸戚里大臣议其罪"⑦；赐死驸马都尉欧阳伦以后，"虽藩阃大臣，皆畏威奉顺，略不敢违"⑧。各行省及后来的布政司长官、总督、巡抚、巡按、按察使、都指挥使也都是大臣，如朱元璋讲："今行省大臣任方面重寄，视古之方伯、连帅无异。"⑨

<hr>

① ［美］Charles O. Hucker：*The Tung – Lin Movement of the Late Ming Period*，载（美）费正清编：《中国的思想与制度》，世界知识出版社 2008 年版，第 126—127 页。
② 张荣铮等点校：《大清律例》，天津古籍出版社 1993 年版，第 173 页。
③ （清）沈之奇撰：《大清律辑注》，怀效锋、李俊点校，法律出版社 2000 年版，第 158 页。
④ 《明太祖实录》卷 14，甲辰年春正月戊辰条。
⑤ 《明太祖实录》卷 74，洪武五年六月乙巳条。
⑥ 《明太祖实录》卷 231，洪武二十七年春正月丙寅条。
⑦ 《明太祖实录》卷 255，洪武三十年十一月壬子条。
⑧ 《明太祖实录》卷 253，洪武三十年六月己酉条。
⑨ 《明太祖实录》卷 81，洪武六年夏四月癸未条。

在职官系统里，"大臣"的范围相当广泛。上言大臣德政律的"大臣"，既沿袭了比较宽泛的外延，但也与通称的"大臣"有别。在《御制大诰·民陈有司贤否第三十六》规定："其律内不许上言大臣美政，系干禁止在京官吏人等毋得徇私党比，紊乱朝政。在外诸司，不拘此律。""在京官吏人等"的规定，将地方官排除在外，即使地方官的品级达到大臣的范围，但只要没有任京官职务，就不属于律文的"大臣"范围。这与清代督抚权重，专设一个条例将其纳入是不同的①。奸党罪基本上是把皇亲国戚排除在外，"皇亲国戚有犯，在嗣君自决，惟谋逆不赦，余犯轻者与在京诸亲会议，重者与在外诸王及在京诸亲会议，皆取自上裁"②。所以戚里大臣、宗亲、驸马、外戚等大臣，也不属于律文所称大臣。朱元璋视之为只供"洒扫"，从未将其称为大臣的宦官，却在后世权势熏天，逐渐走入了律文"大臣"的范围。如崇祯帝在办理魏忠贤党案时，魏忠贤也被定为"大臣"，钦定"称颂、赞导、速化"三等，打击颂扬魏忠贤德政的官吏，认为"自非外廷逢迎，何遽至此"。"乃召刑部尚书乔允升参定之。于是案列甚广，几无遗矣。"③ 明代"宦官，十二监，每监各太监一员，正四品"④。就实际案例而言，颂扬德政，总是随着权力而转移，宽泛的"大臣"，可按朱元璋《大诰》所定的"在京官吏人等"理解，确切地说是指京官从四品以上的文职官、武职官、勋臣。

3. 上言

上言是给皇帝上书陈言。上言的形式，"下之达上，曰题，曰奏，曰表，曰讲章，曰书状，曰文册，曰揭帖，曰制对，曰露布，曰译"⑤。"'题'是内外衙门的例行公事，'奏'是内外官员的申奏文书，'表'是内外官员陈情、建言文书，'讲章'是上奏御览的经义解诂，'书状'是官

---

① 《大清律例·吏律·职制·上言大臣德政》条例："督抚等官或升任、更调、降谪、丁忧、离任，而地方百姓赴京保留控告者，不准行，将来告之人交与该部治罪。若下属交结上官，派敛资斧驱民献媚，或本官留恋地方授之意指，藉公行私，事发得实，亦交该部从重治罪"。参见张荣铮等点校：《大清律例》，天津古籍出版社1993年版，第173—174页。

② 《明太祖实录》卷239，洪武二十八年六月己丑条。

③ 《崇祯长编》卷2，崇祯二年春正月庚辰条。

④ （清）张廷玉等：《明史》卷74《职官志三》，中华书局1974年版，第1818页。

⑤ （清）张廷玉等：《明史》卷72《职官志一》，中华书局1974年版，第1732页。

员的行状履历，'文册'是有关部门呈送祭祀册文等文稿，'揭帖'是由内阁直达皇帝的机密文书，'制对'是应对皇帝的诗文和所提出问题的对答文书，'露布'是军情捷报，'译'是各种非汉文的翻译文书。"① 这十类文书都可以上达皇帝，如果在内容中涉及颂扬大臣德政，被皇帝察觉，都可以按照上言大臣德政罪进行处置。

上言的主体。朱元璋《皇明祖训·慎国政》规定："凡广耳目，不偏听，所以防壅蔽而通下情也。今后大小官员，并百工伎艺之人，应有可言之事，许直至御前闻奏。"② "国初定制、臣民具疏上於朝廷者为奏本、东宫者为启本、皆细字。后以在京诸司、奏本不便、凡公事用题本。"③ 题本、奏本在明初区分比较严格，但因奏本简便易行，使用范围逐渐扩大。嘉靖八年（1529 年）题准，"凡内外各衙门，一应公事用题本，其虽系公事而循例奏报、奏贺、若乞恩、认罪、缴敕、谢恩，并军民人等陈情、建言、伸诉等事，俱用奏本"④。也就是说，有关钱粮、弹劾、兵马、刑名等具体政务都要用题本，钤印署名具题，是正式公文；凡到任、升转、谢恩、请罪、代军民申诉陈情及官员本身的私事用奏本，不用钤印，仅署名具奏，是非正式的公文。可见，明代上言的主体极其广泛，其言当理，即付所司施行。因此，律文"士庶人等"的规定，也调整得极为宽泛，只要在上言中涉及颂扬宰执大臣的德政，被皇帝察觉，都可以按照上言大臣德政律进行处置。

4. 即是

律文中"即是"奸党，被律学家广泛引用并加以解释。"诸衙门官吏及士庶人等，若有上言宰执大臣美政才德者，即是奸邪朋党，务要鞫问，穷究其所以阿附大臣来历缘由明白。"⑤ 这是因为"非出公心，即是奸党"⑥。"但有上书言颂宰相及执政大臣美好之政及奇才大德者，即是奸邪

① 柏桦：《中国政治制度史》，中国人民大学出版社 2011 年第 3 版，第 339 页。
② 张德信、毛佩琦主编：《洪武御制全书·皇明祖训》，黄山书社 1995 年版，第 394 页。
③ （明）申时行等：《明会典》卷76《礼部·奏启题本格式》，中华书局 1989 年版，第 440 页。
④ （明）申时行等：《明会典》卷212《通政使司》，中华书局 1989 年版，第 1059 页。
⑤ （明）雷梦麟撰：《读律琐言》，怀效锋、李俊点校，法律出版社 2000 年版，第 92 页。
⑥ （清）沈之奇撰：《大清律辑注》，怀效锋、李俊点校，法律出版社 2000 年版，第 158 页。

之朋党。"①

"即"表明了上言大臣德政行为的犯罪属性，乃"意尽而复明"；"显明易见，不竢再计之意"。其自称是"故明旧注，即字律内有即时救护；即放从良；即是奸党之类是也"②。"即"确定了罪名定性上，上言大臣德政行为属于奸党罪。在立法者的眼中，"若有上言宰执大臣美政才德者"，其行为在性质上与"奸党"没有任何区别，在处罚上则以奸党论罪。

（二）行为模式

律文："凡诸衙门官吏及士庶人等，若有上言宰执大臣美政才德者，即是奸党。"对上言者的行为模式进行了界定，只要有上言大臣德政行为，无论是故意还是过失，都触犯奸党罪。上言大臣德政"或是希图大臣接用，或报大臣恩私"③；"揆其上言之意，必有交结之私"④；"非逢迎以图引用，即献媚而报私恩。非出公心，即是奸党"⑤。可见，律学家认为上言大臣德政的隐情（犯罪动机），是攀附、报恩、交结、献媚，属于背公营私行为。

（三）出罪事由

律文："若宰执大臣知情，与同罪；不知者，不坐。"将大臣这一方分为知情与不知情两种情况，分别处理，目的在于防止其在不知情的情况下无辜触法，更为了防止别有用心之人利用法律对高级官员进行谋害。"知情"表明大臣要有犯罪的故意才触犯奸党罪。"不知"则是出罪事由，从否定的角度规定了法不为罪的行为类型，是"其大臣不知上言之情，不坐其罪"⑥。

① （明）张楷：《律条疏议》，载杨一凡等编：《中国律学文献》第1辑第2册，黑龙江人民出版社2004年版，第292—293页。
② （清）王明德撰：《读律佩觿》卷1《律分八字义》，何勤华等点校，法律出版社2001年版，第13页。
③ （明）雷梦麟撰：《读律琐言》，怀效锋、李俊点校，法律出版社2000年版，第92页。
④ （清）朱轼：《大清律集解附例》，载《四库未收书辑刊》第1辑第26册，北京出版社1997年版，第107页。
⑤ （清）沈之奇撰：《大清律辑注》，怀效锋、李俊点校，法律出版社2000年版，第158页。
⑥ （明）佚名：《大明律直引》，载杨一凡等编：《中国律学文献》第3辑第1册，黑龙江人民出版社2006年版，第121页。

从上言德政案例看，君主对上言者秉持"务要鞫问，穷究来历明白"。"鞫问"，在《大明律附例》中解释为"御前自鞫"①，也就是说需要皇帝亲自审理。奸党罪本身就是皇帝钦定，所以要皇帝亲自审问，或者法司在皇帝授意下审问。既然君主参与，按照惯例，一般要"穷究主使者"，这也与奸党罪的"党与"有关。孟德斯鸠认为："在一些场合，君权要适用到它的极限；在另一些场合，适用则应有限制。行政的妙处，乃在于十分懂得在不同的情况下应使用哪一部分权力，而且宽猛得宜。"② 皇帝用法律恐吓可能涉案的大臣，而大臣本身也赶紧奏疏表达忠心，证明自己"不知"以求宽免，最终皇帝不追究大臣的责任，乃是皇恩浩荡。上言大臣德政律，不但为统治者打击与压制大臣提供了法律保障，也为怂恿言官弹劾大臣提供足够的理由，更遏制民众参与王朝政事可能。嘉靖十一年（1532年），巡按直隶御史冯恩上疏评论 20 位大臣，无论是受弹劾还是受褒扬的大臣，都竭尽全力表明自己"不知"以脱罪，是本律条适用的典型案例，嘉靖帝要求按上言大臣德政治罪，而群臣纷纷以"不知"，且以言官应该言者无罪为词，最终没有使冯恩按上言大臣德政定罪，也就解脱自己的罪名。

（四）刑罚适用

对上言者的惩罚，律定刑罚是"斩，妻子为奴，财产入官"，即律文规定了与奸党律的"交结朋党，紊乱朝政"一样的刑罚：处斩（秋后处决）、妻子给付功臣之家为奴，财产抄札入官，其中斩"系重刑监候，通行奏请"③。可见对上言者刑罚之重、管控之严。"犯人处斩，妻子为奴，财产入官"，既有人身刑罚，又有财产刑罚。重于"交结近侍官员"的"斩，妻子流二千里安置"，因为"妻子为奴，财产入官"的结果往往是"自抄没法重，株连数多：坐以转寄，则并籍家资；诬以多赃，则互连亲识；宅一封而鸡豚大半饿死，人一出则亲戚不敢藏留。加以官吏法严，兵

---

① （明）舒化：《大明律附例》卷 3《吏律二》，载北京爱如生数字化技术研究中心：《中华基本古籍库》，黄山书社出版发行。

② ［法］孟德斯鸠：《论法的精神》上册，张雁深译，商务印书馆 1961 年版，第 308—309 页。

③ 刘海年、杨一凡主编：《中国珍稀法律典籍集成·洪武法律典籍》乙编第一册，科学出版社 1994 年版，第 672 页。

番搜苦，少年妇女，亦令解衣"①。这本身就是很大的羞辱，再加上"为奴"更使罪犯失去"良民"身份，成为社会最底层的贱民，对于原本可能是官宦家属的人民来说，是肉体和精神上的双重打击。"流二千里"，虽然会使受刑者身心遭受巨大的痛苦，但是至少还保留了其"良民"的身份。上言者承担的刑罚也重于奸党律"奸邪进谗言左使杀人""巧言谏免，暗邀人心"的"斩"，因为"斩"仅限于本人，而不株连家族。律学家还对联名上言的情况作了解释，并不全都适用统一的刑罚，而是按《大明律·名例·共犯罪分首从》规定的"凡共犯罪者，以造意为首，随从者减一等"处置。"若联名上言者，止坐为首一人斩罪，余人为从减等。"②

被上言的大臣，知者与同罪。被上言的大臣，"依宰执大臣知情者，与赵甲同罪，至死减等罪止律，杖一百，流三千里。有《大诰》减等，钱乙杖一百，徒三年，纳米等项还职。系应议大臣，通行奏请"③。可见被上言的大臣适用"与同罪"，须减等，如果有《大诰》再减等，这是明初的事情，因为朱元璋规定百姓只要手执《大诰》，就可以减一等。八议之臣还须奏请皇帝裁决，最终可能适用较轻的刑罚甚或纳米而还职的处分。"若宰执大臣知情者，与同罪，至死减等。凡减等者，妻财不在入官、为奴之限。"④"与同罪，谓（诈）（坐）以（致）（至）死减一等，杖一百，流三千里之类。"⑤"不追及妻子、财产。及系应议大臣，请旨定夺。"⑥也就是说，即便是大臣知情而"与同罪"，也不会是死刑。

对被上言的大臣而言，与奸党律"交结朋党，紊乱朝政者，皆斩，妻子为奴，财产入官"是不同的。"上言与紊乱、泄漏，其情又稍轻，故不言'皆'。"⑦"或谓律言'即是奸党'，当如朋党律，不分首从论。非也。

① （清）张廷玉等：《明史》卷226《吕坤传》，中华书局1974年版，第5941页。
② （明）雷梦麟撰：《读律琐言》，怀效锋、李俊点校，法律出版社2000年版，第92页。
③ 刘海年、杨一凡主编：《中国珍稀法律典籍集成·洪武法律典籍》乙编第1册，科学出版社1994年版，第672页。
④ （明）雷梦麟撰：《读律琐言》，怀效锋、李俊点校，法律出版社2000年版，第92页。
⑤ （明）何广《律解辩疑》，载杨一凡点校：《中国珍稀法律典籍续编》第四册，黑龙江人民出版社2002年版，第71页。
⑥ （清）沈之奇撰：《大清律辑注》，怀效锋、李俊点校，法律出版社2000年版，第158页。
⑦ （明）姚思仁：《大明律附例注解》，北京大学出版社1993年影印本，第281页。

朋党重在交结乱政，故坐皆斩，此不过恶其诣附大臣耳。大臣有知情、不知情之分，知情亦止同罪减等。上言之人，岂得同朋党论哉？律无'皆'字，应止以为首一人坐斩，没入妻财，为从减等，既已减等，妻财即不在没入之限。"① "或谓上言大臣德政律云即是奸党，则不问人数多寡，当如朋党律不分首从论，然官员交结朋党，特恶其同于乱政，故坐皆斩。今大臣知情云与同罪，则亦止依名例至死减等耳，岂为从者，乃不得从未减乎。"② 也就是说知情首犯既然减等不是死刑，其余从犯应该在首犯之罪再减等。

在上言大臣德政的案例中，既可以看到因首从减等，又可以看到皇帝"宥之"，更可以看到以处分替代刑罚，律文规定与实际适用有很大的区别。兹整理于表3.7—3.8：

表3.7　上言大臣德政律刑罚表

刑罚	真犯死罪，秋后处决	斩，籍没；徒	充军；谪戍烟瘴	输赎为民	配赎
出处	明会典	案19	案44；案60	案54	案59

表3.8　上言大臣德政律处分表

处分	姑释不问	降调	革职为民、追夺诰命
出处	案20	案43	案50

（五）立法目的

朱元璋基于历史的经验教训，特立上言大臣德政律以约束、防控大臣，同时也限制士庶人阿附权臣、奸臣。在"天王圣明，臣罪该诛"的理念下，对皇帝的歌功颂德是理所应当的，而对大臣的歌功颂德，则意味着侵犯皇帝的利益。因为"大臣，国之辅弼，称颂必有阿私，既涉诣谀，即同奸党"。严惩阿附大臣，杜绝大臣植党，使臣民明白只有皇帝才是唯一主宰。被歌功颂德的大臣，是"以其权重而望高，或恐下人之自附，若概

① （清）沈之奇撰：《大清律辑注》，怀效锋、李俊点校，法律出版社2000年版，第158页。
② （明）王肯堂原释、（清）顾鼎重编：《王仪部先生笺释》，载杨一凡等编：《中国律学文献》第2辑第3册，黑龙江人民出版社2005年版，第321页。

以党，是监其刑也"①。"今某敢欺君上之聪明，上言大臣之德政，趋权附势，故尔宁媚于灶，背上行私，诚为获罪于天。"② 赞颂大臣即是侵犯皇权，违背天理。

中国自古以来，"君权与相权也没有一个明确的法律上的界限，因袭的是一种习惯，因此，一旦君主认为制约自己的权力是专擅欺君，那么，制约者就会有性命之忧"③。宰相本是辅助君主，并制约君主的制度设计，但君相矛盾，往往导致宰相居身危险的境地。权相控制舆论，使不利于己的言论消失，壅蔽迷惑皇帝不能做出正确决策，以实现威福肆行的有利地位。"大臣太重，封君太众。若此，则上逼主而下虐民，此贫国弱兵之道也"（《韩非子·和氏第十三》）。颂扬德政，有名利双收之效，往往成为朋党比周、奸臣窃权的重要手段。"夫令色巧言，辞情饰貌，邀旰睐之利，射咳唾之私，此盖苟进之常也。"④ 赞颂大臣之人，既图自利，也排挤政敌，宰执大臣本身也喜誉骄奢，专擅权势。赞颂德政与朋党争斗、排挤倾陷、专擅权势紧密相关。隋唐以后，君主专制制度进一步完善，政权也较为稳固，邀誉颂德逐渐与奸臣佞相紧密关联，成为奸臣奸邪的重要特征。赞颂大臣，比周则积誉，誉出于阿意，阿意乃虚誉。吹起来的泡沫一旦破碎，赞颂者与被赞者都难逃身败名裂。上言大臣德政律强化君权，弱化大臣，立法的箭头直指对其统治构成威胁的大臣。律文内在的立法精神，是嗜权如命的朱元璋对威胁自己专权的宰相制度的厌恶，淋漓尽致地凸显了君权与相权矛盾的立法调控。

二、相关法规

（一）大诰

朱元璋允许对有司（府州县官）不才者进行绑缚，也允许对有司（府

---

①　（明）张楷：《律条疏议》，载杨一凡等编：《中国律学文献》第 1 辑第 2 册，黑龙江人民出版社 2004 年版，第 293 页。

②　（明）佚名：《新纂四六合律判语》，载杨一凡等编：《中国律学文献》第 1 辑第 4 册，黑龙江人民出版社 2004 年版，第 730 页。

③　林乾：《中国古代权力与法律》，中国政法大学出版社 2004 年版，第 166 页。

④　（北齐）魏收：《魏书》卷 93《恩倖传序》，中华书局 1974 年版，第 1987 页。

州县官）清廉直干者歌功颂德，两者都可以赴京状奏，由他来实施奖惩。这样的倡导，显然与法律相冲突。朱元璋解释说："其律内不许上言大臣美政，系干禁止在京官吏人等毋得徇私党比，紊乱朝政。在外诸司，不拘此律。"① 这里明确指出上言大臣德政仅仅局限于在京官吏人等，这一方面扩张约束了京官，只要是京官，就属于"大臣"。另一方面则限缩了"大臣"，属于地方官的不在"大臣"之列。

朱元璋还允许耆民率众，岁终赴京师面奏。朱元璋认为如此行之，"即岁天下太平矣"②。殊不知他所期待的太平没有来临，却是一片混乱。因为在这次近似于民众革命的运动中，有捆绑贪官污吏者，也有高举歌功颂德牌匾者，更有乘机诬陷、借歌功、报复以遂个人恩怨者，可谓是鱼龙混杂，各色人物都显现出来。

首先，在这场破天荒的民众运动中，的确有许多贪官污吏被朱元璋采取残酷的刑罚予以处置。在这期间，大批被民众拿获的所谓"贪官污吏"，遭到笞杖、枷项游街、罚做苦工、徒流、充军等刑罚，以至于族诛、凌迟等极刑，仅发往淮西劳作的就有 10 余万人。那是官吏们垂头丧气的时代，不论是京官还是地方官，几乎都是心惊胆战，以至于"稍有触犯，刀锯随之。时京官每旦入朝，必与妻子诀，及暮无事则相庆，以为又活一日。法令如此，故人皆重足而立，不敢纵肆，盖亦整顿一代之作用也"③。虽然整顿了吏治，但在"刀光剑影"之下，殊不知有许多冤魂。

其次，高举歌功颂德牌匾者。《大诰三编·有司逼民奏保第三十三》透露了一些信息。那就是被朱元璋查出重处的胶州州官夏达可，长子县官赵才，新安县官宋玘，建昌县官徐颐等，他们公然会集耆民，逼令赴京奏保自己的善政和循良，却没有想到朱元璋明察秋毫，看出耆民的破绽。这些官员考虑不周到，仅让耆民背诵写好的言词，而没有选择能言善辩的耆民，当朱元璋用其他话语探询他们的意图的时候，便不知所云了，结果是

---

① 《大诰·民陈有司贤否第三十六》，载张德信、毛佩琦主编：《洪武御制全书》，黄山书社1995年版，第765—766页。

② 《大诰·耆民奏有司善恶第四十五》，载张德信、毛佩琦主编：《洪武御制全书》，黄山书社1995年版，第769页。

③ （清）赵翼：《廿二史札记》卷32《明祖晚年去严刑》，中国书店1987年版，第469页。

两败俱伤，而那些没有被朱元璋查出来的则不知道还有多少。

再次，假借民众擒拿浪潮以遂个人恩怨者。在《大诰三编·臣民倚法为奸第一》列举了18个案例，其中9个是涉及官员的案件，即：建昌知县徐熙、松江府知府李子安、江浦县知县杨立、甘泉县知县郑礼南及主簿娄本、开州知州郭惟一、德安县丞陈友聪、定陶县知县刘正、莱阳县丞徐坦、溧水县主簿范允，共10名地方官，不是被凌迟示众，便是枭首示众，使民众好好看看这些贪官的下场。在这些官员案中，有被属民控告的，有让属民奏保的，也有被钦差揭发、上司检举的，虽然都是明令公布其罪，但细核其情节，中间不少是出自个人恩怨。如甘泉县知县郑礼南及主簿娄本，只不过是不服本府催征，与知府吵了几句；开州知州郭惟一则因为拦阻耆宿董思文等赴京上告，将他们关押起来，监禁致死。固然这些官员各有应得之罪，但多是因为查抄所谓"奸党"涉案人员的财产引起的，他们违抗上命，执行不力是主要得罪原因，亦可见朱元璋严惩"奸党"而株连甚广之一斑。

（二）皇明祖训

《皇明祖训·慎国政》云："凡官员士庶人等，敢有上书陈言大臣才德政事者，务要鞫问情由明白，处斩。如果大臣知情者同罪，不知者不坐。"这里与律文规定基本相同，但没有"即是奸党"及"妻子为奴，财产入官"的表述。不过下注讲道："如汉王莽为相，操弄威福，平帝以新野田二万五千六百顷益封莽。莽佯不受，吏民上书颂莽功德者，前后四十八万七千五百七十二人，遂致威权归莽，倾移汉祚。可不戒哉。"①

朱元璋认识到吏民对朝廷大臣歌功颂德的危害，王莽因为吏民歌功颂德，最终取代西汉王朝，而建立新朝，不但使刘姓皇帝不能够血食（后人牺牲祭祀），子孙还受其害。对于吏民颂扬大臣，朱元璋早有戒心，在没有称王称帝之前，他就对曾经在徐达幕府充当谋士的儒士滕毅说："吾见元末大臣门下之士多不以正自处，惟务诏谀以图苟合，见其人所为，非是

---

① 杨一凡、田涛主编：《中国珍稀法律典籍续编·皇明祖训》第3册，黑龙江人民出版社2002年版，第489页。

不相与正救。及其败也，卒陷罪戾。"① 由此可见，朱元璋对大臣早就防范，若是有人讲大臣的功劳，或者大臣自己彰显功劳，他都会厌恶的。如开济"常侍左右，见御制诗文，辄请归，潜刻碑以夸大声势"，因此被朱元璋疏远。在大臣们一起议事的时候，开济"略无建明，但称曰：'真圣人，真圣人。'故上深恶其诣佞云"②。杀掉开济固然有其他罪名，但"夸大声势"，已经引起朱元璋的不满，亦可见臣下自我张扬也是危险的，何况还有人颂德乎！

① 《明太祖实录》卷17，乙巳年（1365）六月乙卯条。
② 《明太祖实录》卷158，洪武十六年十一月甲午条。

第四章 奸党罪个案分析

　　条文的规定是一回事，法律的实施又是一回事。社会现实与法律条文之间，往往存在着一定的差距。如果只注重条文，而不注意实施情况，只能说是条文的，形式的，表面的研究，而不是活动的，功能的研究。①

　　"一个法律制度，从其总体来看，是一个由一般性规范同适用与执行规范的个殊性行为构成的综合体。它既有规范的一面，又有事实的一面。"② 奸党罪名法规分析，属于一般性规范的研究，而其具体的适用与执行，则是社会事实的层面。奸党罪包含文本表达与社会实践两个层面，律条文本体现着政治目标和统治思想的理想化追求，是立法者刻意制造的统治形态和统治手段的外化与秩序安排；司法实践不仅是国家和它的官吏们对法的理解和操作，同时也是极具时代特征和千变万化的社会生活本身的记录。"所谓的'体'，是制度条文、规定、沿革等；所谓的'用'，即包括当时是如何运行及其对社会所起的作用，两者不能偏废。"③ 一个案例受社会、经济、文化、政治、个体等诸多因素的影响，法律制度一目了然，少有变化，但实际案例蕴含应用技巧、施用心态、人际关系等内容，因时因事因地因人而变化莫测。个案的分析是裁剪的艺术，不是全部的史实，只是一种思考问题的路径和拓展思维的方法。

---

① 瞿同祖：《中国法律与中国社会》，中华书局 2003 年版，第 2 页。
② ［美］E. 博登海默：《法理学法律哲学与法律方法》，邓正来译，中国政法大学出版社 1999 年版，第 238 页。
③ 柏桦：《中国古代刑罚政治观》，人民出版社 2008 年版，第 6 页。

奸党罪个案选取，首先考虑司法处理程序的完整性，劾（控诉与受理）、鞫（调查审讯）、谳（拟罪裁决）全部具备，才是一个司法案件，这就排除了大量只是将"奸党"作为政治口号攻伐对手的现象；其次考虑核心人物（党魁）为分析中心，奸党罪案例的一大特点是以"党魁"为中心，实施连坐株连，"瓜蔓抄"式的渐进展开，深文漫引。例如胡惟庸案牵连万人，不可能全部入文，而只根据史料的习惯，以胡惟庸为中心展开扼要整理。为反映围绕在君主身边的宰相、宦官、阁臣、言谏四股政治势力的罪名适用，结合研究篇幅限制和个人研究能力，顺着体制构建—宦官权势—阁臣争斗—建言风险的思路选取四个奸党罪案件。奸党律个案上，选取胡惟庸和王振两个核心人物，前者直接导致了明代政治体制的变革，废除了千年的丞相制度，对明代影响深远。后者代表了宦官势力的崛起，是明代政治体制变革的恶果之一；交结近侍律个案上，选取嘉靖曾铣交结夏言案，反映丞相制度废除后，内阁争权与党争的紧密关系，也是明代政治体制变革的恶果之一。上言大臣德政律下，选取嘉靖御史冯恩论列大臣案，在司法程序的推进中，分析官僚与言官弹劾和褒扬的微妙关系，说明君主善用言谏系统的重要性。个案分析以核心人物为分析中心，裁剪部分涉案人简单分析，从政治影响的视角进行评析①，虽不能展现每个案例的全部，但也算是管中窥豹的尝试。

第一节　奸党案

《大明律》不仅是朱元璋"日久而虑精"② 所制定的一代大法，也是他驾驭整个王朝的利器。强主出庸臣，弱主出强臣，英主出能臣，中主出

---

① 选取政治的视角，是因奸党罪名本身有强烈的政治属性，且受柏桦提出的"刑罚政治观"的影响和指导，想从政治的角度对明代的奸党罪名作一次研究的尝试。就研究角度看，奸党罪案的发生，是社会、经济、文化、政治、个体等诸多因素综合作用的结果，综合性的研究最科学严谨，但因其庞杂不易驾驭，既不能彰显学科的独特性，也超出了个人的研究能力。"从政治观点来看法律，从法律观点折射政治，既可以加深对中华法系的真正内涵和法律精神的理解，又有利于弘扬中华文化。"参见柏桦：《中国古代刑罚政治观》，人民出版社 2008 年版，第 1 页。

② （清）张廷玉等：《明史》卷 93《刑法志一》，中华书局 1974 年版，第 2279 页。

佞臣。朱元璋一身兼有圣贤、豪杰、盗贼之性①。他从任人欺凌的放牛娃，到至尊至贵的君主，既为臣民所敬仰，又为世人所传颂，而所作所为也不断被人以各种猜度所迷离，不但使真实的朱元璋被神化了，也使虚假的朱元璋被丑化了，因此还原历史的真貌也更难了。无论如何，朱元璋屠戮功臣是真，构建一代制度是实，从真实的制度去分析真实的事情，是个案分析必须要注意的问题。

一、丞相胡惟庸案

胡惟庸案是学界非常关注的问题②，基本上以君权与相权、君主与功臣之间的矛盾入手，系统论述胡惟庸案兴起的原因，按照宠信、失宠、案起、深究的步骤进行分析，最终因其牵连太广，而定位为重大冤案。在所有论述中，对胡惟庸本人被处死乃是罪有应得，似乎没有争议，对因此案而大肆株连，却评价不一。案件引发政治体制的调整，对皇权的膨胀和巩固有深远意义。

（一）案件简况

洪武十三年（1380 年）正月，御史中丞涂节、商暠告变，说左丞相胡

---

① （清）赵翼：《廿二史札记》卷32《胡蓝之狱》云："明祖籍功臣以取天下，及天下既定，即取天下之人而尽杀之，其残忍实千古所未有，盖雄猜好杀，本其天性。"中国书店 1987 年版，第 467 页。

② 有关胡惟庸案的讨论较多，例如吴晗认为："在胡案初起时胡氏的罪状只是擅权植党，这条文拿来杀胡惟庸有余，要用以牵蔓诸勋臣宿将却未免小题大做。在事实上有替他制造罪状的必要。明代的大患是南倭北虏，人臣的大罪是结党谋叛，于是明太祖和他的秘书们便代替胡氏设想，巧为造作"；还有经济关系鼓动，揸财筹款目的，例如郭恒案"只是一疑心，就筹出七百万的大款，这是一件最便当的生财大道。"杀头与籍没相连，"胡案蓝案的目的也不外此，在这一串党狱中，把一切够得上籍没资格的一起给网进去"。参见吴晗：《胡惟庸党案考》，载杨一凡主编《中国法制史考证》乙编第二卷，中国社会科学出版社 2003 年版，第 585—587 页。陈梧桐在肯定吴晗的朱元璋与胡惟庸的矛盾"是君权与相权之间的矛盾"，胡案是"皇权与相权"矛盾斗争全面爆发的产物的观点基础上，指出"吴晗的翻案有点过头。《胡惟庸党案考》一文，不仅否定胡惟庸被诛后追加的通倭、通虏、串通李善长谋反的罪名，而且连他死前毒死刘基、贪污受贿、朋比为奸，特别是谋反的罪行也都一并推翻，把整个胡惟庸党案都说成是彻头彻尾的大冤狱"。中国古代的"党"，是指"为了谋取私利而结合起来的小集团。既然是为了谋取私利而树党，必然要依附、勾结同类，排斥、打击异己，树党就与朋比紧密相连，故有朋党之称。而无原则的朋比，必然要越出法律的界限，出现枉法的行为，胡惟庸自然也不例外"。"胡惟庸党案是有真有假，真假混淆，说它全都是真案有悖于史实，说它全都是假案也不符合实际。"参见陈梧桐：《胡惟庸党案再考》，载《明清论丛（第十辑）》，紫禁城出版社 2010 年版，第 46—66 页。

惟庸与御史大夫陈宁等，勾结倭寇及北元，意欲谋反，并且讲出此前他们毒杀诚意伯刘基事。这是"告变"，也是案件的提起。关于告变，也存在不同的说法。《明实录》认为是"御史中丞涂节告左丞相胡惟庸与御史大夫陈宁等谋反，及前毒杀诚意伯刘基事，命廷臣审录，上时自临问之"①。谷应泰则认为："惟庸因诡言第中井出醴泉，邀帝临幸，帝许之。驾出西华门，内使云奇冲跸道，勒马衔言状，气方勃，舌駃不能达意。太祖怒其不敬，左右挝捶乱下。云奇右臂将折，垂毙，犹指贼臣第，弗为痛缩。上悟，乃登城望其第，藏兵复壁间，刀槊林立。即发羽林掩捕，考掠具状，磔于市，并其党御史大夫陈宁、中丞涂节等皆伏诛，僚属党与凡万五千人，株连甚众"②。对于"云奇告变"，吴晗先生进行辨正，认为是采自野史，但发羽林掩捕应该是真实的③。且不管胡惟庸是如何被告发的，其当时被逮捕应该是真实的。

　　胡惟庸等人被捕，是廷臣审录，还是羽林考掠具状，这里也存在争议，但朱元璋亲临审讯应该是事实。既然是朱元璋亲审，就有审讯及定罪的过程。根据《明实录》记载，告变是甲午日，胡惟庸被处决是戊戌日，共有五天时间，除了告变当日及处决之日，中间有三天时间。因此在审理过程中，也有可能先是羽林考掠具状，后是廷臣审录，因为在胡惟庸被捕之后，原御史中丞、后贬中书省吏的商暠"亦以惟庸阴事来告"，朱元璋

---

① 《明太祖实录》卷129，洪武十三年春正月甲午条。

② （清）谷应泰：《明史纪事本末》卷13《胡蓝之狱》，中华书局1977年版，第181页。

③ 吴晗：《胡惟庸党案考》，《燕京学报》第15期，1934年6月。如（明）郎瑛：《七修类稿》卷14《本朝内官忠能》讲："洪武间，云奇，南粤人，守西华门，知丞相胡惟庸谋逆，冀其因隙以发。未几，胡诳上所居井涌醴泉，邀上观之，车驾当西出。公闻，虑上及祸，奔冲跸道，勒马衔以言，气喘舌駃，不能达，上怒不敬，左右挝槌乱下；公垂死，忍痛指贼第。上悟，遂命左右回驾；登城，近胡第而观之，见其内伏壮士于屏帏间数匝，亟还。则罪人就缚，时召公，则息绝矣。遂赠官，赐葬地于钟山之西，至今春秋祭焉。"上海书店出版社2009年版，第142页。郎瑛1487—1566年在世，所讲至今，应该是嘉靖年间。《殊域周咨录》也讲："惟庸谋逆，诳言所居井涌醴泉，邀上往观。惟庸居第近西华门，守门内史云奇知其谋。乘舆将西出，奇走冲跸道，勒马衔言状，气方勃，舌駃不能达意。上怒其不敬。左右挝捶乱下，奇垂毙。右臂将折，犹尚指惟庸第，弗为痛缩。上方悟，登城眺察，则见满第内衷甲伏屏帏间数匝。上亟反。遣兵围其第，诛之。召云奇，死矣。深悼之，追封右少监。赐葬钟山。"见（明）严从简：《殊域周咨录》卷2《东夷·日本国》，余思黎点校，中华书局1993年版。《酌中志》亦云："我太祖时胡惟庸之变，幸得云奇谏阻，不然圣驾几危。"参见（明）刘若愚撰：《酌中志》卷23《累臣自叙略节》，冯宝琳点校，北京古籍出版社1984年版，第208页。

"命群臣更讯"①。经过审讯，牵连出一些人，"群臣奏胡惟庸等罪状，请诛之。于是赐惟庸、陈宁死，又言涂节本为惟庸谋主，见事不成，始上变告，不诛无以戒人臣之奸宄者，乃并诛节，余党皆连坐"②。御史中丞涂节，历史没有留下什么记载，所以"不知何许人"，其罪名是"坐首反不尽诛"③。

　　在处决问题上，《明实录》讲胡惟庸及御史大夫陈宁是"赐死"的，涂节及其余党"被诛"。《明史》则认为他们是一起"被诛"。《明史纪事本末》则认为胡惟庸与其党15000人，一起被诛。官方作史要为圣者讳，《明实录》讲胡惟庸及御史大夫陈宁被"赐死"，这符合自古以来大臣不戮于市朝的惯例，表明皇帝尊重大臣，而涂节及其余党则是应该斩首于市的。《明史》《明史纪事本末》都是清人所作，以公布的胡惟庸罪状而言，斩首于市也在情理之中。其实就这一问题，在明中叶以后，已经成为疑点。以王世贞（1526—1590年）而言，在史学方面的成就为后人所认可，就胡惟庸是否被赐死及被何人告发，自己也没有梳理清楚。如胡惟庸是勾结日本人谋反，云奇告变，将胡惟庸"磔于市，夷三族，而尽诛其僚属党与者凡万五千人"④。磔刑即是凌迟处死，还伴有族诛与株连同党。后又讲："以丞相胡惟庸专僭，诛之，因罢中书省"⑤。这里没有讲凌迟处死，只是说诛。在给李善长作传时又讲"上乃赐惟庸与御史大夫陈宁死"⑥。赐死、诛之、磔之，三说互见，亦可见胡惟庸所受何刑，已经是扑朔迷离了。

---

① 《明太祖实录》卷129，洪武十三年春正月甲午条。

② 《明太祖实录》卷129，洪武十三年春正月戊戌条。

③ （明）王世贞：《弇山堂别集》卷61《卿贰表》，中华书局1985年版，第1144页。

④ "日本来贡使，私见惟庸，乃为约其王，令舟载精兵千人，伪为贡者，及期会府中力掩执上，度可取之，不可则掠库物，泛舸就日本，有成约。惟庸因伪为第中甘露降，请上幸临。上许之，会中贵人云奇走告变。上乃登城楼，望其第藏兵甚众，即发羽林掩捕，考掠其状，磔于市，夷三族，而尽诛其僚属党与者凡万五千人，诬罔株蔓甚众，令图惟庸死时状，戒天下，因罢丞相官矣。"见（明）焦竑辑：《国朝献徵录》卷11《中书省·胡惟庸》，台湾学生书局1984年版，第381页。

⑤ （明）王世贞：《弇山堂别集》卷46《中书省表》，中华书局1985年版，第874页。

⑥ （明）焦竑辑：《国朝献徵录》卷11《中书省左丞相太师韩国公李公善长传》，台湾学生书局1984年版，第376页。

朱元璋最终公布胡惟庸的罪状是："窃持国柄，枉法诬贤，操不轨之心，肆奸欺之蔽，嘉言结于众舌，朋比逞于群邪，蠹害政治，谋危社稷"①。这里的"谋危社稷"，显然是按照"谋反大逆"之罪。按照《大明律·刑律·贼盗·谋反大逆》条规定："但共谋者，不分首从，皆凌迟处死。祖父、父、子、孙、兄弟，及同居之人，不分异姓，及伯叔父、兄弟之子，不限籍之同异，年十六以上，不论笃疾、废疾，皆斩。其十五以下，及母、女、妻妾、姊妹，若子之妻妾，给付功臣之家为奴。财产入官。"② 因此王世贞所讲"磔于市，夷三族"，是有法律依据的，但磔于市应该不是事实，夷三族则是以后清查时的事情。"朋比逞于群邪"，则具有奸党特征。按照《大明律·吏律·职制·奸党》条规定："若在朝官员，交结朋党，紊乱朝政者，皆斩。妻子为奴，财产入官"③。追其党与也是有法律依据的，但"尽诛其僚属党与者凡万五千人"的表述，则忽略一个时间问题，因为这 15000 人不是当时诛杀的，而是经过 10 余年，直到洪武二十六年（1393 年），朱元璋诏告天下大赦胡、蓝之党，才宣告结束。

有关追查胡惟庸奸党的经过，《明史纪事本末》进行了梳理，罗列了几个重大案件。先是洪武十三年（1380 年），宋濂"以孙慎坐胡惟庸党被刑，藉其家，械濂至京"④。宋濂（1310—1381 年）字景濂，浙江义乌人，曾经被朱元璋誉为"开国文臣之首"，洪武二年（1369 年）奉命主修《元史》，累官至翰林院学士承旨、知制诰，曾为太子朱标讲经，是太子与诸王的老师。洪武十年（1377 年）以年老辞官还乡。就这位曾经为朱元璋的笔杆子、诸王子老师的宋濂，其儿子宋璲、孙子宋慎也被卷入胡惟庸案，被一并杀死，宋濂也受到株连。要不是马皇后与皇太子求情，恐怕也会身首异处。尤其是马皇后，在陪朱元璋吃饭时，命令撤去酒肉，以素斋来表明她要"为宋先生作福事"，才使朱元璋免宋濂一死，流放到茂州（今四川茂汶羌族自治县）。洪武十四年（1381 年）五月，72 岁的宋濂，拖着老病的身躯，走上流放的路程。有"尊宗二氏"之称的宋濂，信奉佛、道二

---

① 《明太祖实录》卷 129，洪武十三年春正月乙亥条。
② 怀效锋点校：《大明律》，法律出版社 1998 年版，第 134 页。
③ 怀效锋点校：《大明律》，法律出版社 1998 年版，第 34 页。
④ （清）谷应泰：《明史纪事本末》卷 13《胡蓝之狱》，中华书局 1977 年版，第 182 页。

教，走到夔州（今重庆奉节市），进入佛庙拜过佛之后，便病倒在床，想到自己一生谨慎，从未害过什么人，居然是子死孙亡，年过 70 岁，还背井离乡被流放，不由叹惜："佛书多取譬之言，果可尽征乎！"便断然绝食，在流寓与世长辞，要不是该地方长官慕他的文名，将之葬在莲花山下，宋濂可能会暴尸山野。当然，朱元璋的后世子孙为宋濂平反了，不但得以改葬，还在 1513 年追加给"文宪公"的谥号。

其次是洪武十四年（1381 年），"有诉浦江郑氏交通胡惟庸者"。浙江浦江郑氏自南宋就累世同居，曾经被元王朝表彰。朱元璋即位，为了弘扬孝道，洪武元年（1368 年）就旌表为"郑氏孝义之门"。当时"四方仇怨相告讦，凡指为胡党，率相收坐重狱"。郑氏也被指控为奸党，兄弟六人先后入狱，最终为朱元璋所知，"俱召至廷，劳勉之"，最终赦免他们，并且直接任命老大"郑湜为福建布政使司左参议"①。

再次是洪武二十三年（1390 年），"太师李善长自缢，虞部郎中王国用上书讼冤"。在追查胡惟庸奸党过程中，御史交章弹劾李善长，而其奴卢仲谦等"亦告善长与惟庸通赂遗，交私语"。朱元璋毫不留情，命廷臣审理此案，"谓善长元勋国戚，知逆谋不发举，狐疑观望怀两端，大逆不道。会有言星变，其占当移大臣。遂并其妻女弟侄家口七十余人诛之"②。也就是说，李善长与家属 70 余人一起被诛。《明实录》则认为李善长是自杀的，还叙述了自杀经过："上诏慰谕之，复召诣奉天门，与语开创艰难之际，为之流涕。复至右顺门，上谓群臣曰：'吾欲宥李佑（李善长之子）等死，以慰太师。太师年老，且暮无以为怀。'群臣复奏：'善长开国旧臣，任寄腹心，亲托骨肉，而所为如此。臣等考其事反状甚明，敢以死奉法。'上曰：'法如是，为之奈何？'善长大惭曰：'臣诚负罪，无面目见百官矣。'乃抚遣归第，赐（李）佑及陆亨等死，善长遂自经。上命以礼葬之，厚恤其家。"③ 这里依然不能够看清楚李善长是如何被处死的，但从《实录》中所载的对话，可以看到朱元璋要赦免李善长之子等死罪，群臣居

---

① 《明太祖实录》卷 135，洪武十四年二月甲子条。

② （清）张廷玉等：《明史》卷 127《李善长传》，中华书局 1974 年版，第 3772 页。

③ 《明太祖实录》卷 202，洪武二十三年五月乙卯条。

然"敢以死奉法",不听从朱元璋的话。乾纲独断的朱元璋讲出的话,群臣岂敢不从,这里"以死奉法",实际上就是窥测到朱元璋的心理,体现了朱元璋假惺惺的一面。至于是自经,还是被逼上吊,从赐李佑及陆亨等死,可以看出是被逼的,写自经及死后以礼葬之,又可以看到朱元璋虚伪的一面。

然后是"命刑部以肃清逆党事播告天下"①。朱元璋将自己手诏数千言,再加上胡惟庸案的供词,予以颁布,名为《昭示奸党录》,一共有 3 录,列李善长、胡美、唐胜宗、陆仲亨、陈德、费聚、顾时、杨璟、朱亮祖、梅思祖、陆聚、金朝兴、黄彬、华忠、王志、毛骧、于显、陈方亮、于琥等 20 人为罪魁,似乎此案到此就结束了,但洪武二十五年(1392 年),"靖宁侯叶昇坐交通胡惟庸,事觉,伏诛"②。此案依然继续,而次年蓝玉党案再起,胡、蓝则并案处理。

最后是洪武二十六年(1393 年)颁发《宥胡蓝党诏》云:"时者,朝臣不臣,其无忠义者?李善长等阴与构祸,事觉,人各伏诛。今年蓝贼为乱谋泄,提拿族诛已万五千人矣。余未尽者,已榜赦之。犹奸顽无知,尚生疑惑,日不自宁。今特大诰天下,除已犯已拿在官者不赦外,其已犯未拿及未犯者,不分胡党、蓝党,一概赦宥之。"③ 这里讲此前"已榜赦之",没有找到该榜的文字,但"已犯已拿在官者不赦",是在审的依然按照奸党罪办理,这些人应该是在"万五千人"之内。问题是朱元璋所承认的"万五千人",是胡蓝党案的全部,还是仅仅限于蓝党,并没有交代清楚,以至于这两个党案被诛杀人数,至今也没有人能够讲清楚。《明史》讲胡惟庸案"词所连及坐诛者三万余人"④,"胡惟庸、蓝玉两狱,株连死者且四万"⑤。节选诏书文字曰:"蓝贼为乱,谋泄,族诛者万五千人。自今胡党、蓝党概赦不问。"⑥ 这里将诏书中的"提拿"省略,也就变成杀万五千人了。似此二者相加,"且四万"的表述又有问题了,因为且四万是不足四

① (清)谷应泰:《明史纪事本末》卷 13《胡蓝之狱》,中华书局 1977 年版,第 183 页。

② 《明太祖实录》卷 220,洪武二十五年秋八月丙子条。

③ 刘海年、杨一凡主编:《中国珍稀法律典籍集成·皇明诏令》乙编第 3 册,科学出版社 1994 年版,第 74 页。

④ (清)张廷玉等:《明史》卷 308《奸臣胡惟庸传》,中华书局 1974 年版,第 7908 页。

⑤ (清)张廷玉等:《明史》卷 94《刑法志二》,中华书局 1974 年版,第 2319 页。

⑥ (清)张廷玉等:《明史》卷 132《蓝玉传》,中华书局 1974 年版,第 3866 页。

万。至于其他文献记载，就更各说不一了。如蓝玉党案"彻侯、功臣、文武大吏以至偏裨将卒，坐党论死者，可二万人，蔓衍过于胡惟庸"①。这种说法则认定蓝玉党案诛杀人数超过胡惟庸党案，所以总计两案诛四万人。《国榷》认为胡惟庸案"尽诛其党，凡万五千"②；蓝玉党案"坐党论死者，可二万人"③。《罪惟录》认为胡惟庸案"自是肃清逆党，连相国李善长等万五千余人"④；蓝玉党案"彻侯、功臣、文武大吏以至偏裨将卒，坐党谋死者，可二万人"⑤。各家说法不一，但两案共计诛不到四万人说法基本可信，至于野史传闻杀 10 余万，乃至数十万之说，则不可信。

（二）案件性质

史家对于诛杀胡惟庸没有什么争议，认为他是罪有应得，问题是强加其身上的罪名，以及因此株连，则有非议。因为胡惟庸南交日本、北通北元，在杀胡惟庸的时候，并没有此项罪名，直到洪武十九年（1386 年），追查胡惟庸同党时，牵连出明州（今浙江宁波）卫指挥林贤，因为胡惟庸曾经派他"下海招倭"，所以被捕入狱，在重刑之下，何求不得，更何况林贤为了保住自己身家性命，以为将罪责推给已经死了的胡惟庸，就可以免罪，所以招出"与期会"的事情，这样"惟庸通倭事始著"。至于通北元之事，乃是封绩所招认的。封绩乃是北元之臣，洪武二十一年（1388年），被蓝玉抓回京师，李善长之罪就有隐藏封绩。洪武二十三年（1390年），封绩被查获，在严加审讯的情况下，讲胡惟庸曾经"致书称臣于元嗣君，请兵为外应"⑥。"封绩，河南人，故元臣来归，命之官，不受遣，还乡，又不去，谪戍于边，故惟庸等遗书遣之。"⑦ 史料记载前后矛盾，而且时间也存在问题。祝允明《野记》从《昭示奸党录》中摘取耿忠、于琥

---

①　（清）谷应泰：《明史纪事本末》卷 13《胡蓝之狱》，中华书局 1977 年版，第 184 页。

②　（明）谈迁：《国榷》卷 7 洪武十三年正月戊戌，张宗祥点校，中华书局 1958 年版，第 582 页。

③　（明）谈迁：《国榷》卷 10 洪武二十六年二月乙酉，张宗祥点校，中华书局 1958 年版，第 739 页。

④　（清）查继佐：《罪惟录·列传》卷 30《胡惟庸传》，浙江古籍出版社 1986 年版，第 2640 页。

⑤　（清）查继佐：《罪惟录·列传》卷 8 下《蓝玉传》，浙江古籍出版社 1986 年版，第 1440 页。

⑥　（清）张廷玉等：《明史》卷 308《奸臣胡惟庸传》，中华书局 1974 年版，第 7908 页。

⑦　《明太祖实录》卷 129，洪武十三年春正月戊戌条。

之罪，是他们为宁夏卫指挥时，听从胡惟庸、陈宁之命。"将囚军封绩递送出境，往勘地理，通报消息。后大军克破胡营，获绩，穷问所以，二人反情遂露。"《昭示奸党录》讲封绩是武进人，与《实录》也不同。无论史料如何记载，南交日本、北通北元是后来加给胡惟庸的罪名，而这些人受到牵连所招供，急于免罪，咬定死人，也是在情理之中。可以说这个罪名不能够成立，但却为追查胡惟庸党提供了理由。

至于朋党为奸，在当时的史料也无确切的记载，特别是王国用冒死上疏为李善长辩解云："善长与陛下同心，出万死以取天下，勋臣第一，生封公，死封王，男尚公主，亲戚拜官，人臣之分极矣。藉令欲自图不轨，尚未可知，而今谓其欲佐胡惟庸者，则大谬不然。人情爱其子，必甚于兄弟之子，安享万全之富贵者，必不侥幸万一之富贵。善长与惟庸，犹子之亲耳，于陛下则亲子女也。使善长佐惟庸成，不过勋臣第一而已矣，太师国公封王而已矣，尚主纳妃而已矣，宁复有加于今日？且善长岂不知天下之不可幸取。当元之季，欲为此者何限，莫不身为齑粉，覆宗绝祀，能保首领者几何人哉？善长胡乃身见之，而以衰倦之年身蹈之也。凡为此者，必有深仇激变，大不得已，父子之间或至相挟以求脱祸。今善长之子祺备陛下骨肉亲，无纤芥嫌，何苦而忽为此。若谓天象告变，大臣当灾，杀之以应天象，则尤不可。臣恐天下闻之，谓功如善长且如此，四方因之解体也。今善长已死，言之无益，所愿陛下作戒将来耳。"① 因为朱元璋没有杀王国用，人们便认为朱元璋已经认可李善长是冤案。事实上，蓝玉专横跋扈，居功自傲有之；胡惟庸擅作威福，本人与家人违法犯法的事有之。如果说他们谋反，交结朋党，且牵连朝野四万余人，则是欲加之罪何患无辞！以奸党罪而论，肯定是重大冤案。至于其中某些当事人，也不见得没有问题。沈德符认为："太师韩国公李善长之死，不特后世冤之，即解缙代虞部郎中王国用疏为善长理枉，其言不啻辨矣。"但自洪武二十六年（1393 年）诏书颁布之后，刘基昭雪，其子孙得以继承爵位，而李善长"竟泯泯，其长子祺，为驸马都尉，并所尚皇长女临安公主，俱已先殁，

---

① （清）张廷玉等：《明史》卷 127《李善长传》，中华书局 1974 年版，第 3773 页。

亦不蒙一恤，何也？则韩公之祸，似未必甚冤。"① 因此对此案分析的基点，就是奸党罪株连、诛戮功臣，是不能忽略的。

奸党的株连，往往也不是按照"奸党"定罪的。如"与胡惟庸交通，结成党弊"，最后"问出造反情由，族诛了当"。后来"将（林）贤于京师大中桥，男子出幼者皆诛之，妻妾婢之"②。沈家本评论曰："盖用叛逆律，尚非法外加重。男子出幼者诛，似不及岁者，尚不在骈诛之列。"③ 本来奸党与叛逆罪，都可以连坐株连与籍没家财人口，但叛逆比奸党处置更重，二者的界限并不明显，按照"二罪俱发以重论"，也具有从重的条件，也给统治者提供了法律支持。

无论如何，大规模杀戮，而且多是功臣，朱元璋借奸党以除功臣之事，应该是昭然若揭。"诸将当草昧之际，上观天命，委心明主，战胜攻取，克建殊勋，皆一时之智勇也。及海内宁谧，乃名隶党籍，或追论，或身坐，鲜有能自全者。圭裳之锡固足酬功，而砺带之盟不克再世，亦可慨矣夫。"④ 在征战的时候，诸将也时有违法，朱元璋多采取宥之、戒之，而没有举起屠刀。在海内宁谧之时，将建国功臣诛除殆尽，无论如何也不能够逃过历史的指责。

可以说，胡惟庸是否如朱元璋及秉承他意志审理此案的人所拟定的罪名，至今也说不清楚，但大权独揽的朱元璋，感觉臣下欺瞒自己，却是现实，雄猜之主的评价，也就成为必然。"治天下不可以无法，而草昧之时法尚疏，承平之日法渐密，固事势使然。论者每致慨于鸟尽弓藏，谓出于英主之猜谋，殊非通达治体之言也。夫当天下大定，势如盘石之安，指麾万里，奔走恐后，复何所疑忌而芟薙之不遗余力哉？亦以介胄之士桀骜难驯，乘其锋锐，皆能竖尺寸于疆场。迨身处富贵，志满气溢，近之则以骄恣启危机，远之则以怨望扞文网。人主不能废法而曲全之，亦出于不得已，而非以剪除为私计也。亮祖以下诸人，既昧明哲保身之几，又违制节

---

① （明）沈德符：《万历野获编》卷5《李善长》，中华书局1959年版，第137页。
② 《大诰三编·指挥林贤胡党第九》，载张德信、毛佩琦主编：《洪武御制全书》，黄山书社1995年版，第896—897页。
③ （清）沈家本：《历代刑法考》，中华书局1985年版，第1900页。
④ （清）张廷玉等：《明史》卷131《顾时第传赞》，中华书局1974年版，第3856页。

谨度之道，骈首就僇，亦其自取焉尔。"① 身处富贵，骄恣启危，正是奸党罪对官僚们的警诫。《明史》不赞同朱元璋"鸟尽弓藏"诛杀开国勋臣的提法，认为骄恣启危机，人主不能废法而曲全之。后世的奸党罪案，又何尝不是沿着皇帝宠信、失宠、入罪、追查的路数展开。"一切有权力的人都容易滥用权力，这是万古不易的一条经验。有权力的人们使用权力一直遇到界限的地方才休止。"② 在权大于法的制度下，只有皇帝是置身法外的，一切由宠信获取的权力，都是诱骗自己犯罪，终致杀身灭族的温床。

（三）案件影响

胡惟庸案直接导致明代中央统治机构的变革，而案件的后续发展也超出了单纯的司法范畴。震慑骄恣官僚的政治性杀戮，使奸党罪名成为君主打击不忠不顺官僚的托词和借口。

首先，中央统治机构的调整。早在洪武九年（1376年），朱元璋就废除地方行中书省，改为承宣布政使司，设左右布政使、按察使、指挥使，以"三司"管理地方事务。"承宣"两个字很生动，上承下宣，仅有上承朝廷的指令，向下落实的责任。胡惟庸案发以后，朱元璋首先想到他的权力基地中书省，所以很快地发布谕旨云："朕欲革去中书省，升六部，仿古六卿之制，俾之各司所事。更置五军都督府，以分领军卫。如此则权不专于一司，事不留于壅蔽，卿等以为何如？"深明朱元璋心理的官僚们，谁敢违反他的意志，所以对曰："历朝制度，皆取时宜，况创制立法，天子之事，既出圣裁，实为典要。但虑陛下日应万机，劳神太过。"③ 臣下的顾虑乃是从传统的体制上的考虑，因为取消中书省以后，皇帝变成了自己的宰相，工作量必然剧增。这对于嗜权如命而精力旺盛的朱元璋来说，最初是可以做到的，但也感到捉襟见肘，所以在此后曾经模仿古制，试行"四辅官"制度，以一些没有政治背景而无行政经验的老年学者充当，按照春夏秋冬四季，轮流为皇帝处理一些文书工作，根本没有实权，充其量算是机要秘书。这些老年学者，无论是精力，还是能力，都达不到朱元璋

① （清）张廷玉等：《明史》卷132《朱亮祖等传赞》，中华书局1974年版，第3871页。
② ［法］孟德斯鸠：《论法的精神》上册，张雁深译，商务印书馆1961年版，第154页。
③ 《明太祖实录》卷129，洪武十三年春正月己亥条。

的要求，所以不到三年，便宣布废除四辅官，从翰林院中选拔一些年轻人，任命他们为大学士，分别以华盖殿、文渊阁、武英殿、东阁为名，让他们看诸司启奏，兼司平驳，却使他们分居四处，不能够共同进行商议。即便是如此，这种制度的设置为其子孙将内阁改造为辅政部门提供了祖制支持，以至于"今之内阁，无宰相之名，而有其实"①。此次制度调整，再经过永乐帝的完善，中央容易牵涉奸党罪名的机构设置情况可简略地图示于下：

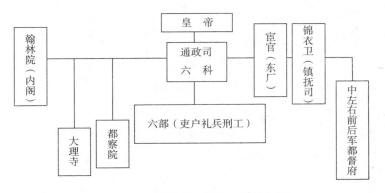

图4.1　胡惟庸案后机构设置变化图

其次，制度调整后的效果。朱元璋对这套体制评价很高，认为："我朝罢相，设五府、六部、都察院、通政司、大理寺等衙门，分理天下庶务，彼此颉颃，不敢相压，事皆朝廷总之，所以稳当。以后嗣君，并不许立丞相，臣下敢有奏请设立者，文武群臣即时劾奏，处以重刑。"② 这段话既是对废除丞相制度的肯定与捍卫，也是训诫后世之君理解奸党罪名打击对象的总指导。内廷与外廷"彼此颉颃"，严防小人专权乱政。近侍内廷机构的内阁、宦官、锦衣卫、通政司、六科，位卑权重，靠近皇帝，不尊其位，但重其权。外廷机构的六部、都察院、大理寺、五军都督府，位尊权轻，远离皇帝，尊其位，但不重其权。"从事物的性质来说，要防止滥用权力，就必须以权力约束权力。"③ 朱元璋深明这个道理，在赋予官僚权力的同时，又使他们构成相互监督的态势，这样即可事皆皇帝总之，所以

---

① （清）张廷玉等：《明史》卷210《赵锦传》，中华书局1974年版，第5560页。
② 《明太祖实录》卷239，洪武二十八年六月己丑条。
③ ［法］孟德斯鸠：《论法的精神》上册，张雁深译，商务印书馆1961年版，第154页。

稳当。太祖创立法制，"酌古建官，分列六部"，对敢言复设丞相者诛杀是为了"大小称位，内外绝迹"；对敢有上言大臣德政者诛杀是为了"政在朝廷，权在主上"；对敢有结交朋党变乱成法者各以其罪诛杀是为了"大臣奉法，各守其职司，小臣尽忠，或为之耳目，互相关纽，迭为唇齿"。明人认为是"我圣祖立国命官之体防微杜渐之深虑也"①。

制度构建虽深思谋虑，但却是构建在皇帝必须亲政，而且必须有超强的行政能力的基础上，其子孙则难以做到，不但不能够限制朝臣结党，还因重用宦官而出现依附的宦党，最终亡于党争，奸党罪名却成为朋党派系攻伐的工具。"邪党滋蔓，在廷正类无深识远虑以折其机牙，而不胜忿激，交相攻讦。以致人主蓄疑，贤奸杂用，溃败决裂，不可振救。故论者谓明之亡，实亡于神宗，岂不谅欤。光宗潜德久彰，海内属望，而嗣服一月，天不假年，措施未展，三案构争，党祸益炽，可哀也夫。"② 党争原本是君主专制中央集权制度难以根除的痼疾，朱元璋设置奸党罪名，欲以猛药治之，而猛药治急病，却很难治慢病，以疾风暴雨的形式，固然能够得到一些效果，但不能够持久，最终在疾风暴雨过后，所带来的损坏更大。明人有讨债还债之说。认为"洪武间，秀才做官吃多少辛苦，受多少惊怕，与朝廷出多少心力，到头来，小有过犯，轻则充军，重则刑戮。善终者十二三耳。其时士大夫无负国家，国家负士大夫多矣。这便是还债的。近来圣恩宽大，法网疏阔，秀才做官，饮食衣服，舆马宫室，子女妻妾，多少好受用，干得几许好事来？到头全无一些罪过。今日国家无负士大夫，天下士大夫负国家多矣。这便是讨债者"③。朱元璋利用自己专断的权力，大规模清除奸党，其子孙却没有这种能力，以至于奸党罪名成为派系斗争的工具。

胡惟庸案是利用法律手段调整君权与臣权矛盾关系的一个重要范例。朱元璋大兴胡惟庸案、裁中书省、废丞相及相应的政治制度调整，不再局限于使用"术"的方式，而是上升到采用以律的形式表现出来，用律令来保障君主专制的皇权膨胀需求，使除皇权之外的一切权力变为异己的非法

---

① （明）曹嘉：《持公论破私党以定国是疏》，载孙旬辑：《皇明疏钞》卷29，《四库禁毁书丛刊补编》册1，北京出版社2005年版。

② （清）张廷玉等：《明史》卷21《神宗纪二赞》，中华书局1974年版，第294—295页。

③ （明）陆容撰：《菽园杂记》卷2，佚之点校，中华书局1985年版，第16页。

力量。胡惟庸案引发了对丞相为首的外廷政治体制和内廷机构的变革，废除中书省丞相制度后，外廷无首，六部直接对皇帝负责，彼此颉颃，互不统摄，为强化监督控制，再增设六科，激化了部门之间的权力争夺。各部尚书、侍郎为获取更优的政治地位，不断寻求合作和庇护的政治势力，甚至甘愿沦为"阉党"。丞相废除后的残存辅政机构——内阁，在"嘉靖、隆庆以前，文移关白，犹称翰林院，以后则竟称内阁矣"①。内阁作为顾问机构，同样没有合法性基础，一旦侵越六部统摄权力，就会埋下类似严嵩是奸臣、张居正是奸党的祸根。"终有明一代，内阁始终在名与实、祖制与现实的矛盾中左右徘徊。"② 这样的困局，同样呈现在宦官身上，有明一代出现"翁父""立皇帝""大伴""内相""朕与厂公"等宦官称谓，权势显赫一时。然而朱元璋多次谈及历代宦官为乱的教训，禁止宦官干预朝政，这使宦官干政在有明一代皆是非法。皇帝倚信时，宦官是忠实的奴才，一旦龙颜震怒则沦为奸党，成为屠刀下的鱼肉。"中国的皇帝所感悟到的和我们的君主不同。我们的君主感到，如果他统治的不好的话，则来世的幸福少，今生的权力和财富也要少。但是中国的皇帝知道，如果他统治得不好，就要丧失他的帝国和生命。"③ 为了身家性命和江山的万世一系，朱元璋绞尽脑汁设计着高度膨胀的皇权制度。就守卫宫禁的锦衣卫看，不隶五军，但却绝非守卫这么简单。朱元璋将天下重罪者逮至京，收系锦衣卫诏狱，数更大狱，多使断治，胡惟庸案的扩大化即有锦衣卫的"功劳"。后悉焚卫刑具，以囚送刑部审理。所谓的"高皇帝设官，无所谓缉事衙门者"④。其实仅仅是臣下想用"祖制"压服皇帝，却不知朱元璋在锦衣卫设置之时，就已使其缉事，只是没有公开承认而已。锦衣卫在皇帝指挥下承办各种案件，一旦积怨太大的时候，也毫不犹豫将锦衣卫负责人予以处置，其罪名也是奸党，如纪纲、门达等。君主专制中央集权制度决定了设官分职，官必须拥有权力，但不能够有不受限制的权力。奸党律在一定程度上限制官僚的权力，赋予君主处置官的权力，凡是君主认为威胁

---

① （清）张廷玉等：《明史》卷73《职官志二》，中华书局1974年版，第1786、1787页。
② 林乾：《中国古代权力与法律》，中国政法大学出版社2004年版，第39页。
③ ［法］孟德斯鸠：《论法的精神》上册，张雁深译，商务印书馆1961年版，第128—129页。
④ （清）张廷玉等：《明史》卷95《刑法志三》，中华书局1974年版，第2334页。

自己的统治，都可以以"奸"处之。但也应该注意，君主身边的各种政治势力，也会利用君主而窃取君主的权力，奸臣、佞幸、权阉、朋党的不断涌现，也使奸党罪名的适用在波谲云诡的政治斗争中变幻莫测。

二、宦官王振案

朱元璋设计的制度，前提是有能"独操权柄"的皇帝，事都归皇帝总之才能稳当。如不能满足这个前提，威柄下移就难免出现。当政治环境变化时，窃弄威柄之人就会被目为奸臣贼党而遭奸党律的惩治。多数奸党案例的背后，都遵循着其一受皇帝宠信的政治势力崛起、窃弄威福、失宠受审、新势力再起的规律循环更迭。各种政治势力都仰赖皇帝，打击对方，"奸党"则是最好的理由。

（一）案件简况

英宗幼年即位，"一个幼帝使这个专制的君主国处于群龙无首的状态；虽然没有人能正式成为摄政，但一个事实上的摄政集体必须建立起来，去处理国家大事"①。这个摄政团是以张太皇太后为首，由内阁及司礼监组成。张太皇太后的平衡，以及阁臣杨士奇、杨荣、杨溥的能力，使内阁与司礼监基本上还能够和平共处。正统七年（1442 年），张太皇太后去世，而英宗也因为已经成婚而亲政，从小就照顾英宗的太监王振掌管司礼监。王振一方面控制英宗，一方面在朝臣中寻找盟友，然后利用英宗与盟友，打击妨碍其专权的人。在这种情况下，宦官、依附宦官的朝臣、皇帝直接掌控的锦衣卫结成联盟，成为一种非常典型的权力结合的方式，直接影响了以后奸党罪的司法与政治斗争。

"土木之变"是明代历史上著名的事件，司礼监太监王振，不顾群臣的反对，鼓动 22 岁的皇帝亲征也先，这实际上是在没有充足准备的情况下发起的，也就决定这次亲征是一次军事惨败。明英宗被俘，而怨恨王振的军官们将王振杀死。皇帝被俘的消息传到京师，在皇太后与于谦等大臣的支持下，以郕王朱祁钰代理朝政，后立为皇帝，即景泰帝。

---

① ［美］牟复礼、［英］崔瑞德编：《剑桥中国明代史》，张书生等译，中国社会科学出版社 1992 年版，第 337 页。

君主圣明，群臣不敢将罪责推给英宗，目标就直指王振。在景泰帝登上午门代理朝政的第一天，也先正向北京进军之时，群臣不是议论如何应对这种危在旦夕的局面，却针对王振开始发难。百官先是恸哭，没有人提出如何抵挡也先军队，后是右都御史陈镒等弹奏王振"恃宠狎恩，夺主上之威福，怀奸狭诈，紊祖宗之典章，每事不由于朝廷，出语自称为圣旨，不顾众议之公，惟专独断之柄，视勋戚如奴隶，目天子为门生，中外寒心，缙绅侧目"①，列举了20余项罪名。还没有正帝位的朱祁钰，此时也没有什么主意，没有提出什么具体的处置办法。群臣看到朱祁钰犹豫不决，便失声痛哭，午门三面是墙，回音使声震云霄，哪里还有朝会的秩序？在这种情况下，锦衣卫指挥马顺唱逐百官，原本是很正常的事情，但此时正是群情激奋，朱祁钰又不能够摆开皇帝的架势，已经出现百官集体失控的危险，若是有人挺身而出，出现非理性的行动，也是必然的。先是给事中王竑奋臂上前，揪住马顺的头发，张口便咬，高呼："（马）顺倚振肆强，今犹若此，诚奸党也！"于是百官一起上手，将马顺当场捶死，并且请籍没王振之家。在这种情况下，朱祁钰只好同意百官的请求，而百官尚不满足，向朱祁钰索要王振的党徒。朱祁钰在无奈的情况下，征求太监金英的意见，将内官毛贵、王长随从午门的门缝中推出。百官一拥而上，又将二人打死。这还不能够满足百官的要求，朱祁钰又命宦官将王振从子王山从午门推出。已经打死三人，若是这样一个个打下去，百官乱局将越发不可控制。明白的人劝阻大家，不要将王山打死，要交付法司定罪，这样大家都可以免责，而且将追查王振余党之事变为合法。朱祁钰看到这血淋淋的场面，想躲避回宫。于谦"排众直前"，拦住朱祁钰，逼他下旨云："顺等罪当死"，凡是参与殴打的官员"皆不论"，将王山押赴都市凌迟处死，总算安抚住百官。此事若不是于谦当机立断，后果难以预料，所以当时的吏部尚书王直对于谦说："国家正赖公耳，今日虽百王直何能为！"正因为于谦的努力，使追查王振党徒之事纳入了司法程序②。

---

① 《明英宗实录》卷181，正统十四年八月庚午条。
② 以上引文参见《明英宗实录》卷181，正统十四年八月庚午条；（清）张廷玉等：《明史》卷170《于谦传》，卷177《王竑传》，卷304《王振传》。

　　王振案后续沿三个方向展开，一是追查王振余党；二是王振党残存势力借"捶死"事企图报复；三是英宗复辟，赐祭王振，翻案平反。追查王振余党与朱元璋追查胡蓝党案不同，乃是从稳定政治局势方面的考虑。除了没有持久地扩大化之外，也没有采取残酷的杀戮，具体简况整理于表4.1：

表 4.1　王振案后续追查情况表

时间·弹劾	处置
正统十四年（1449年）八月乙亥 百官劾	令籍没太监郭敬、内官陈玙、内使唐童、钦天监正彭德清等家，以皆王振党也 正统十四年（1449）九月丙戌，镇守大同太监郭敬下狱。敬家已籍没，敬潜回京，法司执鞫，罪当凌迟处死，命固禁之
正统十四年（1449年）九月壬午 六科十三道劾：僧录司右觉义龚然、胜道；禄司右玄义王道宏；锦衣卫镇抚周铨；匠人沈诚、小旗张伯通俱略指挥马顺，引进出入王振家，漏泄机密事情。请寘诸法。法司议罪，俱应斩	王令宥死然、胜道、宏降为僧道、铨降总旗、诚、伯通俱着役。六科十三道复交章言宜正典刑，籍没家产。王曰：趋振门求进者不少，若尽加穷究，不可胜诛，其姑置之
正统十四年（1449年）九月甲申 法司疏：奸恶王振同居异姓之人皆当斩	帝曰：振倾危社稷，罪恶深重，但朕即位之初，体天地生物之心，姑屈法伸恩，但系振本宗不问大小皆斩首以徇，妇女给付功臣之家为奴，其家人、阉者宥死，杖一百发戍边卫
正统十四年（1449年）九月丙午 刑部主事刘错奏：乞敕都察院录王振罪恶，榜示天下，以释人心之怒	从之
正统十四年（1449年）九月丙午 刑科三覆奏请决奸党彭德清	命固禁之。己未，钦天监监正彭德清死狱中，命仍斩其首
正统十四年（1449年）九月庚午 旗手卫百户朱忠奏：成国公朱勇、镇远侯顾兴祖、修武伯沈荣，党王振为奸，请俱族诛之	帝曰：事在赦前，其勿论
正统十四年（1449年）十一月壬午 刑科给事中林聪劾：户部左侍郎奈亨，憸邪小人，附王振得职亚六卿，又贪缘入其子为中书，请以党恶行诛	帝悯其年老，命致仕
景泰元年（1450年）十一月甲辰 左都御史陈镒等言：工部尚书石璞，结王振得职，（太监金英）英受璞赂以保其位，宜不拘常律处以极刑，籍没其家	帝命固禁英，执璞鞫之，论罪应斩，命宥之，再犯不宥

　　王振党徒追查事宜，群臣非常关注，但面对科道官们不断的弹劾，景泰帝一直保持克制的态度，尽可能地不使事态扩大。这当然有应付也先入侵北京的大环境，也有对回到京城在南宫居住的前皇帝朱祁镇的顾忌，最重要的是基于自己皇位稳固的考虑。如户部右侍郎兼翰林院学士江渊言："振专权之日，奔趋于门者非止一人，及振诛夷之后，倾诈之徒欲陷人重罪，辄指为振党，致令无辜受害者甚多。乞敕法司，自大赦以后有指王振之党告讦者，悉皆放免，庶狱无枉滥。"景泰帝权衡形势，便"诏悉从之"①。皇帝的态度决定奸党案的追查是否适可而止，但影响皇帝决策的各种政治势力，也会直接影响到皇帝的态度。特别是明后期的奸党案，往往是循环报复，以至于出现东林党案和魏忠贤党案那种根本没有原则的"奸党"案。

　　基于案件出现非正常司法程序的"捶死"问题，王振党的残余势力想借此报复，只是在大臣和谏官的劝阻和景泰帝的明智下未能得逞。如浙江镇守中官李德上言："马顺等有罪，当请命行诛。诸臣乃敢擅杀，非有内官拥护，危矣。是皆犯阙贼臣，不宜用。"章下廷议，即交廷臣商议，当时大多数廷臣都参与此事，必然会维护自身利益，所以于谦等奏曰："上皇蒙尘，祸由贼振。（马）顺等实振腹心。陛下监国，群臣共请行戮，而（马）顺犹敢呵叱。是以在廷文武及宿卫军士忠愤激发，不暇顾忌，捶死三人。此正《春秋》诛乱贼之大义也。向使乘舆播迁，奸党犹在，国之安危殆未可知。臣等以为不足问。"景泰帝即位，并没有改变正统时期的辅政体制，司礼监与内阁并行的双轨辅政制，也决定皇帝必须在两者之间进行平衡，交给廷臣会议，目的让廷臣有个说法，也使宦官们有一种安全感，所以景泰帝曰："诛乱臣，所以安众志。廷臣忠义，朕已知之，卿等勿以德言介意。"② 一方面安抚了百官，一方面给宦官们一个交代，既不会追究百官的责任，也不会追查宦官中的王振党徒。如百官在殴死马顺的时候，其身上的牙牌不见了，马顺的养子就以皇宫安全为由，要求景泰帝责令吏部尚书王竑查找牙牌下落，试图压制百官不断要求追查王振党与的诉

　　① 《明英宗实录》卷205，景泰二年六月戊辰朔条。
　　② （清）张廷玉等：《明史》卷177《王竑传》，中华书局1974年版，第4707页。

求。百官当然明白这个道理，所以科道官们一起上疏，认为当时"凡在朝文武百官及守卫军校人等，莫不忠奋感激，共相捶死，务除奸党，以安宗社，何牙牌之暇顾？"如果皇帝责令寻找牙牌，"窃恐人怀疑，惧奸党复萌"①。景泰帝同意取消追查牙牌，实际上也警告群臣不要太过分，毕竟你们在午门前"捶死"人的行为，已经冒犯皇帝，一旦政治环境变化，势必成为政治对手攻击的口实。

英宗复辟后，以夺门功分别对石亨、曹吉祥、徐有贞等进行封赏，石亨加封忠国公，曹吉祥成为司礼监太监、总督三大营，徐有贞进入内阁。而对景泰帝得力臣僚的清算，既可以打着皇帝的名义实施政治报复，又可以清除异己势力，以便掌握权力。在这种情况下，于谦、王文等被定为奸党，就不是政治报复那样简单了。

自幼与自己在一起的王振，在英宗心里的位置太重了，在地位稳固之后，就恢复王振的官位，并且为他建祠堂，亲自书写"旌忠"二字，刻香木为像，招魂安葬。这种做法固然有英宗对王振的一往情深，也有宦官的促成。时太监刘恒等言："（王）振恭勤事上，端谨持身，左右赞襄，始终一德，陷没土木，岁久未沐招葬。"② 这样王振便从"夺主威福，怀奸狭诈，紊乱典章，擅政专权"的奸佞，摇身一变为"恭勤事上，端谨持身，左右赞襄，始终一德"的大忠臣，且为后世奸党罪可以翻案开了先例。

在赦免王振余党，追查于谦党与的同时，内阁与司礼监的争斗也没有停止。徐有贞进入内阁，欲大权独揽，就把原来的阁臣一个个排挤出去，并且窥探英宗的心理。眼见曹吉祥、石亨居功自傲而招权纳贿，引起群臣不满，徐有贞一方面拉拢群臣，一方面表示自己不与曹、石同流合污，还时不时向英宗报告曹、石等人的恣横事情，却不想曹、石拉拢科道官弹劾徐有贞"排斥勋旧"，曹吉祥更利用接近皇帝之便，"日夜谋构有贞"③。在君主专制体制下，谁离皇帝近，谁就能够得到信任，曹吉祥是宦官，徐有贞在内阁，胜负自此确定。曹、石排挤徐有贞后，进一步专权，利用君

---

① 《明英宗实录》卷205，景泰二年六月辛卯条。
② 《明英宗实录》卷283，天顺元年冬十月丁酉条。
③ （清）张廷玉等：《明史》卷171《徐有贞传》，中华书局1974年版，第4563页。

主汲取政治能量。但伴君如伴虎，君主本身对自己身边的人总是疑虑的，一旦感觉受到威胁，也会断然采取行动。英宗利用李贤内阁与锦衣卫，最终清除曹、石，也就是有名的"曹石之变"，曹、石又沦为了奸党。"奸党"日益成为在政治斗争中获胜者加给失败者的罪名。

（二）案件性质

对于王振奸党案从采取非常手段开始，到最终翻案，再到"曹石之变"，史家一直认为，这是朝臣与宦官的斗争。王振在获取英宗信任与依赖的情况下，"自以为是周公第二，独断地决定国家的重大问题，压制批判，甚至滥杀他的对手"①。在这种情况下，朝臣本能地要进行抗争，但在王振的淫威之下，部分官僚屈服了，部分官僚沉默了，部分官僚依附了，所以史家认为王振为明代宦官之祸的开始。如"正统间，宦官王振用事，百官多奔走其门。时大理卿薛瑄少卿顾惟敬，独不往会辨。蔚州卫兵沈荣冤狱，益忤挈，遂谪戍大同"②；"自王振盗权专横，与三杨皆避祸，不以国家安危自任，言于皇太后请诛之，由是国命皆归于振"③。连四朝老臣都如此，更何况其他臣僚了。"正统间，工部侍郎王某出入太监王振之门。某貌美而无须，善伺候振颜色，振甚眷之。一日，问某曰：'王侍郎，尔何无须？'某对云：'公无须，儿子岂敢有须。'人传以为笑。"④ 这些人嘲笑他人，殊不知他们自己所为，比这位王侍郎更无耻。如"一日，振召兵科给事中蒋性中至一处，有门南向，甚宏丽，蒋自东横行诣门，遥见都御史陈镒、王文跪门外，俯首向北。性中以为上在，步稍缓，微闻二人连诺而起，急趋而东。蒋遇而问曰：'上在耶？'二人曰：'王太监也。'蒋既见，乃是索《辽东地图》。言毕，蒋遽出图，乃太宗朝所画，久藏兵科，后来图籍厝压其上甚多，寻之数日，方得送上，不知其何用也。后有曰李御史者，因见振不跪，坐事送锦衣卫狱，捶楚几死，发极边充军。"⑤ 身为

---

① ［美］牟复礼、［英］崔瑞德编：《剑桥中国明代史》，张书生等译，中国社会科学出版社1992年版，第341页。

② （明）焦竑辑：《国朝献徵录》卷68《大理少卿仰宗泰传》，台湾学生书局1984年版。

③ （明）严从简撰：《殊域周咨录》卷18《鞑靼》，余思黎点校，中华书局1993年版。

④ （明）陆容撰：《菽园杂记》卷2，佚之点校，中华书局1985年版，第13页。

⑤ （明）王锜撰：《寓圃杂记》卷10《王振》，张德信点校，中华书局1984年版，第81页。

朝廷大臣，就应该上跪皇帝，下跪父母，如今在宦官面前下跪，不以为耻，反以为荣，对下属毫不隐讳。更有甚者，大肆行贿，然后剥民。如"福建参政宋彰，交址人，与中官多亲旧，侵渔所得以万计，馈送王振，遂升左布政。抵任计营所费，验户敛之，贫乏不堪者甚为所逼"①。由此史家将国力衰落，统治不稳定的原因，都归结于宦官专权。

明英宗承接盛世，但各种矛盾已经突出。在内因为赋役制度没有及时调整，人民逃避徭役的事情屡有发生，而自然灾害也频频发生，人民逃亡，无以为生，便转而为盗。在北方，蒙古人为了争夺生存空间，经常到边境掠夺。这些都认为是宦官专权所致，"自王振专权，上干天象，灾异叠见。振略不惊畏，凶狠愈甚，且讳言灾异。初，浙江绍兴山移于平田，民告于官，不敢闻。又地动，白毛遍生，奏之如常。又陕西二处山崩，压折人家数十户，一处山移有声，叫三日，移数里，不敢详奏。又黄河改往东流于海，淹没人家千余户。又振宅新起于内府，讫方未逾时，一火而尽。又南京殿宇一火而尽，是夜大雨，明日殿基上生荆棘二尺高，始下诏救。盗不可遏，蝗不可灭，天意不可回矣！胡寇乘机大举犯边，声息甚急，日报数十次"②。也就是说，所有这一切，都怪罪宦官专权，似乎没有朝臣们的责任。

朝臣们卸责于宦官，是想恢复祖制，由他们来办理朝政，但王振之死，以及对王振党与的清算，并不能够改变当时已经形成的体制，宦官也不能够消除。虽然景泰帝努力平衡，使宦官与朝臣之间的矛盾被控制在彼此都能够容许的范围内，但在皇位继承人问题上，也使他失去许多宦官与朝臣的支持。原本景泰帝当皇帝，其兄的儿子朱见深仍然为皇太子，如今他改立自己的独生子朱见济为皇太子，却不想朱见济却去世了。没有子嗣，却不肯将朱见深再立为太子，臣下提议反遭迫害。朝臣最初的不满，也逐渐变成仇恨，也给他们迎立英宗复辟提供了契机。

经过"夺门之变"，明英宗重新当上皇帝，拥立他的人，必然要清洗

① （明）李贤：《古穰杂录摘抄》，全国图书馆文献缩微复制中心影印《纪录汇编》1994 年版，第 222 页。
② （明）李贤：《古穰杂录摘抄》，全国图书馆文献缩微复制中心影印《纪录汇编》1994 年版，第 222 页。

景泰帝时重臣。一般来说，这种清洗是残酷的，在永乐帝清洗建文党人的时候，还曾经出现"瓜蔓抄""诛十族"的事情。这次也不例外，法司在指控于谦各种罪行的时候，提出将于谦凌迟处死。明英宗没有答应这种请求，只是同意斩首，于谦与大学士王文，以及四名太监被斩首了，对于"天下冤之"的非议也没有派锦衣卫缉查。"遂溪教谕吾豫言谦罪当族，谦所荐举诸文武大臣并应诛"，对于这种请求，英宗并不认可，而列入于谦"奸党"的各犯遣戍近边充军。"千户白琦又请榜其罪，镂板示天下，一时希旨取宠者，率以谦为口实。"① 榜虽然出了，但没有大肆株连，乃是事实，再加上英宗临死之前取消妃嫔陪葬，故史家对其评价甚高。"至于朝政所施，靡不究心。赏功罚罪，动咨成宪，而威福大柄，一自己出，臣下凛然承顺，莫敢干预于其间，此上英明之略也"。尤其是复辟以后，"不与迎复之谋者，终保全之"②，是对其没有兴大狱的肯定。

就王振党案的性质而言，应该属于朝臣与宦官斗争。之所以没有大肆追查"奸党"，不采取残酷诛戮的形式予以处置，则是由多方面因素促成的。这也影响到英宗对于谦"奸党"的处置，此后的"奸党"案基本上采取不广泛牵连的模式，且定案后还能够翻案，也给后世开了先例，成化帝能够为于谦平反，赦免于谦"奸党"，也就有例可循了。

（三）案件影响

既然王振案是朝臣与宦官斗争的产物，作为朝臣就想争回原本属于他们的权力。先是吏部听选知县黎近提出："我朝之初慎重法律，各有攸司，故刑皆当罪，人无怨尤。且如风宪本纠劾百僚之司，刑部乃问理狱讼之庭，大理寺为参驳刑狱之所。至永乐间事之重者，或送锦衣卫讯问，盖亦恐有冤耳。自太监王振专国，官无大小，事无轻重，悉送锦衣卫镇抚司拷讯，遂使掌司事指挥马顺得以阿比权势，高下其手。是以翰林侍讲刘球以直谅而死，监察御史李俨以不屈而贬，负屈衔究，比比而有。乞今后大臣有犯重罪或皇上亲赐推问，或命六部、都察院堂上官会勘，奏请处分。如

① （清）张廷玉等：《明史》卷 170《于谦传》，中华书局 1974 年版，第 4550 页。
② 《明英宗实录》卷 361，天顺八年春正月癸酉条。

此则刑狱清，而待臣下之礼得矣。"① 此后，臣下在弹劾的时候，都要求将被弹劾之人"付法司"治罪，景泰帝都以各种理由予以拒绝。锦衣卫属于"祖宗之制"，是皇帝赖以控御群臣的利器，岂能够因宦官之故而使之成为闲散？更何况宦官也不能够废除。

在景泰时期有两个著名的宦官，一个是金英，一个是兴安。金英在也先军队兵临城下的时候，徐有贞（珵）倡议南迁，"太监金英叱之，胡濙、陈循咸执不可。兵部侍郎于谦曰：'言南迁者，可斩也。'珵大沮，不敢复言"②，起到稳定人心的作用，并且支持于谦进行北京保卫战。兴安是在金英失宠之后掌管司礼监的，于谦之所以能够任事，内阁能够履行职责，兴安是有力的支持者。史称："（兴）安有廉操，且知于谦贤，力护之。或言帝任谦太过，安曰：'为国分忧如于公者，宁有二人！'"兴安也很专横跋扈，在议立皇太子时，文武群臣"心知不可，然莫敢发言，迟疑者久之。"在这种情况下，"司礼监太监兴安厉声曰：'此事今不可已，不肯者不用金名，尚何迟疑之有？'于是，无一人敢违者，其议遂定"③。叶盛曾经评论过兴安云："予尝谓己巳北狩一事，大臣中持论不同，本明白可知，而或隐或见。予颇自负，以为独知之真，内惟兴安一人，似昧报施，以其全首领死牖下也。今日偶王暕舍人语，颇不合。暕之言曰：'当时内非兴安，外非于少保等持论之坚，必与虏绝，以愧之激之，则天旋地转，不可得也。'虽亦主一说，终非正论。予略与之辩，暕笑曰：'兴安受佛戒，遗命化沉香龛子，粉其骨，作浮图充供。此岂其报欤？'"④ 英宗复辟，"是时，中官坐诛者甚众，安仅获免云。安佞佛，临殁，遗命舂骨为灰，以供浮屠"，所以认为是信佛的报应。

宦官不独断专行，与内阁能够保持和平共处，才能够稳定政局，而英宗复辟成功，也没有再偏信宦官，使内阁与司礼监双轨辅政体制得以发挥效能，但对宦官依然信任，也为以后宦官专权奠定了基础。

王振所代表的宦官势力的崛起，对明朝的官场风气产生了巨大的影

---

① 《明英宗实录卷186》正统十四年十二月己未条

② （清）张廷玉等：《明史》卷171《徐有贞传》，中华书局1974年版，第4563页。

③ 《明英宗实录·废帝附录》卷33，景泰三年夏四月乙酉条。

④ （明）叶盛撰：《水东日记》卷28《论兴安》，魏中平点校，中华书局1980年版，第280页。

响。加之英宗复辟，赐振祭，赐祠"旌忠"的做法，更是使糜烂的士风不可挽救。在王振专权之时"忠谏者死于非命，鲠直者谪为边军，君子因廉而见斥，小人以贪而骤升"①。这是因为在"英宗朱祁镇嗣位不久，以王振为首的宦官集团权势便急剧膨胀，国政陷入混乱的阶段"②。此时固然还有一二正直大臣没有阿附，也只不过采取洁身自好，丝毫不敢与权宦作对，更助长士人趋奉宦官。就连宣德、正统年间的名臣，巡抚江南周忱，也学会阿附，才能够成其事业。"巨珰王振当国，虑其异己也。时振新作居第，今之京卫武学是已。公（周忱）预令人度其斋阁，使松江作剪绒毯遗之，覆地不失尺寸。振极喜，以为有才。公（周忱）在江南凡上利便事，振悉从中赞之。"③不这样做，周忱也不可能成为一代名臣。沈德符认为："国朝士风之敝，浸淫于正统，而糜溃于成化。当王振势张，太师英国公张辅辈尚膝行白事而不免身膏草野。"正统时期开创这种风气，使士大夫阿附宦官，不以为耻，反以为荣，数代以后，这种"市狙庭隶所为，且亦有不宵为者，缙绅辈反恬然不以为耻，真可骇也"④。而"大臣的卑躬屈膝，在主观上或客观上，都助长了宦官势力的扩张，为宦官的擅权乱政开了方便之门"⑤。所以"明代阉宦之祸酷矣，然非诸党人附丽之，羽翼之，张其势而助之攻，虐焰不若是其烈也"⑥。"人心者，国家之命脉也。"⑦ 王振之后，汪直、尚铭、梁芳、刘瑾直至魏忠贤，代有权阉出现。不识廉耻的士大夫根本无视交结近侍律条的规定，大肆与宦官交结，馈献取媚，即以为贤，朝夕誉之，以求进身获利。而偶有方正不阿者，因不与宦官交结而遭到诽谤诋毁，朝夕谗之。士风的糜溃，是王振对明代政治的又一个深刻影响。

继宦官势力崛起后，各股政治势力相继崛起争权夺利，朝臣党争日趋剧烈，士风糜溃逐渐演化为士风糜烂。在党争中，官僚失去廉耻，"民心、

---

① 《明英宗实录》卷186，正统十四年十二月壬申条。
② 韦庆远：《明清史新析》，中国社会科学出版社1995年版，第2页。
③ （明）陆深：《愿丰堂漫书》，上海文明书局石印本1922年版，第2页。
④ （明）沈德符：《万历野获编》卷21《士人无赖》，中华书局1959年版，第541页。
⑤ 杜婉言：《失衡的天平：明代宦官与党争》，台湾万卷楼图书有限公司1999年版，第30页。
⑥ （清）张廷玉等：《明史》卷306《阉党传序》，中华书局1974年版，第7833页。
⑦ （清）张廷玉等：《明史》卷226《吕坤传》，中华书局1974年版，第5938页。

兵心、士子之心，将吏之心，无所不坏，要皆在廷诸臣之先坏而种种因之。重贿所归，使人不知法纪；以科场为垄断，以文字为纠连；举贪官污吏之所渔猎，豪绅悍士之所诳骗，愤帅骄兵之所淫掠，聚毒于民。民心既去，国运随之"①。天启六年（1626 年），"巡抚浙江金都御史潘汝桢请建魏忠贤生祠，许之。嗣是建祠几遍天下"②。毫无士风人格的阉党，为魏忠贤歌功颂德，成为一场全国性的运动，而其发端，即始于王振的擅权。

第二节　曾铣交结近侍案

嘉靖时期的首辅之争可谓激烈，内阁成员为了占据首辅位置，相互倾轧，使用了各种手段。他们在内勾结台谏、党比阉宦，在外广为联络，扩大势力范围，想通过建立不世之功以巩固自己的地位。但他们上有雄猜之主，左右有觊觎者，下有利益分享者，因此阁臣相倾，党争酷烈，不惜制造冤狱，以将对方置于死地，嘉靖中期的曾铣案就是一例。此案是以"交结近侍"定罪的，最终曾铣被斩于西市，而诬陷他交结近侍中的"近侍"，则是指内阁首辅夏言。夏言因此案被罢免首辅，继而被斩，严嵩成功地挤走夏言，夺取首辅，独居相位近 20 年，最终被《明史》列入"奸臣传"。可以说首辅之争没有胜利者，只有失败者，因为胜利是暂时的，失败是必然的。在你方唱罢我登场的情况下，每个人使用的手段，既有相同之处，又有不同之处。相同之处就是千方百计地得到皇帝的信任，不同之处则是采取的手段各异。

一、案件简况

以"交结内侍官员"定罪的曾铣（1509—1548 年），字子重，号石塘，江都人，与夏言妻父苏纲是同乡，这也是他得以受到夏言重视的一个

---

① （清）谈迁：《国榷》卷 64 崇祯十七年九月丁卯，张宗祥点校，中华书局 1958 年版，第 6156 页。

② （清）张廷玉等：《明史》卷 22《熹宗纪》，中华书局 1974 年版，第 305 页。

原因。曾铣是嘉靖八年（1529 年）进士，以后仕途很好，先为知县，后为御史，以后巡抚辽东成功地镇压兵变，显示出统帅的才能。再升副都御史巡抚山东、提督雁门关等关，兼巡抚山西，升兵部侍郎。嘉靖二十五年（1546 年），因为陕西三边吃紧，在夏言的支持下，升任陕西三边总督，统领西北边防重镇延绥镇、宁夏镇、甘肃镇之兵，力主收复被俺答占领的河套地区。

　　支持曾铣收复河套的夏言（1482—1548 年），字公谨，号桂洲，江西贵溪人，正德十二年（1517 年）进士，初任兵科给事中，在大礼议第二阶段，因为上疏而被嘉靖帝赏识，不断升迁，嘉靖十五年（1536 年）进入内阁，嘉靖十八年（1539）升任首辅，而他的同乡严嵩在嘉靖二十一年（1542 年）进入内阁以后，其地位就不太稳固了。

　　陷害曾铣、夏言的严嵩（1480—1567 年），字惟中，号介溪，江西分宜人，弘治十八年（1505 年）进士。他的一生大致可以分为五个阶段：青少年时期积累名望；任职翰林院、国子监窥测时局；职任礼部参与大礼议；进入内阁排挤夏言；独任首辅直到愁死家乡。

　　"猜忌之主，喜用柔媚之臣。"夏言虽然是通过大礼议取媚于嘉靖帝而进入内阁，因为"豪迈有俊才，纵横辨博，人莫能屈"，得势以后，也未免"志骄气溢"[1]。严嵩"无他才略，惟一意媚上，窃权罔利"[2]。两个人品格完全不同，在政治斗争中所采取的策略也不同。"志骄"势必难以"柔媚"，罔利则必须"媚上"，在雄猜之主下，唯独柔媚才会被信任。为了说明这一点，史家采取对比的方式，罗列几件事。比如说，嘉靖帝笃信道教，想让群臣也带香叶冠，夏言则认为"非人臣法服，不敢当"。严嵩"于召对日，故冠香叶，而冒轻纱于外，令上见之"[3]。夏言因此事而失帝意，而严嵩则抓住单独见嘉靖帝的机会，"顿首雨泣，诉（夏）言见凌状"。以告黑状的形式，将夏言搞下台，自己当了首辅。没有想到嘉靖帝并没有忘记夏言，不到两年，又重新让夏言入阁。按照明代制度，以入阁

---

①　（清）张廷玉等：《明史》卷 196《夏言传》，中华书局 1974 年版，第 5198 页。

②　（清）张廷玉等：《明史》卷 308《奸臣严嵩传》，中华书局 1974 年版，第 7916 页。

③　（清）谷应泰：《明史纪事本末》卷 54《严嵩用事》，中华书局 1977 年版，第 811—812 页。

先后排序，夏言回来，依然为首辅。按理说应该是吃一堑长一智，但夏言旧习不改，"直陵（严）嵩出其上。凡所批答，略不顾嵩，嵩嗫不敢吐一语。所引用私人，（夏）言斥逐之，亦不敢救，衔次骨"①。在这种情况下，严嵩必欲置夏言于死地的阴谋出现了，那就是收复河套之事。

　　嘉靖二十五年（1546 年），俺答率部 10 余万骑入犯延安府、庆阳府，时为陕西三边总督曾铣打败来犯之敌，不久俺答部又有 3 万余骑入犯，进攻西安之三原、泾阳。曾铣认为只有收复河套，才能够彻底消除"虏患"，便呈上《议收河套疏》，讲了具体策略。嘉靖帝将奏疏交兵部议覆，兵部尚书陈经，不主张收复河套，而夏言则力主收复河套，所以票拟了赞许曾铣奏疏的圣旨，收复河套也成为军国大事。身为陕西三边总督，指挥三镇兵马，但甘肃镇总兵仇鸾以朝里有人，不听调遣。曾铣弹劾其十大罪状，仇鸾被嘉靖帝拿赴京城讯治。

　　曾铣原以为有皇帝的支持，可以完成收复河套的大计，却"万万没有想到，他的忠肝义胆招来的却是杀身之祸"②。严嵩对于收复河套之事，表面上附合夏言，暗地却设置陷阱。严嵩"收买世宗周围之人，窥帝动向。并嘱托近侍太监，每每在世宗修玄之时奏报曾铣军情，引起嘉靖帝的反感"③。嘉靖二十六年（1547 年）七月，陕西西安府澄城县发生大地震，按照迷信的说法，这是天变，而地震导致崩裂，应理解为"分崩离析"。嘉靖二十七年（1548 年）大年初一，严嵩将陕西山崩地裂之事奏报，此时正是嘉靖醮斋祈祷时，又赶上北京连续风霾天气，已经使嘉靖帝心情不快，严嵩奏疏又以天象示警，"主兵火，有边警"，使本来对收复河套模棱两可的嘉靖帝产生疑虑。严嵩又收买嘉靖帝左右的太监，暗示他们"汉朝灾异，赐三公死，以应天变"。当嘉靖帝向太监们询问收复河套是否能够成功的时候，他们说："万岁不问，奴不敢言。曾见铣疏来，举朝大臣，相顾骇愕，以为召衅生事，危可立待。"这一番话，使嘉靖帝"色动"④。

---

① （清）张廷玉等：《明史》卷 196《夏言传》，中华书局 1974 年版，第 5197 页。
② 张显清：《严嵩传》，黄山书社 1992 年版，第 150 页。
③ 胡凡：《嘉靖传》，人民出版社 2004 年版，353 页。
④ （明）于慎行撰：《谷山笔麈》卷 4《相鉴》，吕景琳点校，中华书局 1984 年版，第 35—36 页。

嘉靖二十七年（1548年）大年初二，召见群臣，嘉靖帝提出："上天示象，儆戒昭然，而防备消弭，当尽人事。"[1] 即要群臣修省，以禳天灾。几天以后，嘉靖帝召见内阁诸臣，商议曾铣复套之事，嘉靖帝发问："套虏之患久矣，今以征逐为名，不知出师果有名否？及兵果有余力，食果有余积，预见成功可必否？昨王三平未论功赏，臣下有怏怏心，今欲行此大事，一铣何足言？只恐百姓受无罪之杀，我欲不言，此非他欺罔比，与害几家几民之命者不同。我内居上处，外事下情何知可否？"这一连串提问，显然对收复河套不满，夏言感到惶恐，所以说："不敢决，请上断。"严嵩觉得时机成熟，上疏云："诚有如圣心所虑者。""铣以好大喜功之心，而为穷民黩武之举，在廷诸臣，皆知其不可，第有所畏，不敢明言。"话中之意，已将矛头直指夏言，嘉靖帝先指斥严嵩为什么不早说，后是安抚他，"宜尽忠供职"。夏言深感不妙，急忙上疏讲收复河套之事，曾经与严嵩商议过，他"绝无异言，今乃先臣具奏，名虽自劾，意实专欲诿臣自解"。于是两个人都进行疏辩，嘉靖帝最终听信严嵩之言，于是下旨将曾铣"令锦衣卫驱遣官校，械系至京问"；"科道官何寂无言，锦衣卫其悉逮至，廷杖之，仍各罚俸四月"；"夏言其削夺余官，令以尚书致仕"[2]。

正在筹划恢复河套的曾铣，万万没有想到风云突变，当锦衣卫缇骑将曾铣押入槛车，"三军大恸，声闻百里。部下亲兵五千人，萃天下之精勇也，日夜磨刀称反，边官抚慰，徐徐遣散"[3]。亲兵们的这种行为，实际上对曾铣非常不利，也给人以口舌。

屋漏偏逢连夜雨，临阵换将，本来就是忌讳，偏偏此时俺答率部又进攻，更给严嵩以口实。曾经被曾铣弹劾的仇鸾，也趁机弹劾"曾铣谋国不忠，驭军无法"，显然是严嵩授意，被赶出京城的夏言，感觉不妙，于中途上万言书，讲严嵩害他的七大罪状，但并没有说服嘉靖帝，反而使严嵩必欲除去夏言的决心更为坚决，绝不能够让夏言再有翻身的机会。

审讯曾铣之案的，乃是锦衣卫都督陆炳。夏言在位时，曾经拟旨查办

---

① 《明世宗实录》卷332，嘉靖二十七年正月己卯条。
② 《明世宗实录》卷332，嘉靖二十七年正月癸未条。
③ （明）李诩撰：《戒庵老人漫笔》，魏连科点校，中华书局1982年版，第179页。

陆炳贪赃枉法，虽然被嘉靖帝宥罪，但也恨夏言入骨。锦衣卫酷刑臭名昭著，陆炳用极其野蛮的逼供手段审讯曾铣，并将审讯情况及时通报给严嵩。"严嵩口蜜腹剑，一方面假意奏请'宥免夏言提问'，一方面咬定所诬曾铣、夏言之罪属实，从而在实际上将他们置于死地"①，最终得到嘉靖帝批准，将曾铣交三法司拟罪。

在皇权高涨的时期，三法司就是按照皇帝的旨意办事，而在阁权日盛之时，他们也听从内阁指使。三法司试探皇帝意旨，认为"律无正条，宜比守边将帅失陷城寨者，斩"。嘉靖帝认为："铣情罪异常，有旨重拟，乃称律无正条，固可置不问乎！仍依所犯正律，议拟以闻。"很明显，这里的正律，就应该在《大明律》中寻找。此时严嵩也想置夏言于死地，暗示三法司，以"交结近侍官员"律定罪，这样既可以将曾铣杀死，也可以让夏言难以脱罪。果然三法司"请当铣交结近侍官员律"②。此罪不但交结双方皆斩，妻子还要流二千里。

这次拟罪，嘉靖帝很满意，当即批准，结果曾铣被斩于北京西市（今西四），妻子远袭边陲，此后还下诏追赃，大肆株连，结果"铣廉，既殁，家无余赀"③。因此"铣既死，家无余赀，妻子狼狈远徙，天下闻而冤之"④。

曾铣虽然被斩首了，案件并没有结束，因为按照"交结近侍官员"律，交结双方都是斩罪。"每当严嵩想起夏言三起三落的历史，就不寒而栗。万一喜怒无常的皇上再次赦免其罪，官复原职，那后果是不堪设想的。"⑤ 当时嘉靖帝"怒铣甚，然实无意杀（夏）言也"。这使严嵩夜不能寐，于是授意仇鸾，"令以复套事，攻铣贿（夏言），表里作奸，觊图大福"⑥。如果仅仅是"表里作奸"，嘉靖帝还不至于大怒，若是"觊图大福"，则威胁皇帝的位置，必然会大怒。果然，嘉靖帝下旨将"夏言逮至

---

① 张显清：《严嵩传》，黄山书社 1992 年版，第 162 页。
② 《明世宗实录》卷 334，嘉靖二十七年二月癸巳条。
③ （清）张廷玉等：《明史》卷 204《曾铣传》，中华书局 1974 年版，第 5389 页。
④ 《明世宗实录》卷 334，嘉靖二十七年二月癸巳条。
⑤ 张显清：《严嵩传》，黄山书社 1992 年版，第 165 页。
⑥ 《明世宗实录》卷 334，嘉靖二十七年二月癸巳条。

京，下镇抚司拷讯"。夏言不服，在狱中上疏为自己辩白说："臣之罪衅，起自雠家，恐一旦卒然死于斧钺之下，不复能自明。今幸一见天日，沥血上前，即死不恨"，认为所有罪状，都是"皆重文巧诋，茫无证据。今天威在上，雠口在旁，臣不自言，谁复为臣言者"。这种辩白没有真凭实据，仅仅说仇人所为，如何能够消除嘉靖帝之怒，所以令三法司拟罪以闻。三法司没有明白嘉靖帝的意图，认为"（夏）言罪当死，但直侍多年，效有劳勋，据律宜在议能、议贵之条。且词未引伏，或有别情，非臣等所敢轻拟"。这是援引"八议"之条，认为夏言应该适用于议能，即有大才业、大功勋者；议贵，即爵一品及文武职事官三品以上，散官二品以上者。如果夏言没有被革职，符合议贵标准，要是嘉靖帝记念夏言大礼议功，可以议能。问题是这两项现在都不复存在了，所以嘉靖帝说："（夏）言辩疏已报寝，不当议覆"，并且申饬三法司官"尔等任曰执法，岂不知恩威当自上出，乃敢借议意朋护！朕视（夏）言为腹心，（夏）言则视君为何？"这个"视君为何"，嘉靖帝列举"动称有密谕主行"，"故作怨语"，乃是指"因不奉戴香巾"之事。"动称密谕"是专断，其罪难饶，口出怨言是对君主不满，这个"不奉戴香巾"，也可见嘉靖帝气量狭窄，更凸显严嵩密告夏言时添油加醋之影响。嘉靖帝坚决要求按律定罪，既然曾铣是"交结近侍官员"，夏言也应该按此拟罪，"于是竟坐（夏）言与铣交通律，斩，妻子流二千里"①。

嘉靖二十七年（1548 年）十月二日，夏言被斩于西市，据说杀夏言之日，"阴云四合，大雨如注，西市水至三尺"。而"监刑主事俞乾，惊而仆地，移时乃苏"②。北京城冬天很少下雨，这里应该是民间传说，也反映人们对夏言与曾铣之死所持的态度，认为就是冤案。

二、案件性质

曾铣与夏言被杀，乃是冤案，史家已有定论。因为"世宗威柄自操，用重典以绳臣下，而弄权者借以行其私"。以至于"铣复套之议甚伟。然

---

① 《明世宗实录》卷335，嘉靖二十七年四月丁未条。
② （明）朱国祯：《涌幢小品》卷9《夏贵溪》，远方出版社2001年版，第207—208页。

权臣当轴，而敌势方强，虽颇、牧乌能有为"①。"言所奏定典礼，亦多可采。而志骄气溢，卒为嵩所挤。"② 作史者不能够归罪皇帝，只能够归罪奸臣。其实，曾铣与夏言的悲剧是历史的必然。

一方面是嘉靖中期政治腐败，奸佞之臣得以用柔媚之术惑主，而猜忌之主也喜欢柔媚之臣。夏言以青词取悦嘉靖帝，最终得到重用。严嵩也以青词得到嘉靖帝的垂青，彼此有相同之处。古人对妻妾争宠，颇多描述，认为争宠必然引起嫉妒，而取媚夫君，进献谗言也是惯用的手段。作史者将严嵩描述为"争宠"，将之置于婢妾的位置，对夏言也不留情。夏言在驱逐首辅张孚敬时，"数上书论劾大臣，无不立应，与（夏）言争宠而妒"③。"是时相（夏）言与（严）嵩争宠，意忮甚。"④ "夏贵溪（言）以侍读学士兼是官，曾与辅臣张永嘉（孚敬）相讦，然皆为争宠互诟，而张卒不胜。"⑤ 因此，从人品而言，夏言与严嵩应该是别无二致。

一方面是嘉靖帝大权独揽而刚愎自用，"虽修玄西内，而权纲总揽，夜分至五鼓，犹览决章奏"⑥。他对臣下一直心怀戒心，更不肯轻信臣下意见，更善于吹毛求疵，挑出一些小毛病，便大逞淫威。如礼科都给事中杨思忠，嘉靖帝"元旦摘其贺表误，廷杖之百，而氓之"⑦。大年初一，群臣贺岁，居然以贺表小误，在午门廷杖，将杨思忠革职为民，新春之际，在群臣心中蒙上阴影。嘉靖帝不但广设耳目，而且连狱卒都纳入耳目之中，"日令狱卒奏其语言食息，谓之监帖。或无所得，虽谐语亦以闻"⑧。还鼓励群臣相互告讦（互相揭发），欲"周知百僚情伪"，使臣下感觉到"恩

① （清）张廷玉等：《明史》卷204《曾铣等传赞》，中华书局1974年版，第5401页。
② （清）张廷玉等：《明史》卷196《夏言等传赞》，中华书局1974年版，第5199页。
③ （明）焦竑辑：《国朝献徵录》卷16《大学士夏公言传》，台湾学生书局1984年版，第563页。
④ （明）焦竑辑：《国朝献徵录》卷29《大司农克斋王公暐传》，台湾学生书局1984年版，第1224页。
⑤ （明）沈德符：《万历野获编》卷19《吏垣都谏被弹》，中华书局1959年版，第502页。
⑥ （清）谷应泰：《明史纪事本末》卷52《世宗崇道教》，中华书局1977年版，第795页。
⑦ （明）焦竑辑：《国朝献徵录》卷16《大学士徐公阶传》，台湾学生书局1984年版，第594页。
⑧ （清）张廷玉等：《明史》卷209《沈束传》，中华书局1974年版，第5532页。

威不测"①。嘉靖帝这样做，主观上想巩固统治，但实际效果却恰恰相反，不但给谗佞者以倾陷他人的机会，也助长朝廷大臣互相倾轧，故首辅之争，极为惨烈。

中国人自古以来就同情弱者，对于首辅之争的失败者夏言充满同情，而对倾害他的严嵩恨之入骨，"其后分宜（严嵩）擅权，枉杀贵溪（夏言），京师人恶之，为语曰：'可恨严介溪，作事忒心欺。常将冷眼观螃蟹，看你横行得几时'"②，"可笑严介溪，金银如山积，刀锯信手施，尝将冷眼观螃蟹，看你横行得几时"③。那个时候的北京人，善于编这种歌谣，小儿诵之，即便是锦衣卫逻卒也不管。

其实民众的呼声，不仅仅是同情弱者，也有现实的问题。曾铣、夏言被杀，虽然是以"交结近侍官员"律予以处置，但核心问题是"复套"，这原本是国家机密，故夏言一直以密疏的形式上达，而如今全国都沸沸扬扬，都知道复套之事，俺答部族岂能够不知道，所以不到两年，俺答率军大举入侵，直逼京师，人情汹汹，人心涣散，虽然明王朝以屈辱的方式，让俺答撤军，但俺答军队对京畿地区的蹂躏，已经使人民受到很大伤害，自然也就联想到曾铣与夏言被杀，如果二人不被杀，收复河套，驱逐俺答，岂能够有此大祸？而以后俺答不断进犯，更使人们怀念曾铣、夏言。比如说，夏言遇难之前，其宠妾崔氏有一个遗腹子，因为被夏言妻赶出家门，没有受到株连，崔氏嫁给一个姓赵的，也不敢说孩子是夏言的。后来严嵩败落，这孩子已经成年，有人说长得像夏言，"郡城内外闻而至者且万人"，都"争先称快曰：'相公复生也'"④。曾铣在嘉靖帝死后被昭雪，从享受"祭九坛"⑤，到其子曾汴被直接录取"为国子监生"⑥。可见人们对他们的思念了。

---

① （清）张廷玉等：《明史》卷196《方献夫传》，中华书局1974年版，第5190、5191页。
② （明）沈德符：《万历野获编》卷26《借蟹讥权贵》，中华书局1959年版，第664页。
③ （明）朱国祯：《涌幢小品》卷9《夏贵溪》，远方出版社2001年版，第208页。
④ （明）张萱：《西园闻见录》卷6《婢仆》，哈佛燕京学社1940年版。
⑤ 《明穆宗实录》卷9，隆庆元年六月戊申条。
⑥ 《明穆宗实录》卷62，隆庆五年十月甲寅条。

三、案件影响

韦庆远先生认为："夏言是明代惟一被公开斩首的首辅，其赍志以殁，不仅是个人的沉冤，更说明嘉靖此人狭隘寡恩，反复无常，只有在这样的政治气候下，严嵩以柔佞取宠、借刀杀人的阴谋才有得逞的可能。"[①] 夏言案的直接影响是奸臣严嵩柄权20余年，误主祸国；间接影响是将日趋激烈的阁臣倾轧推向了更高潮。

首先，权奸误国而将国家引向沉重灾难。《明史》论及奸臣言："小人世所恒有，不容概被以奸名。必其窃弄威柄、构结祸乱、动摇宗祐、屠害忠良、心迹俱恶、终身阴贼者，始加以恶名而不敢辞。有明一代，巨奸大恶，多出于寺人内竖，求之外廷诸臣，盖亦鲜矣"，认为"严嵩父子济恶，贪饕无厌"[②]。的确，严嵩为相，再加上"小丞相"严世蕃助纣为虐，确实给明王朝带来很多灾难。在政治上，内阁哄斗，冤狱迭兴，人心涣散，群思叛乱。在吏治上，政以贿成，官以贿得，贪污腐败成风，官吏阿媚取宠，致力于迎合，早就把国家人民丢在脑后。在经济上，赋役繁重，田地兼并，官商结合，豪富地连阡陌，贫苦地无一垄，国税难收，财政匮乏。在军事上，兵疲将懒，边备废弛，战守失策，倭寇盛于南，北虏强于北，战乱不止，军困民殃。在官风士习上，谄媚之风已经达到无以复加的地步，贪贿之风即便是功臣名将也在所难免。明人认为："夏言之主，曾铣复套，伟哉！振古雄略也。将相调和，返百年之故疆，何有内奸未殄患，克望成功哉！未见败征，先成罪案，二臣（夏言、曾铣）骈首就戮，（严）嵩之罪上通天矣。"[③] 这个通天之罪，就是使明王朝失去北方的主动权。现实也是如此，杀二人事小，失去主动权事大。此后俺答几乎年年进犯，仅嘉靖三十一年（1552年），就"凡四犯大同，三犯辽阳，一犯宁夏。明年春，犯宣府及延绥。夏，犯甘肃及大同。守将御之辄败。秋，俺答复大举入寇，下浑源、灵丘、广昌，急攻插箭、浮图等峪"。明军疲于奔命，死

---

① 韦庆远：《张居正和明代中后期政局》，广东高等教育出版社1999年版，第105页。
② （清）张廷玉等：《明史》卷308《奸臣传序》，中华书局1974年版，第7905页。
③ （明）尹守衡：《皇明史窃》卷70《夏言传》，载《续修四库全书》第317册，上海古籍出版社1996年版，第372页。

伤惨重，严嵩曾经提出"弃右卫"，也就是割地求和，"帝不听，诏诸臣发兵措饷"①。由此可见，奸臣不但误国，而且卖国。

其次，将首辅之争推向高潮。首辅之争乃是权力之争，明代"辅臣首次之分，极于正、嘉间"②。从正德后期的杨廷和，到嘉靖时期蒋冕、毛纪、费宏、杨一清、张璁、夏言、严嵩、徐阶，再到隆庆时期的高拱、张居正，首辅之争长达 50 余年。特别是"自张璁有辅臣择六卿，六卿择庶僚之议，则显然以相自居。继以夏（言）、严（嵩），而六卿之权总于阁下矣。至徐阶为首揆，始以'事权还六部'等语榜之门屏，谓之曰'还'，则知前之专擅为假也。逮高拱、张居正，又悍然不顾，以朝房为政府，以考成出内阁，而六卿伺候奔走之不暇矣"③。首辅拥有权力，而"权力的竞争性则包含着权力的独占性和排他性，进而表现出许多令人瞠目的激烈、残酷、奸诈、虚伪、苟且、曲从等现象"④。嘉靖帝威柄在御，纵横捭阖，他的恣睢与操纵，更起到推波助澜的作用。"首辅的进退始终掌握在世宗手中，如果没有他的支持，任何人都不可能战胜对方。而他对首辅的取舍标准，是其是否顺从以及他是否可以控制。严嵩之擅权与邀宠是同时的，但他能够控制时是不会放弃严嵩的恭维的。换言之，维护皇权是他的原则，在不触动皇权的前提下，他可以任由你擅权和争斗。当他发现威胁，或如让夏言重任首辅以抑严嵩，或如将首辅罢官以化解。他的这个态度使人看到只要获得其宠信，权力就近在眼前，邀宠以得权于是成为争斗的特点。而挖空心思、不遗余力、谄媚无耻诸般丑态纷纷现世，这是专制对人的扭曲。"⑤孟德斯鸠认为："这个政府与其说是管理民政，毋宁说是管理家政。这就是人们时常谈论的中国的那些典章制度之所由来。人们曾经想使法律和专制主义并行，但是任何东西和专制主义联系起来，便失掉了自己的力量。中国的专制主义，在祸患无穷的压力之下，虽然曾经愿意给自

---

① （清）张廷玉等：《明史》卷 327《鞑靼传》，中华书局 1974 年版，第 8482—8483 页。

② （明）沈德符：《万历野获编》卷 7《首辅再居次》，中华书局 1959 年版，第 195 页。

③ （明）徐学谟：《世庙识余录》卷 5，载《北京图书馆古籍珍本丛刊 13》，书目文献出版社 1994 年版。

④ 柏桦：《宫省智道》，中国社会出版社 2012 年版，第 95 页。

⑤ 张显清、林金树：《明代政治史》，广西师范大学出版社 2003 年版，第 796 页。

己带上锁链，但都徒劳无益；它用自己的锁链武装了自己，而变得更为凶暴。因此，中国是一个专制的国家，它的原则是恐怖。"① 这种凶暴的手段，使嘉靖帝相信皇权是绝对的，既可以用血腥镇压获得胜利，也可以兵不血刃，"利用阁臣们的矛盾和廷臣间互相争斗、互相倾轧的特点，推行自己的意图，这一点已贯彻于他以后的政治实践中"②。首辅之争已经具有党争的性质，所以在嘉靖以后融入更趋激烈和复杂的党争之中。

再次，内阁与司礼监交结之势形成。嘉靖帝即位时，最引人瞩目的改革是对宦官的裁抑。正德时宦官专权再攀高峰，所以抑制宦官权力最得人心。嘉靖帝即位伊始，就把前朝为恶的宦官一一惩处，因此满朝文武及京城百姓，无不为之欢欣鼓舞，嘉靖九年（1530 年）开始。逐渐革除各地镇守太监，更是大得民心。但这些改革，不意味宦官从此消失，他们依然在政局变化中发挥重要作用。严嵩就是利用太监窥测嘉靖帝的意志，得以擅权近 20 年。嘉靖帝同样信任太监，什么事都先征求太监的意见，曾铣的事情，就是太监告的恶状。嘉靖帝也倚重宦官，如"司礼监太监张佐，奉敕同法司审录重囚"③，使宦官参与审讯成为常制。太监常常被派遣到外，与巡抚、巡按办理各种重大案件。因为嘉靖帝对宦官管控很严，特别是对内阁与太监相勾结，更是高度重视，才没有出现群臣明目张胆与之交结的情况，但实际上群臣都暗地交结。杨继盛弹劾严嵩十罪五奸之首奸，即："知左右侍从之能察意旨也，厚贿结纳。凡陛下言动举措，莫不报嵩。是陛下之左右皆贼嵩之间谍也"④。凡此，都说明了首辅勾结宦官，双规共同辅政，权位才能稳固，此后内阁与司礼监太监勾结也成为常态。

第三节　冯恩上言大臣德政案

孟德斯鸠认为，在专制国家里，"人们不得把坏的遭遇归咎于命运之

---

① ［法］孟德斯鸠：《论法的精神》上册，张雁深译，商务印书馆 1961 年版，第 129 页。
② 胡凡：《嘉靖传》，人民出版社 2004 年版，第 143 页。
③ 《明世宗实录》卷 26，嘉靖二年闰四月丁卯条。
④ （清）张廷玉等：《明史》卷 209《杨继盛传》，中华书局 1974 年版，第 5540 页。

无常，也不得表示对将来厄运的畏惧。在那里，人的命运和牲畜一样，就是本能、服从与惩罚"①。在专制统治者的眼里，全体臣僚都是他的臣仆，必须服从他，任凭他使唤，且本能地对臣仆怀有戒心。虽然君主也常常讲"朝臣民于正殿，期德政于日新，冀天心之可格，尚赖臣寮，匡朕不逮"②。所强调的德政乃是君主之德，绝不能够将德归于臣仆。"上言大臣德政"的大臣，属于君主的高级臣仆，仍然要服从君主，只能被弹劾、被揭短，如果有人颂德政，声誉越高，危险越大，如果功高震主，那就要么篡权，要么挨宰。上言大臣德政律中，上书陈言的衙门官吏和士庶人，除了自身可能会被处斩外，还会被当作穷究主使的工具而牵连漫引大臣，他们只有服从，接受惩罚。

一、案件简况

嘉靖十一年（1531 年），各地自然灾害不断，天空又出现了彗星，这在当时称为"星变"，可以引申为君主"失德"，非常迷信的嘉靖帝也表示了"引咎修省"的意思，并且说："近来臣工，议论烦多，国是靡定。令各加循省，务在安静，以成中正和平之治。其事关所司者，俾从实举行，以称朕意。"③ 这是要群臣各自提出一些切实可行的办法，以便共禳天灾。嘉靖帝"是个很爱虚荣的人。他由藩王而入承皇帝之后，由个人的虚荣，又发展到尊崇其生身父母，于是引起了嘉靖前期有名的'大礼议'，吵吵嚷嚷地搞了很多年，对于当时的政局发生很大影响"④。这种虚荣导致嘉靖帝不肯将星象之变归罪自己，而要群臣勉修职业，于是诏求直言。

冯恩（1496—1576 年），字子仁，号南江，华亭县（今上海松江）人，嘉靖五年（1526 年）进士，嘉靖十一年（1532 年）任巡按南直隶御史。冯恩基于"诏求直言"，将自己的《灾变直言疏》呈递到京城，却不想引起一次颇具规模的官场地震。冯恩上疏言称："举时政之得失以更张，不若举臣工之邪正以进退，进退得人，则政事自举而阴沴消矣。"从这句

---

① ［法］孟德斯鸠：《论法的精神》上册，张雁深译，商务印书馆1961年版，第27页。

② 《明太祖实录》卷132，洪武十三年六月甲申条。

③ 《明世宗实录》卷142，嘉靖十一年九月庚申条。

④ 南炳文、汤纲：《明史》，上海人民出版社2003年版，第357页。

话中，可以看到冯恩当时的心态，就是要摆脱皇帝的责任，而以臣工抵罪。具体应该由谁来抵罪呢？依冯恩的看法，是由左右大臣来承担责任。冯恩共计论列 20 位大臣①，其中纠劾邪臣 9 位，褒扬正臣 11 位，并声称："左右大臣邪正得失，大略如此。此非臣一人之私也，天下共闻共见之公也。"却不想嘉靖帝认为这是"假以星变，妄骋浮词，论列大臣，中藏恩怨，巧事讥评，大肆非毁，必有主使传寄之人。命锦衣卫官校杻械来京问"②。

冯恩对 20 位内阁及部院大臣进行纠劾与褒扬，作出品评定性，在嘉靖以前是罕见的。冯恩因星变上疏陈言，本想顺着嘉靖帝不想下罪己诏而归责臣下的心态出奇制胜，却不想嘉靖帝览疏大怒，当即"命锦衣卫官校杻械来京问"③。锦衣卫，掌侍卫、缉捕、刑狱之事，锦衣卫下设的北镇抚司，专治诏狱。"成化间，刻印畀之，狱成得专达，不关白锦衣，锦衣官亦不得干预"④。嘉靖帝命锦衣卫官校杻械冯恩来京问，即常称的下锦衣卫北镇抚司"诏狱"。且嘉靖帝已明示"必有主使传寄之人"，这一指导性意见，即隐含了穷究奸党的倾向。

锦衣卫指挥陆松秉承嘉靖帝命，对冯恩实行拷讯，核心是要追究其幕后的指使之人，即律文中的"大臣"。北镇抚司诏狱，先进行刑讯，"一梭敲一百穿梭，一夹敲五十杠子，打四十棍，惨酷备至，而抗辩之语，悉密不得宣"⑤。在这种酷刑之下，冯恩只承认自己狂妄，一口咬定没有指使者。北镇抚司将审讯情况奏报，"恩自伏狂妄，论列原无主使传寄"。上谓："论列大臣固也，上言大臣德政律有明条，恩所言有毁有誉，并传使之人，其益严刑拷讯。"⑥ 这就是不满意镇抚司的鞫问拷讯能力了，坚持要北镇抚司追查传使之人，北镇抚司不敢怠慢，"益严刑拷讯"，天天用刑，冯恩"日受榜掠，备极楚毒，终言他无所主"，还是久之无所得。

---

① 参见附录 B 冯恩论列大臣简况。
② 《明世宗实录》卷 143，嘉靖十一年十月丙申条。
③ 《明世宗实录》卷 143，嘉靖十一年十月丙申条。
④ （清）张廷玉等：《明史》卷 76《职官志五》，中华书局 1974 年版，第 1863 页。
⑤ （明）黄煜：《碧血录》卷上，载《笔记小说大观》第 14 册，江苏广陵古籍刻印社 1984 年版，第 182 页。
⑥ 《明世宗实录》卷 147，嘉靖十二年二月癸卯条。

如果仅仅就冯恩一人独担罪责，北镇抚司无法向嘉靖帝交代，便酷刑加利诱，终于使冯恩交代出在江南时，曾经与河东巡盐御史宋邦辅见过面，谈论过"京师时政，并诸大臣得失"，说自己要建言。宋邦辅并非嘉靖帝想要的主使大臣，北镇抚司没办法，得个小鱼小虾也再次奏闻，嘉靖帝赶紧命锦衣卫将宋邦辅逮捕审讯，希望能打开揪出幕后大臣的突破口。宋邦辅与冯恩是嘉靖五年（1526年）同榜同年进士，经过审讯宋邦辅与冯恩口供一致，锦衣卫指挥陆松奏闻，结果被嘉靖帝叱责，让他再加刑拷讯。两人被酷刑加身，但仍坚持不乱咬他人。

可见，奸党罪名在皇帝的眼中，是主要用来对付大臣的利器，两个御史不是嘉靖帝想要的，连坐株连大臣才是真正目的。嘉靖帝穷究主使的连坐思维，在此前翰林院编修杨名弹劾都御史汪鋐时就已经显现，当"诏书责主谋者益急。（兵部右侍郎黄）宗明抗疏救，且曰：'连坐非善政。今以一人妄言，必究主使，廷臣孰不惧？况（杨）名榜掠已极，当严冬或困毙，将为仁明累。'帝大怒，谓宗明即其主使，并下诏狱，谪福建右参政"①。酷刑榜掠，穷究主使，连坐网奸，可见早已成为帝王的惯性思维，并非只针对冯恩，奸党罪在雄猜之主的疑心下，成为有累圣政的一大弊政。

在对冯恩、宋邦辅拷讯无所指的情况下，嘉靖帝"诏法司拟罪"。锦衣卫承办诏狱，属于"鞫问"。"拟罪"这一定罪量刑程序则由法司负责。嘉靖十二年（1533年）二月，即案发四个月后，锦衣卫北镇抚司在嘉靖帝的授意下，将冯恩移交法司拟罪。此时的刑部尚书王时中，乃是冯恩奏疏论列的大臣之一，被描述成"进退昧几，委靡不振，操持不能中立，权贵得以私干。其人无足去取，可谓具臣也已"②。刑部主持拟罪，如果王时中将冯恩拟为死罪，则明显有打击报复之嫌，但不拟死刑，嘉靖帝的旨意"论列大臣固也，上言大臣德政律有明条"，已将此案定性为上言大臣德政，显然必须处死，还要株连家族，因此王时中费尽心思，想到以事例代律，引用"生员张绅上书，坐上言大臣德政者律，斩"，但没有株连家族

---

① （清）张廷玉等：《明史》卷197《黄宗明传》，中华书局1974年版，第5218页。
② 《明世宗实录》卷143，嘉靖十一年十月丙申条。

的例子，以此比附，再加上言官可以从轻，更何况冯恩所言"毁誉相参，似非专颂大臣，蒙恩减死充戍，请如绅例发遣"。王时中在依例与帝意的夹缝中拟罪题报，却使嘉靖帝异常恼怒，认为"法司狥私回护，责令对状改拟"。王时中赶紧"惶恐引罪"，送上认罪奏疏。嘉靖帝手批其牍曰："恩所言，专指孚敬三臣，本只因大礼讐君无上，死有余辜，虽中间毁誉牵连，原非本意，尔等不顾法守，转相报护，欺公鬻法，殊为无理。"拟罪不符帝意，导致王时中被革职，令其冠带闲住，算是留足情面的轻罚。参与拟罪的侍郎闻渊俸一年，郎中张国维、员外郎孙云，被贬为边方杂职。最终冯恩"竟坐上言大臣德政者律，论死系狱。（宋）邦辅论杖赎还职"①。

明代对秋后处决的人犯，处决之前要召集朝廷大臣共同复审，分情实、缓决、可矜、可疑等情形，供皇帝勾决时参考。情实就要处决，缓决则待来年再勾决，可矜则可以原情减死，可疑是要进行重新审理，是对死罪重犯的慎刑、恤刑程序。②冯恩春天进入刑部监狱，离秋决有近八个月的时间，冯恩家在这段时间倾尽全力营救他。其13岁儿子冯行可来到京城伏阙讼冤，"日夜匍匐长安街，见冠盖者过，辄攀舆号呼乞救，终无敢言者"③。被冯恩弹劾为奸邪的汪鋐，业已升迁为吏部尚书，接代其为都察院都御史的王廷相，则与此案没有关联④。

霜降以后，九卿共同朝审，汪鋐是九卿之首的吏部尚书，成为朝审主笔。正中间北面放有存放皇帝敕书的三尺坛，俗称王命，由皇帝派司礼监太监带来，并且监视朝审情况。汪鋐东向坐，按理说犯人应该面向主审官下跪听审，但冯恩却只面向三尺坛下跪。汪鋐非常恼怒，喝令狱卒将冯恩

---

① 《明世宗实录》卷147，嘉靖十二年二月癸卯条。

② "会官审录之例、霜降以后、题请钦定日期、将法司见监重囚、引赴承天门外、三法司会同五府九卿衙门、并锦衣卫各堂上官、及科道官、逐一审录、名曰朝审。若有词不服、并情罪有可矜疑、另行奏请定夺。其情真罪当者、即会题请旨处决。"（明）申时行等：《明会典》，卷177《朝审》，中华书局1989年版，第903页。

③ （清）张廷玉等：《明史》卷209《冯恩传》，中华书局1974年版，第5520页。

④ 王廷相（1474—1544年），字子衡，号浚川，河南仪封人，弘治十五年（1502年）进士，因得罪宦官刘瑾，被贬为外任，后升为任南京兵部尚书，嘉靖十二年三月，任都察院都御史，虽然没有赶上法司给冯恩拟罪，但也曾经上疏指出拟罪不当，嘉靖帝置之不理。

拉向西面下跪，冯恩站立就是不跪，反而叱责狱卒，狱卒被冯恩的气势慑服。汪鋐无奈地听其站立，恶狠狠地说："汝屡上疏欲杀我，我今先杀汝。"冯恩毫不示弱，针锋相对地斥责汪鋐说："圣天子在上，汝为大臣，欲以私怨杀言官耶？且此何地，而对百僚公言之，何无忌惮也！吾死为厉鬼击汝。"汪鋐下不了台，恼羞成怒地说："汝以廉直自负，而狱中多受人馈遗，何也？"冯恩毫不相让，反唇相讥地说："患难相恤，古之义也。岂若汝受金钱，鬻官爵耶？"借机历数汪鋐卖官鬻爵，竭力诋毁汪鋐。汪鋐被激怒，以至于推案而起，上前欲殴打冯恩，实在有失体统。冯恩则毁骂愈烈，以至于参加朝审的都御史王廷相、礼部尚书夏言等"引大体为缓解"，使朝审得以继续进行。汪鋐咽不下这口气，在卷宗上署情真，意即处决。

冯恩被押送的路上，"士民观者如堵"，大家都说："是御史，非但口如铁，其膝、其胆、其骨皆铁也"，由此博得"四铁御史"之名，获得广大民众的同情，也给冯恩带来转机。此后，冯恩的母亲吴氏，"击登闻鼓讼冤"，虽然没有受理，但当年没有将冯恩处决。第二年（1534年），冯行可上书请代父死，也没有受理。眼见又到冬天，皇帝又将勾决罪犯，冯行可刺臂书血疏，自缚阙下，向过往官员倾诉："臣父幼而失怙。祖母吴氏守节教育，底于成立，得为御史。举家受禄，图报无地，私忧过计，陷于大辟。祖母吴年已八十余，忧伤之深，仅余气息。若臣父今日死，祖母吴亦必以今日死。臣父死，臣祖母复死，臣茕然一孤，必不独生。冀陛下哀怜，置臣辟，而赦臣父，苟延母子二人之命。陛下僇臣，不伤臣心。臣被僇，不伤陛下法。谨延颈以俟白刃。"通政使陈经被冯行可的孝行感动，将其血疏呈递嘉靖帝。嘉靖帝看了血疏，为之"恻然"，所以"令法司再议"①。

这时候的刑部尚书是聂贤②，都察院都御史是王廷相。既然嘉靖帝为之恻然，已有网开一面之意，所以两者提出原拟之罪引律例不当，认为冯

---

① （清）张廷玉等：《明史》卷209《冯恩传》，中华书局1974年版，第5520—5521页。

② 聂贤，字承之，四川长寿人，弘治三年（1490年）进士，一直在外为官，嘉靖十一年（1532年）才调北京为工部尚书，次年为刑部尚书，因此与冯恩案关联不大。

恩"应诏陈言，欲毁张孚敬之辈，因而过誉李时辈，意在申此而抑彼，初非专颂大臣德政，以此坐斩，情实可矜。第恩身为言官，乃不直陈时政得失，而妄意诋毁大臣，当比奏事诈不实者律，准赎徒杖还职"。然而，此案已经审理两年有余，如果允许冯恩赎罪还职，于情于理，都证明嘉靖帝是错误的。酷爱面子的嘉靖帝令法司再议。法司直到现在才明白嘉靖帝的意图是可免一死，但要想官复原职，是不可能的。法司提出"恩情重律轻，既非常法可议，请戍遣"，把球踢给嘉靖帝，恭请圣裁。嘉靖帝下旨："发烟瘴地面充军，不许朦胧起用"①。冯恩最终被发配雷州，永远不得为官，此案算是终结了。

二、案件性质

嘉靖帝因星变求言，诿责臣下，群臣各自"应诏陈言"。如工部右侍郎提出：省营造以节财用，处织造以供赏赉，计工料以省冒破，专官守以司出纳等四事，嘉靖帝准"依拟行。"② 礼部尚书夏言等出议请婚、禁奸弊、便关领、杜请乞、定条例、议王谥、怀远人、处贡马、苏民困等9事，嘉靖帝"优诏褒答，悉允行之"。副都御史顾应祥，"申明条例二事"，也被嘉靖帝"著为令"③。吏部尚书汪鋐讲"京堂方面员缺推补"事，嘉靖帝下旨云："具见体国惜才至意，依拟行。"户部尚书许赞等言：恤小民、遵旧制、禁豪猾、苏民困、清诡寄、谨蠲免等6事，嘉靖帝"以其深切时弊，悉允行之"④。翰林院编修杨名，"劝上省察其喜怒失中者"，嘉靖帝下旨云："具见纳忠，其喜怒失中，用舍不合民情者，宜明言之。"给事中王守奏请申严禁例，南京操江都御史潘珍讲明责任、慎刑狱等事，"俱得旨允行"⑤。

对于无关皇帝个人行为以及朝廷人事问题，嘉靖帝是能够坦然接纳的，若是涉及他个人问题，往往就不能够容忍了。翰林院编修杨名上疏言

① 《明世宗实录》卷176，嘉靖十四年六月己亥条。
② 《明世宗实录》卷142，嘉靖十一年九月丁卯条。
③ 《明世宗实录》卷142，嘉靖十一年九月己巳条。
④ 《明世宗实录》卷142，嘉靖十一年九月辛未条。
⑤ 《明世宗实录》卷143，嘉靖十一年十月戊寅条。

吏部尚书汪鋐"以逢迎之巧，济其报复之私"；"武定侯郭勋，赋性奸回，立心险诈，阿奉权贵"；太常寺"庸恶道流"；"真人邵元节，猥以末术"；却说"大学士李时以爱惜人才为请"。此疏一上，嘉靖帝便大怒，说他"罔上怀奸，沽名卖直，托言星异，胁制朝廷，泛引旁牵，诬害忠善，意引党类，以图报复，乱法怨君，殊为无理"。所以令锦衣卫执送镇抚司，用刑拷讯。汪鋐上疏辩解，指称杨名是前内阁大学士杨廷和、张孚敬的同党，所以嘉靖帝益怒，"命所司究名主使之人"。杨名还算是条汉子，"濒死者数，竟无所指"，但也牵连出同僚翰林院编修程文德，也被捕下狱。兵部右侍郎黄宗明上疏论救，嘉靖帝"愈怒"，也将黄宗明"执送镇抚司，并鞫以闻"。然后让法司拟罪，"法司凡再拟，皆不当上意"①，最后以特诏的形式，分别予以谪戍、降调。御史郭弘化在陈言中讲道"广东以珠池之役，激穷民为盗，攻劫屠戮，逼近会省"。嘉靖帝就非常生气说："采珠旧例，非朕所增。弘化泛言奏扰，如曰彗灭前星耀，则朕未立嗣，专以采珠致耶。"② 不但将郭弘化禁锢为民，还斥责了附和的户部尚书许瓒等。

应诏陈言，不能够涉及皇帝的利益，处置了杨名、郭弘化，群臣应该有所儆戒，但还是有人敢触动嘉靖帝的底线，那就是巡按南直隶御史冯恩。也可能是不知道京城的变故，只知道当今圣上要引咎修省，而许多臣僚所陈之言都被采纳，却不知杨名、郭弘化已经被拿赴锦衣卫镇抚司审讯。以论列大臣想出奇制胜的冯恩，不想却身陷图圄。所谓的"论列"，是古代监察官员上书检举弹劾，列举一些实例，加以议论。但"中藏恩怨"则不是监察官员所应该在奏疏中出现的。若是"巧事讥评"，也只不过是行文不当，而"大肆非毁"，则要追究责任了。从一开始，嘉靖帝便认为必有"主使传寄之人"，其对臣僚的戒心也可见一斑。

就冯恩案的案情看，依据言谏的功能定位，定冯恩上言大臣德政律并不错。明代的六科、都察院职司言路，为君主的耳聪目明提供言谏制度保障，但两者有微妙的分工：都御史，职专纠劾百司，"凡大臣奸邪、小人构党、作威福乱政者，劾"；巡按则代天子巡狩，"按临所至，表扬善类，

---

① 《明世宗实录》卷143，嘉靖十一年十月甲申条。
② 《明世宗实录》卷143，嘉靖十一年十月丙申条。

翦除豪蠹，以正风俗，振纲纪"①。六科的职掌有掌侍从、规谏、补阙、拾遗、稽察六部百司之事。"主德阙违，朝政失得，百官贤佞，各科或单疏专达，或公疏联署奏闻。虽分隶六科，其事属重大者，各科皆得通奏。凡大事廷议，大臣廷推，大狱廷鞫，六掌科皆预焉。"② 考察明代御史与给事中的职责，可见"纠劾官邪"是两者共同的核心所在。但御史巡按地方可表扬善类，"政事得失"得直言无避，并不包括褒扬大臣。六科则因其在中央核心，靠近皇帝，跻身近侍，明确了"百官贤佞"的职责，即包括大臣的贤与佞。冯恩身为巡按直隶御史，只能纠劾官邪，就是弹劾大臣是可以的，但言说 11 位大臣的德政是触法的，嘉靖抓住这点大做文章，从制度和法律上是站得住脚的。

君主个人的认识水平和好恶喜怒在很大程度上决定了奸党罪的适用，但群臣的回避与努力也导致该罪名常常是悬而不用。例如万历十三年（1585 年），刑部右侍郎张岳上直陈国事疏，列 21 人，对首辅申时行、次辅王锡爵等 6 人，"皆极褒美，而微含刺讥"；对其中 5 人"无讥焉"；对其他的人则"诮让特深"。万历帝下旨云："称美阁部大臣，殊非事体。且又枝蔓多端，如何能定国是。"万历帝没有以上言大臣德政怪罪，群臣也怕受牵连，所以交章弹劾张岳"败露贪官，故假建言撼释"③。他们都不讲上言大臣德政，只是讲"假建言"。按照万历条例，这是归属"越诉"律下的条例："凡假以建言为由，挟制官府，及将暧昧不明奸赃事情，污入名节，报复私仇者，俱问罪，文官革职为民，武官革职差操，旗下军人等发边卫，民发附近，俱充军。"④ 按照条例规定，不可能株连他人，只有张岳一人承担责任，也就是罢官而已。

冯恩案是万历张岳案的前例，两案的区别点是嘉靖帝是雄猜之主，明确授意穷究主使者。嘉靖帝最初下旨称冯恩的罪状是"论列大臣"，并不断暗示"上言大臣德政"。按照"上言大臣德政"条规定："若宰执大臣

---

① （清）张廷玉等：《明史》卷 73《职官志二》，中华书局 1974 年版，第 1768—1769 页。
② （清）张廷玉等：《明史》卷 74《职官志三》，中华书局 1974 年版，第 1806 页。
③ 《明神宗实录》卷 165，万历十三年九月戊辰朔条。
④ 黄彰健：《明代律例汇编》，台北"中央研究院"历史语言研究所专刊之七十五 1979 年版，第 863 页。

知情，与同罪；不知者，不坐。"冯恩弹劾和褒扬大臣激起嘉靖帝大怒，将冯恩交法司论罪。穷究主使者，就是要抓出"知情"的大臣。两案的相同点则是臣僚都不想依"上言大臣德政"条，且最终都没有定奸党罪。无论是被弹劾还是被褒扬的大臣都极其不安而积极行动，纷纷上疏自劾，或是通过各种方法试探皇帝的态度，担心受到牵连丢官丧命。这在一定程度上说明了言谏系统对官场所起的政治能量之巨大，也反证了官僚群体对奸党罪名适用的影响。

三、案件影响

冯恩的上疏，对当时的官场起到了"震动"式效应，案件审理过程中，各种政治势力积极介入，其家庭也竭力援救，对观察官场生态、罪名适用和言谏功能有一定的意义。

（一）受弹大臣

为了解脱干系，大学士李时、方献夫、翟銮，各以"白鹿呈瑞，奏献鹿诗以章"。吏部左侍郎顾鼎臣"献乐章"，礼部尚书夏言、左侍郎湛若水"各献赋"，得到嘉靖帝的"优答"①。礼部左侍郎湛若水进献"所辑古文小学"，得到嘉靖帝的"褒答"②。不久又派他与辅臣李时、尚书许瓚、侍郎顾鼎臣一起，"祭历代帝王庙"③。升湛若水"为南京礼部尚书"④，算是平息这些人的惴惴不安之心。大学士方献夫具疏乞休，嘉靖帝好言安抚："卿近以疾归，召用未久，奈何复以人言负朕求避？此岂大臣事君之道。"方献夫急忙上疏谢恩，"且以寒疾乞假旬日"。嘉靖帝再次安慰，要他加意调理。并且说："彼小人报复，不独攻害卿与铉，即孚敬已去，且讟君不置，卿可堕其计中，复思去乎？宜益励忠诚，匡朕之治。"⑤算是给方献夫吃了个定心丸，但已"气厌厌不振"⑥。不久方献夫得病了，嘉靖帝"遣太

① 《明世宗实录》卷147，嘉靖十二年二月辛丑条。
② 《明世宗实录》卷147，嘉靖十二年二月癸巳条。
③ 《明世宗实录》卷147，嘉靖十二年二月乙未条。
④ 《明世宗实录》卷152，嘉靖十二年七月丙午条。
⑤ 《明世宗实录》卷143，嘉靖十一年十月戊戌条。
⑥ （清）张廷玉等：《明史》卷196《方献夫传》，中华书局1974年版，第5191页。

医院使许绅诊视，中官赐以牲牢酒米"①。方献夫应该安心了，但冯恩案迟迟不结，方献夫心中也是没有底，便以疾乞休，章疏屡上，皇帝屡不允，最终是"优诏勉留之"②。方献夫终究不放心，后来又三疏乞休，却没有想到嘉靖帝"以其情词恳切许之，命驰驿归。寻赐给路费银三十两，纻丝三表里，新钞三千贯"③。从其致仕到去世还活了十余年，其以病乞休，应该是借口，毕竟冯恩评议其甚多。《实录》评价"献夫始起郎署，虽以议礼称旨，不次擢用，而性怡靖，立朝议论，恒在平恕，人亦以此多之"④。张孚敬因为已经致仕，得知冯恩弹劾之事以后，立刻"疏问起居"，以窥探嘉靖帝的态度。嘉靖帝不但"优诏答之"⑤，还派鸿胪寺左少卿陈璋前往召其复任大学士，敕书有云："前者小人构为陷阱，朕即时令卿回"；"朕所以用卿去卿，其意不待自述，自有公论，但卿何其自误哉"⑥。这里隐隐约约指责张孚敬不应该在被冯恩弹劾以后，用疏问起居的方法来进行试探，张孚敬当然心知肚明，所以老老实实地回任，没有敢再提出条件。

冯恩参劾疏文批评最多的吏部尚书汪鋐则"献颂"，但不认罪，也不自劾，而是上疏辩解，说是因整饬吏治弹劾冯恩，皇帝"勒令戴罪自劾"，冯恩却不知悔改，思为报复而中伤自己。嘉靖帝下旨："冯恩已逮问，疏内事情，并行巡按御史核实以闻。卿宜安心视事，毋以小人浮言介念。"⑦显然，嘉靖帝虽然将冯恩逮问，但并没有忽略冯恩所提出的弹劾，点明了"巡按御史核实"。如此回复，汪鋐怎能安心。不久，汪鋐提出"暂辍视护，保护圣躬"之事，希望嘉靖帝不要过分劳累，"上嘉其忠爱"⑧。冯恩之案没有了结，不知道皇帝的真实意图，而自己受冯恩指斥又最多，汪鋐总不能够心安，于是在家里建造一个楼，将皇帝御制文章藏于内，并以此为由，奏请嘉靖帝，希望能够御赐匾额。好虚荣的嘉靖帝果然开心，写下

① 《明世宗实录》卷158，嘉靖十三年正月壬寅条。
② 《明世宗实录》卷161，嘉靖十三年三月丁卯朔。
③ 《明世宗实录》卷162，嘉靖十三年四月己酉条。
④ 《明世宗实录》卷287，嘉靖二十三年六月甲戌条。
⑤ 《明世宗实录》卷145，嘉靖十一年十二月辛丑条。
⑥ 《明世宗实录》卷146，嘉靖十二年正月丙辰条。
⑦ 《明世宗实录》卷143，嘉靖十一年十月庚子条。
⑧ 《明世宗实录》卷160，嘉靖十三年闰二月壬戌条。

"昭恩"二字，"令工部制扁给之"①。皇帝恩赐匾额，算是可以安心了，而不久的京察考核，汪鋐名列一等，升秩为从一品，皇帝还"遣中官须赐羊酒钞锭"②。然而，朝审时，冯恩再次揭发汪鋐，堂堂吏部尚书在法庭上与一个身为罪犯的御史对骂厮打，通过士民之口传播，必然会传到皇帝耳中。所以，朝审仅仅过了两个月，汪鋐就被罢免，"死时宗党数千人，拆其舍立尽"③，可知民众对他的愤恨。

吏部右侍郎许诰上疏辩解，自己"直讲筵有年"，不可能"学术迁邪"；没有"贪污之行"，虽然没有回家省亲，但廪禄养亲，也不可能"素行无耻"；既然被人弹劾，恳请罢官回籍。嘉靖帝下旨："冯恩言尔学邪无耻，乃指上岁正祀典，除土人之事，意谓附从孚敬，毁去泥像，不知尔与孚敬，皆奉君命。小人邪党，反斥正道，尔故切切以亲老数请，岂忘亲者？毋以是介意，即出视事。"④《明史》称其"颇善傅会"，才能够"故其为帝眷宠"。⑤ 冯恩案发，许诰升任南京户部尚书，不到半年去世，朝廷按例"赠太子太保，谥庄敏"。《实录》评价云："志气豪迈，行谊修洁。其所著述，虽未臻理要，而人称其笃。志好学，能益振其家声。"⑥ 对比冯恩所云："讲论便捷，学术迁邪，太急功名，全无廉耻。"⑦ 可以看出，冯恩的评价并不客观，且在冯恩得以平反的情况下，《明实录》的编纂者仍然没有受参劾文字的影响。大学士李时上疏论辩："语多侵臣，意切讥贬，实臣不称简用所致，乞罢免。"嘉靖帝亦好言安慰，"且言恩泛为讥评，卿何虑焉"⑧。刑部尚书王时中也上疏乞休，"不允"⑨。嘉靖帝的不允，却没有好言安抚，实际上是看他审讯冯恩的结果，但案件审讯并没有得到嘉靖

① 《明世宗实录》卷168，嘉靖十三年十月癸丑条。
② 《明世宗实录》卷165，嘉靖十三年七月癸未条。
③ （明）焦竑：《国朝献徵录》卷25《太子太保吏部尚书兼兵部尚书汪鋐传》，台湾学生书局1965年版，第1032页。
④ 《明世宗实录》卷143，嘉靖十一年十月癸卯条。
⑤ （清）张廷玉等：《明史》卷186《许诰传》，中华书局1974年版，第4927页。
⑥ 《明世宗实录》卷163，嘉靖十三年五月癸未条。
⑦ 《明世宗实录》卷143，嘉靖十一年十月丙申条。
⑧ 《明世宗实录》卷143，嘉靖十一年十月癸卯条。
⑨ 《明世宗实录》卷145，嘉靖十一年十二月戊子条。

帝的满意，所以将其"落职闲住"①。工部左侍郎黎奭则"具疏乞罢"②，嘉靖帝没有同意，但对其不进行辩解，则颇有好感，不久，将其升"为兵部左侍郎管右侍郎事"③。

（二）受褒大臣

受到冯恩褒扬的大臣，同样惶恐不安，不会坐以待毙。礼部尚书夏言采取言礼的方式，刺探嘉靖帝的意图，说："昨年大祀，中夜风雪，臣等犹且僵立，圣躬岂宜冲寒。宜作黄毡御幄一具，备小次之制，以御风寒。"这一招果然使嘉靖帝欢心而"慰谕允行之"④，难怪史评其"善窥帝旨，有所傅会"⑤。探知嘉靖帝没有对自己起疑心，夏言便可以着力于谋求内阁之位了。工部尚书赵璜，不久便去世了，朝廷赠"太子太保，谥庄靖，赐祭葬如例"。《实录》评议其"有干局，临事敏瞻，在所以才见推，而孜孜奉公，有大臣之节，士论许之"⑥。这样的评议，似乎采纳了冯恩的评价。兵部尚书王宪身在大同，得知被弹劾之事，不好立刻疏辩，便采取上书言事的方法窥测上意⑦。刚愎自用而聪明过人的嘉靖帝，当然知道王宪试探之意，所以"嘉其体国"，使王宪放下心来。嘉靖十二年（1533 年）底，大同发生兵变，兵部尚书王宪应承担责任，所以"引疾乞休"，嘉靖帝"优旨慰留，不允"⑧；再疏引疾乞休，"仍慰留不允"⑨。边防出现如此大事，主要责任人没有受到任何处分，可见冯恩对王宪的褒扬评价，留在了嘉靖帝心中。兵部右侍郎黄宗明则被任命为礼部右侍郎，吏部会推时推荐其他人，嘉靖帝不满意，以至于三次，最终是嘉靖帝"特旨召用之"。可见嘉靖帝对冯恩褒扬黄宗明是有深刻印象的。

---

① 《明世宗实录》卷 257，嘉靖二十一年正月丁酉条。
② 《明世宗实录》卷 144，嘉靖十一年十一月丁未条。
③ 《明世宗实录》卷 146，嘉靖十二年正月己未条。
④ 《明世宗实录》卷 143，嘉靖十一年十月庚子条。
⑤ （清）张廷玉等：《明史》卷 196《夏言传》，中华书局 1974 年版，第 5193 页。
⑥ 《明世宗实录》卷 144，嘉靖十一年十一月庚戌条。
⑦ 其所言十事：暂设总制总兵官；敛并边居民于城郭；募集本土骁健；严防东西二路关隘；制定军人失事处置差等；增置山西三关军马；直隶保定等处备军马；收敛路积粮草；查给缺乏器械；请户部查处要害粮草。
⑧ 《明世宗实录》卷 160，嘉靖十三年闰二月辛酉条。
⑨ 《明世宗实录》卷 161，嘉靖十三年三月己卯条。

嘉靖十二年（1533 年）京察，按例大臣要自陈政事得失。冯恩参劾的大学士李时、方献夫、翟銮等，"各疏陈乞罢免"①；太子太保礼部尚书兼翰林院学士夏言、户部尚书许瓒、兵部尚书王宪，"各疏陈不职乞罢"②；吏部左侍郎周用"自陈乞罢"③；吏部左侍郎顾鼎臣、礼部左侍郎湛若水、兵部左侍郎钱如京、兵部右侍郎黎奭、刑部左侍郎闻渊、工部左侍郎林廷㭿，也"各疏陈乞罢"④。这些自劾乞罢，嘉靖帝或是不允，或是优诏褒答，或是慰留。冯恩褒扬的大臣，表面上看都没有受到任何处分，黎奭、林廷㭿，还升了职。但在龙颜震怒下，冯恩所触犯的上言大臣德政律，还是搅得大臣们内心不安，既体现了君主专制下官僚们的惴惴不安的状态，也说明了言谏系统对官僚政治的功能与力量。

嘉靖十四年（1535 年）六月，持续两年半的冯恩案终于结案了。在各位大臣不断上表忠心的"强大"氛围下，在冯恩家庭以情感天的努力下，法司最终没有按照嘉靖帝的意愿将罪名定为"上言大臣德政"。嘉靖帝钦定的"上言大臣德政"，属于"奸党"罪之一条，处罚严重且株连众人。在嘉靖帝"穷究主使者"的压力下，从案发到结案，每逢关键时刻，所有被冯恩评议的大臣都有所表现，为解脱自己"奸党"的嫌疑而努力。冯恩最终是以"对制上书诈不以实"律加重处罚戍遣，罪在一人而不牵连各位大臣，于是乎，皆大欢喜。

（三）善用言谏

冯恩经受难以想象的拷讯，"牺牲"了自己，顾全了大家，赢得"四铁御史"的称号，嘉靖帝也借助冯恩案震慑了群僚，可说是一个完美的结局。言谏系统的政治能量在此案中展示无遗，君主能否善用言谏，将对政治局势走向有重大影响。言谏系统的运转，上自君主最高决策，下至国家政令推行，各个环节都发挥其功能。"自古圣明之君，岂乐诽谤之语。然而务求言赏谏者，知天下存亡，系言路通塞也"⑤。言谏谏诤皇帝、弹劾官

---

① 《明世宗实录》卷148，嘉靖十二年三月丙寅条。
② 《明世宗实录》卷148，嘉靖十二年三月丁卯条。
③ 《明世宗实录》卷148，嘉靖十二年三月癸丑条。
④ 《明世宗实录》卷148，嘉靖十二年三月己巳条。
⑤ （清）张廷玉等：《明史》卷226《吕坤传》，中华书局1974年版，第5940页。

吏、稽查公文等，能监督朝廷行政过程，检查各级行政执行情况，纠劾行政官员的违法犯罪行为，起着提高行政效率，维护官僚机器正常运行的作用。但这些功能的前提是君主能巧妙驾驭，善用言谏。

冯恩上疏论列大臣，原本不是科道官应该做的事情，因为他在某种程度上使在朝大臣互相倾轧成为堂堂正正。嘉靖时期"奸佞之臣窃权、营私，使当时的政治混乱不堪，与宦官掌权用事的时期无甚两样"①。"当世宗之代，何直臣多欤！重者显戮，次乃长系，最幸者得贬斥，未有苟全者。然主威愈震，而士气不衰，批鳞碎首者接踵而不可遏。观其蒙难时，处之泰然，足使顽懦知所兴起，斯百余年培养之效也。"② 当时奸佞者多，正直者少；倾轧之事多，为国为民之事少，不但吏治更加腐败，而且南倭、北虏、兵变、民变，危机重重。

嘉靖皇帝的性格与为政方针，"仍然按照他的堂兄的粗暴而专横的作风进行统治。为了达到他的欲求，他蔑视所有的忠告和惯例；他不能容忍冒犯，不容忍对他本人和他的政策的批评。他的臣子们在毫不怀疑地实现他的愿望时，保有他们的职位，而当他们没有或不能实现他的愿望时，便很快丢掉职位"③。冯恩案以后，也曾经出现沈束、徐学诗、沈炼、杨继盛等敢于弹劾奸臣的科道官，但都被惩处。冯恩案发，源于触怒嘉靖帝。嘉靖帝并非是就案论案，而是有个人喜怒和政治化的问题。

"风宪官以激浊扬清为职。今不闻旌廉拔能，专务罗织人罪，多征赃罚，此大患也。朝廷赏罚明信，乃能劝惩。"④ 本来作为风宪官的科道官，应该以"纠劾官邪"为首要任务，但作为谏官的给事中"以言为讳，而排宠幸触权奸者乃在胥吏"⑤。科道官在皇帝与官僚的夹缝中生存，嘉靖帝的恩威叵测，使谄媚逢迎之徒如鱼得水，冯恩褒扬 11 位大臣，属于违背职责，触犯律条的行为，但追究其责任的真实动因却是触怒嘉靖帝。冯恩弹

---

① 南炳文、汤纲：《明史》，上海人民出版社 2003 年版，第 376 页。
② （清）张廷玉等：《明史》卷 209《杨最等传赞》，中华书局 1974 年版，第 5545 页。
③ ［美］牟复礼、［英］崔瑞德编：《剑桥中国明代史》，张书生等译，中国社会科学院出版社 1992 年版，490 页。
④ （清）张廷玉等：《明史》卷 139《方征传》，中华书局 1974 年版，第 3998 页。
⑤ （清）张廷玉等：《明史》卷 189《孙盘传》，中华书局 1974 年版，第 5009 页。

劾 9 位大臣奸邪，其中不乏个人恩怨，党同伐异。嘉靖帝虽在怀有私心的情况下问罪冯恩，但律条的适用是正确的，官僚势力的介入，最终又使罪名适用出现变数。

在皇帝的淫威与奸佞的臣僚面前，科道官难免随波逐流，最终卷入党争之中。"世宗之季，门户渐开。居言路者，各有所主，故其时不患其不言，患其言之冗漫无当，与其心之不能无私；言愈多，而国是愈益淆乱也。"① 从这点来看，冯恩案的影响是巨大的，因为大部分科道官自此以后充当鹰犬，在党争中推波助澜。"惟知作崖岸，修边幅，旅入旅出，随沉随浮，以敢言为轻率，以缄口为得体。如此者，每得京卿，士何由劝。或满考而未尝举劾一人，或解任而不闻建明一事，骨鲠之风，扫地尽矣。"② 畏于权势而趋炎献媚则成为时尚，"故明诸臣，各立党羽，连章陈奏，陷害忠良，无辜被罚，无功滥用，酿成祸患，以致明亡"③。科道官逢迎谄媚、受人嘱托、以讦为直、植党营私、摭拾细故、挟私报复、谗间忠良，成为搅乱政局，党争攻伐的工具。

---

① （清）张廷玉等：《明史》卷 215《王治等传赞》，中华书局 1974 年版，第 5690 页。
② （明）陈子龙编：《明经世文编》卷 122 引范珠《修政弭灾疏略》，中华书局影印本 1962 年版，第 1177 页。
③ 《清世祖实录》卷 20，顺治二年八月丙申条，中华书局影印本 1985 年版，第 3 册第 177 页。

第五章　奸党罪评析

从来仕宦法网之密，无如本朝者。①

评价一个罪名，可从立法设计、司法实施、实施效果三个层面进行剖析。立法设计主要考察罪名的历史承继、律文编排、体系结构。司法实施核心是罪名适用，既有罪的认定，又有司法过程的复杂政治关系。实施效果是罪名的"当时"影响，也有对后世的影响，更能够得出某些有益的启示。通过明代奸党罪名的分析，在立法、司法、效果上做研究总结，以期较为客观、深入地评价该项历史制度，总结利弊得失。

第一节　立法分析

明代奸党罪名应该是传统立法的进步，较好地总结历代禁止朋党的经验，汲取奸臣、奸邪乱政的教训，抽象、概括冗杂的危害行为，成为占居《大明律》"统摄"地位的重要罪名。

一、承上统下

奸党罪名"承上"是指衔接十恶重罪，对严重侵犯皇权，危及社稷稳定的行为予以重处，"统下"是延伸辐射《大明律》的其他职官犯罪律文。图示于下：

---

① （明）谢肇淛：《五杂俎》卷 14《事部二》，上海书店出版社 2001 年版，第 278 页。

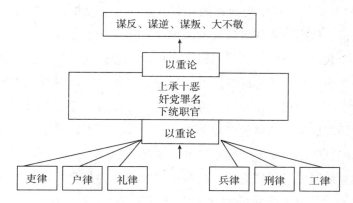

图 5.1 奸党罪名承上统下体系地位示意图

奸党罪名是上承十恶，下统职官的"口袋罪"，其律文正条虽然只有三条，但却可以拓展延伸至《大明律》的整体律条体系之中，其间的奥妙与枢轴就在于名例律"以重论"原则。所谓"从重论者，较量重轻，从其重者以论罪也。从字、重字，要着眼，而论字亦不容忽。然'从重论'三字，亦有二义，如名例内云，二罪俱发，从重论，系一就时所发言。如平日所犯之罪，一时俱发，罪无重科，就各事之中，从其重者而科之。此一义也。另外一义则是在律中各条所载的'从重论'的使用，'要皆于两律中，细较其孰重孰轻，不执定一律，惟从其重者而已'"[①]。

"二罪俱发以重论"原则，使奸党罪名比附、延伸至整个《大明律》律文体系，罪名体系严密，法网精致，蕴含着高超的立法技术水准。罪名扩展，不但扩大奸党罪名的适用范围，也给主审官员和皇帝留出了很大的自由裁量权。从整理出来的奸党罪案来看，有 14 件被以重论"十恶"，有涉及职官犯罪的 31 个律条"以重论"为奸党罪。各类职官结伙共同犯罪、士庶人上言大臣德政，经过"奸""邪""私"的评判，即可"以重论"为奸党，而奸党罪也可"以重论"为十恶之谋反、谋逆、谋叛、大不敬。凡是皇帝认为臣僚有威胁、损害皇权的思想、言论、行为都可涵括进奸党罪名，并且因其具有犯罪团伙的特征，极易形成"瓜蔓抄"式的株连扩大打击效应。

---

① （清）王明德撰：《读律佩觽》，何勤华等点校，法律出版社 2001 年版，第 33—34 页。

"共同犯罪"本身作为独立的罪名，这一立法思维，与当今刑法学有根本的区别。依照《中华人民共和国刑法》第二十五条规定：共同犯罪是指二人以上共同故意犯罪。共同犯罪的规定，意在区分犯罪主体在犯罪中的地位和作用，对主犯、首要分子、从犯、胁从犯、教唆犯，依据所犯的罪行，给予相应的刑罚。例如贪污罪共犯，是按贪污罪，区分主犯、从犯等，在贪污罪法定的定罪量刑幅度内从重、从轻或者减轻处罚。明代奸党罪名与现代刑法学秉持不同的立法思维方式。"共同犯罪"本身就是犯罪，是一个独立的罪名，即奸党罪。而且一旦被确定为奸党罪，是比犯罪行为本身触犯的律条更为严重的罪名，实行更严厉的处罚。例如贪污罪共犯，统治者认为已经危害统治秩序，紊乱朝政，即不按贪污罪处罚，而是以重论"奸党罪"定罪处罚。立法思维的根本不同，说明传统法制不能按今天的刑法学理论死搬硬套地进行分析，而是要立足于中华法系本身的法言法语的语境展开。

二、律目结构

律目结构即法律条目在法典中的编排次序和内在关系，反映罪名的逻辑关系和内在联系。律目结构的设置排列是体现立法技术水准的重要标准。明代创立奸党罪名并定入律典，且实现了三个律条律目结构的精妙安排。奸党罪名正条由奸党、交结近侍官员、上言大臣德政三个律条组成。其律目结构是，奸党律是总纲，奸邪进谗言左使杀人；巧言谏免杀人，暗邀人心；上司官主使出入人罪比较具体，有特指的犯罪行为针对性。在朝官员，交结朋党，紊乱朝政则包容性极强，弹性极大，可将职官结伙犯罪全部网络进来。奸党罪名再具体细化到交结近侍官员和上言大臣德政，对内官近侍、柄权大臣的结党行为持严惩态度。近侍中有大臣，大臣中又有近侍，两个细化律条之间，又有部分交叉关系。统治者在认定奸党罪时，根据案情的需要，可分别适用相应的律条，也可组合适用三个律条。三个律条成一组，共同构建起奸党罪名的防范体系。奸党罪名律目结构表达了奸党律条层次关系的精妙，可图示为：

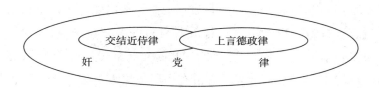

图 5.2　奸党罪名正条律目结构图

奸党罪名首先规制思想言论，不得进谗言、巧言，阴挠皇权，市恩结党；其次规制交结朋党，不得朋比阿附，紊乱朝政；再次规制背君乱法，凡是听从上司官主使出入人罪，都可以视为奸党。在奸党罪名中，又专设两个律条，重点防范诸衙门官吏与内官、近侍人员交结，颂扬宰执大臣德政的行为。奸党罪名的三个律条紧密相连，在具体罪案中根据案情需要而分别适用或共同适用。例如附录案 12 纪纲、18 王振、25 曹吉祥、26 王纶、30 尹直、32 梁芳、35 刘瑾、38 江彬、48 杨顺、50 张居正、53 东林党、54 魏忠贤，都是围绕政治势力的核心人物同时适用奸党罪名二至三条律条的案例。魏忠贤是司礼监宦官，属于近侍，所以阿附之人可定罪为交结近侍。其官品是正四品，特别是"朕与厂公""九千岁"的名号，更使其实际权势远远超出其官品，所以又属于大臣的范围。崇祯帝钦批"谄附、拥戴、颂美不置"，将潘汝祯、施凤来等 44 人按上言大臣德政处置。李实、刘若愚、李永贞谋害东林"七君子"（周起元、周顺昌、高攀龙、周宗建、李应升、缪昌期、黄尊素），则属于主使故出人罪的奸党律范围。三个律条巧妙配合，最终将魏忠贤及其阉党绳之以法。

三、体系地位

从明代整个法律体系结构的角度观察，又可发现奸党罪名是以情、理、法相衔接、受名例律指导，实现令、祖训、诏敕、榜文、问刑条例、条法事类等全方位渗透的罪名，如图 5.3 所示：

情、理、法是奸党罪名立法的灵魂。君尊臣卑是天理、皇恩眷顾是人情、罪名适用是国法。天理是世界万物的本原，是世间最高的道，皇权至上是被中国传统文化广泛接受的天理。君主是天子，是代天出治，所以国家的治理、法律的制定，都必须与这一天理相谐。"德礼为政教之本，刑罚为政教之用。"① 奸党罪名捍卫君为臣纲的儒家伦理，保护君权的至上地位不受侵害，打击一切可能危害君主安全的行为。人情是君臣间的感情，犯罪的情节、情形，恶性②，空洞的"民意""民愤"之下隐藏着皇帝的情感，"法不容情""情浮于法""情有可原、法无可恕"等词语，说明了君对臣的信任与眷顾情况。

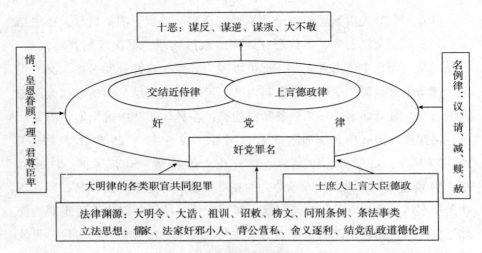

图 5.3　奸党罪罪名体系示意图

　　奸党罪名之"奸"，核心决定权在君主手中。君子与小人、忠与奸、公与私、邪与正极其容易引发争论，历代对邪、正的纷争不断。在实际政治运行中，皇恩眷顾才是真正的权衡标准。康熙帝认为："从来有治人无治法，为政全在得人。人臣事君，全在辨心术之公私。"③ 凡是"不从朕教"者即是"奸顽"，例如永乐帝是篡权之君，建文之臣，秉持忠于建文帝的理念，虽占据道德制高点，但在政治斗争下全被指为奸党，方孝孺居然被诛十族。明英宗复辟，于谦成为威胁其掌控皇权的因素，虽为民族英雄，救明朝于危难，但也被扣上奸党的帽子而被斩。王振、刘瑾、严嵩、

---

①　岳纯之点校：《唐律疏议》，上海古籍出版社 2013 年版，第 3 页。

②　这里的"犯罪恶性"是指犯罪人的主观恶性与其行为的社会危害性之综合结果。中国古代刑法在考量一个犯罪行为时，既考虑它所体现的犯罪人的主观恶性，又考虑它在客观上所造成的社会危害。

③　《清圣祖实录》卷 83，康熙十八年八月辛卯条，中华书局影印本 1986 年版，第 4 册第 1066 页。

魏忠贤等，虽被目为奸人，但依然在弹劾不断中玩弄权势，直至失宠或新帝继位，才被网入奸党罪名。

国法则是以律为核心的刑罚体系。"法者，罚之体；罚者，法之用；其实一而已矣。"① 律乃是国法，稳定且固定，协调天理与人情，在刚性的外表下，视具体案情而柔性适用，以适应千变万化的社会实际。律例在断案的过程中是极其重要的依据，却不是唯一依据，而是可以根据"天理""人情"等因素来进行判断，甚至可以不同程度地"曲法原情"，或是重惩以明"天理"。情、理、法统一，体现在律条概念的具体解释中，体现在奸党罪名行为模式的分析中，体现在《大明令》《皇明祖训》《大诰》《教民榜文》《问刑条例》、条法事类、谕令、诏令等规定之中，构成奸党罪名的法律体系。情、理、法统一是《大明律》立法的核心，彼此相连，相得益彰，奸党罪名只不过是一个侧影而已。情理法的立法原则，也指导奸党罪名的适用，在司法过程中被反复强调。司法既重国法，又遵天理，并循人情。政局稳定，国势昌盛时，情理法往往能较好地融会贯通，情法得平。当政治腐败时，情理法失衡亦在所难免。

名例律既是一套刑法理论，也是罪名的刑法原则，提升具体罪名的概括性和抽象性，是奸党罪名具体适用的总指导。五刑、十恶、八议、应议者犯罪、职官有犯、军官有犯、犯罪得累减、常赦所不原、犯罪自首、二罪俱发以重论、共犯罪分首从、加减罪例、称与同罪等名例"总则"，在奸党罪名适用过程中，经常被引用。经过情、理、法的权衡后，犯罪人将被施以五种刑罚，或是处以今天看来的行政处分②，根据条例规定，还有充军、枷号等刑罚，以及罚米、运砖等经济处罚。按照《大明律·名例律·职官有犯》规定："凡京官及在外五品以上官有犯，奏闻请旨，不许擅问。其犯应该笞决、罚俸、收赎纪录者，不在奏请之限。"这既是程序

---

① （明）丘濬：《大学衍义补》卷100《慎刑宪》，台湾商务印书馆影印文渊阁《四库全书》本1983年版，第1230册该卷第4页。

② 中国古代法律并未区分"违法"与"犯罪"之别。从现代法学来看，违法行为是指一切违反国家的宪法、法律、行政法规及行政规章的行为，而犯罪则必须符合刑法关于犯罪的规定，犯罪行为也是违法行为，但违法行为并不必然构成犯罪，二者的外延不同。中国古代法律并没有这样的概念，而是统称"事故"，有轻重之别，而无严格的"罪"与"非罪"的区分，所有触犯法律的行为都应被归入"事故"之列，只不过处罚有轻重之别。

性规范，也是刑罚的原则。明代官僚违法犯罪统称"事故"，其处罚既有罚俸、降级、革职等行政处分，又有笞杖徒流死的刑罚，还有从重的枭首、凌迟、族诛重刑。依据触犯奸党罪的犯罪恶性轻重，相应地适用自轻而重的处罚。

在具体司法过程中，以情、理、法评估官吏的行为恶性，以"名例"之议、请、减、赎等原则确定具体适用的处罚。奸党罪名绝非律文所言"皆斩""斩"这么简单，重者有灭族的，轻者有罚俸的，也有不论宥之的，最终决定权在于皇帝。法司既要依据名例律的复杂的理论体系和具体律条"依法"拟罪，又要原情达理，揣摩帝意，符合圣心。"比照宜的确，不得游移，看律之法，先明八字之义。"① 八字即律首：以、准、皆、各、其、及、即、若②。还有加、减、计、坐、听、依、从、并、余、递、重、但、亦、称、同等15个字用于比照③。《读律佩觿》言："例、二死三流各同为一减、杂、但、并、依、从、从重论、累减、递减、得减、听减、罪同、同罪、并赃论罪、折半科罪、坐赃致罪、坐赃论、收赎等名目。"④ 法定减议有累减、递减、听减、得减之别。所谓的累减，"层累而减之。指一人说。盖于犯罪之人，查律例中，凡有应减之条，皆为查明，一一层累而减之，故曰累减"⑤。《大明律·名例·犯罪得累减》规定有：为从减、

---

① （清）徐栋：《牧令书》卷17《刑名·刑名总论》载《官箴书集成》，黄山书社1995年版，第7册第373页。

② 即：一曰以，以者与实犯同，谓如监守贸易官物，无异正盗，故以枉法论，以盗论，并除名刺字，罪至斩绞，并全科。二曰准，准者与实犯有间，谓如准枉法、准盗论，但准其罪，不在除名刺字之例，罪止杖一百、流三千里。三曰皆，皆者不分首从，一等科罪，谓如监临主守职役同情盗所监守官物，并赃满数皆斩之类。四曰各，各者彼此同科此罪，谓如各色人匠拨赴内府工作，若不亲自应役，雇人冒名代替，及代替之人，各杖一百之类。五曰其，其者变于先意，谓如论八议罪犯，先奏请议，其十恶不用此律之类。六曰及，及者因类而推，谓如彼此俱罪之赃，及应禁之物则入官之类。七曰即，即者意尽而复明，谓如犯罪事发在逃，众证明白，即同狱成之类。八曰若，若者文虽殊而会上意，谓如犯罪未老疾，事发时老疾，以老疾论，若在徒年限内老疾者，亦如之之类。参见田涛、郑秦点校：《大清律例》，法律出版社1999年版，第41页。

③ 加者，数满乃坐。减者，从轻之意。计者，对并而言。坐者，应得之谓。听者，由其意之所欲。依者，欲附诸条。从者，归一科断。并者，均得本罪。余者，事外之意。递者，按次循级之谓。重者，诸罪之魁。但者，不分事之大小，物之多寡。亦者，称接上文之意。称者，附律所载之文。同者，一体科罪也。参见〔清〕徐栋：《牧令书》卷17《刑名·刑名总论》，载《官箴书集成》，黄山书社1995年版，第7册第373页。

④ （清）王明德撰：《读律佩觿》，何勤华等点校，法律出版社2001年版，第18—54页。

⑤ （清）王明德撰：《读律佩觿》，何勤华等点校，法律出版社2001年版，第34页。

自首减、故失减、公罪递减之类，都可以累计减罪。

奸党罪名在如此繁密的"名例"原则下，皇帝再衡平情、理、法，就使具体的处罚呈现可轻可重的游移，而皇帝的意志也就最终决定奸党罪名所适用刑罚。嘉靖时期，刑部尚书喻茂坚等拟革职首辅夏言罪，因为援引不当，结果都被夺俸。夏言已经被革职，不属于八议之臣，法司故意援引八议，乃是严嵩唆使。"皇帝与严嵩虽然都必杀夏言而后快，但原因并不完全相同。严嵩要杀夏言，除施政方针的分歧外，主要目的是夺取宰相之权；而皇帝要杀夏言，则主要因为他太不听话。"① 法司援引八议，故意激皇帝之怒。再者，皇帝批驳法司所拟，并没有讲明是交结近侍官员，法司最终按照"交结近侍官员"拟罪，说明玩法弄法手段之高超。奸党罪名的矛头直指官僚，在官场的政治关系网中适用，掺杂着复杂的政治势力介入，这就使得案件处理过程中，会出现千奇百怪的现象，往往导致案情的复杂化。奸党罪名本应该在"名例"的指引下，成为一个完整的罪名体系，以适应复杂的案情变幻，但"名例"的援引又完全依赖皇帝和执法的官僚，皇帝身边的各种政治势力，以各种方式影响皇帝决策，也使奸党罪名在政治斗争中，出现变幻莫测的适用情况。

四、立法评价

罪名是按照一定体例、规则、秩序组合而成的立法框架及表述方式。"罪名是犯罪本质特征的抽象概括，罪名立法模式的选择，折射出一个国家刑事立法水平的高低，也影响整个定罪活动的质量。"② 罪名内在的逻辑安排，不但反映着一个时代的立法水准，也反映着立法者的意念。"法律体系的内在逻辑性对于法来说，不仅仅是一种形式上的要求，而且是法的内在生命。"③ 这种内在生命既是立法者赋予的，也是法得以延续的质量之根。奸党罪名一直延续到清王朝灭亡，则可见该罪名生命力之强大。

明代之前，有朋党之禁，但没有罪名体系。朋党立基于君子与小人的

① 张显清：《严嵩传》，黄山书社 1992 年版，第 150 页。
② 赵秉志：《刑法基础理论探索》，法律出版社 2003 年版，第 20—26 页。
③ 陈兴良：《刑法的价值构造》，中国人民大学出版社 1998 年版，第 333 页。

道德区分，又与谋反、大不敬、诬告等罪名混杂牵连，很难起到具体的规范作用。明代设置奸党罪名，不但摆脱朋党之禁时的君子、小人争论的困局，而且明确了罪名的界定，完全是以皇权统治为中心，以是否危害皇权为据。奸党罪名的创设，承载着各种政治势力斗争的历史经验，凝聚着皇权捍卫自身安全的智慧，适应了皇权打击奸臣邪党的需要，体现了高度集权的君主专制制度特色。

奸党罪名以"党"为法眼，浑然成体，构筑了一道严密的法网。奸党作为《大明律》独特的罪名，是"千数百年之律书，至是面目为之一大变"① 的重要内容，且被清王朝所继承。"《大清律》即《大明律》改名也，虽刚林奏定，实出胥吏之手，如内云依《大诰》减等，盖明初颁《大诰》，各布政司刊行，犯者呈《大诰》一本服罪，故减一等，其后不复纳，但引《大诰》，溺其旨矣。今清朝未尝作《大诰》。辄引之，何也?"② 清代完全照搬《大明律》，以致达到闹历史笑话的地步。其后数次修订，也没有取消奸党罪名，三个律条依然在《大清律例》中存在，并根据实际需要，在"交结近侍官员"条下先后增加例4条，事例2条，成案1案；"上言大臣德政"条下增加例1条，事例1条。在继承和发展的情况下，奸党罪名直到清王朝灭亡，才予以取消。

奸党罪名的设置，将威胁、损害皇权的行为确定为政治性犯罪，以朝政为根本，以皇权为重心，在具体实施过程中也不免要以皇帝的意志为转移，以皇帝的态度作为定罪量刑的核心标准。孟德斯鸠认为："中国的著述家们老是说，在他们的帝国里，刑罚越增加，他们越临近革命。这是因为风俗越浇薄，刑罚便越增多的缘故。"③ 在肯定奸党罪名设置有重要意义的同时，那种秉持的皇权至上的"天理"也值得深思。中华法系是"将法视为君主意志的表现，维护宗法等级社会秩序的工具，规范文武百官的准则；将法视为伦理道德之器具，法律是道德施行的手段"④。奸党罪名的设

① （清）沈家本：《历代刑法考》附《寄簃文存》卷六《重刻明律序》，中华书局1985年版，第2209页。
② （清）谈迁撰：《北游录·纪闻下·大清律》，汪北平点校，中华书局1960年版，第378页。
③ ［法］孟德斯鸠：《论法的精神》上册，张雁深译，商务印书馆1961年版，第83页。
④ （明）雷梦麟撰：《读律琐言·总序》，怀效锋、李俊点校，法律出版社2000年版，第8页。

置，不但有利于皇权的统治，而且意在严防臣僚结党营私，完全是君主意志的体现。

君主专制的最主要特点就是君主的乾纲独断。"皇权在理论上并不受任何规定和程序的约束，在实际上也没有真正有效的措置来防范和制约它的滥用，这就造成皇帝个人在一定的历史发展阶段中起到过难以代替的正面的或负面的作用，有时甚至影响到历史发展的进程。"[1] 立法的"天理"就是维护皇权，将臣民置于严格管制之中。君主专制要求一切权力必须全部地、直接地、牢固地掌握在君主之手，"太阿之剑"绝不能倒持，权力之柄绝不下移。君主运用各种法律制度严厉打击削弱、触犯君主绝对权力与权威的一切行为，以维护皇权至上的政治格局。法律为政治服务，为君主效力，稳定的王朝又以法律为基础，更有效地控制臣民。

君主专制制度，要求君主必须监控全局，及时清除不利于自己统治的各种因素。让君主寝食不安，宵旰图治的事情，不是人民的生活，特别是"在天下已大定或大定之后，主要还不是为了对付人民，而是为了对付臣属"[2]。奸党罪名以严密的法网，控制所有的臣民，不允许臣民有任何越轨的行为。"对于中国人来说，法律就是靠严刑推行的命令，法律制度是一个极为严厉的、潜在地无处不在的、全权的政府的一部分。"[3] 在君权至高无上的情况下，传统的君仁臣忠的关系不复存在了。君主不仁，臣下不可以不忠，只能够服从君主。清雍正帝《御制朋党论》开篇即言："朕惟天尊地卑，而君臣之分定。为人臣者，义当惟知有君。"[4] 人臣无条件地服从君主是一种"义"，乃是必须履行的义务。

所谓"法为万姓立则公，法为一家立则私"[5]。奸党罪名的设置，不是为万姓所立，而是基于家天下统治，属于天下之大私。柳宗元《封建论》云："秦之所以革之者，其为制，公之大者也；其情，私也，私其一己之

① 柏桦：《中国政治制度史》，中国人民大学出版社 2011 年版，第 81 页。
② 王亚南：《中国官僚政治研究》，中国社会科学出版社 1981 年版，第 63 页。
③ ［美］钟威廉：《大清律例研究》，载高道蕴等编：《美国学者论中国法律传统》，清华大学出版社 2004 年版，第 418、423 页。
④ 《清世宗实录》卷 22，雍正二年七月丁巳条。
⑤ 孙宝瑄：《忘山庐日记》上册，上海古籍书店 1983 年版，第 189 页。

威也，私其尽臣畜于我也。然而公天下之端自秦始。""柳宗元的公私论，是相当深刻的，在历史大趋势面前'神'与'圣'无能为力，只能够顺应历史潮流，这个观点对后世思想家有深刻影响。"① 君主之"大私"便是家国一体下的"大公"，那么以维护君主统治为目的的奸党罪名，就是维护君主的"大私"即"大公"的体制。

奸党罪名设置，除了确保君主统治的独断之外，也是君主专制中央集权制度的要求。"专制政体不能克服吏治的周期性败坏，不能消除政治上的腐败，但也不是坐视吏治败坏和政治腐败的发展而不顾，其本身也有一种自我整肃的机制。"② 应该承认奸党罪名的设置，也是自我整肃的机制一环，虽然在具体应用过程中，往往不能够将自我整肃的意图真正落实，这是专制政体自身难以克服的弊端所致。究其"所以发生之由，莫不在专制政体。专制政体者，实数千年来破家亡国之总根源也"③。

第二节　司法特征

奸党罪作为维护君主利益，打击异己政治势力的罪名，具有强烈的政治属性。明代君主，借奸党罪清除异己，而权臣佞幸，也借奸党罪党同伐异，谋取利益。朱元璋诛胡惟庸、蓝玉等功臣宿将，朱棣清除建文忠臣，英宗复辟清除于谦、王文，是君主对威胁专制统治政治势力予以打击的案例。严嵩倾陷夏言，魏忠贤杀戮东林党，是权臣谋夺政治利益，将奸党罪作为党争工具的案例。奸党罪的司法适用中，君主意旨、法司弄法、权臣构陷、风宪助虐，使具体司法过程变数迭出，颇有特色。

---

① 刘泽华主编：《中国政治思想史（隋唐宋元明清卷）》，浙江人民出版社1996年版，第169页。
② 柏桦：《明代州县政治体制研究》，中国社会科学出版社2003年版，第421页。
③ 梁启超：《饮冰室合集》文集之九《论专制政体有百害于君主而无一利》，中华书局1945年版，第90页。

一、皇帝意旨导向

臣民是否能够成为"奸党"，需要得到皇帝的认可，因此在司法过程中，皇帝的意向也就成为司法的指导。以朱元璋而言，他是法律的制定者，但在司法过程中，很难说他按照自己制定的法律而司法。在君主专制制度下，长期实行的是人治而非法治，本来就缺乏健全的法制，再加上人为的因素，也导致法律本身容易成为工具，不但法律很难为人们所尊重，而且面对司法不公，人们也经常表现出无奈。统治者制定的法律，统治者率先破坏之，这是君主专制政体下的必然现象。朱元璋为了保持朱氏王朝的长远统治，可以说是费尽心机。"今年杀胡党，明年杀蓝党。株连数万人，其中岂无枉？"① 对于胡惟庸奸党案，大多数研究认为是以朱元璋为代表的"君权"与胡惟庸为代表的"相权"之间的斗争，因为在胡惟庸被杀后，朱元璋废除了丞相制度，由皇帝直接统领六部，使中央集权制度得到进一步加强。查办胡党的司法过程中，朱元璋的意旨不断变化，随着案件的进展不断改变看法，最终实施大肆株连。朱元璋能用人而不信其人，能断案而不信其案，每每先入为主，对人对事逞其纵横捭阖之能，恩威并济，所作所为往往出人意料。

洪武十三年（1380年）正月初六，以胡惟庸为首的一批人及其家属被处死以后，朱元璋所公布的罪名是"谋危社稷"，并且提到"奸臣窃持国柄"，"朋比逞于群邪"②。朱元璋的意思很明白，胡惟庸之所以敢于"谋反"，乃是有同伙的。接着在罢中书省诏书中又提到："胡惟庸私构群小，蠹缘为奸。"③ 朱元璋的意旨，被那些"佞臣"逐渐付诸现实。

不到半年，《臣戒录》颁布了，解释云："时胡惟庸谋叛事觉，上以朝廷用人，待之本厚而久则恃恩，肆为奸宄，然人性本善，未尝不可教戒，乃命翰林儒臣纂录历代诸侯王、宗戚、宦官之属悖逆不道者，凡二百十二

---

① （清）王延灿：《似斋诗存》卷2《胡蓝狱》，载《四库未收书辑刊》第7辑第28册，北京古籍出版社1997年版。

② 《明太祖实录》卷129，洪武十三年春正月乙亥条

③ 《明太祖实录》卷129，洪武十三年春正月癸卯条。

人，备其行事以类书之。"① 这里还是申明胡惟庸是"谋叛"，希望臣僚引以为戒，但以后的发展便不是引以为戒那样简单了。胡惟庸的"党与"被不断揭发，牵连的人越来越多，出现了滚雪球效应，而皇帝意旨在株连扩大化中起着导向指引作用。《太祖实录》中列举三件事情：

一是金华浦江郑氏义门被人"诉其家交通胡惟庸者"②。这里用的是"诉"，而没有用"讦""诬"，即表明朱元璋对这种"诉"持认可的态度。虽然朱元璋被郑氏兄弟争先认罪的事情所感动，赦免并破格授予郑湜官职，但没有否定这种铺天盖地的"诉"，大肆株连已是难免的。

二是解州儒学学正孙询奏言："税使曾必贵旧名必熹，与故丞相胡惟庸善，为改今名，乃其党属也。又故元参政黎铭，国初逃入王官谷为道士，后还俗，为闻喜县社学师，今为儒学训导，常自称'老豪杰'，讪谤朝廷。"解州远在山西与陕西交界之处，离南京可谓是遥远，而州儒学学正仅仅是未入流的学官，对这样的小官所揭发的事情，朱元璋都予以关注，则可见其大肆株连的意旨明显。虽然朱元璋认为该学正："询不思以圣贤之道教人，而为告讦之事，岂儒者所为？"③ 但没有将被揭发的人绳之以法，也没有将"告讦"者治罪，按照《大明律》规定，诬告应该反坐，没有治罪，也就意味着鼓励臣下相互告讦。

三是诛杀刑部尚书开济。在罗列其罪状的时候，有"初为国子助教，与丞相胡惟庸善"。开济是胡惟庸案发以后才为刑部尚书的，实际上是窥测帝意，帮助朱元璋清查胡惟庸党的酷吏佞臣，"持法渐肆巧诈，性残酷，好以法中伤人。凡意所不悦，辄深文巧法以入之，无能自脱者"。因为追查胡惟庸党，已经持续近三年，开济"恃权罔上"④。实际上朱元璋已经看到胡惟庸案牵连太重，用"与丞相胡惟庸善"的借口杀掉开济，在一定程度上可以平息社会的不满情绪，但朱元璋以胡党名义杀开济，已暗含了无停止对胡惟庸党的追查之意，因为他心目中的"奸党"还没有被抓出来。

当李善长被牵连到"胡党"之内，朱元璋的目的基本达到，所以在洪

---

① 《明太祖实录》卷 132，洪武十三年六月是月条。
② 《明太祖实录》卷 135，洪武十四年二月甲子条。
③ 《明太祖实录》卷 146，洪武十五年六月甲子条。
④ 《明太祖实录》卷 158，洪武十六年十二月甲午条。

武二十三年（1390 年）五月，亲自手诏数千言，再加上胡惟庸案的供词，予以颁布，名为《昭示奸党录》，一共有 3 录。洪武二十六年（1393 年），发布宥胡蓝党人敕，则表达了停止追查的意旨，使案件不再继续扩大。朱元璋敢作敢为，为建立绝对君权，生怕任何人有不轨之心，不能容忍任何人威胁其权位，破坏他所建立的制度，不惜采用血腥恐怖的做法，屠戮功臣。陈登原先生将朱元璋的盗贼流氓行为加以概括，即：（1）喜怒无常，趣味卑浅；（2）护非遂短，不能容异；（3）无理取闹；（4）更欲专制；（5）疾言厉色，面目狰狞；（6）不拘何人，一律猜忌；（7）杀戮功臣。"夫趣味卑浅，护非遂短，无理取闹，更欲专制，面目狰狞，猜忌念重。有君如此，当时诚难乎为臣，何止同起流辈，大致不保首领。以视汉高之雍齿且侯，容为彼胜于此。所谓宿将凋零，盖亦汲汲防官之后果云。"① 朱元璋屠戮功臣是不争事实，而汲汲防官则是奸党罪名设置的本意，是否扩大打击面，核心是皇帝是否有采取高压手段，穷究漫引的意愿。

朱棣夺取政权，面临对他尚不服气的建文帝旧臣，采取高压手段实现统治合法化。朱棣"明显地扩大了对所谓'奸臣'的打击范围，几乎所有忠于朱允炆而又不肯同他合作的文臣都被指为'奸臣'"②。这些"奸臣"在后世又都被称为"建文忠臣"③。除受祸最惨的方孝孺外，还有"邹瑾之案，诛戮者四百四十人；练子宁之狱，弃市者一百五十人；陈迪之党，杖戍者一百八十人；司中之系，姻娅从死者八十余人；胡闰之狱，全家抄提者二百十七人；董镛之逮，姻族死戍者二百三十人；以及卓敬、黄观、齐泰、黄子澄、魏冕、王度、卢元质之徒，多者三族，少者一族也"④。

打击建文旧臣，其被祸最惨的当属方孝孺。方孝孺（1357—1402 年），

① 参见陈登原：《国史旧闻》第 3 册，中华书局 2000 年版，第 11—13 页。

② 商传：《永乐皇帝》，北京出版社 1989 年版，第 119 页。

③ "建文忠臣建文间死节之士，予得诸文庙榜示奸恶官员姓名二纸，及传于文献者，共百廿四人，随名考事，旧有私抄一帙。后为兵火所失。今思周武应天顺人，夷齐甘死首阳，两不相妨。况文庙（永乐帝）尝曰：'彼食其禄，自尽其心。练子宁在，朕当用之。'昭庙（洪熙帝）又曰：'若方孝孺，皆忠臣也。'乃肆赦有其子孙。至天顺间，虽建庶人亦宥之，善善恶恶，亦难掩也。又思杨文懿公（杨守陈）尝请辑建文中事，谓不可灭，则是史逸之矣。今谨录其名氏官籍于左，有未知者缺之，待博识者补焉。"（明）郎瑛：《七修类稿》卷 10《建文忠臣》，中华书局 1959 年版，第 152—153 页。

④ （清）谷应泰：《明史纪事本末》卷 18《壬午殉难》，中华书局 1977 年版，第 307 页。

字希直，号逊志，浙江宁海人，建文在位时为翰林院侍讲学士，久负文名。朱棣进入南京，想让他草拟即位诏书，"召至，悲恸声彻殿陛。成祖降榻，劳曰：'先生毋自苦，予欲法周公辅成王耳。'孝孺曰：'成王安在？'成祖曰：'彼自焚死。'孝孺曰：'何不立成王之子？'成祖曰：'国赖长君。'孝孺曰：'何不立成王之弟？'成祖曰：'此朕家事。'顾左右授笔札，曰：'诏天下，非先生草不可。'孝孺投笔于地，且哭且骂曰：'死即死耳，诏不可草。'成祖怒，命磔诸市。孝孺慨然就死，作绝命词曰：'天降乱离兮孰知其由，奸臣得计兮谋国用犹。忠臣发愤兮血泪交流，以此殉君兮抑又何求？呜呼哀哉兮庶不我尤！'时年四十有六"。此案导致"宗族亲友前后坐诛者数百人"①。也有说"宗族坐死者八百四十七人"②；还有 870 人之说，"乃若受戮之最惨者，方孝孺之党，坐死者八百七十人"③；以至于后来有"诛十族"之说，其中有复杂的历史内情，却不是历史的事实④。

朱棣靖难之役，一直打着清君侧、除奸臣的旗号，即位以后诛戮建文旧臣，也是他的本意。至于朱棣是否认可大肆株连，史家没有明确记载，但也透露出一些讯息。如在《即位诏》内就明确讲明"朝无正臣，内有奸匿"⑤。诛除奸臣是不可能避免的，但对朱棣是否有扩大规模的意旨，史家闪烁其词。如都御史陈瑛提出追查"不顺命而效死于建文者"，朱棣说："朕初举义，诛奸臣，不过齐、黄数辈耳，后来二十九人中如张紞、王钝、郑赐、黄福、尹昌隆皆宥而用之。今汝所言数人，况有不与二十九人之数者，彼食其禄，自尽其心，悉勿问。"⑥ 似乎朱棣不想大肆株连。但陈瑛以残酷的方式进行"瓜蔓抄"依然得到重用却是事实。陈瑛审理大理寺少卿胡闰之案，"所籍数百家，号冤声彻天。两列御史皆掩泣，瑛亦色惨，谓

---

① （清）张廷玉等：《明史》卷 141《方孝孺传》，中华书局 1974 年版，第 4019—4020 页。

② （明）黄佐：《革除遗事节本》卷 4《方孝孺》，中华书局 1991 年版，第 20 页。

③ （清）谷应泰：《明史纪事本末》卷 18《壬午殉难》，中华书局 1977 年版，第 307 页。

④ 参见李谷悦：《方孝孺殉难事迹的叙事演化与"诛十族"说考》，《史学月刊》2015 年第 5 期。

⑤ 刘海年、杨一凡主编：《中国珍稀法律典籍集成·皇明诏令》乙编第 3 册，科学出版社 1994 年版，第 104 页。

⑥ 《明太宗实录》卷 14，洪武三十五年十一月甲辰条。

人曰：'不以叛逆处此辈，则吾等为无名。'于是诸忠臣无遗种矣"。所以史家言：陈瑛之所以能够这样残酷地对待建文旧臣，乃是"阴希帝指"①。则又暗含了朱棣对株连的态度。

朱棣诛杀建文旧臣，与朱元璋诛戮功臣是有区别的。"一、朱元璋所杀功臣，均被指为图谋叛逆的'奸党'。建文遗臣虽然被朱棣指为'奸党'，但实际上都是忠于建文的忠臣。建文帝又并非昏暴之君，颇为后世史家同情。相反，从封建道德标准来看，朱棣得位，则有'篡逆'之嫌。二、朱元璋时代的功臣，大都是开国新贵，与整个明朝地主阶级知识分子关系不深。建文遗臣们，则都是典型的地主知识分子，与后世作史文人们有千丝万缕的联系。三、朱元璋杀戮功臣目的在于保障君权的集中和朱氏家天下统治，朱棣则主要在于证明自己夺位名正言顺，同时还出于政治报复。"② 无论是如何对比，在这种株连甚广的"奸党"大案中，皇帝的意旨发挥着重要作用。

朱棣以后，也曾经出现"奸党"大罪，但已很少出现大肆株连杀戮，这与"洪宣之治"力图回归"常法"的轨道有关。如宣德帝敕谕三法司中有三个质问："夫憸邪者利口，柔良者寡纳，惟言是稽，情伪不辨，此其可乎？玩愒岁月，溺于安逸，囚系瘐死，恬不为意，此其可乎？不谙律意，不察人情，移情就狱，苟具文书，此其可乎？"然后列举四种现象，"或畏权势，徇其请托。或念恩怨，从而报复。或播弄刀笔，轻重任情。或恣肆捶楚，鍛炼成狱。甚至贪图贿赂，略无畏惮"③。皇帝以此看法质问三法司，当然会使他们有所警诫，再加上宣德帝自即位以来，特别关心刑狱案件，凡是法司呈上需要皇帝批准处死的案件，他总是提出一些关键的疑点，要法司重新审理，纠正了许多冤假错案，史称其"不嗜杀人，法司奏刑名，常垂宽宥，惟赃吏不少假借"④。惩贪理念一直没有改，在王朝政局稳定之时，严察"奸党"也不可能成为要政。

王振党案已出现朝臣们的过激行为，本来也可以形成大规模彻查王振

---

① （清）张廷玉等：《明史》卷308《奸臣陈瑛传》，中华书局1974年版，第7910—7911页。
② 商传：《永乐皇帝》，北京出版社1989年版，第129页。
③ 《明宣宗实录》卷36，宣德三年二月戊辰条。
④ 《明宣宗实录》卷115，宣德十年春正月丁酉条。

党与的局面，因为景泰帝稳固自己皇位的顾忌，没有进行大规模的株连。英宗复辟，虽然杀了于谦，也在一定程度上追查于谦党与，但因为于谦毕竟是有功于社稷，也是适可而止。以后"曹石之变"，除了诛除首恶，也没有大规模杀戮"奸党"，而随着政局的变幻，列入"奸党"的人，也有东山再起的时候。演至嘉靖时期，党争已经发端，"如果将朝臣之间分门立户的相争作为党争，那么明代的党争的上限就绝不在万历，最晚也可定在嘉靖初的'大礼议'"①。在党争日趋激烈的态势下，奸党罪名也沦为党争工具。接近皇帝窃取权力，影响皇帝的决策，奸臣自己的意愿往往转化为皇帝意旨，是嘉靖以后的历史常态。

明代基本上没有女主专权，外戚之祸，这与朱元璋所构建的制度及大肆诛戮功臣有关，因此皇帝身边的各种政治势力，主要是朝臣与宦官。在正统年间，朝臣与宦官的争斗基本上还能够保持平衡，可以说互有胜负，但部分朝臣与宦官相互勾结已经显见，逐步形成司礼监与内阁双轨辅政机制。特别是正德时期，刘瑾专权，朝臣经过残酷打击，大部分已经屈服了，权势的天平不断向宦官倾移。嘉靖帝即位，重申祖制，对宦官严加管理，没有出现权宦，但在首辅之争过程中，首辅必须有司礼监的支持，阁臣与宦官相互利用，才能够顺利执政。万历以后的党争，朝臣党同伐异，都寻求交结宦官，获得宦官支持，最终形成阉党得势的政局。在党争的过程中，各方都试图取得皇帝的支持，而自嘉靖以后，再也没有朱元璋、朱棣那样乾纲独揽的皇帝，皇帝的意旨实为党争胜利方的意愿表达，此时的奸党罪多是派系党争攻伐的工具。

二、法司揣摩圣意

奸党罪是否成立，主管司法的法司有很大的责任。如果法司都能够严格按照法律行事，弄清犯罪事实，至少可以避免许多冤案。明代大案多枉，乃是受到政治的干扰，这仅仅是宏观分析，要是从细节上看，法司揣摩皇帝的意图，是冤案产生的重要原因之一。

在胡惟庸案中，可以看到朱元璋虽然痛恨胡惟庸党，最初也没有想大

———————

① 张显清、林金树：《明代政治史》，广西师范大学出版社 2003 年版，第 797 页。

肆株连，他"所用深文吏开济、詹徽、陈宁、陶凯辈，后率以罪诛之"①。
为了显示朱元璋圣明，《太祖实录》讲朱元璋斥责与诫谕开济、詹徽的几
件事：一是诫谕他们"凡论囚，须原其情，不可深致人罪"，提出"自今
凡有论决，必再三详谳，覆奏而行，毋重伤人命"②。似乎是朱元璋从来就
不想深致人罪，但从此后正式任命开济为刑部尚书的事实来看，朱元璋还
是喜欢他深致人罪的。二是开济议法巧密，朱元璋看后恶之，训斥一番，
"济大惭"③。三是开济"议定五六日旬时三审五覆之法"，朱元璋训诫他
"不可徇名而失实"④。两个月以后，朱元璋"赐刑部尚书开济、都察院左
佥都御史詹徽罗衣，人一袭"⑤，又可以看到朱元璋非常满意他二人所为。
四个月以后，开济被杀了，表面上的罪名是"务为两端，奸狡莫测"⑥，实
际上是他揣摩圣意有误。杀了开济，依然重用詹徽，也列举朱元璋训诫的
语言。如詹徽言："四川成都府有吏诉其知府张仁受贿，同知蔡良于公署
设宴，放吏为民。请逮问之。"朱元璋说："吏胥之于官长，犹子弟之于父
兄，下讦其上，有乖名义，不足听也。"⑦ 这是一件小事，朱元璋找出问
题，说明他对詹徽早有防范。詹徽提出："莫若严刑以制之，使知所畏而
重犯法"⑧，受到朱元璋的驳斥，以表明他不想以重法治国。詹徽提出军人
两次犯罪，即便是前经赦免，也应该"并论前罪诛之"，被朱元璋斥为
"滥刑"，没有听从，表明他不想滥刑。詹徽提出巡按监察御史"希旨要
誉"⑨，朱元璋没有听从，以表明他能够明察是非。詹徽提出"武官仇德等
五百七十八人贴黄内有隐匿诰敕不报，世袭流官及战功不明，法当逮问"，
朱元璋以"武人少文，或托人书之"为由而"不问"⑩，以表明他不是事
事听从詹徽的建议。詹徽不允许龙江卫吏为母守制，被朱元璋申饬，"徽

---

① （清）张廷玉等：《明史》卷94《刑法志二》，中华书局1977版，第2319页。
② 《明太祖实录》卷151，洪武十六年春正月壬子条。
③ 《明太祖实录》卷153，洪武十六年夏四月庚寅条。
④ 《明太祖实录》卷155，洪武十六年六月甲戌条。
⑤ 《明太祖实录》卷156，洪武十六年八月辛酉条。
⑥ （清）张廷玉等：《明史》卷138《开济传》，中华书局1974年版，第3978页。
⑦ 《明太祖实录》卷167，洪武十七年闰十月乙未朔条。
⑧ 《明太祖实录》卷197，洪武十九年十二月戊申条。
⑨ 《明太祖实录》卷196，洪武二十二年六月戊午条。
⑩ 《明太祖实录》卷202，洪武二十三年五月癸巳朔条。

大惭"，以表明他坚持以孝治天下。类似记载，都想表明朱元璋圣明，但也从侧面看到开济、詹徽事无巨细都向朱元璋汇报。凡是揣摩圣意得体者，都被朱元璋批准了，其间不乏大量的追查胡惟庸党之事，而《太祖实录》所讲之事都无关"奸党"，史家以"深文"二字，可谓是入木三分，将这二人揣摩圣意的内涵表露出来。

在永乐时，"都御史陈瑛灭建文朝忠臣数十族，亲属被戮者数万人。（纪）纲觇帝旨，广布校尉，日摘臣民阴事。帝悉下纲治，深文诬诋。帝以为忠，亲之若肺腑"①。这一句"觇帝旨"，就把臣下揣摩圣意的情况表述出来。

有关臣下希帝旨、窥上意的描述，在《明史》中并不少见，窥测上意是臣下的时尚。早在洪武时，就有人在"群臣集议，间有异同。常能参合众言，委曲当上意"②。永乐时，方宾"性警敏，能揣上意，见知于帝，颇恃宠贪恣"③。天顺"帝以（逯）杲强鸷，委任之，杲乃摭群臣细故以称帝旨"④。这种迎合上意，即便是盛世名臣也在所难免。如宣德时，"胡忠安（濙）福履贵盛，为本朝仅有，然其人惟务迎合取宠，且惑于方技旁门，殊无大臣之节"⑤。成化年间"户部尚书马昂，凡有奏报，遇上意喜，则曰'移所司处置'；遇上意怒，则曰'事窒难行'；微有利害，即乞圣裁"⑥。嘉靖初辅臣费宏"颇揣知帝旨，第署名公疏，未尝特谏，以是帝心善之"⑦。如"嘉靖元年，给事中刘济等以囚廖鹏父子及王钦、陶杰等颇有内援，惧上意不决"⑧。特别是张璁、桂萼等，"既骤贵，干进者争以言礼希上意"⑨。以议礼投机取巧的人逐渐增多，如夏言"数召见，谘政事，善

---

① （清）张廷玉等：《明史》卷307《佞幸纪纲传》，中华书局1974年版，第7876页。
② （清）张廷玉等：《明史》卷135《范常传》，中华书局1974年版，第3918页。
③ （清）张廷玉等：《明史》卷151《方宾传》，中华书局1974年版，第4183页。
④ （清）张廷玉等：《明史》卷307《佞幸逯杲传》，中华书局1974年版，第7878页。
⑤ （明）沈德符]《万历野获编》卷13《胡忠安》，中华书局1959年版，第336页。
⑥ （清）张廷玉等：《明史》卷180《魏元传》，中华书局1974年版，第4773页。
⑦ （清）张廷玉等：《明史》卷193《费宏传》，中华书局1974年版，第5108页。
⑧ （清）张廷玉等：《明史》卷94《刑法志二》，中华书局1974年版，第2316页。
⑨ （清）张廷玉等：《明史》卷115《兴宗孝康皇帝孝康皇后传》，中华书局1974年版，第3552页。

窥帝旨，有所傅会"①。连勋臣也不能够独立于外，"大礼议起，（郭）勋知上意，首右张璁，世宗大爱幸之"②。在这种情况下，法司也难有独立意识，唯上是从。"时法官率徇法徇上意。稍执正，谴责随至。"③ 如曾铣复套之议，"廷臣见上意向铣，一如铣言"。当嘉靖帝突然大转变之时，"遂尽反前说，言套不可复"④。严嵩弄权，更是如此，"严嵩、张瓒窥帝旨，力言不可宥"⑤。在这种情况下，法司不但要窥上意，还要顾及权臣的意图。到了万历时期，"每见诏狱一下，持平者多拂上意，从重者皆当圣心"⑥，已成为一种常态。

　　法司窥探皇帝的意旨，甚至引发臣僚群情激奋的情况。如嘉靖帝即位，清除正德时期的宦官，符合朝臣们共同的愿望，但嘉靖帝并不想将所有的宦官都除去，毕竟宦官也是他必然要依靠的群体。当科道官们指名道姓地弹劾一些宦官依附钱宁、江彬，就是党逆的时候，嘉靖帝以下旨的形式，宣布自己已经有所处置，且同意将"罪恶深重"者一二人，"提解法司会问"⑦。这原本是给朝臣一些面子，宦官是皇帝的家奴，皇帝自己处置，只有罪大恶极，才会交法司审问。科道官们依然不依不饶，毕竟《即位诏》已经提出裁抑宦官，新皇帝不能够出尔反尔。嘉靖帝一方面褒奖科道官，对他们的弹劾"嘉纳"之，一方面拖延时间，想大事化小，小事化了。却不想朝官们誓不罢休，嘉靖帝只好把部分宦官发孝陵卫充军，依然不想扩大事态。科道官们反过来攻击正德时的"八虎"之一的谷大用，因为谷大用有迎立之功，当时嘉靖帝赏赐了他。迫于压力，嘉靖帝将谷大用、张永降职发往守陵墓，又将张锐、张雄、张忠等28个宦官执送都察院鞫治。如何进行拟罪，法司就颇费心思了。"八虎"都没有送法司，由皇帝自行处置了，这些宦官的奸恶远不及"八虎"。法司鞫问定拟的过程，没有记载，但从最终都察院右都御史张纶领衔上奏来看，法司的分歧应该

① （清）张廷玉等：《明史》卷196《夏言传》，中华书局1974年版，第5193页。
② （清）张廷玉等：《明史》卷130《郭勋传》，中华书局1974年版，第3823页。
③ （清）张廷玉等：《明史》卷202《刘讱传》，中华书局1974年版，第5333页。
④ （清）张廷玉等：《明史》卷204《曾铣传》，中华书局1974年版，第5388页。
⑤ （清）张廷玉等：《明史》卷321《外国安南传》，中华书局1974年版，第8332页。
⑥ （清）张廷玉等：《明史》卷226《吕坤传》，中华书局1974年版，第5940页。
⑦ 《明世宗实录》卷1，正德十六年四月乙巳条。

不小，因为这个时候的左都御史是王璟，按理说应该由他领衔。"时群小用事，大臣靡然附之，（左都御史王）璟独守故操。"① 刑部尚书张子麟，原为大理寺卿的张纶，都曾经被科道官弹劾为刘瑾之党，如今处置宦官，要是从轻，显然摘不掉宦党的嫌疑。张纶等提出这些宦官"皆窃弄威柄，变乱成法，罪在大辟。法不可赦，宜依交结朋党，紊乱朝政律，弃市"。以"奸党"罪处置这些并非首恶的宦官，显然是别有用心，所以左都御史王璟没有领衔。为什么说拟罪加重处罚却是别有用心呢？因为最终核准权是在皇帝，他们要看皇帝如何表示，再说了，"八虎"都没有弃市，这些附和的宦官更没有道理弃市了，这就是"群小"的险恶用心。果然，奏疏呈上，嘉靖帝留中十余日，最后派太监传旨说："疏有点污，趣都察院易疏以进"。显然对张纶等会议结果不满，却不想科道官弹劾太监传旨不实，嘉靖只好把张纶等奏疏发下来，"令会官覆讯以闻"②。会议则内阁成员参加，内阁大学士杨廷和等人认为："宜亟将（张）锐等寘之重典"，但没有讲以什么罪名处之，嘉靖帝很不满意，便下旨云："业已处分，宥之。"③于是大学士杨廷和、蒋冕、毛纪纷纷申请罢职，特别是杨廷和提出："天下之人皆曰可杀，不止于国人曰可杀而已，而陛下独宥之，此臣等所未喻也。"面对这种激烈的语言，嘉靖帝"慰留之"④，也明示不想罢免他们。应该是在杨廷和等人的指使下，科道官开始弹劾司礼监太监萧敬，"党护张锐等罪恶"，法司会问诸臣"依违诡随，不能执法除奸，无大臣之节"。嘉靖帝仅仅是"报闻"⑤。参与会议的三法司官员，纷纷自陈乞罢，都没有批准，只有刑部尚书张子麟，被"赐告一月"，回家探亲，科道官说他"两狱未竟，避难而归"。嘉靖帝则说："（张）锐等俱有处分，子麟勿罪。"⑥ 可以说此案的处理，是嘉靖帝与朝臣的交锋，而法司表面重拟，以不符合情理的拟罪奏疏来铺设嘉靖帝获胜台阶。奸佞之臣得以畅行其意，

---

① （清）张廷玉等：《明史》卷186《王璟传》，中华书局1974年版，第4943页。
② 《明世宗实录》卷4，正德十六年七月丁巳条。
③ 《明世宗实录》卷7，正德十六年十月己丑条。
④ 《明世宗实录》卷7，正德十六年十月辛丑条。
⑤ 《明世宗实录》卷7，正德十六年十月丙午条。
⑥ 《明世宗实录》卷8，正德十六年十一月丁卯条。

全靠能够窥测圣意。接下来的"大礼议"，清理反对自己的朝臣，最终使朝臣彻底屈服。

按照制度规定，法司固然没有独立司法的能力，但毕竟还有祖宗之法在，却没有人敢以祖宗之法言之。窥测圣意，无非是为了荣华富贵，依附权臣、宦官，也是求取荣华富贵的手段。那些以官爵为性命的官僚们，只有自己的利益，但能够保住荣华富贵，哪里有心去管别人的死生荣辱，因此冤狱丛生或重罪轻罚，是君主专制政体的常态。

三、权臣构陷人罪

权臣以奸党罪构陷人罪，也是政治斗争中惯用的伎俩。如"于谦奸党案"，英宗并没有必杀之意，纯属李贤、徐有贞等人促成的。据杨瑄《复辟录》讲[①]，在英宗复辟的前一天，群臣会议于礼部，学士商辂主笔草奏其略曰："天下者，太祖、太宗之天下，传之于宣宗、陛下、宣宗之子、宣宗之孙，以祖父之天下传之于孙，此万古不易之常法。"如果按照这个意见，这个"宣宗之孙"有可能是原皇太子朱见深，也可能不是。当时徐有贞也参加会议，并没有表示什么意见，却独自联络石亨，迎英宗复辟。当日早朝，英宗复辟御极，该次会议的本章并没有呈进去，却有旨下，"擒于谦、王文等，以其迎立外藩故也"，最终是"于谦、王文杀死弃市，商辂免，还为民，余从编戎伍"。石亨、曹吉祥二家，"专权恣肆"，徐有贞"亦遏其势，每沮其谋，互相排抑，于是文武二途矣"。

因为国史没有记载此事经过，杨瑄便以自己所见，写成此文。他认为："大学士王文与太监王诚谋，欲取襄王世子立为东宫。"当时大学士李贤不表示是否赞同，却秘密地告诉石亨等人："王文、于谦已遣人赍金牌敕符，取襄王世子去矣。"剖析其权谋术的运用可知，促成夺门的，乃是李贤。石亨自己贪功，没有将李贤所谋讲出，因此英宗信任石亨，导致其"招权纳贿，擅作威福"。徐有贞因为参与迎驾之谋，所以"特命入阁"，后来被石亨等人排挤出内阁。

---

① 杨瑄（1425—1478 年），字廷献，江西丰城人，景泰五年（1454 年）进士，英宗复辟时为监察御史，其所著《复辟录》是较有史料价值的野史。

对于徐有贞的描述，是他"升屋览，步干象"，告诉都督张𫐄，联络石亨、曹吉祥，夜四鼓夺门而入，撞开南宫城门，用辇把英宗抬入宫中。天刚刚亮，"上升座，鼓钟鸣，群臣百官入贺"，宣告复辟成功。当天就让徐有贞进入内阁，次日"命掌内阁事"。

复辟当天，就"拿于谦、王文、项文曜。第二日拿陈循、萧镃、商辂、俞士悦、江渊、王伟、顾镛、丁澄、沈敬等多官问，皆打二十，拟谋逆重罪"，并且将"内臣王诚、舒良弄权者十四五人，皆拟重罪"。也就是说，于谦等是正月十七日被捕，陈循等是正月十八日被捕。

正月二十二日圣旨："于谦、王文、舒良、王诚、张永、王勤，论法本当凌迟，从轻决了罢。家下人口免死充军，家小免为奴，着随住，家财入官。陈循、江渊、俞士悦、项文曜免死，发口外永远充军，家小随住。萧镃、商辂、王伟、顾镛、丁澄原籍为民。"这里讲"从轻"，也就是不用凌迟，但要斩首。正月二十六日颁布圣旨："于谦、王文结同内贼王诚、舒良、张永、王勤等，构成邪谋，逢迎景泰，篡位易储，依阿从谀，废黜正后，内外朋奸，紊乱朝政，擅夺兵权，将军国大事都坏了。近因有疾，不能临朝视政，这厮每自知罪恶深重，恐朕不容，因其谋为不轨，纠合心腹都督范广等，要将总兵官等擒杀，迎立外藩以树私恩，摇动宗社。其余奸党陈循、萧镃、项文曜、俞士悦、王伟、顾镛、丁澄、商辂亦各密知前谋，不行发举，及朕复位，这厮每奸谋节次败露，已将于谦、王文、王诚、舒良、张永、王勤处以极刑，籍没家产，成丁男子俱发充军。仍将其余奸党陈循等发口外永远充军及原籍为民了。这厮每图危宗社的情理，穷凶极恶，本当族灭，如今体上天好生之德，都从轻处治了。今后内外的官，务要竭力尽忠，奉公守法，以保身家，不许似这厮每朋奸乱政，违了必诛不饶。恁都察院便出榜，晓谕多人知道。钦此。"这里公布的罪名"逢迎景泰，篡位易储，依阿从谀，废黜正后，内外朋奸，紊乱朝政，擅夺兵权"，所以"处以极刑，籍没家产，成丁男子俱发充军"①。陈循等人则成为"其余奸党"。这厮（这帮家伙），最大的罪名是"图危宗社"，也

---

① 以上引文见（明）杨瑄：《复辟录》，国家图书馆文献缩微复制中心《纪录汇编》本1994年版，第187—195页。

就是谋反。

圣旨的内容，显然是经过剪裁了。沈德符考证："英宗复辟，刑官奏于谦等罪恶情由。越二日，得旨云：'于谦、王文、舒良、王诚、张永、王勤本当凌迟处死，从轻决了，去其手足罢；家下人口充军，妻小免为奴，家财入官。陈循、江渊、俞士悦、项文曜免死，发口外永远充军，家小随住。萧镃、商辂、王伟、古镛、丁澄俱发为民。'盖廷议于、王等六人谋反凌迟，循等九人知反故纵，皆斩，故皆下一等。今史抹却谦等去手足不书，意者虑为先帝新政累，故削之耶？但极刑寸磔则有之，无断绝手足者，或覆奏时，上又除手足之条。此说近之。"这两说并存，虽没有真凭实据，但从正德帝"剥流贼皮以饰马镫"及嘉靖帝"令寸磔无罪人，竟不偿死"①，亦可见明代皇帝会使用法外之刑。

于谦的"奸党"罪及各项指控是否成立，史家多有考证，与杨瑄所讲出入不大，特别是在确定皇位继承人的问题上，至少于谦没有明确的态度，所以谷应泰感叹："独惜于谦者，百折不回于社稷无君之日，不能出一言于东宫易位之辰。"虽然"处人骨肉，自古其难"②，但是在群臣会议时，有舍近支而不顾的倾向，也就是这个弱点，在权臣构陷时被无限放大了。

在廷鞫的过程中，王文辩曰："召亲王须用金牌信符，遣人必有马牌，内府兵部可验也。"③没人理睬这一辩解，也没有人去核实金牌信符之事。于谦却笑着说："亨等意耳，辩何益？"这种没有证据的事情，居然奏上，所以"英宗尚犹豫曰：'于谦实有功。'有贞进曰：'不杀于谦，此举为无名。'帝意遂决"④。徐有贞陷害于谦，史家讲明了二人的恩怨。而另一个陷害者李贤，在《天顺日录》里不断为自己解脱，与杨瑄所言是他主谋不同。从复辟以后，徐有贞与李贤同入内阁来看，在廷鞫于谦等人时，他也在场，并没有说对于谦等人有利的话，也可见其为人。李贤"自念遭逢之

---

① （明）沈德符：《万历野获编》卷18《法外用刑》，中华书局1959年版，第457页。
② （清）谷应泰：《明史纪事本末》卷35《南宫复辟》，中华书局1977年版，第535页。
③ （清）张廷玉等：《明史》卷168《王文传》，中华书局1974年版，第4517页。
④ （清）张廷玉等：《明史》卷170《于谦传》，中华书局1974年版，第4550页。

难，助（徐）有贞展尽底蕴，知无不言"①。这里可以看到他实际上助纣为
虐，虽然他没有亲自参加夺门，但出谋划策，坐观其变，成则有功，败则
无过，其心术远比徐有贞要过。史云："自三杨以来，得君无如（李）贤
者。然自郎署结知景帝，超擢侍郎，而所著书顾谓景帝为荒淫。其抑叶
盛，挤岳正，不救罗伦，尤为世所惜云。"② 一个连对他有恩的前皇帝都敢
诬蔑的人，其诬陷于谦等人，也就不在话下了，应该证实杨瑄所讲是有一
定道理的。

为了证实于谦等人是否有迎立外藩的举动，英宗也怀疑自己的叔叔朱
瞻墡，在进行查核的时候，发现朱瞻墡"金符固在太后阁中"，可以证实
于谦等人不可能以金符召立外藩。英宗召朱瞻墡入朝，尽释前嫌，"帝亲
送至午门外，握手泣别"。以后"岁时存问，礼遇之隆，诸藩所未有"③。
史家对此大书特书，用意在于英宗此时已经知道错杀于谦，也为成化帝给
于谦平反张本。

从于谦案可以看出，权臣在构陷人罪方面，确实有高超的技巧。在礼
部举行会议，选立后嗣时，群臣就已各自心怀鬼胎，当商辂草写奏章以
后，需要群臣署名。"稿成，登正本会金，因姓氏众，字画多讹。"④ 这些
人的心态，如果成功了，就可以说那字是我签的，要是失败了，就可以否
认字是我签的，这"字画多讹"，将一群人的心态展露无遗。徐有贞、李
贤都参与此事，显然他们都签字了，最后追查的时候，他们非但没有受到
牵连，而且因迎立之功，加官封赏。那些老老实实地签字的人，不是走上
断头台，就是被充军戍边。"不用实，而专用虚，妙于趋，尤妙于避"⑤，
是君主专制政体下官僚们的常态，固然可以批评，但还不至于诛讨其罪，
属于情有可原。对于那些倾心于害人，故意构陷人罪，以谋取个人利益
的，则难以原谅。因为这些人伪装得太严密，往往隐藏真实情况，使后人

---

① （明）李贤：《天顺日录》，国家图书馆文献缩微复制中心《纪录汇编》本，1994 年版，第
198 页。
② （清）张廷玉等：《明史》卷 119《李贤传》，中华书局 1974 年版，第 4677 页。
③ （清）张廷玉等：《明史》卷 119《王文传》，中华书局 1974 年版，第 3629 页。
④ （明）杨瑄：《复辟录》，国家图书馆文献缩微复制中心《纪录汇编》本 1994 年版，第
187 页。
⑤ （明）袁中道：《珂雪斋集》卷 20《人心》，上海古籍出版社 1989 年版，第 841 页。

难得其详。正如明人所说："虽贵为卿相，必有一篇极丑文字送归林下（弹章）；虽恶如梼杌，必有一篇绝好文字送归地下（墓志）。"① 即便是如此，通过各种史料分析，还是能够窥探一二。正如罗素所讲："对权力的爱好虽然是人类最强烈的动机之一，但表现在各人身上的程度却不一致。"② 在君主专制政体下，官僚们在权力面前的表现可以说是千奇百怪，就群臣构陷人罪而言，可谓是用心缜密，手段高超。

四、风宪助纣为虐

清雍正帝曾经认为："明季吏治之坏，多由科道巡按结党营私，紊乱是非所致。"③ 科道官结党营私，乃是明王朝灭亡原因之一。朱元璋既设六科给事中、又设监察御史，俗称科道官，号风宪官。这原本是台谏合一，加强对臣下控制的一项制度。"明代的六科品秩不高，但职掌事务所涉范围却无所不包，它的主要功能在于监察诸司百官，以确保整个行政体制运行上的稳定，因此从本质上说，它属于监察机构。"④

科道官作为言官，位卑权重，可以直接面对皇帝弹劾百官，是有利于皇帝掌控全局的制度设计。科道官作为皇帝的鹰犬，保护皇帝的利益，这是朱元璋设置的初衷，但自永乐以来，已经出现科道官依附权臣的现象，而正统年间则更加明显，演至成化年间已经是助纣为虐了。如"御史戴缙者，佞人也，九年秩满不得迁。窥帝旨，盛称（宦官汪）直功。诏复开西厂，以千户吴绶为镇抚，（汪）直焰愈炽"⑤。以后则依附权宦者有之，依附权臣者有之，有些人的无耻行为已经到了无以复加的地步。特别是在明末党争过程中，科道官推波助澜，败坏朝政，有不可推卸的责任。

对于一些科道官的无耻行径，明人多有揭露，以于谦案而言，郎瑛就曾经查出刑科等科都给事中王镇等的劾奏，认为他们"亦皆吠形"，乃是

---

① （明）徐学谟：《归有园麈谈》，台北新文丰出版公司影印《丛书集成新编》1985年版，第14册第348页。

② ［英］伯特兰·罗素：《权力论》，吴友三译，商务印书馆1991年版，第5页。

③ 《清世宗实录》卷78，雍正七年二月丙子条。

④ 张显清、林金树：《明代政治史》，广西师范大学出版社2003年版，第502页。

⑤ （清）张廷玉等：《明史》卷304《宦官汪直传》，中华书局1974年版，第7779页。

小人所为,要将他们"同恶之罪",公之于世。劾奏云:

> 刑科等科都给事中王镇等谨奏,为奸臣谋为不轨等事:尝谓背主负恩者,人臣之首恶;大逆不道者,王法所必诛。犹典甚明,常刑罔赦。切照犯人王文、于谦,俱以小人滥膺重任,一以不学无术之庸才而司台辅,貌实陋而心实险;一以舞文弄法之小智而与兵权,言实清而行实浊。不思保义王家,却乃肆为奸宄;交结权宦,挟天子以令群臣;树立党私,引凶邪以充庶位;内则太监王诚、舒良、张永、王勤等为之腹心,外则内阁陈循、江渊、萧镃、商辂等同其党恶。附合黄竑之邪议,易立储君;逢迎人主之非心,废黜汪后;公攘名器,酬平时贿赂之私;强立刑诛,钳当代言官之口。台谏多为之鹰犬,忠义咸畏其挤排。数年以来,内外显官,皆出其门;奔竞成风,谄谀充位;君子无以安其位而行其道,小人得以遂其志而售其奸。遂使天下之人,但知有王文而不知有人主,但知有于谦而不知有朝廷。忠良解体,义士痛心;流毒生灵,贻殃兆庶。至于咎征屡见,构巧辞以粉饰太平;灾异迭臻,献谄言以荧惑圣听;诚国家之巨蠹,一代之奸雄。乃者景泰皇帝不豫,连日不能视朝,岂意王文、于谦、舒良、王诚等,不顾宗社之重,惟务身家之谋,阴结异图,包藏凶祸,欲召外藩继位,紊乱宗枝,事虽传闻,信实显著,人心汹涌,中外危疑。仰荷皇上俯从群臣之请,入定大难,祸机未发,元恶就擒,安宗社于几危,成国家于再造。臣民欣忭,日月增光,万万年太平之福,实基于此矣。臣等切闻春秋之法,治奸恶,毋分于存殁,诛乱臣,必严其党与。且如王文之党,固非一人,而少卿古镛、参议丁澄为甚;于谦之党,亦非一人,而侍郎项文曜、都御史蒋琳为首。又如尚书俞士悦,邪妄深为,惨酷残忍;侍郎王伟,虽有小才,贪淫狡诈;不行罢黜,安示将来?况当拨乱反正之时,命德讨罪之日,伏望皇上奋乾纲之勇,昭日月之明,乞将王文、于谦、王诚、舒良等,明正典刑,榜示天下;其陈循等并奸恶古镛等,诛其一二,以示至公;余则屏之远方,终身不录。庶得乱臣贼子,无以效其尤;义士仁人,得以伸其气。宗社幸甚,生民幸甚。臣等职居言路,与此奸党誓不同朝,昧死

上言，伏乞圣断。谨具奏闻。

王镇等把自己说成"义士仁人"，指斥于谦等人为"乱臣贼子"，还说什么"与此奸党誓不同朝"。劾奏是正月十九日所上，于谦等人被捕刚刚两天，所指控的语言，最终都纳入量刑定罪之中，故此郎瑛讲"呜呼！冤哉"①。

如果刑科等科都给事中王镇等为了维护明王朝根本利益，进行这样的劾奏，也算是情有可原，因为他们是皇帝的鹰犬，为了英宗复辟的合法性，以举劾曾经反对英宗的人，也是尽职尽责。问题是他们根本没有为皇帝想，也没有为王朝想，却充当别人的打手。杨瑄《复辟录》讲李贤因为没有得到吏部侍郎的缺位而怨恨于谦，所以"深啣之"，因此"嗾给事中王镇等劾（吏部侍郎项）文曜为（于）谦奸党"②。由此可见，王镇等的劾奏是在李贤授意之下实施的。郎瑛认为，英宗复辟，"用大学士徐有贞策，即诬公（于谦）等以大逆，下之狱。给事中王镇等为之廷劾，至言臣等与于某誓不同朝，左都御史萧维祯等为之廷鞫，则谓于某等意欲迎立外藩，以危宗社"。对此感叹："自昔权奸将有所不利于忠勋之臣，则必内置腹心，外张羽翼，蛇盘鬼附，相与无间，而后得以逞焉"，"故窃以为肃愍公（于谦）之死，虽出于亨，而主于柄臣之心，和于言官之口，裁于法吏之手，不诬也"。于谦是受迫害的，是冤狱，有人作诗云："虽重获罪戾，社稷功不小。"所以郎瑛说："不知何罪戾耶？可笑，可笑。"③

郎瑛的"柄臣之心"，"言官之口"，"法吏之手"，活生生地道出这场冤案的始末，风宪官的丑态，也在此昭然若揭。正如清乾隆帝所言："夫言官为风纪所关，若止为身谋，则将来或因以分门树异，或因以植党营私，必至惑人心而摇国是。"④自正统以后，科道官"分门树异""植党营私"，已经开始"惑人心而摇国是"。特别是在明末党争之时，科道官助纣为虐，使明王朝根本无法专心对内镇压李自成、张献忠，对外不能够抵御

<hr />

① 以上见（明）郎瑛：《七修类稿》卷14《石亨奸党》，中华书局1959年版，第205—207页。

② （明）杨瑄：《复辟录》，国家图书馆文献缩微复制中心《纪录汇编》本，1994年版，第194页。

③ 以上引文见（明）郎瑛：《七修类稿》卷33《诗文论于肃愍是非》，中华书局1959年版，第499—501页。

④ 《清高宗实录》卷162，乾隆七年三月丁卯条。

满洲人攻城略地。一将在外，科道官群起劾奏其鸡毛蒜皮小事，必欲置将帅于死地。熊廷弼只身冲入敌阵去寻死，就是不想入诏狱；袁崇焕在西市被凌迟处死，虽云是皇太极反间计，但科道官群吠之声，也是将其送上刑场的重要原因。固然"崇祯帝刚愎自用，偏听专断"，以至于"乾纲独断，专权暴虐"。而阉党布设陷阱，科道官助纣为虐，最终导致明王朝自坏长城。科道官在罗织袁崇焕罪名过程中，劾奏"焕构通内外，志在不小"。为杀袁崇焕"不惜设陷阱"①。当然了，在袁崇焕被定罪的时候，也有不少科道官论救，更说明在当时科道官已分派系，助推党争的情况。他们都不以国事为重，所争的都是邪正末节，破坏了正常的政治秩序，政治运作不能够在正常状态下进行，是值得深思的问题。

第三节　效果考量

立法是一项与社会利益紧密相关的活动，不可能不对社会产生重大影响。法的实现过程是一个不断循环的圈，起点是立法，终点是法律实施效果。立法期待预期的效果，效果总要评判立法的成败。奸党罪名在明代不是具文，更非摆设，附录案例中有记载的被杀案犯不下 8 万，用鲜血诉说着罪名的真实存在与实施。奸党罪名的实施效果该怎么评价，是由评价者所站立的价值立场决定的。立足皇权专制的立场，奸党是一个极好的罪名，乾纲独断、防弊防欺、消除异己、捍卫皇权。立足官僚政治的立场，奸党又是一个极坏的罪名，不知礼臣、斯文扫地、毫无人格、攻伐利器。清人姜宸英评论："明律比前世加峻，复本《大诰》意，创设上言大臣德政及奸党、暗邀人心、交结近侍诸条，盖所以尊君卑臣，而防患于未然，故其后亦终无权奸专制之患及其弊也。"② 在君臣之间不可调和的矛盾下，"尊君卑臣"道出了奸党罪名的立法实质，"无权奸专制之患"道出了奸党

---

① 阎崇年：《袁崇焕传》，中华书局 2005 年版，第 186、187、182 页。
② （清）姜宸英：《湛园集》卷 4《明史刑法志总论》，载北京爱如生数字化技术研究中心：《中华基本古籍库》，黄山书社出版发行。

罪名对官僚政治的实施效果。君臣这对冤家与情人的矛盾，一直存在并难以克服。明代律学家从君的角度，看到了奸党罪名的好，评价积极而肯定。清代律学家从臣的角度，道出了奸党罪名的坏，评价消极而负面。

一、捍卫皇权的利器

在君主专制制度下，君臣矛盾激烈，君主约束臣下的法宝是法令，臣下抗衡君主的法宝是结党。"在作为公平的正义中，社会被解释为一种为了相互利益合作冒险。其基本结构是一个公开的规范体系，它确定一种引导人们合力产生较大利益，并在此过程中分派每一合理要求以应得的一份活动方案。"① 这是基于社会公平所提出的正义观，君主专制制度是以君主为核心的，因此维护君主的利益便被认为是正义。奸党罪名则是维护君主专制政体的利器。

"权力是非有不可的，不是政府的权力，就是无政府冒险家的权力。在有反抗政府的人或有即使是普通犯罪的时候，甚至暴力也非有不可。不过就广大群众来说，如果人生应该比阴郁悲惨、时时有剧烈恐怖的一生好一些的话，暴力就应该减少。"② 在当时不可改易的君主专制制度的条件下，确保君主的最高权威，虽然是人民的无奈，但远比无政府条件下的暴力恐怖环境要好得多。奸党罪名赋予皇帝很大的权力，可以用来驾驭臣僚，甚至决定他们的生死。这是君主专制制度非常必要的措施，因此能够在明清两代实行五百余年。

君主专制制度，导致"国家被视为帝王的产业，正如土地、牧畜、房屋等作为小农的'产业'一样"③。君主专制要求君主乾纲独断，而且太阿之剑不能倒持，权柄之威不能下移。君主专制的"主要威胁不是外力入侵，而是内部瓦解。因此，维持与重建国内秩序，既是国家的主要考虑，又是其行政力量投付最多的方面"④。奸党罪名帮助皇帝控制官僚，使其相互监

---

① ［美］约翰·罗尔斯：《正义论》，何怀宏等译，中国社会科学出版社1988年版，第80页。

② ［英］伯特兰·罗素：《权力论》，吴友三译，商务印书馆1991年版，第74页。

③ 范忠信：《中国法律传统的基本精神》，山东人民出版社2001年版，第66页。

④ ［美］王国斌：《转变的中国——历史变迁与欧洲经验的局限》，李伯重、连玲玲译，江苏人民出版社1998年版，第89页。

督，互相纠参、彼此揭发检举，从而将权力尽可能地集中于上，防范内部瓦解自己的统治。

奸党罪名作为君主可以运用的法律手段，严厉打击与消弭各种企图削弱君主权力及触犯君主权威的行为，其立法有特别突出的政治内涵，是将政治矛盾纳入法律调控的一种有益尝试。奸党罪是家国一体形态下，体现专制统治的治吏之法，其价值取向在于控制官僚，其精神实质在于维持统治秩序。"君主专制面临着三个重要问题。一是如何保证政令信息承传速度和准确无误，做到目明耳聪，制定正确的决策。二是如何使全体臣僚尽职守责，无佞越擅权之机，也无壅滞疏漏之由。三是如何广泛地了解各方面的意见，使人尽其言而无'腹诽'之弊，以便因势利导地调整偏弊，稳定自己的统治。"① 君主至高无上的权威和绝对权力随时都可能因为受到蒙蔽而成为傀儡，因此"每一个帝王在继位的第一天起，无不处心积虑于如何维护和加强中央集权，如何控制和驾驭臣民，如何清除宫廷内外一切隐患，对权力的渴望和失去权力的恐惧就像梦魇一样紧紧地跟定了他，驱使他采取一切手段来维护自己的权威和权力"②。

在君主专制的条件下，很少有人对朋党乱政有同情心，朋党乱政，"斩戮其身，殃及妻子，非不幸也，宜也"③。紊乱朝纲，"身刑奴辱，匪曰过诛"④。国是君主的国，臣是君主的私人财产，可以任意处置，所以认为臣僚身刑奴辱是恰当的，是合宜的。"皆所以使人执法而杜奸臣之渐也。"⑤交结近侍"则内政必致漏泄，于此而潜与作弊之谋，共陈欺罔之策，此岂

---

① 柏桦：《宫省智道》，中国社会出版社 2012 年版，第 147 页。
② 郭莹：《中国古代的告密文化》，《江汉论坛》1998 年第 4 期。
③ （明）张楷：《律条疏议》，载杨一凡等编：《中国律学文献》第 1 辑第 2 册，黑龙江人民出版社 2004 年版，第 290 页。
④ （明）张楷：《律条疏议》，载杨一凡等编：《中国律学文献》第 1 辑第 2 册，黑龙江人民出版社 2004 年版，第 290 页。
⑤ （明）应槚：《大明律释义》，杨一凡等编：《中国律学文献》第 2 辑第 1 册，黑龙江人民出版社 2005 年版，第 351—352 页。

国家之利哉"①。"坐以极刑，妻子流配，非法之过也。"② 君主对奸党的态度也是宁可信其有，不可信其无。为了防患于未然，不惜专设鼓励"告奸"的律文，迫使及诱惑臣民相互监视、相互告发，以便君主获得广泛的政令信息，耳聪目明地驾驭官僚。告奸"不避势，以陈诉，是知有国而无身，罪坐奸臣，断财给赏，非幸也，亦宜也"③。这些观点都站在维护君主专制的立场之上，在这种情况下，"出一言而盈廷称圣，发一令而四海讴歌"④。臣僚只有绝对服从，为君主唱赞歌的义务，绝对没有违背君主意图的权利。正如乾隆帝所云："朕以为本朝纪纲整肃，无名臣，亦无奸臣。何则？乾纲在上，不致朝廷有名臣、奸臣，亦社稷之福耳。"⑤ 君主专制不希望有奸臣，也不希望有名臣，因此奸党罪既可以惩治所谓的奸臣，也会惩治名臣，这是君主专制所需要的效果。

用法律来调控政治行为，避免政治冲突是文明进步的体现。捍卫皇权，并不是否定奸党罪的理由。任何一个政体都有捍卫统治秩序，维护政权稳定的立法需求。即使在民主政体下，防范和排斥异己的政治力量也有相应制度设计。《中华人民共和国刑法》分则第一章即是"危害国家安全罪"，其中的背叛国家罪、分裂国家罪、煽动分裂国家罪、颠覆国家政权罪、煽动颠覆国家政权罪、间谍罪等都属于捍卫政权稳定的立法。《中国共产党纪律处分条例》第五十二条规定："在党内搞团团伙伙、结党营私、拉帮结派、培植私人势力或者通过搞利益交换、为自己营造声势等活动捞取政治资本的，给予严重警告或者撤销党内职务处分；情节严重的，给予留党察看或者开除党籍处分。"该条例对中共党员提出了不得结党营私、拉帮结派、营造声势等纪律。可见，奸党罪有调控政治矛盾的进步意义，

---

① （明）应槚：《大明律释义》，载杨一凡等编：《中国律学文献》第 2 辑第 1 册，黑龙江人民出版社 2005 年版，第 352 页。

② （明）张楷：《律条疏议》，载杨一凡等编：《中国律学文献》第 1 辑第 2 册，黑龙江人民出版社 2004 年版，第 292 页。

③ （明）张楷：《律条疏议》，载杨一凡等编：《中国律学文献》第 1 辑第 2 册，黑龙江人民出版社 2004 年版，第 290—291 页。

④ （清）孙嘉淦：《三习一弊疏》，载贺长龄等辑：《清经世文编》卷 9《治体》，中华书局1992 年版，第 226 页。

⑤ 《清高宗实录》卷 1129，乾隆四十六年四月己未条。

有维护统治秩序的历史背景，有转化为捍卫民主政体的生命力。

二、助推党争的工具

君主专制中央集权制度，是以"主卖官爵，臣卖智力"为根本的，是一种权利与义务的构成。在这种情况下，"一是官不得不拥有权力，但这种权力只能是上承天子，下施于民，要求'臣下奉宪，不失绳墨'。二是官不能拥有过多和专断的权力，因此，在设官上是以互相牵制为主要目的，尽量构成'宰牧相累，监察相司，人怀异心，上下殊务'的政治局面"①。皇帝虽然乾纲独断，但事务的决策和推行却又不得不依赖于官僚系统。既然官员有权，权力的独占性和排他性就会显现出来。奸党罪名使用不当，就会沦为君臣之间、臣僚之间争夺政治权力的工具。

君主"视天下为莫大之产业，传之子孙，受享无穷；然则为天下之大害者，君而已矣"②。君臣矛盾，使皇帝时时表现出对整个官僚系统的不信任感，奸党罪名即是君对臣不信任的巧妙表达。"一个帝王，如其不是阿斗一流的昏庸人物一切听任宵小摆布，便要把底下的大大小小的官僚，甚至正待加入官僚阵营的士子，都统治安排得对他服服帖帖，而相互之间又能保持相当的和谐，那也就够他头痛了。"③ 所以，应该承认奸党罪名是对付臣属的，因为这是让君主寝食不安的一群人。然而，君臣的过度不信任，也会破坏政治统治的正常运转。"尊君者，臣下之分也；而礼臣者，君上之情也。以礼使臣，以忠事君，天下尚有不治者乎。"明代君主专制的高度发展，使君臣矛盾更趋突出，君臣之间的信任危机取代了尊君礼臣，"是只知尊君，而不知礼臣，偏已"④。

"后之人主，既得天下，唯恐其祚命之不长也，子孙之不能保有也，思患于未然以为之法。然则其所谓法者，一家之法而非天下之法也。"⑤ 在

---

① 柏桦：《明代州县政治体制研究》，中国社会科学出版社 2003 年版，第 255 页。
② （清）黄宗羲：《明夷待访录·原君》，中华书局 1981 年版，第 1—2 页。
③ 王亚南：《中国官僚政治研究》，中国社会科学出版社 1981 年版，第 63 页。
④ （清）薛允升撰：《唐明律合编》，李鸣、怀效锋点校，法律出版社 1999 年版，第 821—823 页。
⑤ （清）黄宗羲：《明夷待访录·原法》，中华书局 1981 年版，第 6 页。

君主专制政体下，一家之法在于确保家天下的长治久安，根本不在保护人民的利益，即便是在一定程度上维护官僚的利益，也不允许官僚对君主构成威胁。奸党罪名不是天下之法，是治官之法。为了维护家天下的传承，君主利用官僚之间的矛盾来化解君臣之间的矛盾。君主自己既是党争的根源，也是加剧党争的力量。君主基于维护政治权力的考量而制造党争，甚至加入党争，赢得皇帝支持的政治势力，往往成为胜利者，并将奸党罪名加诸失败者的头上。家天下使君主拥有家长的地位，绝对的专权。"专制政体本身就是建立在以家天下计的基础上，也就不可避免造成官吏以私家权益计而入仕的事实，更不能从根本上消除官僚政治的弊端。"① 这些为自身利益而入仕的官僚，麇集在君主的身边，随时窥探政治动向，法律往往成为攫取利益的台阶，奸党罪名则沦为派系攻伐的工具。

在君主专制政体下，"首脑人物多是不诚实的人，而要求在下的人全都是善人；首脑人物是骗子，而要求在下的人同意只做受骗的呆子；这是极难能的事"②。君主以国为家，却不能够平等待人，喜欢者宠之有加，怨恨者酷刑加之。殊不知自己不诚实，臣下也不诚实；自己是骗子，臣下更是魔高一尺，道高一丈，骗他更甚，可以说是奸伪丛生，君与臣之间根本就没有互相信任感，也缺乏基本的品德。在这种情况下，"人治政治的本质特点是以人的意志为转移，带有很大随意性和可变性"③。奸党罪名是否成立，需要皇帝进行判断，已经存在任意性的问题。从各种涉及奸党罪的案例中，可以看到这种问题，但也应该注意影响皇帝做出决策的各种政治势力所发挥的作用。

君主专制政体将皇帝囿于皇宫之中，固然他可以通过职官设置，使自己的耳目得以四达，但在官僚政治之下，欺上瞒下本来就是常态，各种虚假的讯息传来，必然会导致君主决断上的失误。奸党罪虽然是由皇帝做出最终决断，但奸党罪的提出、鞠问、拟罪却是臣下在运作。常言道：欲加之罪，何患无辞？臣下所罗织的罪名，编造的情节，很容易影响到皇帝的

---

① 柏桦：《明代州县政治体制研究》，中国社会科学出版社 2003 年版，第 408 页。
② ［法］孟德斯鸠：《论法的精神》上册，张雁深译，商务印书馆 1961 年版，第 24 页。
③ 柏桦：《清代州县司法与行政：黄六鸿与〈福惠全书〉》，《北方法学》2007 年第 3 期。

决策，特别是威胁君主安全的情节，即便是"圣明"，也很难清醒地认识到是虚假，毕竟他也是局中之人，更何况容易偏听偏信的君主了。君主在错误的信息下做出正确的决断，最终只能够夸大错误。奸党罪名的设置，不但为君主驾驭臣僚提供法律支持，也为臣僚利用该罪名排斥异己，打击报复，提供了某种便利条件。官僚不但会以"臣奉之道"对付君主，也会以"朋比为奸"陷害他人。奸党罪名确实使官僚们为之胆寒，自己千方百计地回避，但又在政治斗争中将之加给他人。"一个为官僚所把持的社会，本来就没有什么法度可言，不外是有关人民对于他们的义务，或有关他们自己相互之间的权利的规定罢了。"① "奸党律不避权势，明具实迹，亲赴御前执法陈诉，有官者升一等"，"所谓讦以为直者也"②。鼓励"告讦"，这是自商鞅变法以后历代王朝奉行的"国策"，统治者对此深信不疑。这种讦以为直的做法，使奸党罪名在具体应用过程中，一些人确实是被刻意陷害，如于谦案中的给事中王镇等人，讦告之词，多是子虚乌有，还把自己当成正直之人，"与此奸党誓不同朝"，这是多么信誓旦旦的党争告讦。

君主专制政体虽然表面上是由君主掌握权力，实际上他也必须依靠自己身边的人，即便是朱元璋废除丞相制度，也不得不设置机要秘书，也没有根除宦官，这为以后内阁与司礼监双轨辅政制奠定基础。在双轨辅政的基础上，显然接近皇帝的人具有一定的优势，此后的宦官弄权、首辅之争，都是在皇帝信任与使用谁的情况下发生的。明英宗后逐步稳固的宦官与阁臣双轨辅政，更是奸党罪名助推党争的温床，宦官与朝臣既勾结又斗争，共同掌握权力，从各自的利益角度影响皇帝。从《明史·阉党传》21名有名有姓的人，以及"等"字的表达，可见依附宦官已经成为正德以后的政治现象，而明末党争则都有宦官的支持。在内外勾结之下，天启朝出现一种独特现象，"当我们把焦点对准大执政者魏忠贤和他的左膀右臂的时候，却惊奇地发现，那一伙曾经对历史的进程有过那样巨大影响的人们，其实不过是一个庸庸碌碌的无能之徒和他所带领着一群蝇营狗苟的无

---

① 王亚南：《中国官僚政治研究》，中国社会科学出版社1981年版，第118页。
② （清）薛允升撰：《唐明律合编》，李鸣、怀效锋点校，法律出版社1999年版，第700页。

耻之辈"①。朱元璋所构建的专制政体，能够使庸人在政治上发挥作用，就在于双轨辅政制，握有批红权的宦官，假天子之命以控制内阁，内阁只能够俯首听命，不依附者成为"奸党"，而作为报复，一旦翻身，必然将对方再打为"奸党"，奸党罪名不但是皇帝手中的工具，也是党争的工具，与朱元璋立法的初衷大相径庭。

三、官僚政治的催化剂

君主专制中央集权制度与官僚政治有不解之缘，"在专制政治出现的瞬间，就必然会使政治权力把握在官僚手中，也必然会相伴而带来官僚政治。官僚政治是专制政治的副产品和补充物"②。在君主专制政体之下的官僚政治，决定官僚不会对国家和人民负责，只是对君主及上司负责，因此取悦君主和上司是官僚们的首务。获得皇帝宠信和上司的庇护，成为官僚避开奸党罪名的必需。然而，伴君如伴虎，政局的风云变化，又使新的受宠者不断涌现，官僚们虽千方百计地取悦君主和上司，一旦新的政治势力得宠，失宠方将面临被扣上奸党罪名的危险。

所谓的官僚政治，"乃是指一种与专制统治相结合的政治形态，是指官吏普遍以食禄任官为固定职业，只对君主和上级负责而不问社会效益和民生疾苦；只知墨守成规，按例办事而不问实际情况的变化；遇事模棱两可，行动迟缓，推诿责任；甚至贪污受贿，营私舞弊，苟且偷安"③。既然是对君主和上级负责，官僚们工作重心就是如何搞好与君主和上级的关系了。

下级对上级竭尽阿谀奉承之能事，上峰出来巡视，地方官"万里可行，裹粮迎候，而经旬不已，是其所用者。皆民之力也"。上司有庆贺，"则糜费不经，帐用美锦，字以泥金，玄纁稠迭，食前方丈"。上司巡游，"则炫耀太甚，旌旗蔽野，士马如云，尽罄清筅，金银钲果"④。为了取悦

---

① 苗棣：《魏忠贤专权研究》，中国社会科学出版社 1994 年版，第 2 页。
② 王亚南：《中国官僚政治研究》，中国社会科学出版社 1981 年版，第 22—23 页。
③ 柏桦：《明代州县政治体制研究》，中国社会科学出版社 2003 年版，第 299 页。
④ （明）陈子龙等辑：《明经世文编》卷 251 引王邦直《陈愚衷以恤民穷以隆》，中华书局影印本 1962 年版，第 2636 页。

上司，下级奢侈铺张，不管人民之死活，只管自己的前程，因为这些上司往往能够决定他们的官运。如巡按有举劾大权，他们"所举者纵非大官，则必多援善钻，与亲且故也"。要不然就是"其所举者可不问而知，其必牵朋联伍，不数十人不止也。其所劾者可不问而知，其必寂乎寥乎，才三两人也"，即便是所劾奏的三两人，"纵非小官，则必负气倔强。与为人快忿者也"，"亦非其人之果不贤也，或负气倔强不善曲媚者也"①。不能够曲媚成为获罪的条件，所以巡按一来，地方官"喘汗而迎于途，抱杌视膳，望尘展拜，羞品极水陆，供张拟王者。凡所以悦耳目，娱心意者，纤悉具备"。之所以这样，无非就是为了免于被弹劾，谋求荐举，因此出现"其有贤能，徒以格卑。或不善媚被劾，仍迁之"②。取媚成为官场风气，即便是真有才能而不会取媚，最终会用"资格"将你埋没，而取媚者却会破格。正如海瑞所言："今吏部止是一个资格，这资格格了许多贤者不得出头，格了许多不贤者使不退步。"③ 在这种情况下，地方官务求取媚上司，背离民心，不符民望，官场风气败坏，人民深受其殃，是在所难免的。

身为督抚大员，"到任不问生民利病，内惟媚津要为事，书邮馈遗，络绎不绝。外充惟囊橐为计，查盘批词，肆道而出"④。身为朝廷重臣的内阁首辅，"窥伺逢迎之巧，似乎忠勤，谄谀侧媚之态，似乎恭顺。引植私人，布列要地，伺诸臣之动静，而先发以制之，故败露者少。厚赂左右亲信之人，凡陛下动静意向，无不先得，故称旨者多。或伺圣意所注，因而行之以成其私；或乘事机所会，从而鼓之以肆其毒"⑤。对于这种献媚取宠，即便是朱元璋也常常坠入其术，他曾经对御史台臣讲："盖缘所守不正，恐举劾其奸，故为此取媚之态，人喜其媚己，以为贤，则堕其术中

---

① （明）陈子龙等辑：《明经世文编》卷 261 引唐顺之《答李中溪论举劾书》，中华书局影印本 1962 年版，第 2761—2762 页。

② （明）陈子龙等辑：《明经世文编》卷 366 引叶春及《审举劾》，中华书局影印本 1962 年版，第 3951 页。

③ 陈义锺编校：《海瑞集》下编《与博白大尹林仲和》，中华书局 1962 年版，第 448 页。

④ （明）陈子龙等辑：《明经世文编》卷 446 引邹元标《敷陈吏治民瘼恳乞及时修举疏》，中华书局影印本 1962 年版，第 4902 页。

⑤ （清）张廷玉等：《明史》卷 210《赵锦传》，中华书局 1974 年版，第 5561 页。

矣。"① 殊不知自己也坠入这种术中，如开济善于奉承，从一个国子助教，直接任命为刑部尚书，只是因为开济的奉承太露骨了，满口的"真圣人，真圣人"，即便是昏庸之主，也会感到肉麻，何况是猜疑之主，从"深恶其诣佞"②，到毫不犹豫地将他杀掉，固然开济罪有应得，但也可以看到朱元璋喜欢佞幸的一面。其后世之主，即便是永乐帝、嘉靖帝这样毫不留情的皇帝，都不免坠入佞幸臣僚之术，其余则更不在话下了。如嘉靖帝在位，群臣献白兔、进白雁、献诗、献颂、献演雅、献赋、献歌，"上皆优诏褒答"，以至于"四方抚臣以禽兽瑞物进者，史不绝书"③。上有好焉，下必甚焉。皇帝喜欢谄媚佞幸，上官也喜欢谄媚佞幸，层层献媚取宠，官僚政治如何不会恶性发展起来。

在阿谀成风，谄媚而不知耻的情况下，奸党罪名也很难落到真正的奸党的头上。如正统五年（1440年），南京御史魏淡，就曾经请守备太监参与官员考察。景泰二年（1451年），刑部尚书薛希琏被派往福建考察官吏，也奏请让太监与他同行。吏科给事中弹劾"希琏乃借以媚权，殊失大体"。而"景帝待中官最严，希琏献媚，至欲以黜陟大权归宦寺，其罪正合结交近侍，紊乱朝政之律。乃帝终不怒"。这种明显的结交近侍、紊乱朝政，非但没有受到惩处，而且还受到重用，时人已经认为是"不可解之事"④。在官僚政治下，这种不可解之事岂止于此，猫鼠同眠、蛇鼠一窝、城狐社鼠、魑魅魍魉，犬狼对峙、虎视眈眈、狼狈为奸、沆瀣一气，种种现象，数不胜数。

官僚政治与君主专制相结合，使奸党罪名成为君主及官僚手中的工具。皇帝以法律规范官员行为，迫使他们不敢过分胡为；官吏们则以种种手段欺瞒掩饰，规避法律，钻法律空子，使皇帝昏目聩耳，难以发威。君要防臣，而臣也定要欺君，奸党罪名的立法初衷，在君主专制与官僚政治的蹂躏下，已经很难起到规范作用。"由于法律是君主一时的意志，所以

① 《明太祖实录》卷78，洪武六年春正月丙辰条。
② 《明太祖实录》卷158，洪武十六年十二月甲午条。
③ （明）沈德符：《万历野获编补遗》卷3《白兔》，中华书局1959年版，第893—894页。
④ （明）沈德符：《万历野获编补遗》卷1《请内官体访考察》，中华书局1959年版，第819页。

那些替他表示意志的人们就必然也是象君主一样，突然地表示意志。"① 奸党罪名的概念含混，极强的伸缩性，成为皇帝与官僚们充分利用来"表示意志"的借口。

君主专制是权力私有的体制，"以裙带关系构成的政治集团在极端自私的情况下，带有强烈的排他性"②。"君主是权力的享有者和供给者，官僚们为了维护自身的权势地位，必须要依靠君主，获得君主的宠信。君主所宠任的私人，又成为利益的次级分配者。官僚或是通过各种手段博得君主信任，或是依附君主信任的私人，这就是交结内官、近侍、佞幸、权臣的真正动因。为了获取和巩固自身的利益，官僚结成朋党以自固，依附君主信任的私人以图强，甚至不惜甘为"阉党"，最终因权势垮塌而沦落为"奸党"。苏姗·曼·琼斯认为中国传统官场，存在着一个"庇护制的网络结构"："在这个结构中，在庇护者与被庇护者的关系中负担的义务比他们在政府工作中通常承担的要多一些"③，"这种趋势在行政和公务中至少都被认为是发挥效率的潜在障碍，而从最坏的方面说它被视为腐化的根源。这样结合起来的私利能够破坏行政中的公益。招权纳贿、任人唯亲、裙带关系以及所有馈赠和小恩小惠，是中国官场的通病，而这种事实是被接受，甚至在某些情况下是被体谅的"④。君主专制下的权力私有和层层分配，正是庇护制政治关系网的制度根源。"中国的官僚政治之上始终凌驾着专制君主，并充当专制制度的配合物和补充物。"⑤ 臣下如果不窥测统治者的意图，就会以自己的身家性命为赌注。士风日趋浮华，人心习成狡诈，属员以夤缘为能，上司以逢迎为喜，百弊丛生，上下通同一气，势不容不交结权贵以作护身之符，猜度君主和上级意旨，成为官僚保位晋升的核心。而作为权力次级分配者的宠臣，往往成为各级官僚争相攀援的对象。

---

① ［法］孟德斯鸠：《论法的精神》上册，张雁深译，商务印书馆 1961 年版，第 67 页。
② 柏桦：《宫省智道》，中国社会出版社 2012 年版，第 114 页。
③ ［美］费正清等编：《剑桥中国晚清史》，郭沂纹译，中国社会科学出版社 1985 年版，第 121 页。
④ ［美］费正清等编：《剑桥中国晚清史》，郭沂纹译，中国社会科学出版社 1985 年版，第 106—108 页。
⑤ 王亚南：《中国官僚政治研究》，中国社会科学出版社 1981 年版，第 39 页。

费孝通提出中国传统社会的网络结构是"差序结构"①，人们基于不同距离的亲疏远近关系而适用不同的道德伦理标准，法律也可因亲情伦理而突破。皇权专制下，君臣、上下、左右的政治和人际关系网络中，到处是陷阱，步步有危机，无论是君还是臣，略有松懈疏忽，便有罹难致祸的危险。官吏进入官场后，不是摆脱"差序结构"，而是利用身份地位、威望财力进一步强化、扩展社会关系网，进而构结上下、同僚的政治关系网。相对于皇权所寄予的职责，官员们更热衷完成其庇护者要求的效忠义务。因为这种官员之间的相互卫护更能在严苛的法律责任面前，给官僚们带来安全感。这样，在权力运行中，必然出现"权大于法、情大于理、关系大于能力、依附大于独立等现象"②。官僚以门生、故吏、地域、姻缘、政见、出身而结成的利益群体，相互争斗，出现门户党争，其实质就是利益分配与再分配的问题。在政治利益的驱使下，官吏为谋取更多的利益，或者为保护既得的利益，而相互引以为朋、结为党援，朋党在政治关系中，尤其是君主专制的政治关系中，是不可避免的政治衍生物。获得权力，就获得了资源分配的优先性。为了经济、权势、地位，官僚在利己意志的支配下，参与政治斗争，结成团伙互相倾轧。吹毛求疵，营求结纳，朋比为奸，曲徇请托，公行贿赂，交结党援成为官场生态。奸党罪名，律有明文、令有禁止的，但"官僚之间的人际关系往往凌驾于职官管理制度之上，并且成为主导这种制度的关键。在这种背景下，官僚之间的人际关系不但显得十分重要，而且成为官场生存的必要条件"③。官僚依托政治关系网破坏法制，日渐腐败腐朽，吏治日渐败坏，国内外各种矛盾日益激化，但官官相护之积习牢不可破。官吏们在唯权是尊、唯利是图的前提下构成的政治关系网，不但在很大程度上破坏着制度，往往还会使严密的制度变成互相打击报复或通同作弊的工具。

明代犬牙交错、彼此牵制的体制设计，使权力分配格局和政治关系网更趋复杂。君主宠信宦官，就不得不交结宦官；宠信阁臣，就不得不交结

① 费孝通：《乡土中国生育制度》，北京大学出版社 1998 年版，第 24—26 页。
② 韩庆祥：《现代性的建构与当代中国发展》，《天津社会科学》，2004 年第 3 期。
③ 柏桦：《明清州县官群体》，天津人民出版社 2003 年版，第 284 页；另可参阅柏桦：《明代州县政治体制研究》，中国社会科学出版社 2004 年版，第 301 页。

阁臣，既有正常的职务往来需求，更有权势利益交换的实质。不得不党，正是极端君主专制政体难以克服的痼疾。官僚在日趋复杂的政治体制中，发展相应的政治关系网，上下通同结党营私，各种奸党犯罪行为不断地被人们无可奈何地接受，被社会扼腕叹息而认同。君主不想办法改善体制环境，反而利用、怂恿臣僚争斗以便自己控制。明代奸党案件发展的总趋势是介入的政治势力日趋多样和复杂，党争常态化，集团化，扩散化。官吏对结党行为，经历了深恶痛绝—无可奈何—习以为常—纷纷效仿的痛苦历程。理想中完美的官要想在官场上立足，必须有违心之行；现实中平庸的官要想在官场上立足，也必须有伪装。讲实话祸在眼前，说假话福在久远。君主不在奸党罪名实施的制度环境上堵住源头，仅靠严刑峻法，终究不可能清除奸党。

四、官僚头上的达摩剑

达摩剑是"达摩克利斯剑"的简称，源自古希腊的传说。据说迪奥尼修斯（前430—前367年）在为叙拉古王时，遭到了贵族的不满和反对，感觉自己的权力不稳固，把国王难当的事情向宠臣达摩克利斯倾诉。达摩克利斯不以为然，以为国王就是荣华富贵，有什么不好当的。于是迪奥尼修斯就让达摩克利斯代替自己为国王，并且把宫殿交给他。达摩克利斯非常得意，举行大宴会庆祝，坐在王座上抬头看时，发现天花板上用马鬃系着一把利剑，正对着自己的头，随时都有可能掉下来，吓得达摩克利斯离席逃走了。迪奥尼修斯走出来，讲述国王不好当，所谓的幸福和安乐是暂时的，随时都会有危险发生。从此以后，达摩剑就成为比喻安逸祥和背后，一直存在着杀机和危险的典故。

朱元璋设置奸党罪名，就是官僚们头上的达摩剑，随时都有可能掉下来，戳中他们的头部。皇权至上，必然会导致权大于法，拥有绝对权力的君主，也不会被自己所制定的法律所束缚。"君主和法律一样，可以使兽变成人，使人变成兽。如果他喜爱自由性格的话，则普天之下的人都将成为他的臣民。如果他喜爱卑鄙性格的话，则天下人都将成为他的奴隶。"①

---

① ［法］孟德斯鸠：《论法的精神》上册，张雁深译，商务印书馆1961年版，第209页。

君主专制政体下，君主既是立法者，又是司法者，更是行政权力拥有者，集各种权力于一身，设置随时可能降下的达摩剑，以震慑和管控官僚。

奸党罪名内所规定的条款，原本就界限模糊，如奸邪进谗言，何谓奸邪？何谓谗言？如何进行界定呢？紊乱朝政又如何界定呢？交结与正常工作往来又如何区分呢？什么是美政才德呢？这些问题原本就难以区分，因此人的因素就十分重要了。如朱元璋在位，监察御史韩宜可弹劾丞相胡惟庸、御史大夫陈宁、御史中丞涂节，"险恶似忠，奸佞似直，恃功怙宠，内怀反侧，擢置台端，擅作威福，乞斩其首以谢天下"，朱元璋说他"敢排陷大臣"①，将之拿送锦衣卫狱。事过境迁，胡惟庸党案，韩宜可所弹劾的人都被杀了，朱元璋认为胡惟庸等都是"奸臣"。

君主喜欢佞幸之人，佞幸们可以"口衔天宪，威福在手，天下士大夫靡然从风。虽以成祖、世宗之英武聪察，而嬖幸酿乱，几与昏庸失道之主同其蒙蔽。彼第以亲己为可信，而孰知其害之至于此也"②。"甚矣，佞人之可畏也。夫反成案似于明，出死罪似于仁，而不知其借端报复，刑罚失中。"③ 佞幸也有色衰而爱弛的时候，君主一旦不喜欢了，想将之绳之以法，奸党罪是最好的说辞。如刘瑾专权是因为正德帝的宠信，一旦失宠，便"磔于市，枭其首，榜狱词处决图示天下。族人、逆党皆伏诛"④。然后穷追其党与，株连甚众。

在达摩剑高悬的情况下，官僚们也深知危险，但权力欲又使他们不可能放弃既得利益，更想谋取更大的利益。当然权力越大，风险也就越大，在宦海之中，也很难如履平地，最终走入一个怪圈。"官不与势期而势自至，势不与富期而富自至，富不与贵期而贵自至，贵不与祸期而祸自至。"⑤ 做官不想有权力，权力自然就来了；有了权力不想谋求财富，财富随着权力就自然而然地到来了；有了权力和财富，不想贵极人臣，但也随

① （清）张廷玉等：《明史》卷139《韩宜可传》，中华书局1974年版，第3983页。
② （清）张廷玉等：《明史》卷307《佞幸传序》，中华书局1974年版，第7876页。
③ （清）张廷玉等：《明史》卷206《马录等传赞》，中华书局1974年版，第5457页。
④ （清）张廷玉等：《明史》卷304《宦官刘瑾传》，中华书局1974年版，第7792页。
⑤ （唐）马总：《意林》卷3，节选刘向《说苑》语，载《笔记小说大观》，江苏广陵古籍刻印社1984年版，第195页。

之而来了；贵极人臣没有想到有祸灾，但祸灾也就随之而来了。君主专制政体，会有一些人因为得到君主的信任，最终成为让朝野瞩目的人物，但最终的下场都是祸灾。

奸党罪使达官权贵胆战心惊，因为一旦被定为"奸党"罪名，不但多年努力得到的所有利益灰飞烟灭了，其家族、宗族，乃至亲朋故旧、门生故吏，都可能受到牵连。想当初严嵩当权近20年，最终儿子被杀，财产被抄，严嵩也不得不"怀着无限的愁怅和哀怨离开人世"①。这还算是好下场，张居正被清算的时候，"家属戚友多受株连，八旬老母旦暮待死，子孙累囚，阖门刑辱"②。即便是如此，张居正也算是善终，并没有看到子孙受罪，在君主专制政体下，也算是好命运。曾铣一腔抱负想战死沙场，却以交结近侍官员断首西市；袁崇焕誓复辽东，反以"奸党"被凌迟处死，还加上"汉奸"的罪名。

奸党罪名这一达摩剑，对于官僚来说，确实过分严苛，不但界限模糊，治罪也畸重，所以"前人议其苛刻者非一人矣"③。如江浦县知县杨立"结交近侍，欺罔朝廷，凌迟示众，句端处斩"。沈家本按："交结近侍官员律皆斩。句端依本律，杨立加重。此条《明律》前人有议其残刻者。"④何哲"即按诬告反坐，不过照枉法杂犯绞罪拟徒，此盖按朋党乱政律应斩，加重也"。沈家本认为："著诸《大诰》中，殊不足以服人也"⑤，"董演诬告人死罪未决，应科以满流加徒役三年。孙风等故出入罪未至死，亦无死罪。此以其乱政坏法而诛之也"⑥。通过对杨立、何哲、董演案的评点，沈家本指出"以重论"奸党不足以服人，应该按案犯的行为坐以本条，而不是残刻诛杀。"以重论"是奸党罪统摄职官犯罪律条的枢纽，否定"以重论"相当于否定奸党罪的扩大、延伸，否定明代所定的所有"以重论"奸党罪的合理性。"今律则奸党、交结近侍诸项俱缘坐矣"；"一案

---

① 张显清：《严嵩传》，黄山书社1992年版，第150页。
② 韦庆远：《张居正和明代中后期政局》，广东人民出版社1999年版，第888页。
③ （清）沈家本：《历代刑法考》，中华书局1985年版，第1829页。
④ （清）沈家本：《历代刑法考》，中华书局1985年版，第1903页。
⑤ （清）沈家本：《历代刑法考》，中华书局1985年版，第1907页。
⑥ （清）沈家本：《历代刑法考》，中华书局1985年版，第1923页。

株连，动辄数十人。夫以一人之故而波及全家，以无罪之人而科以重罪"①；奸党"尚存古来夷族之意，籍没亦非常刑"②。这是对奸党罪实施连坐、株连的质疑和否定，特别是无罪之人被科以重罪的观点，体现了沈家本对受株连者的同情。"乃所以防闲大臣"③，是其对奸党罪精神实质的总概括。明太祖"所定之律，亦苛刻显著，与唐律迥不相同。孙渊如序《唐律疏议》有云：'自唐永徽定律已后，宋、元皆因其故。惟明代多有更改，又增奸党一条，以陷正人，而轻其轻罪，重其重罪，或言轻罪愈轻则易犯，重罪加重则多冤，非善政也云云。盖早以此等律为不然矣'"。薛允升认同乾隆朝孙星衍的观点，表明了奸党罪是"陷正人""多冤""非善政"的立法。"然猜忌过甚，则刚克消亡，朝多沓沓之流，士保容容之福，遇重大事件，则唯诺盈廷，无所可否，于国事究何裨乎？"④ 正人被害，小人得志，自然沓沓无能，保位乞福，终致国事日非，朝政不彰，奸党罪于此被认为应该承担明代败亡的罪责。

"君主政体比共和政体有一个显著的优点。事务由单独一个人指挥，执行起来，较为迅速。但是这种迅速可能流于轻率，所以法律应该让它缓慢一些。"⑤ 明代是君主政体与专制政体的结合，是君主专制政体，法律不能够让君主"缓慢"，"轻率"却时时发生。在这种情况下，惩处所谓的"奸党"，苛刻、重刑、连坐、防臣、陷正、多冤、猜忌、告讦等行径，随时都有可能出现。面对这样的险恶环境，悬在官僚们头上的达摩剑也随时有降下来砍杀其头颅的可能。

---

① （清）沈家本：《历代刑法考》，中华书局 1985 年版，第 2025 页。
② （清）沈家本：《历代刑法考》，中华书局 1985 年版，第 2097—2098 页。
③ （清）沈家本：《历代刑法考》，中华书局 1985 年版，第 1829 页。
④ （清）薛允升撰：《唐明律合编》，李鸣、怀效锋点校，法律出版社 1999 年版，第 167—169 页。
⑤ ［法］孟德斯鸠：《论法的精神》上册，张雁深译，商务印书馆 1961 年版，第 56 页。

结　语

　　明代奸党罪将官僚群体朋比为奸、结党营私共同犯罪作为独立罪名。历代朋党之禁、奸臣乱政是其历史渊源，朱元璋汲取经验教训，施展立法能力，创立奸党罪名并入律。奸党罪名的律文正条是奸党、交结近侍官员、上言大臣德政，通过名例律"二罪俱发以重论"原则，上承十恶谋反谋逆，下统大明律职官犯罪律条，拓展延伸至明代整个法规体系之中，是捍卫皇权，约束官僚的"口袋罪"。奸党罪名的立法目的，是维护君主至高无上的权威；立法的内容是禁止官僚结党营私；立法的思维是将共同犯罪作为独立的罪名；立法的背景是君主专制集权的空前强化；立法的实施是君主意志对情理法的衡平决断；立法的效果是防止了威柄下移，但也助长了官僚派系攻伐与内耗。

　　法律不仅是国家政治的组成部分，更是人们日常生活的行为规范，其存在和发展离不开庞大的社会现实。奸党罪名是规范君臣、臣僚政治矛盾的法律努力，体现着中华法系一项罪名的出现、演化、成熟历程，蕴含着传统法学世界观的精神特质。奸党罪有强烈的政治犯罪属性，其核心是禁止触犯皇权。明代不同时期的君主，往往根据自己的旨意将涉案官僚作出不同的定罪处罚，使本来将政治问题法律化的努力又回归到政治处理的轨道，矛盾依然集中在君臣关系上。政治权术虽然披着法律的外衣，其实质却是以破坏法律为代价，且给官僚造成皇帝不能容人，凭借法律任情喜怒，毫无公正公平的感觉。皇帝以恩威并济的方式换取臣下的尽忠，却动摇了巩固王朝的法律制度根基。皇权至上，权大于法，以及唯上是从、朋比为奸的官僚政治，使进步的奸党罪立法丧失应有的调控功能，不但宣告了君臣政治矛盾调控的失败，也加剧君臣之间的矛盾。

　　反思明代奸党罪立法的进步性与实施的异变性，可以发现奸党罪名服务于政治需要，是皇权控制官僚的工具，没有独立性。君主借助奸党罪，游刃于法律与权谋之间，对官员实施处罚，施展其政治技巧驾驭全局。"权谋术数的玩弄，就成为专制君主及其大臣们统治上的日常课题了。"①权大于法，有权就任性导致法律信仰的缺失。法律是权力的玩物而不是笼子，皇权的腐朽使奸党罪丧失正确实施的前提。唯上是从、朋比为奸，更使奸党罪成为官僚们互相攻伐的工具。君主专制制度不可能营造奸党罪顺利实施的体制环境，获得皇权宠信而不是法律保护，乃是官场的真实规则。

研究在三个方面有创新：一是研究思路具有一定新意。以奸党罪名所涉及的各种犯罪，系统地考察相关的法规体系，选取学界尚未充分关注的明代奸党罪为研究主题，分析其立法、司法、效果。通过研究，既静态地呈现明代奸党罪名涉及的各种犯罪名目，以及与之相关的法规体系；又动态地分析奸党罪的适用，通过个案分析及案例整理，以了解罪名实施效果。

二是对奸党罪名入律的考证。学界对明代奸党罪名的入律时间存有疑惑，这不仅仅关系到明初立法的情况，也关系到明初大案、要案处理，以及重典治国的方针与理念的判断。沈家本认为奸党罪律条是洪武十三年（1380 年）后定立，胡惟庸案直接引发了奸党罪名的制定。在对历代朋党、奸臣、奸邪乱政情况进行梳理的同时，了解历代朋党、奸臣、奸邪惩处及禁止措施，再通过朱元璋早期对朋党、奸臣、奸邪的看法，以及洪武元年（1368 年）《大明令》所载与后来奸党罪名有关的规定，对可能入律的时间进行分析，认为洪武六年（1373 年）入律的可能最大，而洪武九年（1376 年）奸党罪名所有的律文都已经出现。奸党罪名的发展与入律，体现中华法系一项罪名的出现、发展、完善、成熟过程，说明胡惟庸案是先立法后定罪。这一结论对研究明初立法与司法有一定帮助，不但有助于重新认识朱元璋集团的立法能力，也有助于对胡惟庸案及以后大案司法情况的分析，进而在某些争议的问题上可以进行新的诠释。

三是奸党罪名体系与君主专制政体的关系分析。一个律条对应一个罪

---

① 王亚南：《中国官僚政治研究》，中国社会科学出版社 1981 年版，第 65 页。

名的简单化处理，不但容易抹杀明代的罪名体系研究，也会遮蔽《大明律》与其他法规之间逻辑结构关系。奸党罪名一组三条，前后逻辑关系相互照应，既可以延伸统摄《大明律》各类职官结伙犯罪律条，又可以单独成立，条目虽少，却犹如一张网，将臣民都覆盖在内。奸党罪罪名体系的发现与揭示，说明了明代惊人的立法技术水平和严谨的立法思维理念。奸党罪名体系是围绕着君主专制形成的，其具体实施也必然与君主专制政体有不解之缘。罪名实施效果，既不能脱离君主专制政体的政治范畴，又受制于官僚群体的素质变化，还受到与之相关的其他制度的制约，更不能脱离专制君主的操纵。君主专制政体自身存在的各种难以克服的矛盾与弊端，决定了奸党罪名不可能在法治化的框架内实施。与君主专制共生的官僚政治，在很大程度上影响奸党罪名的实施。君主专制与官僚政治结合在一起，奸党罪名成为各自手中的工具，人治特色明显。法是权力的玩物而非笼子，是统治工具而没有独立性。

研究尚有三个薄弱之处：一是史料的驾驭与运用能力尚待提高。虽然已具备研究主题需要史料的收集、整理能力，但是史料的深入挖掘，分析显得不足。法律史的研究，不但要熟悉历史的法律制度，还要了解时代背景，如果涉及个案分析，还必须梳理当事人各种复杂的社会关系，这是一项艰巨的工程，非熟读历史典籍，进行细致的对比、整理、分析、领悟，是难以完成的。因为时间与资料限制，这样的工程很难在博士期间完成，只能够留待今后继续深入研究。

二是研究思路也有一定局限性。对于一项罪名的研究，其本身就会将研究置身于狭小的空间之内，但罪名所涉及的问题却要求突破狭小空间，不但有君主专制政体与官僚政治这样政治的范畴，而且有罪刑法定、司法特征、情理法、中华法系等立法与司法内容，更有复杂的历史背景及人际关系。研究试图以小见大，希望从微观分析拓展至宏观论证，但这是极具挑战的研究尝试，在实际研究的过程中发现，这是很难做到的，所以在宏观理论方面尚需深入。

三是对相关研究还不能充分掌握。中国有五千年文明史，是四大文明古国之一，在世界上享有很高的声誉，当然成为世界各国学者研究的重点。就奸党罪名而言，因为是明代首创的罪名，自然也会引起世界各国学者的关注。因为外语水平以及外语的单一性，显然对国外研究关注不足，特别是日本、韩国、越南等国家，《大明律》基本上是他们照搬的法律，该各国学者肯定有与奸党罪名相关的研究。百尺竿头，更进一步，既然已经进入这项研究，就会深入下去。继续关注并收集国外相关研究成果，是今后取得研究进步的必不可少环节。

路漫漫其修远兮，吾将上下而求索。博士论文的出版，仅仅是研究的开始，绝不意味着结束。在今后的研究中，不但还会围绕着这个课题进行深入研究，也会尽量置身于明代历史的大背景，深入了解当时的政治、经济、文化、社会等情况，尽可能地从"当时"的具体情况来分析，最终得出有益于人类发展的启示。尽人力、费精神，苦思冥想，也不见得能够得到满意的结果。不足之处，还望各位老师与前辈不吝指教。也希望同窗师兄、师姐、师弟、师妹多有质疑，以便一起进步，共同为振兴中华传统法律文化而努力。

附录 A 《明实录》和《明史》奸党罪案例索引

洪武朝

案 1　核心人物：中书左丞　杨宪①

适用律条：奸党（左使杀人、交结朋党、主使出入人罪）；上言大臣德政

（杨）宪与张昶同在中书，忌昶才出己右，欲构害之。昶尝闲暇与宪言：吾故元臣也，勉留于此，意不能忘故君，而吾妻子又皆在北方，存亡不可知。宪因钩摘其言，谓昶谋叛，且出昶手书讦之，昶遂坐诛。**（左使杀人）**宪自是益无所惮，专恣日盛，下视僚辈以为莫己及，又喜人佞己，徇利者多出其门下。欲尽变易省中事，凡旧吏一切罢去，更用己所亲信，阴欲持权，乃创为"一统山河"花押示僚吏，以观其从违，附己者即不次超擢，否者逐去。一日翰林编修陈羽入谒，宪以押字示之，羽即贺曰：押字大贵，所谓只有天在上，更无山与齐者也。宪大喜，后数日即奏除羽为翰林待制，其专恣不法多类此。**（交结朋党）**既又刺求丞相汪广洋阴事，令侍御史刘炳、鄱某等劾奏之，广洋因免官还乡里。宪犹不以为慊，使炳奏徙之海南。上不从，又教炳诬奏刑部侍郎左安善入人罪。**（主使出入人罪）**上始觉其诬，下炳狱，炳不能隐，尽吐其实。太史令刘基并发其奸状及诸阴事，上大怒，令群臣按问，宪辞伏，遂与炳等皆伏诛。

（朱元璋）大封功臣，谕诸将曰："（廖）永忠战鄱阳时，忘躯拒敌，可谓奇男子。然使所善儒生窥朕意，徼封爵，故止封侯而不公。"及杨宪为相，永忠与相比。宪诛，永忠以功大得免。**（交结朋党）**

---

① 《明史》卷 129，《廖永忠传》；《明太祖实录》卷 54，洪武三年秋七月丙辰条。

案 2　核心人物：中书右丞相　汪广洋①

适用律条：对制上书诈不以实以重论奸党

杨宪诛，召（汪广洋）还。十年复拜右丞相，与惟庸同相，浮沉守位而已。"十二年十二月，**中丞涂节言刘基为惟庸毒死，广洋宜知状。帝问之，对曰：'无有。'帝怒，责广洋朋欺，贬广南。**舟次太平，帝追怒其在江西曲庇文正，在中书不发杨宪奸，赐敕诛之。"（汪广洋）为人宽和自守，与奸人同位而不能去，故及于祸。

占城贡方物使者既至，而省部之臣不以时引见。上以其蔽遇远人，下敕书切责执政者，广洋惶惧益甚，至是**御史中丞涂节言前诚意伯刘基遇毒死，广洋宜知状。上问广洋，广洋对以无是事。**上颇闻基方病时，丞相胡惟庸挟医往候，因饮以毒药，乃责广洋欺罔，不能效忠为国，坐视废兴，遂贬居海南。舟次太平，复遣使敕之曰：昔命尔佐文正（大都督朱文正）治江西，文正为恶，既不匡正，及朕咨询，又曲为之讳，前与杨宪同在中书，宪谋不轨，尔知之不言。广洋得所赐书，益惭惧，遂自缢卒。大抵**其相才不足与奸同位，而不能去，故卒**至于覆败云。

案 3　核心人物：中书左丞相胡惟庸、韩国公李善长②

适用律条：奸党、胡惟庸、李善长以重论叛逆

十二年九月，占城来贡，惟庸等不以闻。**中官出见之，入奏。帝怒，**敕责省臣。惟庸及广洋顿首谢罪，而微委其咎于礼部，部臣又委之中书。帝益怒，尽囚诸臣，穷诘主者。未几，赐广洋死，广洋妾陈氏从死。帝询之，乃入官陈知县女也。大怒曰："没官妇女，止给功臣家。文臣何以得给？"乃敕法司取勘。于是惟庸及六部堂属咸当坐罪。明年正月，（御史）**涂节遂上变，告惟庸。帝大怒，下廷臣讯（命廷臣审录，上时自临问之），**（胡惟庸凶狡自肆，**竟坐叛逆诛死。**）词连御史大夫陈宁、涂节，皆伏诛，余党皆连坐。己亥，上谕文武百官：奸臣窃持国柄，枉法诬贤，操不轨之心，肆奸欺之蔽，嘉言结于众舌，朋比逞于群邪，蠹害政治，谋危社稷

---

① 《明史》卷 127《李善长、汪广洋传》；《明太祖实录》卷 128，十二年十二月。

② 《明史》卷 127《李善长传》、《明史》卷 318《胡惟庸传》；《明太祖实录》卷 129，洪武十三年春正月甲午、戊戌、己亥条。《明太祖实录》卷 202，洪武二十三年五月戊戌、庚子条。

……朕欲革去中书省，升六部仿古六卿之制，俾之各司所事，更置五军都督府，以分领军卫，如此则权不专于一司，事不留于壅蔽。

二十三年五月，**御史交章劾善长**。捕（胡惟庸遣元故臣封绩致书称臣于元嗣君）封绩下吏，讯得其状，逆谋益大着。上不得已下（善长子李）佑伸狱，"会**善长家奴卢仲谦首善长与惟庸往来状，而陆仲亨家奴封帖木亦首仲亨**及唐胜宗、费聚、赵庸三侯与惟庸共谋不轨。"上曰：太师辈果有是耶？命廷臣讯之，具得其实。**群臣奏善长等当诛**。帝发怒，肃清逆党（乙卯，**赐太师韩国公李善长死**，"并其妻女弟侄家口七十余人诛之。吉安侯陆仲亨、延安侯唐胜宗、平凉侯费聚、南雄侯赵庸、荥阳侯郑遇春、宜春侯黄彬、河南侯陆聚等，皆同时坐惟庸党死，而已故营阳侯杨璟、济宁侯顾时等追坐者又若干人。）词所连及坐诛者三万余人。帝手诏条列其罪，傅着狱辞，为《昭示奸党录》，布告天下。"株连蔓引，迄数年未靖云。

案 4　核心人物：工部尚书薛祥①

适用律条：挪移出纳以重论奸党

八年授工部尚书。为胡惟庸所恶，坐营建扰民，谪知嘉兴府。惟庸诛，复召为工部尚书。帝曰："谗臣害汝，何不言？"对曰："臣不知也。"**明年（洪武十四年），坐累杖死，天下哀之。**（查《皇明诏令·命诸司遵奉勘合敕》）**洪武十四年工部事发**，考其行移，自本年五月至十一月终，擅生事务，行下诸司文书计一万九千件，虽然各有名色，似乎当理，其中斡旋作弊不可数目。以言之此，皆系尚书薛祥、侍郎李文仲作为主行其弊。**内除薛祥犯奸党凌迟处死，其侍郎李文仲因考功以犯，人皆杀身。**

案 5　核心人物：刑部尚书开济②

适用律条：奸党律（主使出入人罪）

（刑部尚书开济）济自负持法，渐肆巧诈，性残酷，好以法中伤人，凡意所不悦，辄深文巧法以入之，无能自脱者。**济与乡人有旧怨，乃诬构下狱，令郎中仇衍等锻成之。尝受一囚赂，以狱中死囚代而脱之，为狱官所发。济归部与侍郎王希哲、主事王叔征执狱官于狱，扼其吭而杀之。监**

---

① 《明史》卷 138《薛祥传》。
② 《明史》卷 138《开济传》；《明太祖实录》卷 158，洪武十六年十一月甲午条。

察御史陶垕仲等劾奏：济擅杀狱官。上怒，乃下济狱并执侍郎王希哲、郎中仇衍等**诏廷臣讯之**。济具服其奸状，于是并希哲、征等诛之（**皆弃市**）。

案6 核心人物：户部侍郎郭桓①

适用律条：监守自盗仓库钱粮以重论奸党（朋党乱政）

户部侍郎郭桓坐盗官粮诛。"其推原中外贪墨所起，以六曹为罪魁，郭桓为诛首。郭桓者，户部侍郎也。帝疑北平二司官吏李彧、赵全德等与桓为奸利，自六部左右侍郎下皆死，赃七百万，词连直省诸官吏，系死者数万人。核赃所寄借遍天下，民中人之家大抵皆破。时咸归谤**御史余敏、丁廷举**。或以为言，**帝乃手诏列桓等罪**，而**论右审刑吴庸等极刑，以厌天下心**"。言："朕诏有司除奸，顾复生奸扰吾民，今后有如此者，遇赦不宥。""先是，十五年空印事发。每岁布政司、府州县吏诣户部核钱粮、军需诸事，以道远，预持空印文书，遇部驳即改，以为常。及是，帝疑有奸，大怒，论诸长吏死，佐贰榜百戍边。"二狱所诛杀已过当。而胡惟庸、蓝玉两狱，株连死者且四万。（查《御制大诰续编·钞库作敝第三十二》）宝钞提举司官吏冯良、孙安等二十名，通同户部官栗恕、郭桓、户科给事中屈伸等，三处结党，虚出实收，来人执凭。外十万钞，与解来人四处共分，事甚昭然。……观今此之徒，先王之谕良哉，今不循者堕命矣。

都察院奏刑部尚书杨靖前为户部侍郎时，郭桓盗官粮，靖当连坐，诏勿问。

案7 核心人物：吏科给事中韩铎、吏部尚书陈敬②

适用律条：大臣专擅选官以重论交结近侍

以广东龙川知县陈敬为吏部侍郎，洪武十六年刑部尚书开济荐为吏部试尚书，**十七年坐事免归**，后又起为龙川知县，至是诣阙言事称旨，擢今职。

查《御制大诰续编·韩铎等造罪第二十四》洪武十七年，吏科给事中韩铎、同科给事中彭允达，吏部尚书陈敬等，将取到十二布政司儒士与谏

① 《明史》卷94《刑法志二》；《明太祖实录》卷172，洪武十八年三月己丑条；《明太祖实录》卷206，洪武二十三年十二月丙子条。
② 《明太祖实录》卷200，洪武二十三年二月丙辰条。

院等各官，私下定拟职名，作见行事例，朦胧奏启。事觉，**法司以〔韩铎〕交结近侍律处斩，妻子流二千里。朕闵初任，释放宁家。因眷恋干才，复取赴京。**（吏部尚书陈敬免归）

案8　核心人物：凉国公蓝玉①

适用律条：奸党、蓝玉以重论谋反

锦衣卫指挥蒋瓛告玉谋反，下吏鞫讯（命群臣讯）。狱具，族诛之。列侯以下坐党夷灭者万五千人。条列爰书为《逆臣录》，列名者，一公、十三侯、二伯。玉性复狠愎，专恣暴横，动止傲悖，无人臣礼，擅升降将校，黥刺军士，甚至违诏出师，恣作威福，以胁制其下，上疑之。尝为玉部将者，玉乃密遣亲信召之，晨夜会私第，谋收集士卒及诸家奴，伏甲为变。

案9　核心人物：锦衣卫指挥使宋忠②

适用律条：奸党（谏免杀人市恩）

有锦衣卫百户以非罪论死（坐法当死，欲自陈于上），（宋）忠疏救（忠为言），上弗许。监察御史因劾忠市恩沽名，请罪之。诏弗问。寻为**金都御史刘观所劾**，调凤阳中卫指挥使。

太祖曰："忠率直无隐（不计祸福），为人请命，何罪？"遂宥百户（百户亦得减死戍边）。寻刘观奏忠私作威福，以邀名誉，故黜之。

永乐朝

案10　核心人物：兵部尚书齐泰；翰林学士、太常卿黄子澄；文学博士方孝孺③

适用律条：奸党；齐泰、黄子澄、方孝孺以重论谋逆

（洪武三十五年）榜齐泰、黄子澄、方孝孺、练子宁等五十余人曰奸臣。四年六月丁丑，执奸臣齐泰、黄子澄、方孝孺等至阙下，**上数其罪咸伏辜，遂戮于市，并夷其族。坐奸党死者甚众。**朝廷政事，一委黄子澄、齐泰二人，擅权怙势，同为蒙蔽，政事悉自己出，"变更太祖成法，而主

---

①　《明史》卷2《太祖纪二》；《明史》卷132《蓝玉传》；《明太祖实录》卷225，洪武二十六年二月乙酉条。

②　《明史》卷142《宋忠传》；《明太祖实录》卷248，洪武二十九年十一月甲戌条。

③　《明史》卷141《齐泰、黄子澄、方孝孺传》；《明太宗实录》卷1，洪武三十一年闰五月乙酉条；《明太宗实录》卷9下，洪武四年六月丁丑条。

意削诸王矣。成祖起靖难之师，悉指忠臣为奸党，甚者加族诛、掘冢，妻女发浣衣局、教坊司，亲党谪戍者至隆、万间犹勾伍不绝也。"

都御史陈瑛，所论劾勋戚、大臣十余人，皆阴希帝指。灭建文朝忠臣数十族，亲属被戮者数万人。（纪）纲觇帝旨，广布校尉，日摘臣民阴事。帝悉下纲治，深文诬诋。

案 11 核心人物：大理寺右丞耿通①

适用律条：奸党（出入人罪、谗言）

帝北巡，太子监国。汉王高煦谋夺嫡，阴结帝左右为谗间，宫僚多得罪者。监国所行事，率多更置。通从容谏帝："太子事无大过误，可无更也。"数言之，帝不悦。**十年秋，有言**（大理寺右丞耿）**通受请托故出人罪者。帝震怒，命都察院会文武大臣鞫之午门**，曰："必杀通无赦。"**群臣如旨，当通罪斩。**帝曰："失出，细故耳，（耿）通为东宫关说，坏祖法，离间我父子，不可恕，其置之极刑。"**廷臣不敢争，竟论奸党，磔死。**

案 12 核心人物：锦衣卫指挥使纪纲②

适用律条：奸党（朋党乱政、主使出入人罪）、交结近侍律

奸党（朋党乱政）： 纪纲日见信任，而时思骄横，朋比罔上。**内侍仇（纪）纲者发其罪，命给事、御史廷劾，下都察院按治，具有状。** 即日磔纲、（庄）敬于市，家属无少长皆戍边，列罪状颁示天下。其党（袁）江、（王）谦、（李）春等，**诛谴有差。**

监察御史康庆劾奏 山西都指挥佥事穆肃，尝以妓女遗纪纲，交结服党，上命锦衣卫鞫之，坐**交结纪纲，法司论当弃市，**妻、子流二千里，特命宥死，谪戍交阯。

洪熙、宣德朝

案 13 核心人物：锦衣卫指挥杨辅右、百户李谅③

适用律条：宿卫人兵仗以重论奸党（朋党乱政）

① 《明史》卷162《耿通传》。
② 《明史》卷301《纪纲传》；《明太宗实录》卷178，永乐十四年秋七月乙巳条；《明太宗实录》卷212，永乐十七年五月丁未条。
③ 《明宣宗实录》卷7，洪熙元年八月丁卯条。

行在**锦衣卫指挥佥王楫**等曰："昨夜二更有扣西华门，言欲奏事者，又有人收击之，云待今日早奏。"今早亦不奏，其究诘之。楫等根究还奏："乃府军右卫识字军掌带刀官，巡更文薄旧例，每更巡历到门者，于薄书押为识，其夜带刀百户李谅等怠于巡更，先晚皆豫书押，识字军欲奏，指挥杨辅右、谅等，收击之不得奏。"上曰："带刀夜巡，所以防奸，怠惰慢欺者可罪，**党邪抑正者尤可罪**"，命悉付行在**都察院**治如律。

案14 核心人物：工部尚书吴中、锦衣卫指挥王裕①

适用律条：监守自盗仓库钱粮以重论交结近侍律

工部尚书吴中，坐私取官木等物以遗太监杨庆，锦衣卫指挥王裕知而不奏。**事觉**，命法司及群臣鞫问有验。法司论中**监守盗官物，结交内官，当斩**；裕不奏，当连坐。上曰："中，皇祖旧臣，姑宥之，但罢其少保职，**仍罚尚书俸一年，下裕于狱。**"已而宥之。

正统、景泰、天顺

案15 核心人物：都御史顾佐②

适用律条：官吏给由以重论奸党（朋党乱政）

行在**吏部尚书郭琎**等言：监察御史邵宗，为都察院考作法律不通，宗不服，乞办。缘宗历任九年已经考称在部，今右都御史顾佐等又作见任考劾。行在浙江道监察御史张鹏等又攛撮宗微过劾之。**上以佐等颠倒是非，特责戒之。**上曰：佐等不存公道，概将不在任官员考退塞责，今**各道御史又附会佐等，其朋奸欺罔明矣，姑记其罪再犯不宥。**佐上章致仕去。

案16 核心人物：锦衣卫指挥马顺、徐恭③

适用律条：违令、骂制使及本管长官以重论奸党（朋党乱政）

太监僧保、金英等，恃势私创塌店十一处，各令无赖子弟霸集商货，甚为时害，事闻。上命锦衣卫同监察御史治之，御史孙睿、千户李得，奏将物货存者给主，赊负者令锦衣卫徵究，有旨，从之。睿、得以示指挥马顺等于外朝，顺以其事冗累已，掷还。睿怒詈之，指挥徐恭、刘源亦争论

---

① 《明史》卷151《吴中传》；《明宣宗实录》卷44，宣德三年六月己亥条。
② 《明史》卷158《顾佐传》；《明英宗实录》卷18，正统元年六月戊戌条。
③ 《明英宗实录》卷29，正统二年夏四月壬申条。

喧闹，恭杖得二十。**睿、得奏诉，上特宥源，下顺、恭于狱。都察院坐顺、恭乱朝政，当斩。**顺、恭各诉枉，上命逮睿与辩，睿复妄告顺擅杖死火者张谷等，**法司论顺仍当斩，恭当流，睿当徒，狱具，命俱系之。**（正统五年六月壬午，宥行在锦衣卫指挥佥事马顺罪）。

案 17 核心人物：副千户故敏①

适用律条：奸党（交结朋党）

江西永兴千户所副千户故敏，**为部卒诉其贪酷奢僭，与京官相朋结。**刑部请下巡按监察御史逮治。**上命锦衣卫官械敏并籍其家来京鞫治。**

案 18 核心人物：（已故）司礼太监王振②

适用律条：奸党、交结近侍、王振以重论谋逆

（宦官）势成积重，始于王振。王振用指挥马顺流毒天下，枷李时勉，杀刘球，皆顺为之。振权日益积重，公侯勋戚呼曰翁父。畏祸者争附振免死，赇赂辏集，百官多奔走其门。其从子（王）山、（王）林至荫都督指挥。私党马顺、郭敬、陈官、唐童等并肆行无忌。正统十四年帝蒙尘，振乃为乱兵所杀。败报闻，百官恸哭。**都御史陈镒等廷奏振罪。**恃宠狎恩，夺主上之威福，怀奸挟诈，紊祖宗之典章，每事不由于朝廷，出语自称为圣旨，不顾众议之公，惟专独断之柄，视勋戚如奴隶，目天子为门生，中外寒心，缙绅侧目。**给事中王竑等立击杀马顺及毛（贵）、王（长随）二中官。**王令谕曰："国家多难，皆因奸邪专权所至，今已悉准所言，置诸极刑，籍没其家，以谢天人之怒，以慰社稷之灵。"磔王山于市，**并振党诛之，振族无少长皆斩。**（户部侍郎；翰林学士，入阁预机务江渊）以天变条上"**禁讦告王振余党，以免枉滥。诏悉从之。**"

景泰三年（都给事中林聪）疏言：犯人徐南与其子中书舍人颐俱坐结交太监王振，赂求官职，当斩。然**刑部论南秋后处决，都察院论颐原赦为民。夫二人者情罪既同，而法司所论特异。质诸公道其无归一之论乎？诏：南、颐其令刑部查原犯以闻。刑部亦以南、颐狱上谳。诏："并宥南

---

① 《明英宗实录》卷158，正统十二年九月庚寅条。

② 《明史》卷177《王竑传》；《明史》卷304《王振传》；《明史》卷168《江渊传》；《明史》卷177《林聪传》；《明英宗实录》卷181，正统十四年八月庚午条；《明英宗实录》卷213，景泰三年二月丙子条。

死，释为民。"

案 19　核心人物：指挥仇仕清、知州夏昂①

适用律条：上言大臣德政

留守前卫指挥仇仕清，为下人告其盗官储，惧提，通州知州夏昂为吏科参其奔兢，惧黜。**乃协谋令余丁建议，盛称文武诸臣有闻望者**，且列己姓名其中，冀脱罪，谓兵部尚书于谦虽文臣明军法、武臣武清侯石亨纯笃有威、靖远伯王骥、定襄伯郭登、都督张轨、范广、过兴、石彪、杨信、都指挥陈逵、萧文、赵胜、指挥刘玉及仕清等，智勇兼人，俱可为股肱良将，文臣翰林院学士高穀、商辂、吏部尚书王翱、都御史王文、杨善、王竑、萧维祯、南京兵部尚书张凤、礼部侍郎姚夔、大理寺卿薛瑄、通政使栾恽、刑部郎中陈金、给事中林聪、司马恂、御史左鼎、练纲、彭谊、松江府知府叶晃、镇江府知府张嵩及昂、俱清正，可范天下、长百官。**事觉，法司论仕清上言大臣德政**，斩，籍没其家，**昂为从**，徒，从之。

案 20　核心人物：镇守浙江（兵部）尚书孙原贞②

适用律条：上言大臣德政

兵科等**给事中**苏霖等言，往者吏科给事中卢祥，奏各处巡抚尚书都御史等，王竑、邹来学、韩雍处置有方，王暹、孙原贞善誉不闻。今原贞妄陈己功，诬祥不当，言大臣德政，宜明正原贞罪。**帝曰：原贞饰情掩非，姑释不问，兵部即移文，令其用心理事，若再怠慢不宥。**

五年冬，（孙原贞）疏言：臣昔官河南，稽诸逃民籍凡二十余万户，悉转徙南阳、唐、邓、襄、樊间。群聚谋生，安保其不为盗？宜及今年丰，遣近臣循行，督有司籍为编户，给田业，课农桑，立社学、乡约、义仓，使敦本务业。生计既定，徐议赋役，庶无他日患。

案 21　核心人物：少保兼太子太傅兵部尚书于谦；阁臣王文；司礼太

---

① 《明英宗实录》卷241，景泰五年五月丙辰条。
② 《明史》卷172《孙原贞传》；《明英宗实录》卷249，景泰六年春正月丁未条。

监王诚、舒良、张永、王勤①

适用律条：奸党；于谦、王文、王诚、舒良、张永、王勤以重论谋反

（石）亨与（曹）吉祥、（徐）有贞等既迎上皇复位，宣谕朝臣毕，（天顺元年正月壬午）即执（于）谦与大学士王文下狱，诬谦等与黄竑构邪议，更立东宫。（甲申，**六科给事中劾**王文、于谦内结王诚、舒良、张永、王勤，外连陈循、江渊、萧镃、商辂等朋奸恶党）**下群臣议**，石亨等将置之极刑，**都御史萧惟祯定谳**，坐以谋逆，处极刑。奏上，英宗尚犹豫曰："于谦实有功。"有贞进曰："不杀于谦，此举为无名。"帝意遂决。杀于谦、王文，**籍其家**。

遂溪教谕吴豫言谦罪当族，谦所荐举诸文武大臣并应诛。吴豫建言**章下刑部、都察院，言谦等合谋易储君者，王文、江渊、陈循、萧镃、商辂、俞士悦、王诚、舒良、张永、王勤、黄竑及其奸党项文曜、王伟、蒋琳、古镛、丁澄俱已诛窜**，如更从豫言追究，恐骇人心。上曰：然！教谕言固是，但余党已处分，无庸再究。

署都督佥事王瑛，初以奸党谪戍云南。至是其妾上章陈冤。上以瑛兄贵，在先朝多效勤劳，持宥之，降为正千户带俸京卫。贵即太监鲁安也。

升署都指挥佥事王瑛俱署都督佥事，从少保兼兵部尚书于谦奏请也。

奸党（诬告）：中都留守司指挥同知尹澄与留守穆盛有隙，诬奏盛乃回回遗种，以交结奸臣于谦，得授是职，使之晨夕侍，高庙实亵渎不洁，宜徵还，别用事。**下法司勘诬，坐澄赎徒**，调辽东铁岭卫差操。

己卯命兵部将奸党等项调卫及充军遇赦还者，官军俱调外卫，民发原籍，系京民者，亦迁外郎；**辛巳命千户王瑛复原职署都督佥事**

王诚、舒良、张永、王勤以重论谋反：壬午，执司礼监太监王诚、舒良、张永、王勤等于禁中，出付锦衣卫狱。丁亥命斩于谦、王文、王诚、舒良、张永、王勤于市，籍其家。谪陈循、江渊、俞士悦、项文曜充铁岭卫军，罢萧镃、商辂、王伟、古镛、丁澄为民。上初命群臣杂治谦及循等

---

① 《明史》卷170《于谦传》；《明史》卷304《兴安传》；《明英宗实录》卷192，景泰元年五月庚戌条，《明英宗实录》卷274，天顺元年正月甲申条；《明英宗实录》卷276，天顺元年三月乙酉条；《明英宗实录》卷278，天顺元年五月甲子条；《明英宗实录》卷280，天顺元年秋七月壬午条。

罪，群臣言谦与文、渊及诚、良、永、勤景泰中串同故都督黄竑构成邪议，更立东宫，寻又逢迎黜汪后，循、镒、辂不能阻而附之，谦、文欲树私党，举文曜、伟、镛、澄进用，比因景泰皇帝不豫，在廷文武群臣合祠请立皇储，而谦、文、诚、良、永、勤意欲别图，迟疑不决，已而见群情欲迎皇上，乃图为不轨，斜合逆旅，欲擒杀总兵等官，迎立外藩，循、镒、辂、渊、士悦、伟、镛、澄、文曜俱知逆谋而不告。言谦等坐谋反凌迟处死，循等坐谋反知情故纵斩。章既上越二日乃有是命。

（诬谦）又与太监王诚、舒良、张永、王勤等谋迎立襄王子。（石）亨等主其议，嗾言官上之。谓其与黄竑构邪议，易太子，且与于谦、王文谋立外藩。于是给事、御史皆言（兴）安与诚、良等为党，宜同罪。

英宗复辟，磔景帝所用太监王诚、舒良、张永、王勤等，谓其与黄竑构邪议，易太子，且与于谦、王文谋立外藩。于是给事、御史皆言（兴）安与诚、良等为党，宜同罪。帝宥之，但夺职。是时，中官坐诛者甚众，安仅获免云。

案 22　核心人物：右都御史耿九畴、右副都御史罗绮、阁臣李贤、阁臣徐有贞①

适用律条：奸党律（主使出入人罪、结党乱政）

右都御史耿九畴，右副都御史罗绮下**锦衣卫狱**。初御史杨瑄既奏吉祥、石亨侵占民田不法，上从徐有贞等言，以瑄所奏为是，命核实所侵田。于是十三道监察御史张鹏等合章欲斜亨诸不法事，兵科都给事中王铉知之以告亨，亨入诉于上。云鹏乃已诛奸臣内官张永之侄，故结连诸御史诬已。上命收鹏及瑄，遂御文华殿悉召诸御史面诘之。诸御史历举所劾之有验。上曰：亨诸罪如实，汝等当时何得不即劾之，乃至今始言，邪**命锦衣卫悉收诸御史下狱，且究其主使之者。至是锦衣卫奏诸御史劾亨，皆九畴、绮所讽，故并执问之。鞫谓其阿附有贞及贤主使御史劾亨。上命六科、十三道劾有贞、贤欲独专擅威权，排斥勋旧，遂亦下狱。**初有贞附石亨，有迎复功，既执政以亨及吉祥贪横欲正之，数言于上。会十三道御史亦以欲劾亨，为亨所诉，词连都御史耿九畴、罗绮俱下狱。**降武功伯兼盖**

---

① 《明英宗实录》卷279，天顺元年六月甲午、己亥、庚子条。

殿大学士徐有贞为广东右参政，吏部尚书兼翰林院学士李贤为福建右参政，都察院右都御史耿九畴为江西右布政使，右副都御史罗绮为广西右参政，**调**监察御史盛颙、费广、周斌等俱为知县，**谪**监察御史杨瑄、张鹏充铁岭卫军。（谪瑄、鹏以其首谋也。）

案 23　核心人物：兵部尚书陈汝言①

适用律条：官吏受财、大臣专擅选官以重论奸党（朋党乱政）

六科、十三道**劾**兵部尚书陈汝言，**恃笼憸邪，紊乱朝政**，受总兵杨能、石彪等官贿赂不赀，**专擅选调**，其弟琰理殊无功次，冒升镇抚，与都指挥卢旺结为腹心，**大通贿赂。文武群臣奉诏鞫实，议汝言及旺当斩**，琰理罢职，能等当究治。上命法司固禁汝言及琰理，宥旺死充军，能等令陈状。既而能等输情服罪，命姑宥之，仍降敕戒毋再犯。

六科十三道**劾**定襄伯郭登，致书馈物，缔结尚书陈汝言，因获还京，欲以白金千两酬之，适汝言下狱不果，宜正其非，**以为趋附权奸之戒**。三法司奉诏鞫罪当斩。上曰郭登论法难恕，第念勋戚姑宥其死，追白金千两，降都督佥事于甘肃总兵官处听调杀贼，如再犯及临阵畏缩，必杀不宥。

陈汝言死狱中。汝言屡于上前历诋公卿，务偿好恶，朝士有与之同年登进士者，援引多至大官，有拂逆者亦必挤之，而武将中以贿得迁转者尤众，徐有贞既去，又与吉祥等谮去岳正，既而又虑力能害己者惟吉祥与亨，于上前极言两人者过恶，不亟去之祸且不测，亨等闻之，内外协力攻之，**上亦厌薄其所为，遂命言官数其恶**，下于吏，后两家既败，汝言犹冀上赦，已至是竟瘐死，天下莫不称快云。

案 24 核心人物：忠国公石亨、定远侯石彪②

适用律条：奸党、石亨以重论谋叛

（石亨从子）彪谋镇守大同，命致仕千户杨斌等五十三人奏保，**上觉**

---

①　《明英宗实录》卷 286，天顺二年春正月辛酉、戊辰条；《明英宗实录》卷 335，天顺五年十二月戊子条。

②　《明史》卷 173《石亨附彪传》；《明史》卷 178《韩雍传》；《明英宗实录》卷 306，天顺三年八月庚戌条；《明英宗实录》卷 308，天顺三年九月庚辰朔条；《明英宗实录》卷 314，天顺四年夏四月庚申条；《明英宗实录》卷 340，天顺六年五月丁酉条。

其诈，命执斌鞫之，果得彪所使实情。言官因劾彪，遂下狱。时方议革"夺门"功，穷治亨党，由亨得官者悉黜，朝署一清。明年正月，**锦衣指挥逯杲奏亨怨望**，与其从孙后等造妖言，蓄养无赖，专伺朝廷动静，不轨迹已著。廷臣皆言不可轻宥。乃下亨诏狱，坐谋叛律斩，没其家赀。逾月，亨瘐死，彪、后并伏诛。一门二公侯，势盛而骄，多行不义。谋镇大同，与亨表里握兵柄，为帝所疑。遂及于祸。

（三年九月）命锦衣卫指挥使门达诣都察院会鞫石彪；冬十月**甲寅三法司锦衣卫会鞫石彪**，丙辰命忠国公石亨闲住，命冒报夺门有功升官者能自首改正免罪敢隐者罪而降调之；天顺四年春正月癸卯，**锦衣卫指挥同知逯杲上章言忠国公石亨怨望愈甚**，与其侄孙石后等日造妖言，专伺朝廷动止，观其心实怏怏怀不轨。上以章示在廷文武大臣皆曰：亨罪大不可宥。上曰亨罪于法难容，朕念其微劳，累曲法宽宥，特令闲住，以保全之，今乃不自悔悟，敢背义孤恩肆为，怨谤潜谋不轨，**锦衣卫执来，会百官廷鞫之**；甲戌**三法司锦衣卫言石彪罪**大请籍没其家从之；乙巳**文武群臣言石亨诽谤妖言，图为不轨，具有实迹，论谋叛罪当斩，其家当籍。**上曰然！其令内官同御史及锦衣卫官籍之。天顺四年二月癸亥石亨瘐死刑部狱中，法司请斩首枭示，且疏其罪状榜谕天下。上曰：亨既死，其完尸瘗之。丁卯诛定远侯石彪。

石亨既诛，锦衣指挥刘敬坐饭亨直房，用朋党律论死。敬初为指挥同知，阿附石亨，冒迎驾功累迁都指挥佥事，事觉，降指挥使。及亨败，敬言其迁官皆出自特恩，不系冒功，**兵部劾敬**，不改正，上命**锦衣卫鞫之**，**都察院论**当赎徒，革升职。右佥都御史韩雍言："律重朋党，谓阿比乱朝政也。以一饭当之，岂律意？且亨盛时大臣朝夕趋门，不坐，独坐敬何也？"深叹服，出之。上怒其奸诈故有是命（降南京锦衣卫指挥使刘敬为千户，调辽东边卫带俸差操）

大宁都司都指挥同知王昇，为所部奏其交结奸臣石亨，倚势酷虐军民，废弛军政，锦衣卫官往廉其状，俱实。**上命械昇，至京鞫之。**

案 25　　核心人物：司礼太监曹吉祥①

适用律条：奸党；交结近侍；曹吉祥、曹钦以重论谋反

石亨败，吉祥不自安，渐蓄异谋，日犒诸达官，金钱、谷帛恣所取。诸达官恐吉祥败而己随黜退也，皆愿尽力效死。天顺五年七月，吉祥使其党掌钦天监太常少卿汤序择是月庚子昧爽，钦拥兵入，而己以禁军应之。怀宁侯孙镗勒兵斩铉、䥈，钦投井死，遂杀铎，尽屠其家。越三日，磔吉祥于市。汤序、冯益及吉祥姻党皆伏诛。马亮以告反者，授都督。

钦投井死，遂毁其宅，尽掠其财物，其兄都督铎，弟指挥铉，及堂兄都督浚，皆为众所杀，并其亲党同谋之家皆一空焉。癸卯曹吉祥伏诛，上出吉祥，**命群臣廷鞫之**，具伏。诏磔于市，并磔钦、铎、浚等尸以徇。

（1）羽林前卫带俸指挥姚智等二十人，坐附吉祥，冒升都指挥等官。下狱按，无及状，法当释。**都察院**等官谓其交结情密，私恩尚在，请悉革冒职，调两广边卫带俸差操。上从之。（2）**兵部言**总督扬州等处备倭都督佥事翁绍宗，素与反贼曹吉祥交结，乞行降调。**命降**为都指挥使，于贵州听调杀贼。时职方司郎中陈锜衔绍宗尝詈其父，故乘机挤之也。（3）**晋恭王妃谢氏侄雯奏言**：仪宾曹详交结太监曹吉祥，非议朝政，又时邀署都指挥於瑢至其家谋论，且言瑢系已故忠国公石亨余党。**事下都察院**，以雯言无显迹，诚伪难辩，奏请遣官执详、瑢及雯并鞫其实，从之。

<h1 style="text-align:center">成化</h1>

案 26　核心人物：与玺局局丞王纶、侍读学士钱溥②

适用律条：交结近侍；奸党

陈文（天顺）七年二月进礼部右侍郎兼学士，入内阁。**侍读学士钱溥**与（陈）文比舍居，交甚欢。溥尝授内侍书，其徒多贵幸，来谒，必邀文共饮。英宗大渐，东宫内侍王纶私诣溥计事，不召文。文密觇之。纶言："帝不豫，东宫纳妃，如何？"溥谓："当奉遗诏行事。"已而英宗崩，（阁

---

①　《明史》卷 304《宦官曹吉祥传》；《明英宗实录》卷 330，天顺五年秋七月庚子、癸卯条；《明英宗实录》卷 230 至 232。

②　《明史》卷 168《陈文传》；《明史》卷 307《佞幸门达传》；《明宪宗实录》卷 1，天顺七年十一月壬午条。

臣首辅李贤）贤当草诏。文起夺其笔曰："无庸，已有草者。"因言纶、溥定计，欲逐贤以溥代之，而以兵部侍郎韩雍代尚书马昂。**贤怒，发其事。**是时宪宗初立，纶自谓当得司礼，气张甚。英宗大殓，纶衰服袭貂，**帝见而恶之。太监牛玉恐其轧己，因数纶罪，逐之去。**溥谪知顺德县，雍浙江参政。**词所连，**顺天府尹王福，通政参议赵昂，南宁伯毛荣，都督马良、冯宗、刘聚，锦衣都指挥佥事门达等**皆坐谪。**

帝大殓，纶衰服袭貂裘于外观望，上见而恶之，（牛）玉因数其过恶，劝上执下狱，又嗾人发其交通事，并逮溥等，**法司依律拟斩，以赦例特从轻典，**纶降内使发南京闲住

锦衣卫掌卫事都指挥同知门达、指挥同知郭英、陈纲，指挥佥事吕贵俱调贵州边卫。

"帝疾笃，**达知东宫局丞王纶必柄用，预为结纳。**无何，宪宗嗣位，纶败，达坐调贵州都匀卫带俸差操。甫行，言官交章论其罪。**命逮治，论斩系狱，**没其赀巨万，指挥张山同谋杀人，罪如之。子序班升、从子千户清、婿指挥杨观**及其党都指挥牛循等九人，谪戌、降调有差。**后当审录，命贷达，发广西南丹卫充军，死。"

案 27　核心人物：左都督李震、守备太监覃包①
适用律条：交结近侍

参将吴经者，与左都督李震有隙。（吴经）弟千户（吴）绶为汪直腹心，经属绶谮之。会（汪）直方倾项忠，词连震，遂逮下狱。夺爵，降左都督，南京闲住。未几，**（汪）直遣校尉缉事，言（李）震阴结守备太监覃包，**私通货赂。震在湖湘久，熟知苗情，善用兵。一时征苗功，方瑛后（李）震为最。然贪功好进，事交结，竟以是败。**帝怒，遣（汪）直赴南京数（覃）包等罪，责降包孝陵司香，勒（李）震回京。**（汪）直败，震诉复爵，寻卒。

案 28　核心人物：御马监太监汪直、都御史王越②
适用律条：交结近侍

---

① 《明史》卷 166《李震传》；《明宪宗实录》卷 171，成化十三年冬十月壬戌条。
② 《明史》卷 95《刑法志三》；《明史》卷 304《汪直传》。

尚铭领东厂，又别设西厂刺事，以汪直督之，所领缇骑倍东厂。任锦衣百户韦瑛为心腹，屡兴大狱。直每出，随从甚众，公卿皆避道。威势倾天下。廷臣犹未敢攻直也。会东厂尚铭获贼得厚赏，直忌，且怒铭不告。**铭惧，乃廉得其所泄禁中秘语奏之，尽发王越交通不法事，帝始疏直。**（成化十七年秋）**帝乃调直南京御马监，罢西厂不复设。**中外欣然。寻又以言官言，降直奉御，而**褫逐其党王越、戴缙、吴绶等。**陈钺已致仕，不问。韦瑛后坐他事诛，人皆快之，然直竟良死。

案 29　核心人物：司礼太监尚铭①

适用律条：揽纳税粮、监守自盗仓库钱粮以重论奸党

西厂废，尚铭遂专东厂事。尚铭党，皆附铭为奸利。铭本汪直所荐，自直见疏，独擅权势，甘言悦色，以钓取名誉，而内肆阴狡，卖官鬻爵，无所不至。**尚铭有罪黜往南京，**寻遣官校追械之还，将穷治之。既而，有旨："铭管理东厂不公，欺心罔上，大肆奸贪，赃滥显著，有坏成法，当置之死刑。**姑从轻处治，**不必来京。仍令押赴南京，守备太监杖之百，**充净军孝陵种菜。"**（癸丑）"吏科都给事中王瑞等奏，比东厂太监尚铭有罪已蒙皇上置之于法，京城内外人人大悦，臣等以谓不**去其党，**将来之患未可知也"；（丙辰）**六科给事中十三道监察御史奏**云尚铭既以赃败宜追究其通赂之人；（癸未）**尚铭党，执送锦衣卫鞫之，**刑部拟罪奏上。上以此辈倚恃铭势侵盗官物，揽纳钱粮害人肥己，情犯深重，**难依常例处治。（军民）**（叶）刚、（于）成、（田）广、（杨）浩，各杖一百，押发贵州；**（都指挥使刘）**福、（王）宪、（孙）仁、宽、**（指挥使尚）**镛、冕、（王）俊、**（镇抚林）**凤，押发广西，俱编戍边卫，家属随住；**（千户尚）**璘，革职，**妇女十六人遂发原籍，不许在京潜住；**（李）季，降百户带俸；（张）傅，赎罪还卫。**余悉如所拟。**

弘治朝

案 30　核心人物：阁臣尹直、阁臣万安②

---

① 《明宪宗实录》卷248，成化二十年春正月壬子、癸丑、丙辰条；《明宪宗实录》卷251，成化二十年二月癸未条。

② 《明史》卷180《汤鼐传》；《明史》卷168《尹直传》；《明史》卷168《万安传》。

适用律条：交结近侍、奸党（朋党乱政）

"安无学术，既柄用，惟日事请托，结诸阉为内援。时万贵妃宠冠后宫，安因内侍致殷勤，自称子侄行。妃尝自愧无门阀，闻则大喜，妃弟锦衣指挥通，遂以族属数过安家。"（十三年）内阁者刘珝、刘吉。而**安为首辅，与南人相党附**；珝与尚书尹旻、王越又以北人为党，互相倾轧。宪宗嗣位孝宗立，**给事中宋琮及御史许斌言（尹）直自初为侍郎以至入阁，贪缘攀附，皆取中旨。（御史汤鼐）首劾大学士万安罔上误国。奸邪无耻，或贪缘中官进用，或依附佞幸行私。不早驱斥，必累圣明。及宣旨，言疏已留中。（弘治元年）帝于是薄其为人，令（尹直）致仕。弘治元年（万）安、斥，（致仕）**。

案31 核心人物：太监梁芳、锦衣卫指挥张纪①

适用律条：交结近侍

太监梁芳、（韦）兴、张轩、莫英、陈喜先后以献珍珠得宠，一时后宫器用以珍宝相尚，京师上下亦然。芳等益搜访于民间，物价腾跃，一株数十金者皆弃以取富。于是指挥张纪、指挥佥事任义、千户冯宇、沈逢、百户杨春、镇抚徐昌、袁凯与贾人冯谦、王通、李祥、王智夏、线儿等日求采供献，至是**以言官劾奏下狱。谪芳居南京，寻下狱，（韦）兴亦斥退。"纪等交结内侍进献珍玩盗支内府财物数多，虽遇赦难依常例，纪、义、宇、达俱发辽东铁岭卫，春等六人发口外开平卫俱永远充军，昌、凯革职调永宁卫"**。

案32 核心人物：太监梁芳、方士李孜省、邓常恩、赵玉芝、妖僧继晓②

适用律条：禁止师巫邪术以重论交结近侍、奸党

"时宪宗好方术，孜省乃学五雷法，厚结中官梁芳、钱义，以符箓进。……日宠幸，赐金冠、法剑及印章二，许密封奏请。益献淫邪方术，与芳等表里为奸，渐干预政事。"搢绅进退，多出其口，执政大臣万安、刘吉、

---

① 《孝宗实录》卷48，弘治元年闰正月丁卯条。
② 《明史》卷307《佞幸李孜省、继晓传》；《明孝宗实录》卷15，弘治元年六月戊申条；《明孝宗实录》卷20，弘治元年十一月甲申条。

彭华从而附丽之。"**以中官蒋琮言，逮孜省、常恩、玉芝等下诏狱，坐交结近侍律斩**，妻子流二千里。**诏免死**，仍戍边。孜省不胜榜掠"，瘐死。

科臣林廷玉言：同恶异罚则物论不平，如妖僧继晓，奸恶吏李孜省，方士邓常恩，赵玉芝辈，俱以左道幸进，荷蒙新政，首赐斥逐，天下人心无不痛快，然继晓之元恶未正典刑，亦乞逮治，奏入，**令锦衣卫逮治**之。**刑部拟晓罪死，妻子流二千里，以犯在赦前，请发原籍为民。大理寺审允。有旨：令科道官看详。刑科都给事中陈瑶、浙江道监察御史魏璋等交奏：晓罪大恶极，刑部所拟不当，并请正（梁）芳引进邪人之罪。上是之，命即斩晓于市，妻子为奴，财产入官。芳既充军，姑贷其死**，命南京守备官重杖之八十，仍充役。刑部尚书何乔新等，令具实以闻，于是刑部大理寺官各自陈状，得旨：堂上官停俸一月，经该司属官各两月。

案 33 核心人物：中书舍人吉人、御史汤鼐、知州刘概①

适用律条：奸党（朋党乱政）改拟造妖书妖言、官吏受财、对制上书诈不以实

万安、尹直斥，汤鼐意气尤锐。其所抨击，间及海内人望，以故大臣多畏之，而（刘）吉尤不能堪。**使人啖御史魏璋曰："君能去鼐，行金院事矣。"**璋欣然，日夜伺鼐短。未几，而吉人之狱起。四川饥，帝遣郎中江汉往振。（吉）人言汉不胜任，宜遣四使分道振，且择才能御史为巡按，庶荒政有裨。因荐给事中宋琼、陈瑶、韩鼎，御史曹璘，郎中王沂、洪钟，员外郎东思诚，评事王寅，理刑知县韩福及寿州知州刘概可使，而巡按则鼐足任之。**（魏）璋遂草疏**，伪署御史陈景隆等名，**言吉人抵抗成命，私立朋党。帝怒，下人诏狱，令自引其党**。人以鼐、璘、思诚、概、福对。璋又嗾御史陈璧等言："璘、福、思诚非其党，其党则鼐、概及主事李文祥、庶吉士邹智、知州董傑是也。"疏上，**吉从中主之，悉下诏狱，欲尽置之死。刑部尚书何乔新、侍郎彭韶等持之**，外议亦汹汹不平。**乃坐概妖言律斩；鼐受贿，戍肃州；人欺罔，削籍；智、文祥、傑皆谪官。吏部尚书王恕、刑部尚书何乔新等言："概本不应妖言律"。帝得疏意动，乃减概死，戍海州**。

---

① 《明史》卷180《汤鼐传》；《明孝宗实录》卷23，弘治二年二月戊戌、丁未条。

正德朝

案 34　核心人物：阁臣刘健；阁臣谢迁；户部尚书韩文①

适用律条：奸党

正德元年冬十月丁巳，五官监候杨源以星变陈言，帝意颇动。**健、迁等复连疏请诛瑾**，户部尚书韩文帅廷臣请诛乱政内臣马永成等八人。戊午，韩文等再请，不听。以刘瑾掌司礼监，丘聚、谷大用提督东、西厂，张永督十二团营兼神机营，魏彬督三千营，各据要地。刘健、李东阳、谢迁乞去，健、迁是日致仕。（正德）二年三月瑾召群臣跪金水桥南，**榜奸党姓名**，自刘健、谢迁外，尚书则（韩）文为首，余若张敷华、杨守随、林瀚等凡五十三人，列于朝堂。宣戒群臣。下韩文锦衣卫狱，**罚输米千石于大同**，寻复罚米者再，家业荡然。刘瑞**除其名，罚米输塞上**。削致仕尚书雍泰、马文升、许进、刘大夏**籍**。逮刘大夏下狱，戍肃州。**夺刘健、谢迁等六百七十五人诰敕。**

案 35　核心人物：司礼太监刘瑾②

适用律条：奸党（朋党乱政）；交结近侍；刘瑾、张彩以重论谋反

安化王寘鐇反，檄数瑾罪。**太监张永出寘鐇檄，因奏瑾不法十七事**。遂执瑾，系于菜厂，分遣官校封其内外私第。次日晏朝后，帝出永奏示内阁，降瑾奉御，谪居凤阳。帝亲籍其家，（正德）五年八月甲午，刘瑾以谋反下狱。戊戌，治刘瑾党，吏部尚书张彩下狱。己亥，曹元罢。戊申，刘瑾伏诛。（帝）悉以机务委之（刘瑾），大小章奏，不复亲决，瑾持回私第与孙聪、张文冕辈撰伪旨，付外施行，诸司事无巨细，必先关白而后奏闻……由此大权一归于瑾，天下不复知有朝廷矣。下刘瑾于狱。（上）**令法司，锦衣卫执瑾于武门前，会多官鞫讯，……刑部尚书刘璟畏瑾，禁不能出一语**，诸公卿旁列亦稍稍退却，独与驸马蔡震拆斥之，呼官校前考掠之。刘瑾（谋逆）伏诛（凌迟）。

瑾又用乡里亲故曹元、刘宇、张綵并杨玉，曹雄，毛伦等布列要地，

---

① 《明史》卷186《韩文传》；《明史》卷16《武宗纪》。
② 《明史》卷304《刘瑾传》；《明史》卷306《阉党焦芳、张彩传》；《明史》卷16《武宗纪》；《明史》卷175《曹雄传》；《明武宗实录》卷68，正德五年冬十月己亥条。

以为心腹爪牙。孙聪、张文冕为刀笔。张彩（**都察院**）狱毙，仍剉其尸于市，籍其家，妻子流之海南。**（石）文义凌迟处死**，彬处斩，凯发边卫永远充军，文义家属亦戍海南。**斩张文冕**于市。妻妾送浣衣局。**治瑾党太监陶锦、监丞贾振等二十三人罪。**

治瑾党太监陶锦监丞贾振等二十三人罪。**法司拟朋党乱政律当斩。**诏：锦、振各杖八十，与高谅、王镇、王保、刘堂、刘聪、吕祥、殷俊、王俊、郭洪俱充孝陵卫净军，仍藉其家。臧林、王成、朱英、张镗、布通、戴玉、黄瑄、刘清、刘瑶、郑喜、尹銮、刘景亦充净军，永不叙用。

焦芳泄外廷谋，瑾德之，援入内阁，芳亦欲倚瑾为奸，中外附和，凡瑾所言，与芳如出一口。其所中伤，无不立应。**阁臣焦芳、刘宇、曹元而下，尚书毕亨、硃恩等，共六十余人，皆降谪。右副都御史杨纶令致仕。**及瑾伏诛，**彩以交结近侍论死，遇赦当免。改拟同瑾谋反**，瘐死狱中，仍剉尸于市，籍其家，妻子流海南。

曹雄，武宗即位，用总督杨一清荐，擢署都督金事，充总兵官，镇固原。以瑾同乡，自附于瑾。瑾欲广树党，日相亲重。瑾败，**言官交劾。降指挥金事，寻征下狱，以党逆论死**，籍其家。诏宥之，与家属永戍海南，遇赦不原。

嘉靖朝

案 36　核心人物：锦衣卫指挥使钱宁①

适用律条：奸党（朋党乱政）；钱宁以重论谋反

凡宸濠所遣私人行贿京师，由宁以达帝左右。宸濠反，帝心疑宁。（钱宁）"冀得自全。然卒中江彬计，使董皇店役。彬在道，尽白其通逆状。帝曰：'黠奴，我固疑之。'乃羁之临清，驰收其妻子家属。世宗即位，磔宁于市。养子杰等十一人皆斩，子永安幼，免死，妻妾发功臣家为奴。"

（正德十六年五月）钱宁伏诛。濠即举兵，不逾月就擒，而（钱）宁

———————

①《明史》卷 307《佞幸钱宁传》；《明世宗实录》卷 1，正德十六年四月辛亥条；《明世宗实录》卷 2，正德十六年五月壬申、癸亥条、《明世宗实录》卷 9，正德十六年十二月辛卯条；《明世宗实录》卷 12，嘉靖元年三月己巳条。

之奸逆始露，乃捕宁及其族属皆下狱，**会太监张永亦发其奸事，下法司锦衣卫杂治**，狱未具，毅皇帝崩，上即位用言官言，令亟正宁罪，寘之法典，于是刑部会官鞫状以闻。上命即**磔于市**，仍揭宁罪状并绘处决图榜示天下，宁子永安，甫八岁，遂为后府右都督养子，钱杰等十一人，素以奸恶相济，俱官锦衣，至是并斩之，**余党咸伏，其辜家产没官**。

　　给事中汪玄锡等，御史李镇等交章劾（王）钦等皆投托钱宁、张锐为心腹，招权纳贿，殃民坏法，靡所不至，又俱冒功传升锦衣卫指挥等官，锦衣卫都指挥郭鍪，指挥殷镗、周瓒、姚瓒、千户王锦、王铨、周保、蓝华、章琏皆以党附钱宁、江彬，擅作威福，**有罪下狱。法司议上钱宁奸党王钦、蓝华、姚瓒、殷镗、郭鍪、周瓒等罪状。上以其朋奸乱政，情罪深重**，王钦、蓝华、姚瓒**命如拟处决**，周瓒等各发两广极边卫分永远充军，郭鍪、殷镗仍提家属问，逮问如律。

　　巡按山东御史胡松上疏：逆党如钱宁、毕真、廖鹏辈虽相继逮捕，而怀奸酿祸，善于盖匿者，犹未正法典，宜核实，酌行务当功罪。宸濠之叛，内结钱宁，宁之党都察院经历钱岌，罪恶最著，以贿幸免，而举人冀元亨，乃谬坐逆党，竟死于狱，人颇冤之，御史胡松列其状以闻，又言**钱宁为濠布党，皆有私籍，宜按籍逮治**。上嘉纳，命所司行之。刑部覆胡松议是，然恐幸免不独钱岌，而负抑亦不独冀元亨，请会官查鞫奸逆，而释其冤者。得旨：钱岌既夺职，弗治。冀元亨死不以罪，令有司恤其家，在狱有诬服如元亨者，亟与辩理，**宁私籍不系有司收记，真妄不可考，令悉毁之**。

　　杨一清在吏部时，御史张承仁，主事段金，通判李鍪，俱以考察黜，**有朱大周者，京卫武学生也**，交结臧贤得出入钱宁门下，而承仁、金、鍪遂因大周以通于宁，因具奏诋毁铨司，而宁素衔一清，从中主之，一清遂自劾致仕去。至是**给事中刘最论大周罪，下锦衣卫捕得，送法司拟朋党乱政律斩**。上允之。

　　案37　核心人物：吏部尚书陆完①

　　适用律条：（比依）奸党（朋党乱政）

---

① 《明史》卷187《陆完传》；《明武宗实录》卷193，正德十五年十一月庚申条。

（吏部尚书）陆完素与濠通，其得赂尤厚，故濠所奏请无不行，所求必获，所恶必斥，虐焰日张，人莫敢言，中外朋比，养成乱阶。完自为江西按察使，时与宸濠相比，既去任，常以赠遗致殷勤，濠之乞复护卫也，完在兵部先为游说，内阁柄事者既乃援祖训覆奏，实阴为之地，护卫既复，濠逆谋益起，人皆归罪于完，及在吏部濠贻书欲有所黜陟，辄从之，完常对众称濠贤，有之官江西者，每密谕意，令无与濠忤，初闻濠反，时完犹言王必不反，乃传者误及，濠既擒，**太监张永**至江西搜阅簿籍，得完平日交通事，**奏之**。（十五年十一月庚申，治交通宸濠者罪，执吏部尚书陆完赴行在。）会上晏驾，今上即位。屡**下廷臣谳**，完祈哀不已，乃**比依交结朋党，紊乱朝政律**，以请诏宥完死，谪戍福建靖海卫，妻、子得释，时每年已九十余，竟死于狱。赞曰：陆完交结之罪浮于首功，得从八议，有佚罚焉。

案 38 核心人物：都督江彬①

适用律条：奸党（朋党乱政）；交结近侍；上言大臣德政；江彬以重论谋反

（正德）十六年三月丙寅，（帝）崩于豹房，庚午，执江彬等下狱。**慈寿皇太后亟命执（江）彬下狱**。彬自立西官厅，自为提督，益树党援引边将神周、李琮等同入豹房，朋奸蛊诱导毅皇帝驻跸宣府等。**法司鞫反形已具**，请亟诛，以泄神人之愤，**命磔于市**，并以其奸状及处决图形榜示天下，其党神周、李琮、子勋杰、鳌熙，家属汪和、许宣等**皆斩，籍其家**。

御史胡洁劾奏太监陈贵、牛广、赵隆、张奎、浦智、李镇**交通江彬**，搜括奇货美女，蛊惑万乘，毒痛四海，都指挥马炅进妹禁闱，借称后舅，参将石玺伪充扈从，**结党为奸**，俱罪大恶极，乞正刑典，**得旨**：贵、广俱降左监丞，外宅闲住，智、镇俱降右少监，南京新房闲住，隆、奎发孝陵充净军，玺、炅充广西南丹卫军。

给事中吴严亦言：安边伯**许泰**依附江彬，同恶相济，其擅权纳贿，残

---

① 《明史》卷 307《佞幸江彬传》；《明世宗实录》卷 3，正德十六年六月戊子条；《明世宗实录》卷 6，正德十六年九月癸未条；《明世宗实录》卷 8，正德十六年十一月己巳条；《明世宗实录》卷 27，嘉靖二年三月壬戌条。

暴险谲之恶，擢发不能尽数，乞断自宸衷，亟赐处治。**诏锦衣卫执泰送都察院鞫治以闻**，彬等仍置不问；

（正德十六年九月）**法司当泰交结朋党，紊乱朝政律，斩。上令会官覆讯**，而法司执论如初，**诏特宥死，发戍广东海南卫。**已而**给事中许复礼等，御史张钦等皆上疏言泰罪当诛，不宜轻贷。得旨：发原定卫永远充军。**

江西按察使伍文定言：（太监张）**忠**昔与安边伯**许泰**、左都督**刘晖**至江西，忠自称天子十弟兄，泰称威武副将军，与朝廷同僚，晖称总兵官，朱系朝廷儿子迫胁天子，命吏稍咈其意，辄窘辱之，又诬指党逆掊克军民诈称进贡需索万状，计所罔利不下百万，比及脂膏殚竭仓库罄悬，然后三人者始睢盱而去，以致饿莩遍野，盗贼纵横，虽锉三人万段不足谢江西百姓，今圣明御历大憝，如**钱宁、江彬**皆已伏法，三人者寔其党与，倘漏于天讨，使藏其乐，祸无厌之心，而处于反侧不安之地，恐其日为国家大害，乞亟行诛绝，以快人心，消隐忧，**章下所司看议以闻。刑部尚书林俊等会议都督刘晖罪当交结朋党，紊乱朝政律，斩**，且言晖罪与许泰等，泰之免死，人心共愤，今宜斩晖，以谢天下。**上命再议，**刑科给事中刘济等追论刘晖党恶害人，不宜顸玷官爵。刑部覆奏请发遣以正国法。**上命夺晖职为民。**

御史杨秉忠言：（吏部尚书王琼）先在兵部结纳钱宁、江彬、假手于宁，擢彬内兄杨机为宣府南路参将，彬子妇之父祝隆为万全都司都指挥。**诏：**杨机、祝隆下各巡按御史按问，得实，俱发戍陕西永昌卫。

言官劾（王）**琼**结纳钱宁、张锐、江彬，纳贿擅权，排陷善类，都御史甯杲滥杀平民冒功，**都御史刘达谄事江彬，刘祥，请实之理。上命群臣杂议，当琼交结近侍，杲故杀皆论死，达罪稍轻，议从末减。已得旨：如拟矣。而琼复诉辩，言官史道、范永銮亦请宥之，以全大体，都察院上其议，乃特宥琼死，发陕西庄浪卫充军。**

案39 核心人物：太监魏彬、谷大用、张永、张雄、张锐、张忠①
适用律条：奸党（朋党乱政）

御史王钧劾奏，司礼监太监魏彬与逆恶江彬结为婚姻，内外盘据，御马监太监张忠、于经、苏缙或争功启衅，排陷忠良，或首开皇店，结怨黎庶，或导引巡幸，流毒四方，他如宣府镇守太监刘祥、总兵都督朱振、巡抚都御史甯杲，夤缘内批，侵盗边饷，甘肃镇守太监王欣，总兵都督柳涌，巡抚都御史文贵，假贡献而重困边方，引外夷以窥伺中国，此数臣皆彬之党，今彬既捕治，此辈亦宜亟赐并处，以明法纪，以清奸党。

御史萧淮等奏：太监谷大用、丘聚、张永等蛊惑先帝，党恶为奸，放逐大臣，陷害忠谠，变乱成法，盗窃名器，并宜诛戮，以谢天下。

给事中杨秉义言，魏彬著名八党，流毒四方，结姻江彬，固宠怙势，罪不容诛，乃掩其滔天之恶，全其弟世袭之官，非所以示天下也，乞收回成命，亟治（魏）彬罪，削（魏）英之职，革其世袭，以昭至公。

给事中徐景嵩亦言魏彬及御马监太监谷大用，始附逆瑾，继党江彬，交相引援，窃弄威福，并宜寘之典刑，以谢天下。

得旨：谷大用、丘聚降奉御，孝陵司香；张锐、张雄、张忠、于经、刘祥、孙和、刘养、佛保、赵林、马英、苏缙、刘拳、周昂、吴经、丘得、颜大经、许全、马锡、张信、钱安、张洪、马昂、周惠畴、王杲、皮德、朱福、臧贤、刘实、执送都察院鞫治，魏彬、张永闲住，弟侄义子官爵冒滥者，并依诏书查革。

得旨：魏彬已有处分，张忠排陷忠良，于经首开皇店，苏缙导引巡游本当重治，姑从宽，各发孝陵卫充军，刘祥罪恶深重，著巡按御史提解，法司会问，王欣已去任，甯杲、文贵冠带闲住，朱振、柳涌兵部查议以闻。

御史萧淮劾奏：太监张永，前在江西擅权纳贿，故纵逆党，辄以私忿械系无辜，即今刑官虽多所辨释，而瘐死含冤者尚不可数，计宜寘之法

---

① 《明世宗实录》卷1，正德十六年四月乙巳、戊申、庚戌条；《明世宗实录》卷2，正德十六年五月壬申条；《明世宗实录》卷4，正德十六年七月丁巳条；《明世宗实录》卷7，正德十六年十月丁亥、庚子、丙午条；《明世宗实录》卷8，正德十六年十一月丁卯条；《明世宗实录》卷133，嘉靖十年十二月壬寅条。

典，以谢天下，因言谷大用、魏彬八党之首恶，武忠孝庙之罪人，并宜逮治。得旨：大用等业已处分，永降为奉玉（御），往南京孝陵司香；

都察院右都御史张纶等会议太监张锐等罪言：张锐、张雄受逆藩贿赂，乱朝廷纪纲。张忠以巡游蛊惑，冒功黩货。于经以税课逢迎，取尽锱铢。刘祥因江彬进幸，孙和与宁、瑾交通，刘养盗官物，赵林夺子女，苏缙、马英、佛保、周昂、张信、马锡、吴经或传镇守以纳贿，或托进贡以行私，皮德、钱安、翟福、张洪或冒边功而滥膺封爵，或以将裔而冒姓天潢，皆窃弄威柄，变乱成法，**罪在大辟。法不可赦，宜依交结朋党，紊乱朝政律，弃市。**疏上留中十余日。司礼监传言疏有点污，趣都察院易疏以进。于是福建道御史屠侨言：锐等所犯，古今之大恶，理官所议，祖宗之公法也。法岂可易哉？今议寝不出，必萧敬、张佐等阴为之地，挟私舞弄，陛下一失操持，则怀奸欲逞者乘间而起，治乱安危之几所系不细。**上乃下纶等疏令会官覆讯以闻。**

大学士杨廷和、蒋冕、毛纪奏曰：迩者法司奏上张锐、许泰等狱，人皆以为必杀无赦。**陛下竟宥其死，**命下之日，臣民骇愕，上无以正国法，下无以快人心，其何以示天下后世？今更之初政，令之臧否，社稷之安危所系，诚不可不慎也，宜亟将锐等寘之重典。给事中许相卿、汪玄锡、韩楷亦以为言。**得旨：业以处分，宥之。**

大学士杨廷和等奏言：**张锐、许泰等之罪，始而法司会问既如此，继而多官覆亦如此，已而臣等拟旨又如此，群臣论奏亦如此，是天下之人皆曰可杀，不止于国人曰可杀而已。而陛下独宥之，此臣等所未喻也。**且陛下何惜此数凶，而不寘于法，以洩天地祖宗之愤，以快臣民之心，以垂乱臣贼子戒乎？诚不宜谓业已处分而一切报罢也，迩者郎中顾可适等执奏至归，咎臣等不能弼正，臣窃思知诚意不足以格天心，素行不足以孚众望，实有不能自安者，乞亟赐罢归，则虽不能尽以道事君之职，亦得以附于不可则止之义矣。上慰留之。

刑科给事中顾济劾奏司礼监大监萧敬党护张锐等，罪恶惑乱圣明，故纵大奸得逭国法。都御史张纶、刑部侍郎颜颐寿、尚书张子麟承旨会问，依违诡随，不能执法除奸，无大臣之节，乞究治萧敬，罢法司三臣，以为怀奸党恶之戒。上报闻。

太子太保刑部尚书张子麟在告上疏恳乞终养。上温旨慰答，复赐告一月俟亲，愈即令有司促就道。时言官论张锐、张雄、张忠、廖鹏等罪恶，请寘诛之，因劾子麟两狱未竟避难而归，非人臣之义，请罢其职。上曰锐等俱有处分，子麟勿罪。

诏：籍没故中官谷大用财产。初都察院献大用狱入，上御平台召大学士李时、翟銮问谷大用事，都察院覆木当否。时对以所拟招罪与律不合，家产入官律止是三条：谋反，叛逆，奸党，大用所犯未应籍没，坐以此律恐无以取信于天下，故臣等上拟一半入官。**上曰：大用，先朝坏政正是奸党，**如何不取信于天下。銮曰：皇上犹天，春生秋杀，无所不可，时等请俱收入官上用然，于是尽没其产。

案40　核心人物：阁臣毛纪、阁臣石珤①

适用律条：奸党（朋党乱政）

议大礼，（杨）廷和、（蒋）冕相继去国。（毛）纪为首辅，复执如初。帝欲去本生之称，纪与石珤合疏争之。帝召见平台，委曲谕意，纪终不从。（1）朝臣伏阙哭争者，俱逮系。**锦衣卫以在系官上请，**并待罪者凡二百二十余人。上责之曰：何孟春辈擅入朝禁，**聚朋哭喊，假以忠爱为由，实为欺党私朕。中年任意妄为，**乃令拷讯。丰等人入充成，其余四品以上姑于午门前宣谕停俸，五品以下各杖之。是时诸臣**被掠系死者**编修、给事中、御史、郎中、员外郎、主事、司务等十有六人。（2）纪具疏乞原。帝怒，**传旨责纪要结朋奸，背君报私。**衔纪亢直，允其去。（3）"议大礼"，帝欲援以自助，而珤据礼争，持论坚确，失帝意，璁、萼辈亦不悦。（六年）**锦衣卫带俸署百户王邦奇，讦杨廷和，诬珤及（费）宏为奸党，**两人遂乞归。帝许宏驰驿，而责珤以人言，内不自安，欲求引避，却又归怨朝廷，谓朕有疑，非人臣事君之体，**令致仕。**自珤及杨廷和、蒋冕、毛纪以强谏罢政，迄嘉靖季，密勿大臣无进逆耳之言者矣。

案41　核心人物：巡按马录②

---

① 《明史》卷190《毛纪、石珤传》；《明世宗实录》卷41，嘉靖三年七月癸未条；《明世宗实录》卷73，嘉靖六年二月己未条。

② 《明史》卷196《张璁传》；《明史》卷206《马录传》；《明世宗实录》卷80，嘉靖六年九月壬午条。

适用律条：官司出入人罪以重论奸党

（张）璁积怒（议大礼）廷臣，日谋报复。会山西巡按马录治反贼李福达狱，词连武定侯郭勋（郭勋以勋戚世爵，乃交通逆贼，纳贿行嘱，法不可宥，请并逮治之），**法司谳如录拟**。璁谗于帝，谓廷臣以议礼故陷勋。**帝果疑诸臣朋比**，乃命璁署都察院，桂萼署刑部，方献夫署大理，**覆谳，尽反其狱，倾诸异己者**。马录以故入人死罪未决，拟徒。**上以所拟为轻，令再拟**。上既以马录**下法司另拟，欲坐奸党律**，于是侍郎桂萼等谓张寅未决，而马录代之受死，恐天下不服，宜发烟瘴地面永远充军，令缘及子孙以示至公，乃谪录戍广西南丹卫，遇赦不宥。（刑部尚书）颜颐寿、（都察院左都御史）聂贤等坐罪者四十余人。璁等以为己功，遂请帝编《钦明大狱录》颁示天下。是狱所坐，大抵璁三人凤嫌者。以祖宗之法，供权臣排陷，而帝不悟也。

案42　核心人物：阁臣张璁、阁臣桂萼①

适用律条：奸党（朋党乱政）

工科给事中陆粲言：大学士张璁、桂萼，凶险之资，乖僻之学，曩自小臣，赞议大礼，蒙陛下拔寘近侍，不三四年位至极品，**罔上行私，专权纳贿，擅作威福，报复恩雠，相与比周，威势既大，党与又多**，天下畏之重足屏息，莫敢公言其非，不亟去之，臣恐凶人之性不移，怙终之恶益甚，将来必为社稷之忧。

上览奏批云：朕习以大礼未明，父母改称时张璁首倡正议，奏闻更复后，桂萼赞议，自礼成之后，朕授官重任，盖以彼尽心救正，忠诚之故。今彼既顿失前志，肆意妄为，负君忘义，自取多愆，朕不敢私。**张璁仍以本职令回家深加省改，以图后用。桂萼革去散官及学士职衔，以尚书致仕。**

詹事府詹事霍韬上言：去年议礼，凡攻击璁萼者皆已得罪，今则附顺璁萼、者又复得罪，如是则百官安所适从也，乞赐罢黜，仍敕吏部法司隐核被劾诸臣罪状，果有真迹，即寘之市曹，以为奸党之戒，不者亦为辩

---

① 《明史》卷196《方献夫传》；《明世宗实录》卷104，嘉靖八年八月、丙子、丙戌、己丑条。

理，庶为善类之劝。上曰：所奏事情，朕已悉之矣。尔昔赞议大礼，忠诚昭著，宜似旧安心办事，不允辞。

太子太保吏部尚书方献夫言：近者大学士张璁、尚书桂萼去位，而科道等官论劾其素所与者，咸指以为党，屡下吏部覆奏，（言官所劾计110人）臣窃详奏内所指奸恶不容清议者固有，而善类受诬者亦多，一概目以为党，绳之太过，岂不至空人之国乎，且昔年攻璁、萼者既以为党而去之，今之附璁、萼者又以为党而去之，缙绅之祸何时已。乃奏留黄绾等二十三人，而黜储良才等十二人。上曰：卿言良是，所劾官多诬，且泛一概指以为党，岂不重伤国体。卿职掌铨衡，忠诚直谅，朕所倚任，不必引嫌求避，宜秉公任事，备考诸人素行，务合公论以为去留。

案43 核心人物：给事中薛甲①

适用律条：上言大臣德政

璁、萼既召还，**羽林指挥刘永昌劾都督桂勇，语侵萼及兵部尚书李承勋。给事中薛甲上言：**正习俗以明体统，昔在先朝权臣窃柄，正气销亡，韬比成俗，至于今日，遂矫而成倾危之习，**如刘永昌以武夫而劾冢宰，夫以股肱耳目之臣，而使人得以指摘媒孽，窃恐下陵上替之患，不知所止，**今之议者未悉此弊，犹复毛举细故，未免推波助澜，愿略苛细之言，以存廉远堂高之义，使小人之攻讦无自而入。**上以其奏下所司看详，吏部覆甲言悉当可采行，至谓正习俗明体统尤深切时弊，请敕都察院，严禁**官吏军民诪张乱政者，仍行两京科道及在外抚按官，今后论事必先大体，论人无责小疵，毋伺察间隙以快私，毋苟举细故以逞讦，毋傅致难明之情污人以不根之谤，议上报罢。当是时，帝方欲广耳目，周知百僚情伪，得献夫议不怿。

刑科右给事中饶秀劾甲阿附便佞，甲概之以为毛举细故，则言官之于大臣，必将无一言，已乎必至于大谴，大何而论列之乎，**祖宗之法凡上言大臣德政皆处极刑，而甲乃称诵大臣不已，**甲于辅臣等犹曰门生座主云，耳若郭勋贪纵之迹彰彰明著，而甲亦不欲人言其失，如甲之议，必欲皇上端拱于上，大臣横行于中，群臣缄口于下。上命吏部再议，**甲复上疏自**

---

① 《明史》卷196《方献夫传》；《明世宗实录》卷116，嘉靖九年八月乙丑条。

理，上怒其不俟部议，辄先奏辩，令降二级调外任用，吏部以甲已奉旨处分，不复更议，上责其延缓，令置对，乃夺尚书方献夫等俸一月，司官二月，遂补甲湖广布政司照磨。

案 44 核心人物：御史冯恩①

适用律条：上言大臣德政改拟对制上书诈不以实

巡按直隶御史冯恩上疏言：今士风日下，以缄默为老成，以謇谔为矫激，已难乎其忠直矣。备指大臣邪正（品评 20 位大臣），而极论大学士张孚敬、方献夫，右都御史汪鋐三人之奸。臣谓孚敬，根本之彗也；鋐，腹心之彗也；献夫，门庭之彗也。三彗不去，百官不和，庶政不平，虽欲弭灾，不可得已。**上谓恩假以星变，妄骋浮词，论列大臣，中藏恩怨，巧事讥评，大肆非毁，必有主使传寄之人，命锦衣卫官校杻械来京问。**

上命锦衣卫指挥陆松拷讯御史冯恩，究所主使传寄者，恩自伏狂妄论列，原无主使传寄。上谓论列大臣固也，**上言大臣德政律有明条，恩所言有毁有誉，并传使之人其益严刑拷讯**，久之无所得。**诏法司拟罪，**刑部尚书王时中等议，坐上言大臣德政者律斩，蒙恩减死充戍，请如绅例发遣。**上益怒，手批其牍曰：恩所言专指孚敬三臣，本只因大礼譬君无上，死有余辜，**虽中间毁誉牵连，原非本意。恩竟坐上言大臣德政者律论死系狱。**会廷审，以有词诏更讯，法司谓当比奏事诈不实者律，准赎徒杖还职。上命再议，至是法司谓恩情重律轻，既非常法可议，请戍遣。得旨发烟瘴地面充军，不许朦胧起用。**

案 45 核心人物：翊国公郭勋②

适用律条：任所置买田宅、坐赃致罪以重论奸党（朋党乱政）

给事戚贤勘翊国公（郭）勋呈肆凶狂，假擅威福，勋疏辩乞罢。上优诏报曰：卿勋阀重臣，国典家法，已自慎守。已而六科给事李凤来等以庙灾陈言，论权贵夺民利，疏下都察院都御史王廷相复参，（王）廷相檄五城御史核实，迟四十余日。**给事中章允贤遂劾**廷相徇私慢上。廷相以御史

① 《明史》卷 209《冯恩传》；《明世宗实录》卷 143，嘉靖十一年十月丙申条、《明世宗实录》卷 147，嘉靖十二年二月癸卯条；《明世宗实录》卷 176，嘉靖十四年六月己亥条。
② 《明史》卷 130《郭英附勋传》；《明世宗实录》卷 253，嘉靖二十年九月乙未条；《明世宗实录》卷 267，嘉靖二十一年十月乙酉条。

所核闻，惟郭勋侵最多。帝令勋从实陈状，勋疏辩中有臣奸何事？臣党何人？又有何必更劳赐敕等语，多不逊。于是**劾勋者群起。给事中高时**尽发勋奸利事，且言交通张延龄。帝益怒，**下勋锦衣狱。**

上大怒曰勋抗拒不受，及被人论劾奏辩，且有何必赐敕等语，岂是对君之言，殊为强悍无礼，陈镒、王廷相扶同抗违，不自奏白，其各从实对状，余情镇抚司一并勘奏。镒、廷相各引罪。上曰尔等朋党阿附，不行奏白，殊为不道，镒夺俸六月，廷相革职为民。**诏下（勋）三法司究问。**法司集各官会讯，**郭勋坐交结朋党，紊乱朝政律论死。**得旨：郭勋令法司详议。比法司再会官详议郭勋情罪，勋仍依前律，论斩，妻子给付功臣之家为奴，财产入官，并追一应公私侵夺赃银百有余万，追夺封爵铁券诰命，其霸占强夺房舍庄寺等，俱给还原主，疏入，**留中不下。**

（二十一年十月）郭勋死于狱。丁亥上曰：刑赏大柄岂臣下所得擅专。郭勋既问，谓略其不轨之谋，不轨罪名古今无可略之理，既曰不轨，却又拟案不合，令死于狱中。是何律法？通当拿问重治，姑从宽，伯温、金等各夺俸三月，相、侨各降俸二级留用，三畏等各降二级边方用，山褫职为民，不许起用。郭勋已死，此事情未有发落，令三法司拟议以闻。于是刑部左侍郎叶相等会议，勋世受国恩，叨蒙殊遇，大肆凶残，自干重典，既已瘐死，亦足示惩。原议妻子为奴，财产入官，似应矜宥。除爵及追夺铁券诰命，合行吏、兵二部查议，奏请议入，从之，并郭宪亦减死，发极边永戍。

案 46　核心人物：陕西总督曾铣、大学士夏言[①]

适用律条：主将不固守以重论交结近侍

侍郎曾铣自山西移为陕西总督，上言复河套事，内批嘉奖。皇帝敬天疑畏，以套议问辅臣。**分宜言：**"贵溪左右铣为此议者，臣不得预，臣亦不能止，不敢言。"**上遂大怒，逮铣，**夺贵溪辅弼官，以尚书致仕。（犹无意杀之也。会有蜚语闻禁中，谓言去时怨谤。）而咸宁侯又发铣匿出塞丧师诸事，贿贵溪得解，及河套不可复状。上益怒。铣事下锦衣讯。上又下

---

① 《明史》卷 204《曾铣传》；《明史》卷 196《夏言传》；《明世宗实录》卷 335，嘉靖二十七年四月丁未条。

法司会官拟铣罪。**法司言："铣犯无正律"，比拟边帅失陷城砦者律。上曰："铣情罪异常，有旨重拟。乃称律无正条，固可置不问乎？仍依所犯正律议拟以闻。"** 于是**法司请当铣交结近侍官员律**。诏可。乃斩铣于市，妻子流千里。

（已令致仕）夏言行至丹阳，逮系入京，下镇抚司拷讯，命法司拟罪，刑部尚书喻茂坚、左都御史屠侨等议言罪当死，**援议贵议能条以上。上谓言辩疏已报寝，不当议复，夺茂坚等俸，让之曰；"尔等任日执法，岂不知恩威当自上出，乃敢借议意朋护。"** 其更依律定拟以奏，于是**竟坐言与铣交通律斩，妻子流二千里**。

案 47　核心人物：原工部左侍郎，掌尚宝司事严世蕃①

适用律条：奸党（朋党乱政）；严世蕃、罗龙文以重论谋叛

南京御史林润逮**严世蕃、罗龙文至京**，仍疏列世蕃居卿奢僭淫虐诸不法状甚具，**诏下法司讯状**。刑部尚书黄光昇等乃总摰润前后奏词，成狱谳之。**按世蕃所坐死罪非一，而怨望诽上，尤为不道，请同龙文比拟子骂父律处斩**。狱上，上曰此逆贼非常，尔等皆不研究，只以润疏说一过，何以示天下后世，其会都察院、大理寺、锦衣卫从公鞫讯，**具以实闻**。于是光昇等复勘实，其**交通倭虏，潜谋叛逆**，具有显证，前拟未尽其辜，请亟正典刑，以洩天下之愤。**得旨：既会问得实，世蕃、龙文即时处斩**。严嵩畏子欺君，大负恩眷，并其孙见任文武职官悉削职为民，余党逆邪尽行逐治，毋致贻患，余悉如拟。疏内不言逆本，是何法制，姑不问。

按：世蕃一克罔坚子耳，其浊乱朝政本其父嵩得政日久，上末年深居西内，崇事玄修，不复与外庭相接，故得掩蔽聪明，盗弄威福，乃至罄国帑竭民膏而不足满其溪壑，塞公道悖天常，而无用其忌惮，**即其罪状宜坐奸党之条，岂无可杀哉，乃润疏指为谋逆，法司拟以谋判，悉非正法也**。

"时坐严氏党被论者，前兵部右侍郎柏乡魏谦吉、工部左侍郎南昌刘伯跃、南京刑部右侍郎德安何迁、右副都御史信阳董威、金都御史万安张雨、应天府尹祥符孟淮、南京光禄卿南昌胡植、南京光禄少卿武进白启

---

① 《明史》卷 308《奸臣严嵩附子世蕃传》；《明史》卷 196《奸臣鄢懋卿传》；《明世宗实录》卷 544，嘉靖四十四年三月辛酉条。

常、右谕德兰溪唐汝楫、南京太常卿掌国子监事新城王材、太仆丞新喻张春及嵩婿广西副使袁应枢等数十人，黜谪有差。"

隆庆朝

案48　核心人物：总督杨顺、御史路楷①

适用律条：交结近侍、奸党（主使出入人罪）

吏科左给事中陈瓒条上总督杨顺、御史路楷阿附权奸，杀害忠直，宜追论其罪，以示劝惩。（先是嘉靖中有锦衣经历沈炼者，以上疏请诛严嵩，嵩与子世蕃、深衔之。会顺以佥都御史总督宣大，嵩、世蕃回以炼，属顺使杀之。顺遂与楷谋，诬炼以交通妖贼阎浩等，勾虏寇边，当斩，阿严氏父子意，使参议朱天俸、佥事许用中文致成狱，炼竟坐死，士论冤之。）**得旨：命逮顺、楷下法司及锦衣卫议治，俱坐交结近侍律斩，妻子流二千里，天俸、用中下巡按御史提解来京问。**

宥原任参议朱天俸、佥事许用中死，发边卫充军。时**法司及锦衣卫言**：天俸等虽阿杨顺、路楷意杀沈炼，然非其本谋，不过委靡附和而已，今顺、楷止论斩，而天俸、用中亦附死，比不无过重宜稍从末减，故有是命。

案49　核心人物：（已故）锦衣卫事都督陆炳②

适用律条：奸党（朋党乱政）

御史张守约追论故掌锦衣卫事都督陆炳，当先帝时**结纳严世蕃，窃弄威权**，播恶流毒，其罪有十，世蕃既以就戮，而炳乃得保首领以当厚遗子侄，宜追戮炳尸，逮治其子绎、侄绪、家人佐，籍其家。疏上。**诏：锦衣卫捕绎、绪、佐送法司问**，并逮疏内诸有多者。狱既具，**刑部乃上言**：炳心怀悖逆，连结权重，睚眦杀人。王法所不容，人心所共愤，绎、绪踵习余虐，益肆猖狂。绎、绪宜褫职，**炳宜会三法司问议，开棺戮尸**，削夺官爵，籍没其产，追赃还官。**诸疏内有名者**，如炳第太常寺卿炜，宜革职，**恶党支琮等五人，宜永远戍边**，陆显等八人宜徒杖。**得旨：炳负国擅权，**

① 《明穆宗实录》卷13，隆庆元年十月辛丑条；《明穆宗实录》卷17，隆庆二年二月乙酉条。

② 《明穆宗实录》卷48，隆庆四年八月壬申条。

播弄威福，戕害无辜，本当戮尸尽法，**第身故既久，姑削其官职，追夺诰命**，绎、绪、炜俱革职，发原籍为民，**余如拟**，资产赃物如数籍入，绍庭发口外为民，佐边卫永远充军。

万历朝

案 50　核心人物：太监冯保；（已故）太师、上柱国张居正；锦衣卫指挥同知徐爵①

适用律条：交结近侍、奸党、上言大臣德政

山东道御史江东之劾锦衣卫指挥同知徐爵，以犯罪逃军，夤缘冯保门下，滥叨武职，擅入禁庭，为谋叵测，应亟行窜逐，以清宫府。因**并论吏部尚书梁梦龙先用银三万两托爵贿保，谋补铨缺**。又将孙女许聘保弟为儿妇。谢恩之日，即往拜爵，款狎留饮二鼓而归。受命公朝，拜恩私室，清明之世，岂容有此举动。

居正固有才，其所以得委任专国柄者，由保为之左右也。然保性贪，其私人锦衣指挥徐爵、内官张大受，为保、居正交关语言。且数用计使两人相疑，旋复相好，两人皆在爵术中。事与筹划，因恃势招权利，大臣亦多与通。

上下爵诏狱严讯，送刑部拟斩。（烟瘴永戍，籍其家。）**梦龙疏辩，有旨令供职。**已而御史邓炼、赵楷各有言，遂令致仕。

是时太后久归政，保失所倚，帝又积怒保。**东宫旧阉张鲸、张诚间乘陈其过恶，请令闲住。从之。会御史李植、江东之弹章入，遂谪保奉御，南京安置，久之乃死**。其弟佑、从子邦宁并官都督，削职下狱，瘐死。大受其党周海、何忠等八人，贬小火者，司香孝陵。（**江西道御史李植参司礼监太监冯保，当诛十二罪**。）尽籍其家，保金银百余万，珠宝瑰异称是。

---

① 《明史》卷 305《宦官冯保传》；《明史》卷 229《刘台传》；《明神宗实录》卷 131，万历十年十二月辛卯、壬辰、甲午、丙申、癸卯、戊戌条；《明神宗实录》卷 132，万历十一年正月戊辰、庚午条；《明神宗实录》卷 133，万历十一年二月己丑条；《明神宗实录》卷 137，万历十一年五月己亥条；《明神宗实录》卷 141，万历十一年九月癸未条；《明神宗实录》卷 146，万历十二年二月辛酉条；《明神宗实录》卷 148，万历十二年四月乙丑条；《明神宗实录》卷 151，万历十二年七月己丑条；《明神宗实录》卷 152，万历十二年八月丙辰条；《明神宗实录》卷 162，万历十三年六月戊申条。

有旨：**保欺君蠹国**，罪恶深重，本当显戮，念系皇考付托，效劳日久，姑从宽**降奉御，发南京闲住**。伊弟侄冯佑等都革职发原籍为民，张大受等降小史者发孝陵司香，仍将各犯财产抄没入官。

直隶巡按王国疏论逆珰冯保，专权纳贿；**劾吏部左侍郎王篆**，送保玉带十束，银二万两，谋掌都察院，并乞罢斥以儆官邪。篆疏辩乞罢。已而御史李廷彦复追数其贪纵不法诸事。上令（王篆）冠带闲住。

吏科给事中陈与郊论礼部左侍郎陈思育，太仆寺少卿于鲸夤缘徐爵，结纳冯保，朋奸误国，亟当罢黜，以清仕路。已而，思育抗章求辩，复为吏科给事中陈烨所劾。有旨：于鲸**降二级调外任**。上览（陈思育）辩疏，令思育**回籍听调**。

兵科给事中孙玮疏论太监魏朝、东厂办事官郑如金言："二人，冯保心腹谋主也，凡保专权乱政，蠹国害民，皆二人赞助之，今保已斥而逆党不除，内外交通，臣窃危之。"

仍释朝不问，而**下如金诏狱**。已而给事中田大年复极论朝不宜用，弗听。

户科给事中王继光劾：兵部尚书吴兑，交结逆保，多受将领馈遗，侍郎贾应元先开府时，太平王被参以停封为辞，致该府馈银九千，仍勒送万金方许请封，而罢追赃，及赂游七、冯保诸不法状

上令行彼处巡按御史勘，应元受代府赃数，而**置吴兑不问**。（辛卯兵部尚书吴兑满三年考复，以继光论劾乞罢。上慰留之；十一年三月巡按直隶御史林休徵劾，章下吏部。**太子少保兵部尚书吴兑再以休徵言，乞罢。准令致仕。**）（十一年五月）巡按直隶御史徐鸣鹤言：奉旨勘侍郎贾应元勒索代府赃银，勘吊原卷，启王令旨，委无勒要银两，各情具奏。上曰：代府为太平王时有过，岂肯认授与彼。贾应元着革职冠带闲住。

陕西道御史杨四知，论故太师张居正十四罪，大略言其贪滥僭奢，**招权树党**，忘亲欺君，蔽主殃民。

有诏：居正朕虚心委任，宠待甚隆，不思尽忠报国，顾乃怙宠行私，殊负恩眷，念系皇考付托，侍朕冲龄有十年辅理之功，**今已殁，姑贷不究，以全始终。庞清、冯昕、游七，锦衣卫擎送镇抚司打问。**

兵科给事中孙玮劾协理院事左副都御史劳堪，倚法作奸，杀人媚势，

神人共愤，国法难容，国朝大臣未有无故冤死狱中者。原任刑部侍郎洪朝选以勘辽藩事得罪居正，堪希居正意，杀朝选媚之，极其惨酷，至其子洪兢赴阙控诉，堪飞书冯保，廷杖几死，有臣如此，将焉用之。**上为罢堪。**

御史江东之劾金都御史王宗载、御史于应昌杀人媚人（诬御史刘台呕血暴卒），宗载、应昌宜抵罪。宗载上疏自辩，事下所司刑部侍郎刘一儒请会官议拟，许之。"已而江西巡抚曹大埜、辽东巡抚李松，勘报宗载、应昌等朋比倾陷皆有状。**刑部**以故入论，奏宗载等遣戍、除名、降黜有差。"

御史张应诏列故大学士张居正家奴游七十罪，千户范登、道士胡守元等诸奸党纳贿济恶。得旨：范登等俱送镇抚司打问追赃。（二月戊戌）诏：范登监候处决，**从刑部所覆奏也。**（三月甲申）**上览大理寺**所上游守礼（游七）、冯昕等狱词，命夺张居正上柱国、太师兼太子太师；伊子锦衣卫指挥张简修为民、游守礼、胡守元等大辟遣戍有差。

河南道御史王九仪言：巡抚江西曹大野，狎邪小人，始进谏垣，即与张居正深相结纳，是时居正为次相，欲去首相高拱，招邀南北言官论拱，迄无应者，乃嗾大野劾拱十大不忠，比之秦桧、严嵩，朝论悉知出居正意。日与原任云南副使朱琏，密结往来。夫琏甘附居正之党认义子。诚缙绅所不齿，大野独与之党，小人以类相从较然矣。得旨：曹大野冠带闲住，朱琏为民。

南京吏科给事中刘一相**劾：高启愚侦奸臣王篆**，习知居正厌称周伊，乃为舜禹禅受图以寿居正，故出舜亦以命禹题。上怒曰：王篆附党献谀，黩法乱政，高启愚出题谬妄，附媚干进，**都当重处，姑各革职为民，追夺诰命。**

江西道御史李植劾：（刑部尚书潘）**季驯**，昔为（居正）私党，深衔卵翼之恩，今藉恤旧，甘为蹠犬之吠，不曰居正宜抄，而曰好货贪财；不曰居正之罪宜诛，而曰损德伤体。奉差籍没诸臣少加推问，季驯又倡言惑众，至谓铜楼谓铁夹断肢解体拷毙数命，饥死十人。询之楚人，以为并无此事，季驯不惟诳皇上于前，而且欺皇上于今日矣。若不速行斥逐，恐以下讪上，以臣议君相率成风，莫知底止。**诏季驯对状，季驯遂上疏认罪。上怒，黜之（为民），仍夺其诰命。**

都察院等衙门覆参故相张居正疏。奉旨：张居正诬蔑亲藩，侵夺王玟府第，箝制言官，蔽塞朕听，专权乱政，罔上负恩。谋国不忠。本当斲棺戮尸，念效劳有年，姑免尽法。伊属居易、嗣修、顺书都永戍烟瘴。都察院其榜居正罪状于省直。

南京湖广道御史孙维城言：宁国府生员吴仕期闻故相张居正不丁忧，上书劝其守制，不料原任**太平府同知龙宗武求悦辅臣**，偶有芜湖县生员王律伪造海瑞指斥张居正奏稿事发，**操院胡槚批宗武鞫审**，宗武乘机拿仕期酷拷，操院密报相国，宗武令狱大绝仕期饮食七日未亡，复以囊沙促死，仕期冤死。（坐仕期假旨论死）勘问者宗武主之者，操院胡槚也无罪杀士，乞将胡槚罢斥，并宗武敕下法司追勘，上命抚按官查明具奏，胡槚回籍听勘。

诏论胡槚、龙宗武永戍。**法司拟二人戍，大理少卿王用汲不肯署名，疏言宗武合依听上官主使律，与槚以主使律各斩**。中使特用汲疏，至阁将从之。辅臣（申时行）附奏：三人占从二人言，今岂以用汲一人废三法司之议，乃始论戍。犹于边卫下加永远字，上所定也。

案 51　核心人物：刑部右侍郎张岳①

适用律条：上言大臣德政

张岳上直陈国事疏，列二十一人，元辅时行、次辅国、锡爵、尚书杨巍、舒化、陆光祖、科臣齐世臣、御史吴定、孙愈贤，**皆极褒羡而微含刺讥**；修撰赵用贤、侍讲吴中行、府尹沉思孝、博士陈泰来、主事马应图无讥焉。谓李植、江东之、羊可立当各令宣力一方，以赏功惜才，保全终始，盖为之地。而故尚书潘季驯、御史龚懋贤、蔡系周、龚仲庆诮让特深，且参三御史宜亟罢斥。

有旨：此疏称羡阁部大臣，殊非事体，且又枝蔓多端，如何能定国是。于是**吏科给事中**袁国臣、工科曲迁乔、户科姚学闵交章**劾**岳败露贪官，故假建言摭饰，**遂罢归**。

---

① 《明神宗实录》卷 165，万历十三年九月戊辰朔条。

天启朝

案 52　核心人物：山人庄士元①

适用律条：交结近侍

御史方震孺言：京师五方杂处，奸宄丛生，如臣掭假印时，**得山人庄士元文书一卷，皆系罪珰、戚畹之辩揭**，其他走空神棍实繁有徒，或造假单，或布蜚语，生无影之风，波遗大毒于善类，此辈不驱除，巡城者不得谢其责。章下部院，并诘珰、畹主名，**震孺覆奏罪珰刘朝、戚畹郑养性也，诏以士元付法司。**

天启元年五月，帝命（王）安掌司礼监，安以故事辞。客氏劝帝从其请，与忠贤谋杀之。嗾给事中霍维华论安，降充南海子净军，而以刘朝为南海子提督，使杀安。安死三年，忠贤遂诬东林诸人与安交通，兴大狱，清流之祸烈矣。

上传内侍田诏、刘朝等饶死，送司礼监定夺。以诏名下李鸣盛代控也。大学士刘一燝等言，此事屡经法司问拟，具有成案。李鸣盛本未经发下，即法司无凭质辩，难以平反。至特谕竟径下法司，向无此例，恐政体有碍。臣等未敢擅拟。上久之，复以二本发票一燝等。（按田诏之狱为移宫盗宝一案，司礼监太监王安主之，安既谪充南海子净军，旋中使传旨勒死，而诏等释矣。）

广西道御史宋师襄追论罪珰刘朝，言朝自夤缘脱狱之后，日夜与沈纮密画为固宠计，纮以募兵为朝外护，朝以内操为纮内援，渐而兵柄在握，遂谋行边，幸天牖圣明一旦发觉屏逐南京，今朝虽去，恐其窥隙再图进用，**乞将刘朝罪状昭示中外**，所蓄内操之兵即为解散，以清近忧，其为朝所加膝者，如姚思仁、孙杰辈或褫斥或谕戒，以为鲜耻之防。至如无赖赀郎为朝作合，如陆宗本、庄士元等，仍速行驱逐，毋为清明之祟，得旨：刘朝横肆诈财已经处分，内操原有旧制且稽查严密不必疑虑，陆宗本听吏部议处，庄士元著行抚按官严行拿解。

———————————

① 《明史》卷305《宦官王安传》；《明熹宗实录》卷6，天启元年二月丁卯条《明熹宗实录》卷12，天启元年七月乙巳条；《明熹宗实录》卷34，天启三年五月己亥条；《明熹宗实录》卷37，天启三年八月己未朔条。

（天启三年八月）**刑部等尚书孙玮等会谳黜生庄士元**。以戚婉郑养性辩、木商张士新揭，内侍刘朝辩，盗宝脱罪揭，俱士元为之属草，且私札往来，营求通略，形迹已有明证，**坐交结内官及近侍人员律论死**。奉旨依拟。已刑科给事中张鹏云复清穷究受贿之人。上令即便会官处决，无致蔓延。

案53　核心：东林党；核心人物：（已故）司礼监太监王安、中书舍人汪文言①

适用律条：**官吏受财、官吏听许财物、交结近侍、奸党**

天启元年十月壬辰，叶向高入阁，复为首辅。忠贤既默恨向高，而其时朝士与忠贤抗者率倚向高。忠贤乃时毛举细故，责向高以困之。向高数求去。四年四月，给事中傅櫆劾左光斗、魏大中交通汪文言，招权纳贿，命下文言诏狱。向高言："文言内阁办事，实臣具题。光斗等交文言事暧昧，臣用文言显然。乞陛下止罪臣，而稍宽其它，以消缙绅之祸。"因力求速罢。当是时，忠贤欲大逞，惮众正盈朝，伺隙动。得櫆疏喜甚，欲藉是罗织东林，终惮向高旧臣，并光斗等不罪，止罪文言。然东林祸自此起。至六月，杨涟上疏劾忠贤二十四大罪。向高谓事且决裂，深以为非。**向高以时事不可为，乞归已二十余疏，至是请益力。乃命加太傅，遣行人护归，秋七月辛酉，叶向高致仕。**十二月辛巳，逮内阁中书汪文言下镇抚司狱。所给赐视彝典有加。

左副都御史乔应甲应召道奏：东林党魁李三才藉黄正宾、汪文言，交通赵南星、高攀龙等，力为引援，**上是之。**

锦衣卫指挥同知署北镇抚司刘侨，以宽汪文言削籍，许显纯代之。乙卯，刑科给事中傅櫆疏：汪文言者以亡命之辈，作通天之奸，何可幸从宽政，然刑章未付之司，败讯语徒恣其游移而么么既烦缇骑，皇上复两敕该

---

① 《明史》卷119《顾宪成传》；《明史》卷22《熹宗纪》；《明史》卷240《叶向高传》；《明熹宗实录》卷38，天启四年春正月乙亥条；《明熹宗实录》卷42，天启四年五月甲寅朔条；《明熹宗实录》卷43，天启四年六月癸未朔条；《明熹宗实录》卷57，天启五年三月辛亥条；《明熹宗实录》卷58，天启五年四月辛巳条；《明熹宗实录》卷61，天启五年七月壬申条；《明熹宗实录》卷63，天启五年九月甲寅条；《明熹宗实录》卷64，天启五年十月丙申条；《明熹宗实录》卷66，天启五年十二月戊子条；《明熹宗实录》卷68，天启六年二月己丑条。

司，虽本犯罪固应尔，其如王言之体何哉，臣非敢为（魏）大中等解也，特职曩恐开邪之径，为害不小，故视同官之谊犹轻，今见旁窃之渐大，故较殿上之争，更急不然亲假，而内批可罢浸假，而墨敕可封，虽大中非其人，圣世无其事，独是近臣因不测以市私，将忠臣避中旨而钳口，前有谗而不见，后有贼而不知，天下事尚可言哉。

天启四年六月癸未朔，**左副都御史杨涟劾魏忠贤**：逆珰怙势作威，专权乱政，欺君藐法，无日无天，大负圣恩，大干祖制，二十四大罪。疏入逆珰持之不下，佯辞厂乞罢，而旋矫温纶慰留乃下，下严旨切责涟，一时臣工无不义愤。

乙酉，给事中傅櫆、陈良训、御史张讷各疏攻赵南星、左光斗、魏大中、邹维琏等，俱有旨切责。

（大理丞徐大化劾涟、光斗党同伐异，招权纳贿，命逮文言下狱鞠之。许显纯严鞫文言，使引涟纳熊廷弼贿。逆珰魏忠贤蓄谋不道，涟抗疏暴其二十四罪，逆珰恨人骨髓，欲杀而无名，于是**奸党徐大化承望风旨杨涟一坐以封疆以为受贿党护熊廷弼，一坐以移宫以为串通王安导熹宗于不孝，遂下诏狱**。比下镇抚，中旨严讯，许显纯等毒刑锻炼致死。复有抚按严提家属追赃之旨，延及三党，填满图圄。）

五年三月辛亥，**工部主事曹钦程疏斜东林之党四人**：周宗建、张慎言、李应昇、黄尊素；得旨：四臣招权纳贿，党邪徇私，目无国宪，都著革了职为民当差，还追夺诰命，内周宗建、张慎言赃私狼藉，行彼处抚按提问追赃具奏，不许庇护。

注：（天启六年二月）山西巡抚柯曰永奏：张慎言追赃已完，乞定卫遣戍。得旨：张慎言党邪害正，避差钻差，罪难枚举，今只以监守自盗永戍，姑依拟。

甲子，**下汪文言镇抚司**，革甘肃巡抚李若星职为民追夺诰命，以文言称若星用银五千两谋巡抚也。丁丑，**锦衣卫北镇抚司掌司事许显纯等勘问汪文言之狱，辞连**赵南星、杨涟、左光斗、魏大中、缪昌期、袁化中、惠世扬、毛士龙、邹维琏、邓美、周朝瑞、黄龙光、顾大章、卢化鳌、夏之令、王之寀、钱世晋、徐良彦、熊明遇、施天德等以移宫建议者为立名躐等之资，整顿铨政者为偏听招权之藉，布买命之金而杨熊之刑停，启贿赂之门而升迁之法滥，总归之文言得力于父事，王安结纳权要，浊乱朝政，请敕下法司研鞫。**得旨：仍发显纯严刑究问**，杨涟、左光斗、袁化中、魏大中、周朝瑞、顾大章遗缇骑逮至京究问追赃，赵南星等俱削籍、抚按提问追赃具奏。

五年四月辛巳，**汪文言死于狱**。镇抚司以闻。得旨：汪文言不以病闻，如何遽死？许显纯好生疏纵，以后监犯务要著实防范，有病亦须医治。

五年七月壬申，**杨涟、左光斗死于镇抚司**。

御史贾继春上言：涟等可死之罪，莫大于交结王安，毁诬先帝，亏损圣德。科臣傅櫆疏发汪文言、左光斗、魏大中朋比乱政之奸。盖涟也、文言、光斗、大中也四人而一心者也，**乞亟定爰书，颁布中外**，昭示史册，使天下万世晓然知涟等结党纳贿之罪，固重而移宫犯上之罪更重也。

得旨：杨涟、左光斗等妄希定策，串通王安，倡为移宫之事，捏造垂帘等语，王安奸恶异常，乘机报怨，**内外交结，党众怙强**，乃弃礼忘君，犯上不道。即寸斩杨涟、左光斗，何救于事，况与魏大中、周朝瑞、袁化中、深盟固结，招权纳贿，罔上行私，**党护廷弼，败坏封疆**，铁案既定，犹贪其重贿，力为出脱汪文言，内探消息，暗弄机关，遍树私人，布满津要，坏法乱纪，及文言事发，奸谋毕露，自知理屈。已将廷弼处决传首九边，杨涟等虽追赃身故，而顾大章系同恶之人，**即送法司将前后事情逐一研审，取其招词从重拟罪**，限十日内问结，仍送镇抚司追赃。

丙寅，**刑部尚书李养正等具杨涟等爰书**，并坐顾大章大辟。言**大章与已故杨涟、左光斗、周朝瑞、魏大中、袁化中、汪文言皆以狂悖**，窃附威权，惯罔上以沽名，快崇奸而媒利，堂构无恙何定策之敢言社稷有君，孰垂帘之可托，自汪文言潜通线索，致王内监突起风波，斗曰自后可虞，涟曰移宫宜亟，直房密计，疾如风雨，禁里传呼，势如剽劫。

奏入得旨：杨涟、左光斗、周朝瑞、汪文言凶恶小人，目无法纪，素与内侍王安互相交结，妄希定策，首倡移宫，夤缘作弊，符同奏启，威逼康妃，亏朕孝德，又与魏大中、袁化中、顾大章**结成一党，紊乱朝政**，明知熊廷弼失陷封疆，罪不在赦，乃敢贪其重赂，共为营脱。赖九庙神灵，罪人斯得，**诛心定法，律当情真**，虽已瘐死图圄，还当戮尸都市，姑从轻典，以示法外之恩，其未完赃银，已有旨著抚按官严提家属追比，俟其完日，待以不孛，**惠世扬同恶相济**，不得独宽，**著锦衣卫差官扭解来京，从重究治**，这招词问拟详明，情律允惬，便依拟行。

五年十月丙申，诰敕房办事中书舍人吴怀贤下镇抚司狱，怀贤感愤时事，因读杨涟数逆珰二十四大罪疏，旁加批点，词多激烈，因被东厂缉获。得旨：吴怀贤恃富逞凶，打死多命，营脱逃京，贿买汪文言引投左光斗、魏大中门下，结为死党，夤缘题授史馆冠带监生，时将旨意漏传，邻又妄谈朝政，侈口番局，亲书现存，供称有据。**着严究具奏后，竟毙杖下。**

五年十二月戊子，（汪文言狱词连及南星）**刑部等衙门尚书周应秋等会审**原任吏部尚书赵南星，言南星行诐言伪，东山久盗，虚声纳贿，招权立朝，尽隳晚节，任宵小以为耳目，假子姓以充橐囊，遣戍自有本律，收赎姑怜年老。**得旨：赵南星奸党渠魁，依律遣戍，不准收赎。**

辛丑，镇抚司打问过犯官惠世扬。得旨：惠世扬借汪文言结王安，擅入内直房，听其指使，同杨涟、左光斗倡议移宫，威逼康妃，目无先帝，且党邪害正，罪状非一究问既明，著送法司再加研审，依律从重拟罪。

六年二月己丑，**刑部等衙门尚书等官徐兆魁等具原任大理寺少卿惠世扬大辟爰书以闻**。遣缇骑特逮世扬著镇抚司严刑究问，镇抚司具狱词，诏下法司论罪，乃按以离间皇家骨肉，**交结近侍官员律论死，监候处决**。得旨：先帝宾天之日，惠世扬与杨涟、左光斗同恶相济，造语垂帘，希功定策，致康妃母子踉跄失所，先经黄克缵、贾继春论劾，罪状甚明，及查其串通汪文言入王安直房，亵衣密谋，则离间亲亲，交结近侍大恶备矣，重辟允当，即依拟行。

戊戌，"提督苏杭织造太监李实参原任应天巡抚周起元：抚吴三载，善政罔闻，惟以道学相尚，引类呼朋，而邪党附和，逢迎者则有周宗建、缪昌期、周顺昌、高攀龙、李应昇、黄尊素，俱与起元臭味亲密，每以私事谒见言必承顺起元之意。"得旨："周起元背违明旨，托名道学，引类呼朋，各立门户，一时逢迎附和，有周宗建、缪昌期、周顺昌、高攀龙、李应昇、黄尊素，**尽是东林邪党**，与起元臭味亲密，干请说事，大肆贪婪，吴民恨深切齿，除周宗建、缪昌期已经逮解外，其周起元等五人，**都著锦**

衣卫差的当官旗扭解来京究问。"

（注：（三月）高攀龙见缪昌期、周宗建等先后逮系，遂于三月十六日**自沉池水**；（五月）原任左春坊左谕德缪昌期**毙于狱**；（闰六月）原任御史黄尊素**卒于狱**、原任吏部主事周顺昌**毙于狱**、原任御史李应昇毙于狱、原任御史周宗建**卒于狱**；（八月）周起元卒于狱赃著抚按严追）

凡救三才者，争辛亥京察者，卫国本者，发韩敬科场弊者，请行勘熊廷弼者，抗论张差梃击者，最后争移宫、红丸者，忤魏忠贤者，率指目为东林，抨击无虚日。借魏忠贤毒焰，一网尽去之。杀戮禁锢，善类为一空。

崇祯朝

案 54　核心人物：魏忠贤①

适用律条：谋逆、奸党、上言大臣德政、交结近侍

魏忠贤、客氏、崔呈秀、魏良卿、侯国兴、李永贞、李朝钦、刘若愚以重论谋逆

天启七年十月，**浙江嘉兴县贡生钱嘉征疏言东厂太监魏忠贤十罪。旨是之。**

十一月，**安置太监魏忠贤于凤阳。**

丁卯，忠贤既谪凤阳，而途中犹盛舆卫自拥护。帝再谕兵部曰："逆恶魏忠贤本当肆市，以雪众冤，姑从轻，降发凤阳，岂臣恶不思自改，辄敢将畜亡命，身带凶刃，环拥随护，势若叛然，朕心甚恶，着锦衣卫即差的当官旗前去扭解赴彼处，交割明白，所有跟随群奸即擒拿具奏，勿得纵容贻患。若有疏虞，责有所归。"时官旗方出京，忠贤初六日至阜城县，闻之，即**自缢于旅店，其党李朝钦同缢焉。**

己亥，上林苑典薄樊维城再疏言："忠贤党类五虎五彪之徒呈秀之下尚有田吉、田尔耕、吴淳夫、张体乾、杨宏、孙云鹤、高守谦、许显纯等

① 《明史》卷 305《宦官魏忠贤传》；《明史》卷 306《阉党李夔龙传》；《崇祯实录》卷 2，崇祯二年春正月庚辰条；《崇祯长编》卷 2，天启七年十月壬子条；《崇祯长编》卷 3，天启七年十一月甲子朔条；《崇祯长编》卷 4，天启七年十二月甲寅条；《崇祯长编》卷 5，崇祯元年正月丁卯条；《崇祯长编》卷 7，崇祯元年三月丙子条。

皆应诛其人，藉其产。何皇上仅仅罢归。且吉、尔耕、淳夫，更令驰驿同于锦旋，何损其毛发，而云作去也。臣前劾张体乾莅杀刘铎，乃以武夫辱戮四品文官，自关国体。"**旨下兵部议复。**

天启七年十二月，**刑部等衙门论上逆奄魏忠贤及妖妇客氏罪状。**帝曰："忠贤串通客氏，恣威擅权，逼死裕妃、冯贵人，矫旨革夺成妃名号，惨毒异常，神人共愤，其戕害缙绅，盗匿珍宝未易枚举，皆由崔呈秀表里为奸，包藏祸心，谋为不轨。仰赖祖宗有德，阴谋随破，二凶无殄，人心差快。乃五虎李夔龙等升权骤擢机锋，势焰赫突逼人。五彪田尔耕等受指，怙威杀人，草菅幽圉，犇囚沉狱莫白，其元凶客氏、魏忠贤、崔呈秀早定爰书，虎彪俱照各官前后所劾，**着法司并行依律拟罪，以伸国法。**"

崇祯元年正月丁卯，**戮魏忠贤、客氏、崔呈秀尸于市。**刑部以忠贤、客氏爰书上，帝降旨曰："逆珰魏忠贤扫除厮役，凭藉宠灵，睥睨宫闱，荼毒良善，非开国而妄分茅土，逼至尊而自命尚公，盗帑弄兵，**阴谋不轨，串同逆妇客氏传递声息，把持内外。崔呈秀委身奸阉，无君无亲，明攘威福之权，大开缙绅之祸，无将之诛，**国有常刑，既会议明确，著行原籍抚按魏忠贤于河间戮尸凌迟，崔呈秀于蓟州斩首，其客氏尸亦着查出，斩首示众，仍将爰书刊布中外，以为奸恶乱政之戒。"

戊子，**刑部等衙门会议五虎彪罪案。**李夔龙、吴淳夫、倪文焕、田吉、**准文职官受钱枉法至满贯绞罪者发附近边卫所充军，**仍行各原籍抚按追赃，文焕五千两，淳夫三千两，夔龙、吉各一千两，解助边饷，完日遣戍。田尔耕、许显纯**准律依官故勘平人因而致死者斩。**崔应元、杨宏、孙云鹤准同僚官知情共勘者与同罪，**至死减等，**杖一百，流三千里。尔耕、显纯原籍监候处决，应元、宏、云鹤原籍抚按发戍。**从之。**

下李实、刘若愚三法司面鞫定罪。**李实等称周起元之死，为李永贞假手造谋，旨令一并审明具奏。**于是江西道御史叶成章疏言李实罪恶最真。奸党合谋以为无赃可据。难以逮问。乃横坐以关说公事。得赃若干串入周顺昌、高攀龙、周宗建、李应升、缪昌期、黄尊素等，缇骑四出，械系相续，槛送镇抚司监禁打问。周顺昌坐赃三千、周起元坐赃十万、李实虑延缓岁月或至幸免，差人进方物于忠贤，密嘱镇抚司谋杀之，皆李实构之于外，李永贞、刘若愚织之于内，而许显纯之毒心辣手，杀人以媚成此大狱。乞将李实、李永贞、刘若愚与许显纯并肆诸市，以为杀害忠良之戒。旨令将许显纯并下刑部，提审正法。

崇祯二年春正月，召大学士韩爌、李标、钱龙锡，吏部尚书王光永。谕曰：**朕欲定附逆人罪**，必先正魏崔首逆，以次及附逆者，如首开谄附、倾陷、拥戴、及颂美不置与未祠颂而阴行赞导者，据法依律，无枉无狗，卿等数日内其确定以闻。初，逆珰死后，**上欲因台谏言定逆案**。大学士韩爌、钱龙锡不欲广搜树怨，仅列四五十人以请。上不悦，再令尽列以闻，且曰皆当重治，轻则削籍。阁臣复以数十人呈进，上怒不称旨。命分三等曰称颂、曰赞导、曰速化，且曰忠贤一人在内，自非外廷逢迎，何遽至此，其内臣同恶者，亦当入之。阁臣以外廷不知内事对。上曰：岂皆不知，特为任怨耳，阅日召阁臣入，指黄袱所裹章疏若干，曰：此皆珰实迹也，宜尽按入之。阁臣知势不可止，乃曰：臣等职司辅导，三尺法非所习也。上召问吏部尚书王永光，对曰：**吏部所谙考功法耳，不习刑名。**乃召刑部尚书乔允升参定之。于是案列甚广，几无遗矣。

三月辛未，**廷臣上钦定逆案**。诏刊布中外。共二百五十八人，以七等定罪：曰首逆同谋崔呈秀等六人；曰结交近侍刘志选等十九人；曰结交近侍次等魏广微等十一人；曰逆孽魏志德等三十五人；曰谄附拥戴李实等十五人；曰交结近侍末等顾秉谦等百二十八人；曰祠颂施凤来等四十四人，死戍罢职轻重有差。

案 55　核心人物：礼部侍郎钱谦益[①]

适用律条：贡举非其人以重论奸党（朋党乱政）

崇祯元年冬，诏会推阁臣，体仁望轻，不与也。侍郎周延儒方以召对称旨，亦弗及。**体仁揣帝意必疑，遂上疏讦谦益关节受贿，神奸结党**，不当与阁臣选。先是，天启二年，谦益主试浙江，所取士钱千秋者，为给事中顾其仁所摘，谦益亦自发其事。法司戍千秋及奸人，夺谦益俸，案久定矣。至是体仁复理其事，帝久疑廷臣植党，闻体仁言，辄称善。而执政皆言谦益无罪，吏科都给事中章允儒争尤力。（曰朋党之说小人以陷君子，先朝可鉴！上叱之，遂下锦衣卫狱，削籍，责谦益引罪而出，**命谦益回**

---

① 《明史》卷 308《奸臣温体仁传》；《崇祯长编卷 15》崇祯元年十一月庚申条。

籍，旋除名为民。）帝乃即日**罢谦益官，命议罪。**允儒及给事中瞿式耜、御史房可壮等，皆坐谦益党，降谪有差。

案56　核心人物：锦衣卫指挥张道浚、御史袁弘勋①

适用律条：选用军职、官吏受财以重论奸党：

户科给事中葛应斗参锦衣卫指挥张道浚，与御史袁弘勋结为死党，朋比行私。此卫前有陆炳，近有田尔耕皆以掌印之故，熏灼一时。今道浚名次尚在数人下，而已浸浸乎。不可向迩，倘不急为剪除，俟其稔恶流祸，将不可测。**章下部院核覆，**兵部尚书梁廷栋覆奏：张道浚一则把持考察，一则把持考选，一则把持会推军政，其间通贿揽权，**罔政行私，结党乱政，**一一非虚，情罪重大，**请下法司逐欵研确正罪。帝命道浚、弘勋俱削籍，下法司究拟。**左都御史闵洪学疏奏袁弘勋受张道浚嘱托，私书转求职方，李继贞为胡宗明求温处参将，事已核实，请治其罪。弘勋、道浚皆洪学私人，因葛应斗之疏，已为梁廷栋核实，恐其及己，不得已而参之。崇祯四年四月甲寅，**遣戍张道浚于边卫、袁弘勋于近卫。**②

案57　核心人物：兵部尚书、督师袁崇焕；阁臣钱龙锡③

适用律条：失误军事以重论交结近侍

袁崇焕以十二斩罪，杀岛帅（毛文龙），其一为交结近侍，辇金京师，**拜魏忠贤为父，**塑冕旒像于岛中。崇祯二年冬十二月，大清兵薄都城。帝怒崇焕战不力，执下狱，而捷、褆已为永光引用。捷遂上章，指通款杀将为龙锡罪，捷再疏攻，帝意颇动。龙锡再辩，引疾，遂放归。时兵事旁午，未暇竟崇焕狱。崇祯三年八月，褆复上疏言："龙锡主张崇焕斩帅致兵，倡为款议，以信五年成功之说。卖国欺君，其罪莫逭。龙锡出都，以崇焕所畀重贿数万，转寄姻家，巧为营干，致国法不伸。"**时群小丽名逆案者，聚谋指崇焕为逆首，龙锡等为逆党。更立一逆案相抵。**

帝怒，敕刑官五日内具狱。于是锦衣刘侨上崇焕狱词。帝召诸臣于平台，置崇焕重辟。责龙锡私结边臣，蒙隐不举，令廷臣议罪。是日，群议

---

① 《崇祯长编》卷56，崇祯五年二月戊寅条；《崇祯长编》卷59，崇祯五年五月戊申条。
② 《崇祯长编》卷43，崇祯四年二月甲子条；《崇祯长编》卷45，崇祯四年四月甲寅条。
③ 《明史》卷251《钱龙锡传》。

于中府，谓："斩帅虽龙锡启端，而两书有'处置慎重'语，意不在擅杀，杀文龙乃崇焕过举。至讲款，倡自崇焕，龙锡始答以'酌量'，继答以'天子神武，不宜讲款'。然**军国大事，私自商度，不抗疏发奸，何所逃罪**？"帝遂遣使逮之。十二月逮至，下狱。复疏辩，悉封上崇焕原书及所答书，帝不省。**议龙锡大辟，且用夏言故事，设厂西市以待。帝以龙锡无逆谋，令长系。**四年……夏五月大旱，刑部尚书胡应台等乞宥龙锡，给事中刘斯琭继言之，**诏所司再谳。乃释狱，戍定海卫。在戍十二年，两遇赦不原**。

案 58　核心人物：怀宁侯孙维藩、思宗田贵妃之父田弘遇、保定侯梁凤鸣①

适用律条：诈欺官私取财以重论交结近侍

刑部尚书胡应台等、成国公朱纯臣、定国公徐允祯等，会上孙维藩、田弘遇构讼行贿一案，言（孙）维蕃以阻路之由，惩责车户、（田）弘遇以家人受责，讦告科城，此其竞胜之常。后维藩以（内官）金捷、梁凤鸣解息，弘遇因而索财，维藩从议付送，俱难免贿诈之评。然弘遇索财无已，捷与凤鸣居间分财，而维藩又惧告行贿，**俱以内官金捷往来，即无漏泄，符同情弊，亦涉于交结之条。议将维藩拟杖一百，大诰减徒，但均叨勋戚之列，应从八议之条，或从革治，或示劝罚惩至**。保定侯应袭勋卫梁凤鸣亦系事中之人，均有应得之罪，但据法似当减等。而诈财合与同科统候圣裁。**帝以勋戚渎讦，与内官往来行贿，均属非法，渐不可长。**命夺维藩禄米二年，镌弘遇秩六级，凤鸣秩四级，革去管事。

案 59　核心人物：四川道试御史吴彦芳，科臣吴执御②

适用律条：上言大臣德政

四川道试御史吴彦芳，科臣吴执御疏举，阳刚君子曹于汴、刘宗周、惠世扬等十人固为真正君子。**帝怒其乘机颠倒朋比行私，命将彦芳、执御俱削籍，下法司究问**。

崇祯五年五月戊申，**刑部谳**正人蝼伏尚多一案，拟吴彦芳、吴执御配

---

① 《崇祯长编》卷 52，崇祯四年十一月辛巳条。

② 《崇祯长编》卷 56，崇祯五年二月戊寅条；《崇祯长编》卷 59，崇祯五年五月戊申条。

赎。帝谓其藐抗朋欺，本当重处，姑从轻依拟。

案60　核心人物：江西巡抚解学龙、少詹事黄道周①

适用律条：贡举非其人以重论上言大臣德政

（崇祯十三年四月）江西巡抚解学龙荐所部官，推奖道周备至。"故事，但下所司，帝亦不覆阅。而大学士魏照乘恶道周甚，则拟旨责学龙滥荐。帝遂发怒，立削二人籍，逮下刑部狱，责以党邪乱政，并杖八十，究党与。"词连编修黄文焕、吏部主事陈天定、工部司务董养河、中书舍人文震亨，**并系狱**。户部主事叶廷秀、监生涂仲吉救之，亦系狱。**尚书李觉斯谳轻，严旨切责，再拟谪戍烟瘴，帝犹以为失出，除觉斯名，移狱镇抚司掠治，乃还刑部狱。**逾年，尚书刘泽深等言："二人罪至永戍止矣，过此惟论死。论死非封疆则贪酷，未有以建言者。道周无封疆贪酷之罪，而有建言蒙戮之名，于道周得矣，非我圣主覆载之量也。陛下所疑者党耳。党者，见诸行事。道周抗疏，只托空言，一二知交相从罢斥，乌睹所谓党，而烦朝廷大法乎？且陛下岂有积恨道周，万一圣意转圜，而臣已论定，悔之何及。"**仍以原拟请，乃永戍广西。**

案61　核心人物：宦官王裕民、刘元斌②

适用律条：纵军虏掠以重论奸党

十五年春正月，山东贼陷张秋、东平，劫漕艘。太监王裕民、刘元斌帅禁兵会兖东官军讨平之。（徐）石麒寻擢本部尚书。**中官王裕民坐刘元斌党，元斌纵军淫掠，伏诛，裕民以欺隐不举下狱。帝欲杀之，初令三法司同鞫，后专付刑部，**石麒议戍烟瘴。奏成，**署院寺名以进。**帝怒其失出，召诘都御史刘宗周，对曰："此狱非臣谳。"徐曰："臣虽不与闻，然阅谳同，已曲尽情事。刑官所执者法耳。法如是止，石麒非私裕民也。"帝曰："此奴欺罔实甚，卿等焉知？"**令石麒改谳词，弃之市。**

案62　核心人物：礼部郎中吴昌时、阁臣周延儒；宦官李端、王裕民③

---

① 《明史》卷255《黄道周传》。
② 《明史》卷275《徐石麒传》；《明史》卷24《庄烈帝纪二》。
③ 《明史》卷308《奸臣周延儒传》；《明史》卷24《庄烈帝纪二》。

适用律条：官吏受财以重论交结近侍

（张）溥说延儒曰："公若再相，易前辙，可重得贤声。"延儒以为然。溥友吴昌时为交关近侍，冯铨复助为谋。会帝亦颇思延儒，而（薛）国观适败。十四年二月诏起延儒。然延儒实庸驽无材略，且性贪。天下大乱，延儒一无所谋画。（十六年四月，延儒遂归）御史蒋拱宸劾吴昌时赃私巨万，大抵牵连延儒，而中言昌时通中官李端、王裕民，泄漏机密，重贿入手，辄预揣温旨告人。给事中曹良直亦劾延儒十大罪。

帝怒甚，御中左门，亲鞫昌时，拱宸面讦其通内，征周延儒听勘。帝遂命尽削延儒职，遣缇骑逮入京师。……延儒至，安置正阳门外古庙第，上疏乞哀，不许。法司以戌请，同官申救，皆不许。（崇祯十六年）冬十二月，昌时弃市，命勒延儒自尽，籍其家。

附录 B 冯恩论列大臣简况

嘉靖十一年（1531年），巡按南直隶御史冯恩对20位大臣的论列，是否公平，可简述为：

1. **阁臣张璁（孚敬）**："刚恶凶剧，媚嫉反侧"。张璁（1475—1539年），字秉用，温州永嘉人，是第一次"大礼议"事件中重要人物，嘉靖帝赐名为孚敬。大礼议本来就有派别，因此历史对他的评价有褒有贬，肯定他"刚明果敢，不避嫌怨。既遇主，亦时进谠言"；也做过一些好事，如保全外戚，"清勋戚庄田，罢天下镇守内臣，先后殆尽，皆其力也。持身特廉，痛恶赃吏，一时苞苴路绝。而性狠愎，报复相寻，不护善类。欲力破人臣私党，而已先为党魁"①。以此而言，冯恩的评论还是有一定根据的。

2. **阁臣李时**："小心嫌抑，资性纯良忠厚，有台辅之器，老成镇浮薄之俗，此辅臣中之巨擘。然任重少力，济时拨乱，非其所长，独可谓太平宰相耳"。李时（1471—1538年），字宗易，河间任丘人。弘治十五年（1502年）进士，负有才望，在内阁时，"素宽平，至是益镇以安静"；"会夏言入辅，时不与抗，每事推让言，言亦安之"。嘉靖帝没有特别重用，"然少责辱，始终不替"②。由此可见，冯恩所讲也有一定道理。

3. **阁臣翟銮**："附势依权，持禄保位，筮仕有京油之号，入阁著模棱之讥，然虽不能为国荐贤，亦未见其嫉害忠善，古有伴食中书，此其人也"。翟銮（1478—1547年），字仲鸣，祖籍山东诸城，洪武初移居京师。弘治十八年（1505年）进士，为庶吉士，嘉靖六年（1527年）入阁，"初

---

① 《明史》卷196《张璁传》，中华书局1974年版，第5173—5181页。
② 《明史》卷193《李时传》，中华书局1974年版，第5113—5114页。

辅政，有修洁声。中持服家居，至困顿不能自给。其用行边起也，诸边文武大吏俱囊鞬郊迎，恒恐不得当銮意，馈遗不赀。事竣，归装千辆，用以遗贵近，得再柄政，声誉顿衰"①。由此可见，冯恩仅仅看到初入内阁，事不由己的一面，当时翟銮也负有才望，只是晚节不振，也非冯恩当时所见。

4. **阁臣方献夫**："外饰谨厚，内实凶奸。前在吏部，私厚乡亲，酬恩报怨，无所不至。昨以诈病还籍，陛下特遣行人召之，方且倨傲偃蹇，不即奉诏，继蒙驿骑督趣，有赴京别用之命，然后忻然就道。夫以吏部尚书别用，非入阁而何？及五月至张家湾，则又请容旬日调理，徘徊顾望，如执左契以索负物，且试陛下别用之意何如。虽曰不要君臣不信也，无才无德，不数年而取高位，得陇望蜀，左右罔利，此登垄断贱丈夫之所为耳。近见《邸报》，广东金事龚大稔，疏讦献夫侵占山地事之虚实，自有朝廷主之。献夫不自咎请罪，辄肆佞辩，及科道进谒，盛怒不解，器度如此，又何望其容贤纳士，以长百官哉！今又以辅导之尊，兼冢宰之权，呼引朋类，播弄威福，将不利于国家。故献夫掌部而彗见，天不可诬如此。此今日所当急黜者也"。方献夫（？—1544年），字叔贤，南海人，弘治十八年（1505年）进士，以议大礼受嘉靖帝信任，嘉靖十二年（1533年）入阁。其"家人姻党横于郡中，乡人屡讦告，金事龚大稔听之。献夫还朝，嘱大稔。会大稔坐事落职，疑献夫为之，遂上疏列其不法数事"。又因为他"持论颇平恕，故人不甚恶之"②。冯恩仅仅就《邸报》所写，并不知道事情的前因后果，便说其"呼引朋类，播弄威福"，显然是夸大之词。

5. **都察院都御史汪鈜**："鄙夫壬人，敢于为恶，巧排正士，明报私雠，纳款佯诚，文奸饰险，此方今天下第一恶毒小人也。臣待罪留都，每读其辩讦章疏，闻其行事奇怪，如鬼如蜮，不可测度。每欲求面陛下，一辩其奸，但臣尝特疏论劾，指其阿附权门，纵子纳贿之状矣。遂以小人疾之已甚，恐生厉阶而止。今鈜之奸愈肆，臣亦何惜一死，而负陛下也。且鈜动言人以私怨，欲倾陷之，以欺陛下。臣于鈜非有私怨也，顾天下公义，决

---

① 《明史》卷193《翟銮传》，中华书局1974年版，第5112页。

② 《明史》卷196《方献夫传》，中华书局1974年版，第5191页。

不可掩，君父决不可负，君子小人决不可并，立于明时耳。夫都察院为纪纲之首，陛下不早易之以忠厚正直之人，万一各差御史，求合称职，效尤刻薄，以败坏天下，鞍辘小民，其为邪乱之訾，顾不大哉！此鋐尤当急黜者也"。汪鋐（1466—1536 年），徽州婺源人，弘治十五年（1502 年）进士，一直在外当官，嘉靖八年（1529 年）才到京任职，后升都察院右都御史掌院事，嘉靖帝认为他"老成正直，素有风裁"①。同年奏请兵部仿造佛朗机铳，分发各边，因此被称为是历史上第一位倡导"师夷制夷"的军事家。初掌都察院，也是新官上任三把火，先是起草约束巡按十二事，嘉靖帝认为"深切时弊，俱准行"②。接着以《祖训》为名，请"通行禁约，凡官民服饰器用室宇，及晏会游玩之类，但涉品制之外者，有司悉以违禁罪之"③。后来则清查抚按官、科道官违法违纪行为，如举劾山西巡盐御史王宣荐举所属官至五十二人，乃是"故违明诏，狠市私恩"④。参劾陕西巡茶御史陈情"荐举冗滥，背违明旨"⑤。奏劾浙江巡按御史李佶"酷刑奇察，失宪臣体"；南京户部尚书边贡"嗜酒旷职"⑥。特别是在京察之时，将有些科道官贬斥，冯恩则是其中之一，被逐到南京为御史。由此看来，冯恩对汪鋐的论列，不无个人恩怨的成分。当然，汪鋐在秉承嘉靖帝意图下，以残酷的方式惩处忤旨的官员，也是积怨甚多。

6. 刑部尚书王时中："进退昧几，委靡不振，操持不能中立，权贵得以私干。其人无足去取，可谓具臣也已"。王时中，字道夫，山东黄县人，弘治三年（1490 年）进士，一直在外任，嘉靖帝即位，将之内调京师，为右副都御史，升兵部尚书，为科道官弹劾"狥私论功，滥赏失实"，被"还籍听勘"⑦。先是勒令致仕，很快又起复，冯恩论列之时，他刚刚改为刑部尚书。说他为"具臣"，也就是备位充数之臣，这是他被起复以后，一直有人抓住前事不放，数次请致仕，又得不到批准。不过，冯恩虽然

---

① 《明世宗实录》卷 108，嘉靖八年十二月庚辰条。
② 《明世宗实录》卷 109，嘉靖九年正月乙卯条。
③ 《明世宗实录》卷 110，嘉靖九年二月丁丑条。
④ 《明世宗实录》卷 113，嘉靖九年五月丁酉条。
⑤ 《明世宗实录》卷 114，嘉靖九年六月乙亥条。
⑥ 《明世宗实录》卷 125，嘉靖十年五月甲申朔条。
⑦ 《明世宗实录》卷 94，嘉靖七年闰十月己丑条。

"疏诋时中，及是以宽（冯）恩得罪，时称为长者"①，则可以见其宽厚的一面。

7. **吏部右侍郎许诰**："讲论便捷，学术迂邪，太急功名，全无廉耻。不识圣贤两字，徒能读父之书，妄编道统正传，冒取无知之作，使其当路，偏执拗人，纷更生事，亦所不免。陛下爱惜其学，酌处别用，斯无悔也"。许诰（1471—1534 年），字廷纶，河南灵宝人。弘治十二年（1499年）进士，为翰林院侍讲学士时，陈四事，提出河图洛书、孔门授受、各经注疏、屏绝诸家小道等问题，得到嘉靖帝的赏识，这是所谓的"妄编道统正传"，为国子监祭酒时，也因此曾经被弹劾，因为嘉靖帝喜欢，没有治罪，却升吏部右侍郎。在国子监祭酒任上，"诸生旅榇不能归者三十余，皆为葬之，衣食不继者并周恤。然颇善傅会，故其为帝眷宠"②。冯恩应该是看到以前科道官弹劾许诰的弹章，摘录其中内容而加工之。

8. **礼部左侍郎湛若水**："强致生徒，勉从道学，教人随处体认天理，处已素行未合人心。臣谓王守仁犹为有用道学，湛若水乃无用道学也。然任以礼卿，亦可勉焉"。湛若水（1466—1560 年），字元明，广东增城人，弘治十八年（1505 年）进士，为庶吉士，嘉靖初，官南京祭酒、礼部左侍郎，充经筵日讲，在学术上与王阳明有分歧而各立门户，"其生平所至，必建书院以祀献章；门人最著；一时学者遂分王（阳明）、湛之学"③。这是冯恩论列他的理由，崇王学、贬湛学，恰恰与嘉靖帝相反，后来嘉靖帝查禁王学，抄王守仁的家，也与此有关。

9. **工部左侍郎黎奭**："滑稽浅近，才亦有为"。黎奭，正德六年（1511 年）进士，为给事中，嘉靖初为通政司右通政，升顺天府尹，曾经被科道官弹劾，自劾求退，被优诏褒留；又被科道官弹劾阿党张璁、桂萼，也被姑置不问；再被科道官弹劾"诙谐狡猾"④，依然没有论罪，却升工部左侍郎。冯恩应该是引用科道官弹劾的用语。

冯恩总评："张孚敬之奸久露，汪鋐、方献夫之奸不测。奸不可测，

---

① 《明史》卷 202《王时中传》，中华书局 1974 年版，第 5326 页。
② 《明史》卷 186《许诰传》，中华书局 1974 年版，第 4926—4927 页。
③ 《明史》卷 283《儒林湛若水传》，中华书局 1974 年版，第 7266—7267 页。
④ 《明世宗实录》卷 104，嘉靖八年八月丙戌条。

乃奸之深者。自古大奸，能不使上知其奸，然后得肆其奸。使知其奸，去之何难。臣见三人，声势相倚，而献夫、汪鋐，近来威福声势，尤不可当。陛下欲去张孚敬，而不去此二人，天下之事，未可知也。臣谓张孚敬根本之彗也，汪鋐腹心之彗也，方献夫门庭之彗也。三彗不去，百官不和。伏愿陛下，任贤不贰，去邪勿疑，开众正之门，塞群枉之路，蠲急迫之令，养优裕之休，则善言日闻，善政日布，何天变之不可攘哉"。将张孚敬、方献夫、汪鋐当作三个"扫帚星"，要嘉靖帝将之除去，以攘星变。

10. **户部尚书许瓒：** "谨厚谦恭，平易和煦，与人无嫉妒之私，处事有缜密之善，调度之才虽所略短，不经之费保其必无。此亦守成尚书也"。许瓒（1473—1548 年），字廷美，河南灵宝人，弘治九年（1496 年）进士，初府推官，行取为监察御史，因刘瑾迫害，再为外官，嘉靖六年（1527 年）回京任职，历任光禄卿、刑部侍郎、刑部尚书，嘉靖十年（1531 年）刚改任户部尚书，以后入阁，"亦颇以贿闻矣"。"（严）嵩以许瓒柔和易制，引之入阁，政事一决于嵩，瓒无所可否。"①

11. **礼部尚书夏言：** "多蓄之学，不羁之才，骤迁大任，虽其投机构会，寻掌邦礼，然亦随事效忠，其尤可喜者，不立党与扶持正论。陛下驾驭任之，将来缓急得力，亦一救时宰相也"。夏言，前案已经论及，"性警敏，善属文。及居言路，睿谔自负。既以开敏结帝知，又折节下士。诹政事，善窥帝旨，有所傅会。豪迈有俊才，纵横辨博，人莫能屈。以才隽居首揆，天下重其书"②。看来冯恩的评价在一定程度上也影响到史家。

12. **兵部尚书王宪：** "刚直不屈，通达有为，边情习于见闻，典刑熟于耆旧。用掌邦政，优为之矣"。王宪（1464—1537 年），字维纲，兖州东平人，弘治三年（1490 年）进士，一直在外为官，以后一直在边镇任巡抚，以功升为兵部尚书，依然管理边务，多次受到科道官弹劾，也被罢免归乡，后被召回，曾经上疏要求赦免大礼议得罪之臣，嘉靖帝因为他有功，没有追究其责任，他也因此获得直声，时"请释还议礼得罪者，颇为士大夫所称"③。

---

① 《明史》卷 186《许瓒传》，中华书局 1974 年版，第 4928 页。
② 《明史》卷 196《夏言传》，中华书局 1974 年版，第 5198 页。
③ 《明史》卷 199《王宪传》，中华书局 1974 年版，第 5258 页。

13. **工部尚书赵璜**："刚方不昵，廉介自持，久在工曹，制节谨度，不畏强御。陛下复起用之人，惟求旧也"。赵璜（？—1532 年），字廷实，江西安福人，弘治三年（1490 年）进士，嘉靖元年（1522 年）年为工部尚书。冯恩所论时，他已经致仕。史称"值帝初政，锐意厘剔，中官不敢挠，故得举其职。后论执不已，诸权幸嫉者众，帝意亦浸疏"。因为嘉靖帝的疏远，才使他致仕，其实他"有干局，多智虑"① 冯恩虽然因为上疏而得罪，但他提出复用赵璜，还是被嘉靖帝采纳，嘉靖十一年（1532 年），重新起复他为工部尚书，未上任便死了。

14. **吏部左侍郎周用**："才猷通敏，学识老成，直谅未见过人，雅度颇能容众。赞理邦治，亦庶几也"。周用（1476—1547 年）字行之，江苏吴江人，弘治十五年（1502 年）进士，嘉靖八年（1529 年）为右副都御史，后为吏部左侍郎。在为右副都御史时，"慎自持而已，无所献替"，但"端亮有节概"。冯恩的褒奖，没有给周用带来任何好处，后来因为"以起废不当，尚书汪鋐委罪僚属，乃调用南京刑部"② 后来虽然得到升迁，但一直也没有受到重用。

15. **礼部右侍郎顾鼎臣**："警悟疏通，和平坦易，文学底于深造，材艺不局偏长。儒臣有此，任重器也"。顾鼎臣（1473—1540 年），字九和，苏州昆山人，弘治十八年（1505 年）状元。因为是状元出身，所以受到重用，而"词臣以青词结主知，由鼎臣倡也"。冯恩上疏时，顾鼎臣为礼部右侍郎，正是以青词结主之时，说他是儒臣，不过因为他是状元而已。嘉靖十七年（1538 年），进入内阁，"鼎臣素柔媚，不能有为，充位而已"③。

16. **兵部左侍郎钱如京**："安静为人，操守无议"。钱如京（？—1541 年），弘治十五年（1502 年）进士，初为知县，后行取为监察御史，曾经巡抚保定、总督两广军务，因平定兵变、安抚土司而政声益著，冯恩上疏时，钱如京刚刚升为兵部左侍郎，后以刑部尚书致仕④。

17. **兵部右侍郎黄宗明**："文学通儒，因人成事"。黄宗明，字诚甫，

① 《明史》卷 1094 《赵璜传》，中华书局 1974 年版，第 5147 页。
② 《明史》卷 202 《周用传》，中华书局 1974 年版，第 5331 页。
③ 《明史》卷 193 《顾鼎臣传》，中华书局 1974 年版，第 5115—5116 页
④ 《明世宗实录》卷之 290，嘉靖二十三年九月己未条。

浙江鄞县人，正德九年（1514 年）进士，以大礼议得嘉靖帝眷顾，冯恩上疏时，刚刚就任兵部右侍郎，当时黄宗明因抗疏论救翰林院编修杨名而下诏狱，冯恩的上疏，无异火上浇油，所以被谪福建右参政，嘉靖帝"终念宗明议礼功，明年召拜礼部右侍郎"，最终死在礼部左侍郎任上。"宗明虽由是（议大礼）骤显，持论颇平，于诸人中独无畏恶之者"①。冯恩所言，应该是以持论颇平为据。

18. 刑部左侍郎闻渊："存心正大，处事精详，公明久著于铨曹，质直允孚乎士论，寄以股肱不尸位也"。闻渊（1480—1563 年），字静中，浙江鄞县人，弘治十八年（1505 年）进士，冯恩上疏时，刚刚升任刑部左侍郎，当时南京礼部尚书出缺，吏部左侍郎严嵩推举他，没有得到嘉靖帝的批准。冯恩上疏所讲，应该是廷推用语。冯恩案后，闻渊还是受到重用，在为吏部尚书时，廷议夏言案，"渊谓言事只任意，迹涉要君，请帝自裁决。帝大怒，切责渊"。此后严嵩专权，他也不得不屈服，所以"居官始终一节。晚扼权相，功名颇损"②。

19. 刑部右侍郎朱廷声："笃实不浮，谦约有守"。朱廷声（1466—1537 年），字克谐，江西进贤人，弘治十二年（1499 年）进士，为监察御史时，曾经疏请诛杀刘瑾，被列入"奸党"。嘉靖时得以重新起用，嘉靖九年（1530 年）升为刑部右侍郎。冯恩上疏前，"朱廷声以疾乞休，许之"③。此后再也没有他的事迹，也可见冯恩上疏对他影响很大。

20. 工部右侍郎林廷㭿："才器可取，通达不执"。林廷㭿（一为庭㭿），字利瞻，福建闽县人，弘治十二年（1499 年）进士，在云南左参政任上丁忧，嘉靖初起用为布政使、巡抚，冯恩上疏时，林廷㭿刚刚升任工部右侍郎，又以秩满荫其子林煬"为国子生"④，在星变陈言四事，也被嘉靖帝采纳。冯恩的评议应该是引用了林廷㭿被任命或荫子时诰命评语。冯恩案对林廷㭿的影响不大，后来晋升为工部左侍郎、工部尚书。

---

① 《明史》卷 197《黄宗明传》，中华书局 1974 年版，第 5218 页。
② 《明史》卷 202《闻渊传》，中华书局 1974 年版，第 5332 页。
③ 《明世宗实录》卷 143，嘉靖十一年十月戊寅条。
④ 《明世宗实录》卷 141，嘉靖十一年八月庚辰条。

参考文献

古籍史料

班固：《汉书》，中华书局1962年版。

查继佐：《罪惟录》，浙江古籍出版社1986年版。

陈寿：《三国志·魏书》，中华书局1959年版。

陈子龙：《明经世文编》，中华书局1962年版。

范晔：《后汉书》，中华书局1965年版。

房玄龄：《晋书》，中华书局1974年版。

谷应泰：《明史纪事本末》，中华书局1977年版。

顾炎武：《日知录集释》，花山文艺出版社1990年版。

官修：《清实录》，中华书局影印本1985年版。

贺长龄：《清经世文编》，中华书局1992年版。

弘历：《御选唐宋文醇》，台湾商务印书馆影印文渊阁《四库全书》本1986年版。

胡祗遹：《紫山大全集》，台湾商务印书馆景印文渊阁《四库全书》1983年版。

华镇：《云溪居士集》，台湾商务印书馆景印文渊阁《四库全书》1983年版。

怀效锋点校：《大明律附大明令问刑条例》，辽沈书社1990年版。

黄煜：《碧血录》，载《笔记小说大观》，江苏广陵古籍刻印社1984年版。

黄宗羲：《明夷待访录》，中华书局1981年版。

黄佐：《革除遗事节本》，中华书局1991年版。

焦竑：《国朝献徵录》，台湾学生书局1984年版。

焦竑：《玉堂丛语》，中华书局1981年版。

郎瑛：《七修类稿》，上海书店出版社2009年版。

雷梦麟：《读律琐言》，法律出版社2000年版。

李百药：《北齐书》，中华书局1972年版。

李焘：《续资治通鉴长编》，中华书局1979年版。

李纲：《李纲全集》，岳麓书社 2004 年版。

李石：《方舟集》，台湾商务印书馆景印文渊阁《四库全书》1983 年版。

李贤：《古穰杂录摘抄》，全国图书馆文献缩微复制中心 1994 年版。

李贤：《天顺日录》，全国图书馆文献缩微复制中心 1994 年版。

李诩：《戒庵老人漫笔》，中华书局 1982 年版。

李延寿：《北史》，中华书局 1974 年版。

李延寿：《南史》，中华书局 1975 年版。

梁恭辰：《北东园笔录初编》，江苏广陵古籍刻印社 1984 年版。

廖刚：《高峰文集》，台湾商务印书馆景印文渊阁《四库全书》1983 年版。

令狐德棻：《周书》，中华书局 1971 年版。

刘海年等主编：《中国珍稀法律典籍集成》，科学出版社 1994 年版。

刘若愚：《酌中志》，北京古籍出版社 1984 年版。

刘向：《说苑译注》，北京大学出版社 2009 年版。

刘昫：《旧唐书》，中华书局 1975 年版。

陆容：《菽园杂记》，中华书局 1985 年版。

陆深：《愿丰堂漫书》，上海文明书局石印本 1922 年版。

欧阳修：《欧阳文忠公集》，中华书局 1975 年版。

欧阳修：《新五代史》，中华书局 1974 年版。

欧阳修：《新唐书》，中华书局 1975 年版。

秦观：《淮海集笺注》，上海古籍出版社 2000 年版。

丘濬：《大学衍义补》，台湾商务印书馆影印文渊阁《四库全书》本 1983 年版。

阙名：《历代名贤确论》，台湾商务印书馆景印文渊阁《四库全书》1983 年版。

申时行等：《明会典》，中华书局 1989 年版。

沈德符：《万历野获编》，中华书局 2004 年版。

沈家本：《历代刑法考》，中华书局 1985 年版。

沈枢：《通鉴总类》，台湾商务印书馆景印文渊阁《四库全书》1983 年版。

沈约：《宋书》，中华书局 1974 年版。

沈之奇：《大清律辑注》，法律出版社 2000 年版。

史浩：《鄮峰真隐漫录》，台湾商务印书馆景印文渊阁《四库全书》1983 年版。

司马迁：《史记》，中华书局 1959 年版。

宋濂：《元史》，中华书局 1976 年版。

孙宝瑄：《忘山庐日记》，上海古籍书店 1983 年版。

孙旬：《皇明疏钞》，载《四库禁毁书丛刊补编》，北京出版社 2005 年版。

谈迁：《北游录》，中华书局 1960 年版。

谈迁：《国榷》，中华书局 1958 年版。

田涛等点校：《大清律例》，法律出版社 1999 年版。

脱脱：《辽史》，中华书局 1974 年版。

脱脱：《金史》，中华书局 1975 年版。

脱脱：《宋史》，中华书局 1977 年版。

王明德：《读律佩觽》，法律出版社 2001 年版。

王锜：《寓圃杂记》，中华书局 1984 年版。

王世贞：《弇山堂别集》，中华书局 1985 年版。

王世贞：《嘉靖以来首辅传》，台湾商务印书馆影印文渊阁《四库全书》1986
年版。

王延灿：《似斋诗存》，北京古籍出版社 1997 年版。

王永吉：《御制人臣儆心录》，中国方正出版社 1998 年版。

魏收：《魏书》，中华书局 1974 年版。

魏徵：《隋书》，中华书局 1973 年版。

萧子显：《南齐书》，中华书局 1972 年版。

谢肇淛：《五杂俎》，上海书店出版社 2001 年版。

徐栋：《牧令书》，黄山书社 1995 年版。

薛居正：《旧五代史》，中华书局 1976 年版。

薛梅卿点校：《宋刑统》，法律出版社 1999 年版。

薛允升：《唐明律合编》，法律出版社 1999 年版。

严从简：《殊域周咨录》，中华书局 1993 年版。

杨瑄：《复辟录》，全国图书馆文献缩微复制中心 1994 年版。

杨一凡等主编：《中国律学文献》，黑龙江人民出版社 2005 年版。

杨一凡等主编：《中国珍稀法律典籍续编》，黑龙江人民出版社 2002 年版。

姚勉：《雪坡集》，台湾商务印书馆景印文渊阁《四库全书》1983 年版。

姚思廉：《陈书》，中华书局 1972 年版。

姚思廉：《梁书》，中华书局 1973 年版。

姚思仁：《大明律附例注解》，北京大学出版社 1993 年版。

尹守衡：《皇明史窃》，载《续修四库全书》，上海古籍出版社 1996 年版。

于慎行：《谷山笔麈》，中华书局，1984 年版。

余阙：《青阳集》，台湾商务印书馆景印文渊阁《四库全书》1983 年版。

岳纯之点校：《唐律疏议》，上海古籍出版社 2013 年版。

张德信等主编：《洪武御制全书》，黄山书社 1995 年版。

张荣铮等点校：《大清律例》，天津古籍出版社 1993 年版。

张廷玉：《明史》，中华书局 1974 年版。

张惟贤等：《明实录》，台湾"中央研究院"历史语言研究所 1962 年版。

张萱：《西园闻见录》，哈佛燕京学社 1940 年版。

赵翼：《廿二史札记》，中国书店 1987 年版。

赵汝愚：《宋名臣奏议》，台湾商务印书馆景印文渊阁《四库全书》1983 年版。

朱国祯：《涌幢小品》，远方出版社 2001 年版。

朱轼：《大清律集解附例》，载《四库未收书辑刊第一辑》，北京出版社 1997 年版。

今人论著

柏桦：《明清州县官群体》，天津人民出版社 2003 年版。

柏桦：《明代州县政治体制研究》，中国社会科学出版社 2004 年版。

柏桦：《中国古代刑罚政治观》，人民出版社 2008 年版。

柏桦：《柏桦谈明清奇案》，广东人民出版社 2009 年版。

柏桦：《中国政治制度史》，中国人民大学出版社 2011 年第 3 版。

柏桦：《宫省智道》，中国社会出版社 2012 年版。

陈登原：《国史旧闻》，中华书局 2000 年版。

陈瑞华：《论法学研究方法——法学研究的第三条道路》，北京大学出版社 2009 年版。

陈兴良：《刑法的价值构造》，中国人民大学出版社 1998 年版。

程树德：《九朝律考》，中华书局 2003 年版。

蔡石山（Shih－Shan Henry Tsai）：*The Eunuchs in the Ming Dynasty*，New York：State University of New York Press，1995.

杜婉言：《失衡的天平：明代宦官与党争》，万卷楼图书有限公司 1999 年版。

范忠信：《中国法律传统的基本精神》，山东人民出版社 2001 年版。

费孝通：《乡土中国·生育制度》，北京大学出版社 1998 年版。

高绍先：《中国刑法史精要》，法律出版社 2001 年版。

顾德融等：《春秋史》，上海人民出版社 2001 年版。

胡凡：《嘉靖传》，人民出版社 2004 年版。

胡留元等：《夏商西周法制史》，商务印书馆 2006 年版。

怀效锋：《明清法制初探》，法律出版社 1998 年版。

黄彰健：《明清史研究丛稿》，台湾商务印书馆 1977 年版。

瞿同祖：《中国法律与中国社会》，中华书局 2003 年版。

雷飞龙：《汉唐宋明朋党的形成原因》，韦伯文化国际出版有限公司 2002 年版。

李光灿主编：《中国刑法通史》，辽宁大学出版社 1986 年版。

林剑鸣：《秦汉史》，上海人民出版社 2003 年版。

林乾：《康熙惩抑朋党与清代集权政治》，正展出版公司 2003 年版。

林乾：《中国古代权力与法律》，中国政法大学出版社 2004 年版。

刘泽华主编：《中国政治思想史（先秦卷）》，浙江人民出版社 1996 年版。

苗棣：《魏忠贤专权研究》，中国社会科学出版社 1994 年版。

南炳文等：《明史》，上海人民出版社 2003 年版。

蒲坚：《中国古代法制丛钞（第四卷）》，光明日报出版社 2001 年版。

商传：《永乐皇帝》，北京出版社 1989 年版。

苏亦工：《明清律典与条例》，中国政法大学出版社 2000 年版。

王天有：《晚明东林党议》，上海古籍出版社 1991 年版。

王桐龄：《中国历代党争史》，上海书店出版社 2012 年版。

王亚南：《中国官僚政治研究》，中国社会科学出版社 1981 年版。

王锺翰：《王锺翰清史论集》，中华书局 2004 年版。

王仲荦：《隋唐五代史》，上海人民出版社 2003 年版。

韦庆远：《明清史新析》，中国社会科学出版社 1995 年版。

韦庆远：《张居正和明代中后期政局》，广东高等教育出版社 1999 年版。

韦政通：《中国思想史》，上海书店出版社 2003 年版。

温功义：《明代的宦官和宫廷》，重庆出版社 2000 年第 2 版。

吴晗：《朱元璋传》，生活·读书·新知三联书店 1949 年版。

徐洪兴：《朋党与中国政治》，中华书局香港公司 1992 年版。

徐志锐：《周易大传新注》，齐鲁书社 1989 年版。

许章润：《说法 活法 立法》，清华大学出版社 2004 年版。

阎崇年：《袁崇焕传》，中华书局 2005 年版。

杨鸿烈：《中国法律发达史》，中国政法大学出版社 2009 年版。

杨一凡：《洪武法律典籍考证》，法律出版社 1992 年版。

曾宪义总主编：《中国传统法律文化研究》，中国人民大学出版社 2011 年版。

张晋藩：《中华法制文明的演进》，中国政法大学出版社 1999 年版。

张晋藩主编：《中国法制通史（第七卷明)》，法律出版社 1999 年版。

张显清等：《明代政治史》，广西师范大学出版社 2003 年版。

张显清：《严嵩传》，黄山书社 1992 年版。

张德信：《〈祖训录〉与〈皇明祖训〉比较研究》，载《文史》（第 45 辑），中华书局 1998 年版。

张建国：《中国律令法体系考》，载杨一凡等主编：《中国法制史考证》（乙编第一卷），中国社会科学出版社 2003 年版。

赵秉志：《刑法基础理论探索》，法律出版社 2003 年版。

赵晓耕主编：《罪与罚：中国传统刑事法律形态》，中国人民大学出版社 2011 年版。

郑克晟：《明代政争探源》，天津古籍出版社 1988 年版。

仲伟民：《宋神宗》，吉林文史出版社 1997 年版。

朱红林：《张家山汉简〈二年律令〉集释》，社会科学文献出版社 2005 年版。

朱日耀主编：《中国政治思想史》，高等教育出版社 1992 年版。

朱文杰编著：《东林书院与东林党》，中央编译出版社 1996 年版。

国外论著

［美］埃尔曼：《比较法研究》，贺卫芳等译，三联书店 1990 年版。

［英］边沁：《政府片论》，沈叔平译，商务印书馆 1995 年版。

［美］B. 盖伊·彼得斯：《政治科学中的制度理论："新制度主义"》，王向民等译，上海人民出版社 2011 年第 2 版。

［英］伯特兰·罗素：《权力论》，吴友三译，商务印书馆 1991 年版。

［美］保罗·皮尔逊、瑟达·斯考克波尔：《当代政治科学中的历史制度主义》，载何俊志等编译：《新制度主义政治学译文精选》，天津人民出版社 2007 年版。

［美］Charles O. Hucker："The Tung – Lin Movement of the Late Ming Period"，载［美］费正清：《中国的思想与制度》，世界知识出版社 2008 年版。

［美］D. 布迪、C. 莫里斯：《中华帝国的法律》，朱勇译，江苏人民出版社 1992 年版。

［美］E. 博登海默：《法理学法律哲学与法律方法》，邓正来译，中国政法大学出版社 1999 年版。

［美］费正清等编：《剑桥中国晚清史》，郭沂纹译，中国社会科学出版社 1985 年版。

〔美〕黄宗智：《清代的法律、社会与文化：民法的表达与实践》，上海书店 2001 年版。

〔美〕John W. Dardess：*Blood and History in China：The Donglin Faction and Its Repression*，1620 – 1627，Honolulu：University of Hawaiʻi Press，2002.

〔日〕加藤雄三：《明代成化、弘治的律与例》，载杨一凡等主编：《中国法制史考证》（丙编第四卷），中国社会科学出版社 2003 年版。

〔奥〕凯尔森：《法与国家的一般理论》，沈宗灵译，中国大百科全书出版社 1996 年版。

〔法〕孟德斯鸠：《论法的精神》，张雁深译，商务印书馆 1961 年版。

〔美〕牟复礼、〔英〕崔瑞德编：《剑桥中国明代史》，张书生等译，中国社会科学院出版社 1992 年版。

〔美〕王国斌：《转变的中国——历史变迁与欧洲经验的局限》，李伯重等译，江苏人民出版社 1998 年版。

〔日〕小野和子：《明季党社考》，李庆等译，上海古籍出版社 2006 年版。

〔古希腊〕亚里士多德：《政治学》，吴寿朋译，商务印书馆 1997 年版。

〔美〕约翰·罗尔斯：《正义论》，何怀宏等译，中国社会科学出版社 1988 年版。

〔日〕织田万：《清国行政法》，李秀清等点校，中国政法大学出版社 2003 年版。

〔日〕滋贺秀三：《明清时期的民事审判与民间契约》，王亚新等编译，法律出版社 1998 年版。

〔日〕滋贺秀三：《中国法文化的考察——以诉讼的形态为素材》，载梁治平等编：《明清时期的民事审判与民间契约》，法律出版社 1998 年版。

〔日〕滋贺秀三：《清代诉讼制度之民事法源的概括性考察——情、理、法》，载梁治平等编：《明清时期的民事审判与民间契约》，法律出版社 1998 年版。

〔日〕中村茂夫：《比附的功能》，载杨一凡等主编：《中国法制史考证》（丙编第四卷），中国社会科学出版社 2003 年版。

〔美〕钟威廉：《大清律例研究》，载高道蕴等编：《美国学者论中国法律传统》，清华大学出版社 2004 年版。

研究论文

柏桦、卢红研：《洪武年间〈大明律〉编纂与适用》，《现代法学》2012 年第 2 期。

柏桦：《榜谕与榜示——明代榜文的法律效力》，《学术论坛》2012 年第 2 期。

柏桦：《清代州县司法与行政：黄六鸿与〈福惠全书〉》，《北方法学》2007 年第

3 期。

　　陈梧桐：《胡惟庸党案再考》，《明清论丛》2010 年第 10 辑。

　　陈煜：《社会变迁与立法语境的转换——以"奸党"罪的嬗变为线索》，《南京大学法律评论》2009 年秋季卷。

　　程晶：《论明律中的奸党罪》，硕士学位论文，华中科技大学法学院，2014 年。

　　崔海雷：《试论明代党禁制度的废弛》，硕士学位论文，贵州大学历史系，2007 年。

　　范心羽：《明清奸党罪研究》，硕士学位论文，武汉大学法学院，2008 年。

　　高金：《明代交结近侍官员律研究》，硕士学位论文，南开大学法学院，2005 年。

　　高进：《清代惩治朋党律例探析》，《社会科学辑刊》2011 年第 5 期。

　　郭莹：《中国古代的告密文化》，《江汉论坛》1998 年第 4 期。

　　韩庆祥：《现代性的建构与当代中国发展》，《天津社会科学》2004 年第 3 期。

　　洪蕙筑：《明初胡蓝党狱及其影响之研究》，硕士学位论文，（台北）"国立中央大学"历史研究所，2009 年。

　　李谷悦：《方孝孺殉难事迹的叙事演化与"诛十族"说考》，《史学月刊》2015 年第 5 期。

　　李倩：《明代歌功颂德罪名研究》，博士学位论文，南开大学周恩来政府管理学院，2014 年。

　　刘志松：《释"罪"》，《江苏警官学院学报》2008 年第 4 期。

　　马高洁：《浅析奸党罪》，《和田师范专科学校学报》2009 年第 5 期。

　　马明星：《从明末辽东三案看党争对明朝衰亡的影响》，硕士学位论文，中国人民大学法学院，2007 年。

　　孟庆顺：《历史比较方法的功能》，《史学史研究》1986 年第 3 期。

　　吴晗：《胡惟庸党案考》，《燕京学报》1934 年第 15 期。

　　杨一凡：《明代榜例考》，《上海师范大学学报》2008 年第 5 期。

　　周少华：《朋党禁治论》，硕士学位论文，武汉大学法学院，2002 年。

后 记

南开之缘，恩师之情，从 2002 年始；明代奸党罪分析，从 2004 年硕士论文起。当自己由青年变中年，恩师亦中年变老年。时光流逝，恩师柏桦先生的教诲一直萦绕心田。曾记硕士阶段，为完成硕士论文而彻夜难眠，春节未归，选题从奸党罪研究变交结近侍官员律研究，主题砍削，范围限缩，终成拙文，其间的无奈与艰辛至今忆苦思甜。然，完成奸党罪研究矢志不散。恩师一个个绝妙问题指引研究方向：朋党与奸党是何关系？奸党罪名与律条是何关系？奸党罪名律条之间是何关系？奸党罪名在明代法律体系中是何地位？奸党罪司法实施有何特点？如何评价奸党罪？

带着困惑与迷惘，我 2012 年再入南开，誓要解开疑团。侯欣一教授、于语和教授、岳纯之教授诸位导师，悉心指导，疑团渐解，师恩情重，铭记心田。柏桦先生不弃拙文，20 余日修改，字斟句酌细耕，删、改、增、简，脸变黄了，音变哑了，32 万冗稿变身 23 万。回顾研究的历程，挫折颇多，凶险不断。感谢恩师柏桦教授的一路相伴；感谢评阅老师邸永君教授、高寿仙教授、胡兰玲教授的谆谆佳言；感谢赵令志教授、余梓东教授、侯欣一教授、于语和教授、岳纯之教授、刘风景教授、柏桦教授的答辩指点。博士只是新的起点，学生将铭记各位导师的辛勤奉献，正视不足，继续钻研。感谢云南师范大学毕天云教授带队斩获云南省哲学社会科学一流学科建设项目并资助出版；感谢云南省高校古籍整理委员会给予的研究支持；感谢人民出版社邵永忠等编辑给予的指导和与帮助。

感谢我的父亲高应福、母亲姜长芬，既赐予我生命，又含辛育我成长。现已中年，仍未陪伴，内心愧疚，望哥哥高勇理解。感谢爱妻张艳，洗衣刷碗，哺育幼儿，力保我笔耕不断。感谢女儿高幸，一次次呼唤"和我做游戏"被拒，依然爱我未减。感谢岳父张荣昌、岳母曾琼英，理解并支持本该养家糊口的我"不务正业"完成学业。外孙度过快乐幼儿园,靠你们艰辛的护送回伴。亲情厚重,报与冷面,内心惶恐,献上挚谢。

感谢同甘共苦的宋阳、刘顺峰、袁松、车剑锋、谷永超、孙超然、田智、李倩、王泉伟等朋友们,一起切磋疑难,谈笑风生,留下美好友谊纪念。当你们已是博士之时,我在欢送之后,继续奋战。感谢同门师弟王兆辉,天嫉英才,但友谊永存。幸运地与周围杉博士一起努力,同年毕业。

师恩、亲恩、友恩,浓烈而温暖。大恩岂止言谢,谨以此文,记述心怀。

责任编辑：邵永忠

封面设计：黄桂月

责任校对：吕　飞

图书在版编目（CIP）数据

明代奸党罪研究／高金 著. —北京：人民出版社，2017. 12（2021.4 重印）

ISBN 978 – 7 – 01 – 018533 – 0

Ⅰ.①明… Ⅱ.①高… Ⅲ.①法制史—研究—中国—明代 Ⅳ.①D929. 48

中国版本图书馆 CIP 数据核字（2017）第 276428 号

明代奸党罪研究

MINGDAI JIANDANGZUI YANJIU

高　金　著

人 民 出 版 社 出版发行

（100706　北京市东城区隆福寺街 99 号）

北京一鑫印务有限责任公司印刷　新华书店经销

2017 年 12 月第 1 版　2021 年 4 月第 3 次印刷

开本：710 毫米 × 1000 毫米 1/16　印张：21

字数：335 千字

ISBN 978 – 7 – 01 – 018533 – 0　定价：58. 00 元

邮购地址　100706　北京市东城区隆福寺街 99 号

人民东方图书销售中心　电话（010）65250042　65289539